回味中国历史
品味千年文化

这才是

东汉史

尹力 编著

娓娓讲述东汉王朝兴衰历史
高歌一曲光武中兴大汉长歌

中国书籍出版社
China Book Press

本书编委会

张晓华　汤国明　王佳琦　王佳骥
张吉杰　崔寒辉　张云秀　张　欣

目 录

第一章 光武中兴

1. 刘秀称帝 ·················· 2

 （1）刘秀起兵 ············ 2

 （2）平定河北 ············ 5

 （3）刘秀北征 ············ 9

 （4）重建汉室 ············ 12

2. 镇压赤眉军 ················ 14

 （1）赤眉军西进长安 ······ 14

 （2）刘盆子降汉 ·········· 17

3. 平定中原 ·················· 20

 （1）灭梁王刘永 ·········· 20

 （2）彭宠刘纡身死 ········ 24

（3）耿弇平张步ᅟᅠᅠᅠᅠᅠᅠᅠᅠᅠᅠ26

4.得陇望蜀ᅟᅠᅠᅠᅠᅠᅠᅠᅠᅠᅠᅠᅠᅠ29
（1）马援出使ᅟᅠᅠᅠᅠᅠᅠᅠᅠᅠᅠᅠ29
（2）隗嚣怀二心ᅟᅠᅠᅠᅠᅠᅠᅠᅠᅠ33
（3）隗嚣叛汉ᅟᅠᅠᅠᅠᅠᅠᅠᅠᅠᅠᅠ35
（4）光武帝亲征ᅟᅠᅠᅠᅠᅠᅠᅠᅠᅠ37
（5）汉军击公孙述ᅟᅠᅠᅠᅠᅠᅠᅠ41
（6）吴汉灭公孙述ᅟᅠᅠᅠᅠᅠᅠᅠ44

5.光武帝治国ᅟᅠᅠᅠᅠᅠᅠᅠᅠᅠᅠᅠ46
（1）退功臣，抑外戚ᅟᅠᅠᅠᅠᅠ46
（2）改革政治机构ᅟᅠᅠᅠᅠᅠᅠᅠ48
（3）改革军事制度ᅟᅠᅠᅠᅠᅠᅠᅠ50
（4）理国以得贤为本ᅟᅠᅠᅠᅠᅠ51
（5）贤吏治事ᅟᅠᅠᅠᅠᅠᅠᅠᅠᅠᅠᅠ55
（6）安民有道ᅟᅠᅠᅠᅠᅠᅠᅠᅠᅠᅠᅠ57

6.度田事件ᅟᅠᅠᅠᅠᅠᅠᅠᅠᅠᅠᅠᅠᅠ60

第二章　承平之世

1.帝位之争ᅟᅠᅠᅠᅠᅠᅠᅠᅠᅠᅠᅠᅠᅠ64
（1）更换太子事件ᅟᅠᅠᅠᅠᅠᅠᅠ64
（2）广陵王被囚ᅟᅠᅠᅠᅠᅠᅠᅠᅠᅠ66

（3）楚王造反被捕 …………… 68

2.班超威镇西域 …………… **70**
　（1）出使西域 ……………… 71
　（2）镇抚各国 ……………… 74

3.马太后抑外戚 …………… **77**

4.班超平定西域 …………… **81**

5.窦氏专权 ………………… **83**
　（1）窦氏兄弟显贵 ………… 84
　（2）窦宪立功受封 ………… 86
　（3）窦氏骄奢招怨 ………… 89

6.王充著《论衡》 ………… **94**
　（1）反对谶纬 ……………… 94

7.蔡伦与造纸术 …………… **96**

8.邓太后临朝摄政 ………… **99**
　（1）皇后邓绥 ……………… 99
　（2）赢得民心 ………………101
　（3）分封外戚 ………………104
　（4）任用贤臣 ………………108

第三章　东汉衰朽

1.安帝亲政 ·················· **112**
　（1）邓氏灭族 ················ 112
　（2）杨震之死 ················ 114

2.班勇收复西域 ·············· **118**
　（1）力主收复西域 ············ 119
　（2）攻守西域 ················ 121

3.祸起萧墙 ·················· **123**
　（1）废黜太子 ················ 123
　（2）阎氏作威作福 ············ 126
　（3）孙程灭阎氏 ·············· 128
　（4）宦官干政 ················ 130

4.梁冀专权 ·················· **132**
　（1）梁冀继任大将军 ·········· 132
　（2）诸贤臣维护汉室 ·········· 135
　（3）梁太后临朝听政 ·········· 137
　（4）梁冀立桓帝 ·············· 139
　（5）李固、杜乔之死 ·········· 142
　（6）梁冀骄奢跋扈 ············ 144
　（7）桓帝诛杀梁冀 ············ 148

第四章　桓灵末世

1. 皇甫规平羌 …………………………154
2. 第一次党锢之祸 …………………158
   （1）李膺、陈蕃不畏强暴 …………158
   （2）初次较量 ……………………… 161
   （3）陈蕃抨击宦官 …………………164
   （4）襄楷痛斥宦官 …………………167
   （5）宦官得势 ………………………168
3. 第二次党锢之祸 …………………172
   （1）窦武、陈蕃被诛 ………………173
   （2）党锢之祸再起 …………………177
   （3）党人遭难 ………………………179
4. 蔡邕论政 …………………………183
   （1）清除三互法 ……………………183
   （2）论为政之道 …………………… 184
   （3）谏诤遭祸 ………………………188
5. 黄巾起义 …………………………191
   （1）创立太平道 …………………… 191
   （2）发动起义 ………………………194
   （3）起义失败 ………………………195

第五章　中原逐鹿

1. 群雄割据 ···················· 200
   （1）宫庭内乱 ·············· 200
   （2）董卓废帝 ·············· 203
   （3）冀州争霸 ·············· 205
   （4）诛杀董卓 ·············· 209
   （5）郭李火并 ·············· 212
   （6）称雄河北 ·············· 214
   （7）割据势成 ·············· 219

2. 挟天子以令诸侯 ············ 221
   （1）讨伐忤逆 ·············· 221
   （2）平定青州 ·············· 224
   （3）争夺兖州 ·············· 225
   （4）曹操挟帝 ·············· 230

3. 统一北方 ···················· 235
   （1）三讨张绣 ·············· 235
   （2）夺取徐州 ·············· 239
   （3）官渡之战 ·············· 244
   （4）北征乌桓 ·············· 253

第六章 三分天下

1.隆中对策 ·············· **262**
 （1）刘备从戎 ············ 262
 （2）败投曹操 ············ 264
 （3）三顾茅庐 ············ 265

2.江东称霸 ·············· **268**
 （1）孙坚起兵 ············ 268
 （2）孙策归江东 ·········· 271
 （3）壮大势力 ············ 273
 （4）孙权继父兄之业 ······ 277
 （5）讨伐黄祖 ············ 279

3.赤壁之战 ·············· **281**
 （1）刘琮献城 ············ 281
 （2）鲁肃"榻上策" ········ 283
 （3）孙权决意抗曹 ········ 286
 （4）周瑜破曹兵 ·········· 288

4.平定关陇 ·············· **290**
 （1）击败马超 ············ 290
 （2）逼降张鲁 ············ 294
 （3）求贤若渴 ············ 297

5.争夺淮南 ·····299
（1）曹兵屯田 ·····299
（2）休战求和 ·····304

6.刘备入川 ·····307
（1）法正迎刘备 ·····307
（2）刘璋出降 ·····310

7.荆州得失 ·····312
（1）刘备借荆州 ·····312
（2）关羽攻袭襄、樊 ·····314
（3）吕蒙白衣过江 ·····316
（4）关羽败走麦城 ·····318

8.东汉灭亡 ·····320
（1）嗣立之争 ·····320
（2）曹魏代汉 ·····322

9.建安风骨 ·····324
（1）兄弟相煎 ·····324
（2）悲愤化诗 ·····327
（3）建安"七子" ·····328
（4）诗坛女杰 ·····331

第一章

光武中兴

公元25年元月，刘秀称帝，重建汉政权。在消灭了更始政权和赤眉军后，刘秀发动了统一全国的战争。

当时，张步割据山东，刘永割据梁地，李宪割据庐江，秦丰割据南郡，窦融割据河西五郡，隗嚣称雄陇西，公孙述称帝巴蜀，卢芳勾结匈奴，各派政治势力不甘心退出历史舞台，与刘秀进行了激烈的战争，但最终一一失败。建武十二年（公元36年），刘秀统一全国。

光武帝刘秀采取种种措施，进一步加强专制主义政治体制，巩固皇权。

全国统一后，光武帝劝退功臣，启用文人儒生治国，抑制外戚势力，防范外戚专权；改革政治机构，加强朝廷的权力，任命贤吏统治地方，缓和了社会矛盾；推行"与民休息"的政策，被战争破坏的社会生产恢复并发展起来，出现天下大治的好局面，史称"光武中兴"。

1. 刘秀称帝

刘秀以河北地区为根据地建立了东汉政权，因此，刘秀经营河北是他实现统一的基础。

（1）刘秀起兵

刘秀，高祖刘邦的九世孙。长沙定王是刘秀的七世祖，其曾祖率全族迁到了南阳蔡阳（今湖北枣阳）。刘秀的父亲叫刘钦，在南顿（今河南项城西）做过县令，刘钦的妻子是大豪强樊重的女儿，生有三子三女，刘縯为长子，刘秀排行老三。相传刘秀出生时，满室红光，明亮如昼，刘钦便为其刚出生的儿子取名为"秀"，希望其才能出众，高人一筹。刘秀家虽是刘氏宗族，但和皇族已是相当疏远。刘秀家族是当地的豪强地主之一。有一次，刘秀为其叔父打赢了一场关于田租的官司，得到的田租就有二万六千斛，钱若千万。

刘秀9岁时，他的父亲死了，其叔父刘良便收养了他。青年时期，刘秀曾到长安，入太学，从师于大夫许子威学《尚书》，可能也不甚用功，史书上说他仅是"昭通大义"而已。王莽时期，刘秀为经营自己的田产而回到南阳。

王莽地皇三年（公元22年），南阳爆发一场大饥荒，刘秀到新野（今河南南阳南）豪族的姐夫邓晨家闲居。在新野，他听说阴家有个女儿，叫阴丽华，为新野第一美女。有一次，在和朋友谈论理想时，刘秀想起了皇帝出巡时，为皇帝开路的二千石官执金吾的威风，再加上向往阴丽华的美色，便说了句："做官要做执金吾，娶妻当娶阴丽华。"这说明当时刘秀仍是个纨绔子弟，追求官、财、色，并无夺取天下之意。

有一次，刘秀与姐夫邓晨一起去拜见高士蔡少公，蔡少公通晓图谶，在交谈时曾说刘秀会成为皇帝。有人说："那大概是指国师公刘秀吧！"刘秀半开玩笑地说："又怎么知道不是我呢？"引起在坐的人一阵哄堂大笑，邓晨感到很高兴。

宛人李守乃王莽的宗卿师，有一次他对儿子李通说："刘氏肯定会再次复兴，李氏当为辅弼。"王莽荒谬离奇的改制导致各地纷纷起义，新市、平林爆发起义后，波及南阳，李通的堂弟李轶对李通说："现在天下大乱，各地纷纷起义，汉朝定会复兴，南阳地区的汉宗室只有刘伯升（刘縯的字）兄弟可以共同谋划大事。"李通说他也正有此意。这时正好刘秀在宛地做生意，李通派遣李轶前去迎接刘秀，见面后就与刘秀进行了长谈，然后决定：李通在立秋时郡内兵士比试那天，劫持前队大夫甄阜和属正梁丘赐，利用其名号令兵士起义，而李轶和刘秀则在舂陵举兵响应。他们召集当地豪强地主商量说："王莽统治残暴，百姓不得安生，又逢天灾不断，各地都纷纷举义反莽，应趁此良机恢复刘氏基业，定万世太平。"众人听后，觉得言之有理，便派亲信到各县发动起义，刘秀的大哥刘縯组织了一支由舂陵诸子弟组成的队伍。开始，诸子弟都很害怕，唯恐避之不及，议论说，刘伯升要害我们，等看到一副忠厚模样、绛衣大冠的刘秀，才又惊奇地说："这是一个厚道人，可以为他效劳。"大家安定下来，起义队伍发展到七八千人，刘縯自称柱天都部。刘秀在起兵这年28岁。李通那边来不及起兵就被官府发觉，李通只得逃跑了，其家族受株连者达64人。

参加起义后，随着条件、环境的改变，刘秀的理想也发生了巨大变化，开始以"复高祖之业，定万世之秋"为目标。

新市、平林义军与由刘縯和刘秀兄弟率领的舂陵兵会合后，几次挫败官军，规模急剧扩大，建立了政权，拥立刘玄为皇帝，建元"更始"。后来，因起义军内讧，有人杀死了刘縯，刘秀也被人妒忌。这时，刘玄打算派身边亲信去管理河北，大司徒刘赐进谏说："刘氏子弟中唯独刘秀可担大任。"参与谋害刘縯的朱鲔等人不放心刘秀,劝刘玄不可放刘秀走,刘玄犹豫不定,刘赐只好再进一谏,刘玄才让刘秀代理大司马,北渡黄河,管理河北各州郡。

公元23年十月,刘秀北渡黄河,使他终于有了独立发展自己势力的机会。当时流传着这样一首民谣:"谐不谐,在赤眉;得不得,在河北。"赤眉军在力量对比中的重要地位在前半句中得到了反映,而后半句则是说明了河北地区战略地位的重要性。河北地区经济比较发达,是当时经济中心之一。据有河北,就可控制中原,定天下大向。尤其是邯郸,是河北的中心城市,历来就是河北的战略重镇,是决定河北战局胜败的关键。

刘秀到河北后,对所经过的郡县郡守二千石、长吏、三老以及各官府属吏进行考察,提升有才能有政绩的,把不称职的、贪赃枉法的降职。他还平反冤狱,废除苛政,恢复汉朝官名。官民皆大欢喜,给刘秀送酒送肉,但均被其婉拒了。

刘秀进入河北,在邺城(今河南临漳西)遇到了不远千里追赶而来的邓禹。邓禹是刘秀在长安游学时的同学,也是南阳的一个名士。更始政权建立后,邓禹被推荐给刘秀做谋士,很称刘秀心意,却为邓禹拒绝了。当听到刘秀来河北后,邓禹便一路尾追而来。异地遇到老同学,刘秀非常高兴,便开玩笑地说:"我现在已经有了封官授爵的权力了,先生远道而来,难道不想谋个一官半职吗?"邓禹一边笑着,一边很诚恳地说:"我是不愿意当官的,我只希望阁下的恩德和威望普照四海,我能在您的手下尽绵薄之力,使我的声名记载于史册之上。"刘秀与邓禹在当晚长谈了一夜,邓禹分析形势说:"现在崤山以东还没有完全平定,赤眉等各支义军都兵强马壮。刘玄资质平平且不理政事,所有将领都是庸碌之辈,是靠着好运气才爬到高位。他们无非是想发财、卖弄权势,只顾享乐罢了。观察古代圣明君主的兴起,都具备两个条件:天时和人事。现在从天时来看,刘玄即位后形势更加复杂。从人事来看,帝王大业绝对不是刘玄所能胜任的。土崩瓦解的趋势,甚为明显。尽管阁下功勋卓著,到时也恐无立足之处。何况您一向以德能闻名,天下人无不向往和敬佩。无论是带兵或从政,阁下都能做到纪律严明,赏罚公正。如今,只有招揽英雄,同时收回民心,创立高祖当年的功业,拯救万民的生命。以阁下的远虑,天下不难统一。"经过一夜长谈，刘秀更坚定了复高祖之业的决心，立足河北，面向中原，统一全国。

（2）平定河北

王莽时期，有一个自称是成帝的儿子刘子舆的人在长安被王莽杀死。邯郸有一人叫王郎，谎称自己是刘子舆，自立为皇帝，建都邯郸。

更始二年（公元24年）正月，因王郎势力强大，刘秀一行人只得转而向北转移，意在夺取军事要地蓟州。王郎向各地发布文书说："谁能逮捕刘秀，封赏十万户。"刘接是已故广阳王之子，在蓟中起兵响应王郎，刘秀听说后急忙向南辕转移，早晚只在路边随便吃些东西，不敢进城入村。行至饶阳，所带粮食都吃光了，刘秀为了果腹，自称是邯郸使者，进入官方设立的传舍，传舍的吏员刚刚送上吃的，刘秀那些饥肠辘辘的下属，纷纷上前抢夺，传吏产生了怀疑，假说邯郸的一位将军到。不但属员大吃一惊，连刘秀都是如此，想马上逃走，但又想到难以逃脱，就又慢慢回到原来的座位上，强装镇静地说："请邯郸来的将军进来相见。"很久后才慢慢离开。传舍的官吏又设法传话给城门守卫，不让刘秀等人出城。门卫说："天下事难以预料，怎能关闭长者呢？"刘秀仓皇出了南门，昼夜兼程，想脱离王郎的控制区，恶劣的天气使刘秀等人更加艰难了。走到呼沱河，发现没有船只，守候的吏员回来报告说："前面有河无船，无法通过。"刘秀派王霸到河边去证实一下，王霸怕大家恐慌，想到河边再想办法，于是便谎说河里已结厚冰，可踏冰而过，大家听说十分高兴，刘秀也高兴地说："看来是候吏说谎。"大家走到河边，河水竟真的结了厚冰，众人在王霸保护下过河，刚走过去冰又解冻了。走到南宫，大风雨把刘秀等人逼进路边的一座空房，众人拾柴点火，刘秀把湿衣服烤干，吃了冯异弄来的麦饭暂时充饥。

刘秀率领众人走到下博城西，迷失了方向，这时却遇上一个老人，身穿白衣，指路给刘秀说："前面八十里远就是长安城守信都郡。"刘秀一行急速赶到信都郡，当时信都太守任光、和戎太守邳肜等都投降了王郎，听说刘秀来到城下，正忧虑守城难的任光非常高兴，吏民皆欢呼万岁，邳肜也从和戎赶来相会。邳肜对刘秀说："吏民很长时间思念汉室，所以天下人响应更始皇帝，现在王郎纠集了乌合之众，凭着有利形势，假借汉室之名，在燕赵地区发展，但根基还不稳，您统率两郡军队奋起讨伐，一定可以打败王郎。如果今日回长安而放弃这个好机会，不但河北会丢失，而且惊动三辅地区，您的威信也将受损，恐怕不是上策。如果您无意讨伐王郎，信都的军队也难以会合，您一旦西去，邯郸势力巩固，百姓不会离乡弃土、不远千里追随您，势必离散逃亡。"刘秀听罢打消了回归长安的念头。

　　刘秀看到两个郡的兵力太弱，打算和城头子路、刁子都的军队联合，任光认为不行，于是在附近各县征得精兵四千。任光被刘秀拜为大将军，李忠为右大将军，邳肜则为后大将军，兼任和戎太守，任都令万为偏将军，都封为列侯。留南阳人宗广兼任信都太守，任光、李忠、万率部随从，邳肜率一支军队为前部。任光到处散发他所写的檄文，檄文说："大司马刘公率城头子路、刁子都百万大军向西而去，进击反虏。"又派骑兵进入钜鹿界内，吏民相互转告檄文内容。当晚，刘秀进入当阳地界，漫山遍野放了很多灯火以虚张声势，当阳守将开城投降；随之进攻费县，费县也很快投降。昌城人刘植占据昌城，也投降了刘秀，刘秀封刘植为骁骑将军。耿纯在育县迎接刘秀，随行人员包括宗族宾客、家属老幼二千余人，刘秀拜耿纯为前将军。刘秀又率军攻下了曲阳。各路人马会合后，以数万人的大军北上进攻中山。耿纯命人连夜焚烧了家宅，以防有人用心不专，从而绝了众家人的后路。

　　刘秀发檄文要求周边各郡会合进攻邯郸，许多郡县群起响应。此时真定王刘杨起兵，有军队十余万却依附于王郎，刘秀派刘植游说刘杨，刘杨为言辞所感投降了刘秀。刘秀暂时留居真定，为讨好刘杨，刘秀娶其外甥女为妻，然后攻下元氏、防子两城。随即进攻鄗，击杀了王郎的大将李恽。此时王莽大将李育屯守柏人，汉兵没有详细了解情况就发动进攻，前部偏将朱浮、邓禹大败，丢失辎重。刘秀在后面听说，收整了朱浮、邓禹的散卒，大战李育于郭门，最终获胜，收回了辎重。

第一章 光武中兴

南郑人延岑起兵占据汉中，后投靠汉中王刘嘉，有军队数十万。因见更始政权政局混乱，校尉贾复对刘嘉说："现在天下形势混乱，而大王您安心守卫自己的领地，这些地方能否守住呢？"刘嘉说："你说的是大事，不是我所能胜任的，大司马刘秀在河北，到那里你一定能找到用武之地。"刘嘉便写信推荐贾复和南阳人陈俊。刘秀在柏人接见了贾复、陈俊两人，封他俩为破虏将军和安集掾。

刘秀舍中儿犯了法，被军市令祭遵处决，刘秀大怒，命人逮捕了祭遵。主簿陈副进谏说："明公您常想整顿军队，严明军纪，现祭遵执法公正，才能使教令得以推行。"刘秀赦免祭遵，而任命其为刺奸将军，对诸将领说："你们要防备祭遵，我舍中儿犯法，祭遵尚敢杀死，你们如违犯法度，可别怪他不讲情面。"

有人劝说刘秀，认为守柏人不如夺取钜鹿。于是，刘秀率兵夺取了广阿。刘秀指着地图对邓禹说："天下如此辽阔，郡国如此之多，现在只得到十分之一，你以前曾说，我如果怀有忧国忧民之心就能一统中国，根据是什么？"邓禹说："现在天下时局混乱，人人渴望明君，就好像孩子思慕慈母，自古以来，兴盛者在于道德高尚与否，不在于一时强弱大小。"

蓟中战乱之时，与刘秀散失的耿弇依附于在昌平的父亲耿况，并劝其父夺取邯郸。正好王郎派军队进攻渔阳、上谷，北方各地人心惶惶，多数人准备归顺王郎，上谷郡功曹寇恂、门掾闵业劝耿况说："邯郸王郎突然兴起，我认为他不会长久，身为大司马的刘秀是刘伯升之弟，礼贤下士，可以投靠他。"耿况说："邯郸势力正在势头上，以上谷兵力难以抗拒，该怎么办？"寇恂回答说："现在上谷城池坚固，府库充实，精兵万骑，由你调用，我去和渔阳太守彭宠联络，拨一支精锐部队给刘秀调遣使用。"

彭宠在安乐县令吴汉、护军盖延、狐奴县令王梁的劝告下同意归依刘秀，但有些属吏想依附王郎，彭宠一时举棋不定。来至外亭，见一儒生，吴汉便唤其过来在身边共食，问其见闻，儒生说："我所走过的地方无一不称颂大司马刘秀。邯郸王郎称帝，但是并不姓刘，不符合天下万民复汉的愿望。"吴汉听了大喜，随即假借刘秀名义写了一封信，说是寄给渔阳的，让儒生将其送至彭宠处，并将传闻讲与他听。正好这时寇恂来联络，于是彭宠让吴汉、盖延和王梁共率一支三千人的军队进攻蓟县，攻杀了王郎的大将赵闳。

回到上谷的寇恂与长史景丹及耿弇挥旗南下，与渔阳军队会合，沿途攻杀王郎部队三万多人，平定涿郡、中山、钜鹿、清河、河间等二十二个县。景丹等人因为听说前边紧接的广阿城中守军很强，便暂时驻扎。当得知是大司马刘秀时，诸将大喜，随即继续前进。城中听说两郡军队为邯郸而来时，都很害怕，为了弄清是哪儿的部队，刘秀亲自登上西城楼，耿弇在城下拜见，刘秀随即让耿弇进城。耿弇讲了发兵的详细情况后，刘秀将景丹等人全部接进了城，笑着说："邯郸将帅几次说我调发了渔阳、上谷军队，我也就将计就计，可事实上两郡军队真是为我而来，看来真是要与诸位士大夫共成大事了。"随即，景丹、寇恂、耿弇、盖延、吴汉、王梁都被封为偏将军，各自领回本部人马。加封耿况、彭宠为大将军，又加封耿况、彭宠、景丹、盖延为列侯。

吴汉为人虽不善言辞，可是勇敢有谋略，在邓禹的几次推荐下，刘秀逐步亲近重视吴汉。

尚书令谢躬受更始政权派遣率六将军讨伐王郎，长时间不能成功，刘秀率军赶到，与谢躬合军包围钜鹿，一个多月还没有结果。王郎派军进攻信都，当地大姓马宠等人开城迎进，更始派军队攻破信都，刘秀派李忠回信都代理太守。数万军队受王郎派遣，由倪宏、刘奉率领援救钜鹿，刘秀于南阻击他们但没有获胜。景丹等派出突骑进攻，大败倪宏军队。刘秀赞扬说："我听说突骑是天下精兵，今天见其真实面目，真是乐不可支。"

耿纯对刘秀说："士卒早已疲惫于长期围攻钜鹿，不如汇集精锐大军进攻邯郸，如果拿下邯郸击杀王郎，钜鹿可以不战而归服。"刘秀认为可行。四月，刘秀留将军邓满围钜鹿，自己统军进攻邯郸，连战皆胜。王郎派谏大夫杜威向刘秀乞降，杜威谎称王郎确实是成帝后裔，刘秀回答说："就是成帝复生，天下也不可得，何况是假称刘子舆的呢？"刘秀拒绝杜威关于封王郎为万户侯的请求，说让其保全性命就已经仁至义尽了。杜威愤怒离去。刘秀率军急攻二十多日，于公元24年五月，攻占了邯郸，杀死了王郎。王郎死后，在王郎宫中，有几千封写给王郎的效忠信，全出自刘秀部下之手。刘秀看也不看，下令当着全体将领的面，把所有信件焚毁，平静地说了句："让那些辗转反侧的人睡一个安心觉吧。"这使那些曾有过二心的人，从此死心塌地地追随刘秀。

王朗一死，刘秀经略河北的最大障碍就清除了。在此后一年多的时间，他巧妙地运用镇压和怀柔两种手段，消灭了河北地区的数十万义军，基本上控制了河北地区。

刘秀居住在邯郸宫。有一天，耿弇在刘秀于温明殿午睡时进至其床前，请求密谈，对刘秀说："我军伤亡太大，请求回上谷增兵。"刘秀说："王郎已灭，河北形势已定，还增兵干什么？"耿弇说："王郎虽破，统一天下的大业才刚刚开始，现在使者从西方来，要求罢兵，不可听从。铜马、赤眉所属义军有好几十支，所向无敌，圣公刘玄认识不到，注定要失败。"刘秀坐起来说："你乱说，我杀死你。"耿弇说："大王厚待我，如同父子，所以敢大胆进言。"刘秀说："我是和你开玩笑，你有什么尽管说完。"耿弇说："起初老百姓怨恨王莽而思念汉朝，对汉兵起义感到非常兴奋，现在更始为天子，而诸将在山东各自为政；贵戚在都城纵横无忌，民怨沸腾，反而又思慕王莽时期，由此可知更始政权必然失败。您向来拥有威名，以仁义征讨各处，天下可传檄而定，您应以夺取天下救生民于水火为己任。"刘秀听从了耿弇的谏言，以河北没有平定为借口，不遵从更始政权的命令，从此与更始政权分道扬镳。

（3）刘秀北征

长安更始政权在这个时期愈加紊乱，反叛事件众多，将领也极为专权。刘永、公孙述、李宪、秦丰、张步、董宪、延岑、田戎各据一方，自置将帅，攻占郡县，已发展成地方实力派。另外又有许多农民军，如铜马、大彤、高湖、重连、铁胫、大枪、尤来、上江、青犊、五校、檀乡、五幡、五楼、富平、获索等，合起来有数百万人，各据一方。刘秀任命吴汉、耿弇为大将军，持节率领幽州十郡突骑，打算先平定农民军。幽州牧苗曾听说，暗地下令各郡不听刘秀的调遣。吴汉率领二十骑先到无终，逮捕并杀死了前来迎接的苗曾；耿弇回到上谷，也逮捕杀死了韦顺、蔡充。为之震惊的北方各州，均听从刘秀调遣。

这年秋天，刘秀率军前往镇压铜马农民军，并与吴汉所率军队在清阳会师，实力大增。吴汉把一切决定权都交给刘秀，刘秀对吴汉日益信任并予以重用。偏将军朱浮被刘秀提升为大将军、幽州牧，蓟城为其治所。当时铜马军弹尽粮绝，在夜间撤退，刘秀率军追击，双方在馆陶交战，铜马军大败。正在收降铜马军的时候，高湖、重连等农民军从东南来与铜马军会合，刘秀军又大败援军于蒲阳，同时收降三支农民军，首领都加封为列侯。可农民军首领得不到刘秀军将的信任，作为降者的农民军心里也不安定。刘秀心里明白，命令各降将回营管理部属，自己只带几个随从到各营巡视，投降的将领大受感动，私下议论说："萧王对我们如此信任，我们怎能不尽心效忠。"刘秀此举使降者均诚心降服，他们被分给诸将统辖，使军队人数增至数十万。刘秀率军队进攻赤眉军的一部分和青犊、上江、大肜、铁胫、五幡等农民军，在射犬大败他们；接着南征河内，河内太守韩歆投降。

冬，刘秀即将北征燕赵地区，因考虑到赤眉军必定攻破长安，所以又想乘机吞并关中。一时拿不定主意先取何方，刘秀就从自己所部军队中分出精兵两万，随前将军邓禹入关。当时朱鲔、李轶、田立、陈侨统领一支兵马，号称三十万，与河南太守武勃共同守卫洛阳，鲍勇、田邑驻守并州。河内郡险要富裕，刘秀因而想把它作为根据地，这就需要选一合适的人选留守河内。刘秀一时难以决定，征求邓禹的意见，邓禹说："寇恂文武兼备，善于统治百姓驾驭众将，此人是最合适的人选。"寇恂被任命为河内太守，刘秀让其行使大将军职权。刘秀对寇恂说："从前高祖让萧何留守关中，我现在让你守河内，希望你管理好后方，供给军队所需，防御其他军队的入侵，不要让敌人北渡黄河。"同时，冯异被任命为孟津将军，魏郡、河内军队归其统率，驻守黄河沿岸，以防御洛阳军队。刘秀亲自送邓禹率军队西去后，自己领兵北上，寇恂在河内征集粮草，制造器械以供军需，军队征伐在外，供应一直没有短缺。

汉光武建武元年（公元25年）春正月，邓禹击破河东都尉军，进而形成围攻安邑之势。

第一章 光武中兴

四月,刘秀北上进攻尤来、大枪、五幡等农民军,两次打败了农民军,却在顺水北被农民军打败。刘秀与军队失散,路上遇突骑王丰,王丰把自己的坐骑让给了刘秀,刘秀才脱离险境。残兵败将在范阳集聚但不见刘秀,有传言他已死,诸将一时没有了主意,吴汉说:"大家努力,萧王兄子在南阳,我们不用担心无主。"众人心里恐慌,好几天后才安定下来。几支农民军虽战胜,却畏惧刘秀威名,乘夜间退走了。农民军被刘秀军追赶至安次,几次作战,终于被打败,农民军退入渔阳。刘秀回到范阳,派吴汉率耿弇、陈俊、马武等十二位将军继续追赶。陈俊对刘秀说:"贼军没有辎重粮草,应该命令轻骑走在贼军前面,让百姓坚壁清野,断绝贼军的食物来源,这样可以不战而破敌军。"陈俊的意见得到了刘秀的赞同,派他的轻骑绕到农民军前面,看到百姓安然无恙的,鼓励他们继续固守。农民军到了以后,无法补给军需,只得散于四方。

冯异驻守黄河北岸,与洛阳隔河相对,曾经写信给李轶,陈述利害祸福,劝李轶投降。李轶深知更始政权已接近崩溃,但顾忌参与谋害刘縯之事,于是给冯异回信说:"我与萧王首谋兴复汉室,现在我守卫洛阳,您镇守孟津,都据守险要之地,值此千载难逢的机会,希望您转达萧王,我愿进献计策以保国安民。"双方互通书信后,便停火休战,因此冯异有了北上攻取天井关、上党两座城池的机会,又向南攻占了河南成皋以东十三个县,收降军队十余万。武勃率一万多军队与冯异战于士乡,被冯异打败并杀死,李轶没有救援武勃。冯异看到李轶恪守诺言,把详情报告了刘秀,刘秀给冯异回信说:"李轶奸诈多谋,别人很难猜透他的心思,现在把他的来信告诉各地守尉,对他进行警备。"刘秀公开李轶的密信令众将领感到奇怪。朱鲔听说此事后,派人刺杀了李轶,从此洛阳人心离散,很多人投降了刘秀。

（4）重建汉室

刘秀北征，河内因而空虚，朱鲔听说后，派遣苏威、贾强率三万余人渡巩河攻温县，朱鲔亲率数万人进攻平阴以牵制冯异。消息传到河内，寇恂立即迎击，并派人通知所属县在温县会师。军吏劝阻寇恂说："现在洛阳军队渡河，前后不绝，要出征应会集各处军队。"寇恂说："温县是河内郡的屏障，失掉温县则河内也将失守。"于是率军队火速支援温县，次日与苏茂军大战，冯异的援军与各县军队正好赶到，寇恂命士兵在城上擂鼓呐喊，声称刘公兵到。寇恂乘苏茂军队听到喊声而大为震惊之机，率军进攻，大败苏军。冯异也渡河进攻朱鲔，朱鲔退走。冯异与寇恂追击到洛阳，绕城一周退回，洛阳军民甚为惊恐，昼夜关闭城门。

战报传到刘秀那儿，诸将纷纷前来祝贺，并劝刘秀即皇帝位。马武先进言说："天下无主，如有贤能者站出来，天下定能统一，就是孔子为丞相，孙武为大将，也不能改变现实。机不可失，失不复得，若大王执意退让，如何对得起宗庙社稷？应暂且回蓟即帝位，然后再开展统一大业。那样讨伐他们也就名正言顺了。"刘秀有些吃惊，对马武说："说这种话可是欺君犯上要杀头的，将军如何敢讲。"刘秀率军队回到蓟，又命令吴汉率十三位将军镇压尤来等农民军，一直追到浚靡才返回，农民军余部退入辽西、辽东，被当地乌桓人、貊人消灭。

刘秀从蓟城回到中山后对诸将拥立自己为帝的建议仍未听从，走到南平，诸将再次提出这样的请求，刘秀对诸将说："贼寇没有平定，现在四面受敌，怎能现在就称帝呢？"耿纯进言说："跟随大王的天下士大夫抛亲离乡，攻城略地，九死一生，其目的就是实现自己的理想。现在事业即将成功，形势一片大好，可是您违背众人意向，迟迟不即帝位，我担心士大夫可能要产生离异之心，不会长久地在此受苦，大众一散，就很难再聚合，不应错过这个时机，更不应违逆人心。"刘秀为耿纯言辞所感，说："一定认真考虑。"

公元25年六月，刘秀来到鄗县（今河北柏乡北）。刘秀找来冯异，询问各地军情。冯异明白刘秀的意思，便对刘秀说："称帝的时机已经成熟，更始政权崩溃的形势已甚为明显，宗庙社稷现在全系在您的身上。希望您称帝，光复汉室，以称人心。"这时，刘秀的老同学强华也从关中赶来，并为刘秀带来了《赤伏符》，符上写道："刘秀发兵捕不道，四夷云集龙斗野，四七之际火为主。"意思是说，高祖建汉到现在已228年了，汉室应当重新建立了。至此，天时、地利、人和三个条件都具备了，刘秀便于公元25年6月22日在鄗南郊即皇帝位，改元建武。

七月，光武帝命吴汉率十一员大将在洛阳包围了朱鲔，围困数月，都无法攻克。光武帝知道廷尉岑彭曾经任朱鲔的校尉，劝降朱鲔之事，便派岑彭前去。岑彭来到洛阳为朱鲔陈述了利害得失。朱鲔说："我曾参与谋害刘縯，又曾劝谏更始皇帝不要派萧王北伐，自知与刘秀结怨很深，不敢投降。"回营后，岑彭将详情告知光武帝，光武说："成大事者不拘小节，朱鲔现在如肯投降，可保官职爵位，更谈不上诛罚了。河水为证，我绝不食言。"岑彭又回去告知朱鲔，朱鲔从城上放下一个绳索说："如果言而有信，可攀这条索上来。"岑彭抓住绳索打算攀上去，见岑彭确实很有诚意，朱鲔便答应投降。辛卯日，朱鲔自缚与岑彭一起到了河阳，光武亲自为朱鲔解开绳索，又令岑彭晚上送朱鲔回城。朱鲔被光武帝封为平狄将军，并封为扶沟侯。

十月，攻克洛阳后，光武帝定都洛阳。因洛阳在长安的东面，因而刘秀重建的汉王朝在历史上被称为东汉王朝。建武二年（公元26年）正月，封全部功臣为列侯，梁侯邓禹、广平侯吴汉都食封四县。博士丁恭议论说："古代封诸侯最多是百里之地，目的是强干弱枝，有利于治理天下，今诸侯占有四县，不合乎法制。"光武帝说："古代国家灭亡，都是因为统治者无能，因功臣封地多而亡国之事却未听说过。"

光武帝定都洛阳后，在洛阳建立了高庙，用来祭祀高祖刘邦、太宗文帝、世宗武帝，在宗庙右边建立社稷。

刘秀称帝后，便开始致力于全国的统一，光武建武三年（公元27年）正月消灭了赤眉军，此后又先后平定了渔阳的彭宠、秦郡的秦丰、梁地的刘永、齐地的张步、庐江的李宪、天水的隗嚣、巴蜀的公孙述、五原的卢芳。终于在建武十六年（公元40年）扫平各地起义军，重新统一全国。

2. 镇压赤眉军

（1）赤眉军西进长安

更始二年（公元24年）冬，樊崇等人在颍川将部队分为两部，他自己与逄安为一部，徐宣、谢禄、杨音为一部。赤眉军虽在颍川战无不胜，但由于长期背井离乡，没有根据地，都疲惫厌战，有些士兵想返乡东归。樊崇等人考虑到如果东归，军队必然有一部分离散，不如西攻长安。于是樊崇和徐宣分别从武关和陆浑关向长安进发。更始政权派王匡、成丹与抗威将军刘均等人据守河东、弘农阻击赤眉军。

光武帝已猜到赤眉要攻破长安的意图，便任命邓禹为前将军，率精兵一万入关。建武元年（公元25年）春正月，赤眉军两路在弘农会师，大败更始政权的讨难将军苏茂。赤眉军各路聚集，共三十万人。三月，更始政权派丞相李松与赤眉军交战，李松大败，兵士死伤三万多人。赤眉军先北上到湖城，然后进入华阴。当时军中有巫师，经常举行仪式祭祀城阳景王，曾胡言乱语说："景王大怒说：'当为县官，何故为贼！'"有人建议樊崇："今将军军队逾百万，向西进攻皇帝都城却没有尊号，名义上仍是贼人，难以持久，不如立汉宗室，在此名义下号令天下，自然天下遵从。"樊崇等人认为有道理。樊崇等人在进军至郑时商议道："现在接近长安，应当拥立刘氏宗室成员为帝。"

此前，赤眉军劫持了已故式侯刘萌之子刘恭、刘茂、刘盆子三人，三人自愿跟从赤眉军。少年时期学习过《尚书》的刘恭，曾随樊崇到洛阳投降更始政权，被更始政权封为式侯，任命为侍中，留在了长安。刘茂与刘盆子留在军中，主管牧牛。因想立景王后代为皇帝，樊崇便开始寻找人选，得到七十余人，其中刘茂、刘盆子和前西安侯刘孝与景王血缘关系较近。樊崇等人听说古代天子领兵称为上将军，于是在一个纸条上写好"上将军"三个字和两个空纸条一起放在笥中，在郑北设祭坛，祭祀城阳景王。军中长官三老、从事齐聚，让刘盆子等三人在中间站立，以年龄大小依次从笥中取纸条。刘盆子最后取纸条，结果却拿到了写有"上将军"的纸条。各将领都向刘盆子称臣朝拜。年仅十五岁的刘盆子，披头散发，赤足袒胸，见众人拜见自己，由于恐惧险些哭出来。刘茂对刘盆子说："藏好纸符。"刘盆子却把纸条揉成一团丢掉了。徐宣过去曾任狱吏，通《易经》，于是诸将推徐宣为丞相，因勇敢而被众人尊为首领但不识字的樊崇为御史大夫，逢安为左大司马，谢禄为右大司马，杨音以下皆为列卿、将军。虽被立为皇帝，但刘盆子总是顺从于刘侠卿，受刘侠卿管制，樊崇等人也就不再去朝见。

八月，赤眉军到达高陵。九月，赤眉军进入长安，更始皇帝刘玄单骑逃走。式侯刘恭因为赤眉军立自己弟弟刘盆子为皇帝，便自缚入狱，听说刘玄败走才出狱见定陶王刘祉。刘祉为刘恭去掉了枷锁，一同追赶刘玄，直到渭河岸边才追上。右辅都尉严本害怕刘玄逃走后赤眉军杀掉自己，把刘玄带到高陵，率军队以保卫刘玄的名义软禁了刘玄。除了丞相曹竟持剑拼死外，更始政权的将相大臣全投降了赤眉军。

十月，赤眉军传出信说："刘玄如果投降，可封为长沙王，但以二十天为限。"刘玄派刘恭请降，赤眉军让谢禄前去受降，刘玄以罪犯的身份把印绶交给了刘盆子。赤眉军要处死刘玄，刘恭、谢禄为其求情却没有获准。把刘玄押出去处死时，刘恭从后面追上来说："我已经极力求情，没有获准，我只有先死在你面前，以表忠心。"遂拔剑要自杀，幸被急忙上前的樊崇等人制止了，并赦免了刘玄，封刘玄为畏威侯，刘恭再次极力请求，终于封刘玄为长沙王。从此，刘玄常依从谢禄居住，刘恭也尽力维护刘玄。

刘盆子居住在长乐宫，兵士竟擅自强夺上贡的东西，军纪也开始败坏，暴掠吏民的事情时有发生，因此居民坚壁固守。听说邓禹西进不断取胜而且军纪严明，居民们都扶老携幼投靠邓禹军。每日都有上千人归降邓禹，据称人数共达百万。邓禹每到一地，都要安抚慰劳前来投靠的百姓，百姓对邓禹感恩戴德，因此，邓禹名震关西。

诸将豪杰都劝邓禹直攻长安。邓禹说："不可。我现在只是人数多而已，但能打仗的却很少，前进没有足够的军用物资，后退也没有粮草供给。赤眉军新占长安，锐气正盛，且粮草充足，不可抵挡，但赤眉群贼目光短浅，财谷虽充实，但变乱万端，难以长期坚守。我们先在上郡、北地、安定三郡休整，这里土广人稀，谷饶畜多，借这个地区休养生息，抓住时机，然后图谋进取。"于是率军队北进至栒邑。所到之处，各地军队、郡县都竞相归附。

因赤眉军暴掠无道，三辅地区居民反而开始思念刘玄，想把刘玄营救出来。赤眉军感到事情不妙，让谢禄勒死了刘玄，刘恭乘夜间收藏了刘玄的尸体。邓禹遵光武帝诏命将刘玄葬于霸陵。

光武帝因关中没有平定，邓禹又长时间没有动静，写信责备说："司徒你如同尧，赤眉贼如桀，应乘长安吏民人心涣散之机进军讨伐，镇抚西京。"邓禹仍坚持自己的想法，转而进攻上郡诸县，扩充军队，积蓄粮草。冯愔为积弩将军，与身为车骑将军的宗歆守卫栒邑，因争权而自相残杀。最后冯愔杀死了宗歆，又回头进攻邓禹。邓禹派使者将这一情况报告光武帝，光武帝问使者："冯愔所亲近的人是谁？"使者回答说："是护军黄防。"光武帝深知冯愔、黄防二人势必发生矛盾，告诉邓禹说："黄防一定会收降冯愔的。"于是派尚书宗广持节前往收降。过了一个多月，冯愔果然被黄防逮捕，其军队亦被收服。更始政权旧将王匡、胡殷、成丹等人也都到宗广处投降。

腊月，赤眉军设酒会欢庆。群臣在酒会还未开始时便已相互争吵打斗，而有的士兵则跳越宫墙闯入，抢掠会上的酒肉，互相斗殴。卫尉诸葛听说后，带兵进入，杀了一百多人，才稳定了局势。刘盆子惶恐，天天啼哭，使得随从属官都很可怜他。建武二年（公元26年）正月，刘恭看出赤眉军失败已成定局，暗地里教弟弟刘盆子归还印绶，练习辞让的语言。刘恭在正旦大会上说道："诸位共立我弟为帝，仁德深厚，可是一年以来，天下越来越混乱，实在不能有所成就，恐怕死也没有益处，甘愿贬为庶民，请另选其他贤达人士。"樊崇等人谢罪说："这都是我们的过失。"

刘恭再次请求，有人说："这难道是你式侯的事吗？"刘恭慌恐，只得悻悻地离开。刘盆子边解印绶边走下御座，叩头说道："现在官僚制度仍和以前一样，但四方怨恨，不再信从归向，主要原因是没有选择合适的皇帝，我愿让位于贤圣。如果要以杀死我的方式来对其过失进行弥补的话，我也难以逃脱。"说着痛哭流涕。樊崇以及参加大会的数百人都很同情刘盆子，大家都离开了座位顿首说："我们做得不对，今后不再放纵自己而辜负陛下了。"于是抱起刘盆子，戴上印绶。大会结束，诸臣各自回到自己营地闭门自守。三辅议论纷纷，称颂天子聪明，百姓争着回归长安。然而不过二十几天，赤眉军便又和原来一样，出来抢掠了。

（2）刘盆子降汉

长安城中弹尽粮绝，赤眉军掠夺黄金珠宝然后纵火烧了宫室，在城中大开杀戒，无人敢在街上行走。号称百万的赤眉军退出长安西去，一路摧城拔寨，自南山进入安定、北地。邓禹率军队南下到了长安，驻军昆明池，参拜了高庙，将西汉十一位皇帝的神主牌位送到洛阳，又置派吏士进行守护。

九月，赤眉军想攻击上陇，隗嚣派将军杨广迎战，打败了赤眉军，又追到乌氏、泾阳，再次打败赤眉军。赤眉军败走阳城，突然遇上大雪，兵士很多被冻死，又回到长安，盗取了西汉诸帝陵墓埋葬的宝物。邓禹派遣军队在郁麦和赤眉军激战，结果被赤眉军打败，邓禹只得退守云阳。赤眉军再次进入长安。邓禹率军队袭击长安，与谢禄援军激战，邓禹战败退走。当时延岑屯兵杜陵，赤眉军将领逢安进攻延岑，赤眉军死伤十多万人后不得不撤退。

赤眉军将领廖湛率军队十八万人进攻汉中王刘嘉，在谷口一战中赤眉军失败。刘嘉亲手杀死了廖湛，随即到云阳驻扎储备粮草。刘嘉妻兄新野人来歙，是光武帝姑姑的儿子，光武帝命邓禹招抚刘嘉，刘嘉在来歙的劝说下投降了邓禹。邓禹军队补给不足，与赤眉军几次作战都没有取胜，

17

叛离事件不断发生。赤眉军和延岑在三辅地区很猖獗，当地郡县豪强大族拥兵割据，邓禹无能为力。光武帝派遣偏将军冯异取代邓禹。光武帝亲送冯异到河南，对冯异说："三辅地区先后遭受王莽、更始之乱，再加上赤眉军和延岑的骚扰，百姓已不堪忍受。你现在奉命讨伐乱臣贼子，凡投降者，让其将帅来京师。遣散部众，让他们归就农桑；拆毁营壁堡垒，使他们无法聚众滋事。征伐的目的并不是略地屠城，主要是安抚百姓。其他将领并不是不善于作战，而是好掳掠而不得民心。你最能驾驭将士，一定严明军纪，不要再让百姓受苦。"冯异接受教谕，率人西去，所到之处，布德施信，各地盗贼纷纷归降。司马光就此事评议光武帝说："对周武王的德政，过去周人颂扬时说：'铺时绎思，徂惟求定。'是说王者之兵，志向只是布陈威德以安抚百姓。光武帝之所以夺取关中，就是用这个上策啊！"

光武帝又下诏书征还邓禹说："不要与穷寇争锋，赤眉军已无粮草，必定东来，我们以逸待劳，以饱待饥，定能取胜，不要再轻易进兵。"

这时大饥荒，在三辅出现人吃人的惨剧，城郭皆空，白骨遍野，剩下的人常聚为营堡，实行坚壁清野。赤眉军用尽各种方法也得不到粮食，只好返回。此时军队还有二十多万，东归时溃不成军。光武帝又派遣破奸将军侯进等驻守新安，建威大将军耿弇等驻守宜阳，占据赤眉军东还必经的险要之地，吩咐说："贼军如果向东逃窜，宜阳之军到新安会师；敌军如果向南逃跑，新安之军到宜阳会师。"在华阴，冯异与赤眉军交战数十次，收降赤眉军五千余人。

建武三年（公元27年）正月，光武帝任命冯异为征西大将军。邓禹羞愧于接受任务之后没有立功，几次率饥疲之军与赤眉军作战，每战都失败，然后又率领车骑将军邓弘等人到湖城，要与冯异联合进攻赤眉军。冯异说："我与贼军对峙几十天，虽然有所斩获，但贼军众多，如今只可以恩信引诱，马上开战取胜把握不大。皇上让诸将驻扎渑池，占据东方战略要地，而我却在西边进攻，想一举取胜，实在是没有充分的把握。"冯异的意见，邓禹、邓弘并不听从。邓弘与赤眉军大战一天，赤眉军放弃辎重，假装败走，车辆上装满了土，在上面撒一些粮食。正在邓弘军队抢夺粮食之时，赤眉军乘机杀回，邓弘军大乱战败，邓禹与冯异合兵救援，赤眉军稍退。邓禹不顾冯异的劝告，不顾兵士的疲惫，又与赤眉军交战，被赤眉军打得大败，死伤三千多人，邓禹乔装成赤眉军逃回宜阳。冯异步行上了回谷阪，与部下回营重整残兵败将，再次坚壁自守。

闰月，冯异与赤眉军约期会战，选一部分壮士穿上与赤眉军相同的服装埋伏在路旁。天亮后，赤眉军派一万人进攻冯异前部，冯异派小量士兵救援。看到冯异势弱，赤眉军便全力进攻，冯异军队全力迎战。黄昏，赤眉军锐气渐衰，这时，冯异的伏军突起，让赤眉军无法识别，于是惊恐溃散，冯异率军追击，在崤底大败赤眉军，俘虏赤眉军八万人。光武帝慰劳冯异说："起初垂翅回，终能奋翼渑池，真可以说失之东隅，收之桑榆。一定要论功行赏，奖励你的功勋。"

赤眉军余部向宜阳进发。汉光武帝建武三年（公元27年）正月，光武亲率六军，严阵以待，赤眉军在大军压来的时候，一时惊慌得不知所措，只得派遣刘恭向光武帝乞降。刘恭问光武帝："刘盆子率百万之众投降陛下，陛下如何对待？"光武帝说："免你们不死。"刘盆子以及丞相徐宣以下三十多人出降，送上传国玺绶。光武帝带军队聚集在宜阳城西，阵容整齐。赤眉军此时尚有十多万，光武帝令县厨赐给食物，将兵马布在洛水旁边，第二天一早，让刘盆子君臣观看。光武帝对樊崇说："投降一事你们后悔过吗？我现在让你们回营，率军队决一胜负，不想强迫压服你们。"徐宣等人叩头说："臣等出长安东都门，计议要归降圣德。今天能够投降，没有任何后悔的地方。"光武称帝后三年平定了赤眉起义军。

3. 平定中原

光武帝刘秀消灭赤眉军后，挥师中原，与中原各割据势力进行了残酷的战争，最后夺取了中原地区的控制权。

（1）灭梁王刘永

更始元年（公元23年）十月，汉宗室梁王刘立之子刘永到了洛阳，刘玄仍封刘永为梁王，都城设在睢阳。

更始二年（公元24年）冬，梁王刘永在封国起兵，招集诸郡豪杰，任命周建等人为将帅，攻下了济阴、山阴、沛、楚、淮阳、汝南等二十八城，又任命佼强为横行将军，董宪为翼汉大将军，张步为辅汉大将军，统领青州、徐州的兵力，成为一股强大的割据势力。

汉光武建武元年（公元25年）十一月，刘永在睢阳称帝。此前，更始政权任命王闳为琅邪太守，张步占据琅邪郡抗拒王闳上任，王闳招降了赣、榆等六个县，与张步交战，没有取胜。后张步接受了刘永的官号，整训军队，攻占了泰山、东莱、城阳、胶东、北海、济南、齐郡。王闳敌不过张步，便去见张步，张步严阵以待，怒气冲冲地说："你全力进攻我，我有何罪？"王闳手握剑柄说："我奉朝廷之命，而你却拥兵抗拒，我只是进攻乱臣贼子，不能说我过分。"张步改变了态度，下跪谢罪，款待王闳，让王闳掌管郡事。

建武二年（公元26年）四月，虎牙大将军盖延率驸马都尉马武等四位将军进攻刘永，将刘永打败并围困在睢阳。这时，原更始政权的将领苏茂反叛，占据广汉而向刘永投降，刘永任命苏茂为大司马，封淮阳王。

八月，睢阳被盖延围困数月之后，城破，刘永逃往虞，虞人造反，刘永的母亲和妻子被杀死，刘永率部下数十人逃到谯。苏茂、佼强、周建三人合军共三万多人援救刘永，在沛西与盖延交战，被盖延大败，三人退保湖陵。后苏茂又逃归广乐。盖延平定了沛、楚和临淮。

这时，光武帝派太中大夫伏隆出使青、徐二州，招降郡国，青、徐贼寇听说刘永兵败，都惊恐请降，张步派遣掾属孙昱随伏隆上书朝廷，表示臣服。十一月，光武帝任命伏隆为光禄大夫再次出使，与新任命的青州牧、守、都尉一起东去，并允伏隆可以任命县令以下官吏。

建武三年（公元27年）二月，刘永封董宪为海西王。

伏隆到达剧县，刘永听说后就派遣使者封张步为齐王。张步贪图王爵，举棋不定。伏隆解释说："高祖曾规定，除刘姓皇族外不可以接受王爵，现在你仅能成为十万户侯而已！"张步想把伏隆留下，跟他共同据守青、徐二州，但伏隆要求返回洛阳报告情况。张步于是拘捕伏隆而接受刘永的封爵。伏隆派密使向光武帝报告："我奉命出使，却没有完成使命，被叛逆拘捕，处于危险境地。我虽然身处艰难窘迫之中，但为完成使命，就算牺牲性命，也在所不惜。另外，官民们知道张步反叛，民心离散。愿陛下及时进军，不要顾念我。如果我还可以活着回到朝廷，就算被诛杀，我也无憾了，假如我死于叛贼之手，就把父母兄弟托付给陛下。祝福陛下和皇后、太子！"光武帝得到伏隆的奏书，召见他的父亲伏湛，流着眼泪把奏书拿给他看，说："我恨不得暂且封给张步王爵而立刻让伏隆返回！"后来，张步还是杀了伏隆。当时，刘秀主要担心北方的渔阳和南方的梁、楚，因此张步能够有机会独霸齐地，占据十二个郡。

三月，涿郡太守张丰反叛，自封为无上大将军，跟彭宠的军队联合。朱浮求助于光武帝，请求光武帝亲自讨伐彭宠。光武帝下诏回答说："去年赤眉军在长安气焰嚣张，我断定他们弹尽粮绝之后必然向东撤。现在估计这些叛逆不会存在多长时间，他们发生内讧是迟早的事情。现在我军军需还不充足，因此要等小麦收割以后才行。"朱浮部队在吃完蓟城粮食后，出现了人吃人的惨剧，要不是耿况派骑兵来救援，朱浮肯定逃不了了。彭宠自称为燕王，进攻夺取右北平、上谷的几个县。他贿赂北方的匈奴，向匈奴借兵作为援军，又向南结交张步及富平，跟他们建立了联系。

光武帝亲自征讨邓奉，抵达堵阳。邓奉出逃，董䜣投降。四月，光武帝追击邓奉到小长安，邓奉被打败了。因朱𧙧从中周旋，邓奉投降。光武帝怜惜邓奉是有功的老部下，而且因吴汉所逼，想宽恕他。岑彭、耿祐进谏说："邓奉背叛恩主，发动部队反叛，接连几年残暴掳掠。陛下亲征到达堵阳，他没有悔改之意，还亲自上阵和您交战，打败了才被迫投降。如果不杀邓奉，就不能惩办邪恶。"于是，斩邓奉，恢复朱𧙧的官职。

延岑大败赤眉军以后，马上稳定住当地局势，计划将关中占据。当时关中地区盗贼很猖狂，延岑、王歆、公孙述等各自割据一方。他们各称将军，多的一万余人，少的数千人，各自拥有自己的军队，各军之间相互攻击。冯异向前推进，在上林苑大败延岑和张邯、任良的联军，延岑向南阳逃跑。当时正值饥荒，一斤黄金才换五升豆子。交通被阻，运送的粮食无法到达，冯异的士兵都以野果充饥。光武帝下诏任命赵匡当右扶风，率军协助冯异，并运送粮食、绢帛。冯异的军队扭转了不利局势，日渐强盛，粮食也渐渐充足，逐步消灭了地方割据势力。冯异又褒扬奖赏归降有功劳的人，把各营寨的首领全都送到洛阳，遣散他们的部下，让他们回到各自本来的行业，冯异威振关中。除了吕鲔、张邯、蒋震投降了占据西蜀的公孙述，剩下的全部平定。

吴汉率领杜茂等七位将军在广东围攻苏茂，周建带十万大军援救苏茂。吴汉迎战周建，无法取胜，自己还受了伤。将领们对吴汉说："大敌当前，而您现在受了伤，大家心里感到恐慌。"吴汉于是包扎伤口，强忍疼痛站了起来，杀牛犒劳战士，军中士气倍增。第二天，苏茂、周建出兵包围吴汉，吴汉大败敌军。苏茂逃回湖陵。这时，睢阳人在城内叛乱，迎接刘永进城。盖延率众将领围攻睢阳。杜茂、陈俊守卫广东，吴汉自己带兵协助包围睢阳。

盖延包围睢阳大约一百天后，刘永、苏茂、周建突围而出，准备逃跑。盖延急速追击，刘永的将领庆吾砍下刘永的首级归降。苏茂、周建逃到垂惠，拥立刘永的儿子刘纡当梁王。刘永的另一将领佼强逃到西防。

十月，耿祐向光武帝请求，征调上谷郡还未调动的士兵，这样就可以铲除在渔阳的彭宠，以及涿郡的张丰；返回洛阳时可以消灭富平、获索军；向东又可以攻击张步，从而平定齐地。光武帝认为他有雄心壮志，计划也很合理，答应了他的要求。

建武四年（公元28年），光武帝派遣朱祐、耿祐、祭遵、刘喜讨伐涿郡的张丰。祭遵先行到达，猛烈攻打张丰，将他活捉。起初，有个道士说张丰会做皇帝，并把一个装有石头的彩色口袋绑在张丰的肘上，说："皇帝用的玉玺在石头中。"张丰相信道士的话，因此，在即将被砍头的时候，他还说："我肘上的石头里有玉玺。"旁人打破石头，张丰后悔受骗。他仰天长叹说："我应当死，死而无憾！"

刘秀命令耿弇进攻彭宠。耿弇因为种种原因，不敢单独进军，要求返回洛阳。光武帝下诏回答说："将军全家为国效忠，功劳卓著，还有什么担心使你想回洛阳呢？"耿况听说以后，派耿弇的弟弟耿国前往宫廷服务。此时，祭遵驻屯良乡，刘喜驻屯阳乡。彭宠率领匈奴的军队准备袭击。耿况命他的儿子耿舒击败匈奴军，诛杀匈奴两位亲王，彭宠这才退兵。

建武四年（公元28年）七月，光武帝到谯地，派马武、王霸在垂惠包围刘纡、周建。董宪部下将领贲休献兰陵城降汉，董宪听说后进军包围兰陵。盖延和庞萌在楚，请求救援兰陵，光武帝嘱咐说："直接攻剡即可解兰陵之围。"盖延因兰陵危急，便先去救兰陵。董宪先回师迎击而后假装败退，盖延进入兰陵城。第二天，董宪率大军折回包围了兰陵，盖延等人突围而出，才去进攻剡城。光武帝责备说："原先让你们进攻剡，敌军意想不到，现在再去攻剡，敌军计议已定，兰陵之围怎么能解呢？"果然，盖延等人攻剡没有攻取，而兰陵却被董宪攻下，杀死了贲休。

八月，光武帝到寿春县，令马成率领刘隆等三位将军，征调丹阳、会稽、六安、九江四个郡的兵力攻打李宪。九月，李宪在舒县被包围。

岑彭围攻秦丰三年，杀敌九万余人，秦丰只剩下一千人，粮食快要耗尽。十二月，光武帝到达黎丘，招降秦丰，秦丰不肯投降，就让朱祐等代替岑彭包围黎丘；傅俊、岑彭率军南下，攻打田戎。

建武五年（公元29年）苏茂率五校军援救周建。马武被打败，逃跑途中经过王霸营垒，大声呼救。王霸说："贼军的士气很盛，如果我出兵，你我两军都会被打败，你只有自己努力了！"于是关闭营门，加强防守。军官们都有异议，王霸说："苏茂的军队战斗力很强，我们的将士内心恐惧。而马武依赖我军，两支不一样的军队很难融合在一起，这是失败的原因。现在我们闭营坚守，表示我们对马武不援助，贼军必然会轻举冒进。马武得不到救兵，战斗力肯定倍增。这样，苏茂的军队就会疲劳，我们趁他疲劳的时候进攻，就能够打败他。"苏茂、周建果然出动所有的军队进攻马武，战斗持续了很长时间，王霸军中勇士割发请战。王霸打开营垒后门，派出精锐骑兵从背后袭击苏茂、周建。周建、苏茂前后受敌，败阵逃跑，不久又再次聚集起军队挑战。王霸据守不出战，大宴部下，唱歌取乐，苏茂向王霸营中放箭，射中王霸面前的酒杯，王霸安然坐着。军官们都说："苏茂昨天已经被我们打败，现在容易打败他！"王霸道："不是这样。苏茂的军队远道而来，粮食不足，所以频频发动攻势，想尽快取得胜利。现在我们关闭营门，军队要休整一下，正是所谓'不用打仗就能使敌人屈服'！"苏茂、周建不能和王霸交战，只好回营。夜里，周建的侄子周诵反叛，关闭垂惠城门，不让他们进城。在逃亡途中，周建死了，苏茂逃到下邳，与董宪会合。

（2）彭宠刘纡身死

彭宠的妻子多次看到不祥之兆，感到不妙，占卜师、望气先生都说要内讧。所以，彭宠的堂弟子后兰卿在洛阳做人质后归来，彭宠不肯相信他，分给他一支军队让他驻在外地，远离宫中。彭宠在便室斋戒，奴仆子密等三人趁彭宠睡觉把他绑在床上，然后对外面的官员说："大王正在斋戒，官吏们统统放假。"又假传彭宠的命令，把男女奴仆全都捆绑囚禁起来。又用彭宠的命令叫他妻子前来，彭宠的妻子进入便室，大吃一惊，说："反了，反了，奴才反了！"家奴们揪着她的头，狠狠地打她的耳光。彭宠急忙叫道："赶快为将军们置办行装！"因此由两个奴仆押着彭宠妻子到后宫收取珍珠财宝，留一个奴仆看守彭宠。彭宠狡猾地对看守自己的奴仆说："你这孩子，我向来爱护你，而今你被子密所胁迫！如果为我解开绳索，我将把女儿彭珠嫁给你，家里的财宝全都给你。"小奴仆想要解开绳索，但见子密正听他们说话，就不敢去解。后宫中的财宝衣物，被子密等人掠取了，回到彭宠所在的便室装好，备好六匹马，再叫彭宠的妻子缝制两个细绢做的口袋。天黑以后，给彭宠松绑，命他给守卫城门的将军下命令："现在派子密等人到子后兰卿处，请放行。"写好之后，彭宠和他的妻子被子密等人斩杀了，将人头放到口袋里，拿着彭宠的手令火速出城，把人头等送到洛阳。第二天，宫门久久不开，彭宠的官属们翻墙而入，看到彭宠的尸体，惊恐万分。彭宠的尚书韩立等拥立彭宠的儿子彭午为燕王。国师韩利却砍了彭午的人头，带到祭遵处投降。祭遵诛杀彭宠全族，光武帝封子密为不义侯。

吴汉率领耿祐、王常等，与富平、获索贼军在平原郡激战，贼军大败。追击贼军残部到勃海郡，先后共有四万余人投降。光武帝接着颁诏令，命耿弇进军征讨张步。

平敌将军庞萌为人谦虚平和，光武帝经常称赞说："庞萌是可以担当重任的人。"于是命他与盖延共同进攻董宪。当时诏书只下给了盖延而没有给庞萌，庞萌怀疑盖延在光武帝面前说了自己的坏话，于是袭击盖延，取胜后又与董宪联合，自称东平王，驻屯在桃乡之北。光武帝听后非常愤慨，亲自率军讨伐庞萌，说："我以前说以庞萌为社稷之臣，这句话各位将军能不耻笑吗？这个老贼应当族诛，你们各人整顿军队，会师睢阳。"

六月，董宪与刘纡、苏茂、佼强回到兰陵，苏茂、佼强帮助庞萌围攻桃城。光武帝在蒙城听说后，亲自率军轻装奔赴桃城，走到亢父的时候有人建议，百官疲倦，可暂且住一宿，光武帝没有应允，又行了十里地，在任城住宿，离桃城只有六十里。第二天，诸位将领请求继续前进，庞萌等人也率军队挑战，光武帝命令不得出战，养精蓄锐，挫敌军锋芒。此时吴汉等人驻扎在东郡，光武帝又把吴汉等人叫来。庞萌等人惊慌失措地说："汉军数百里日夜兼程，以为他们是为了交战，可是却坚守任城，想让我们到他城下，我们决不能前去。"便投入全部兵力进攻桃城。桃城守军听说光武帝御驾亲征，士气大振，庞萌等人攻城二十多天，仍不能攻下。吴汉、王常、盖延、王梁、马武、王霸等来到任城。光武帝这才率众军前去援救桃城，敌军溃败，苏茂、佼强乘夜逃遁。

七月，光武帝到达沛县，又到达湖陵。董宪和刘纡的数万兵马屯驻在昌虑县。董宪重整五校军残部，防守建阳。光武帝到达蕃县，距离董宪的营垒只有一百余里，将领们要求出击。光武帝不同意，因为他知道五校军军需不足，不久就会自己撤退。光武帝告诫各路大军坚守营垒，以逸待劳。不久，五校军果真离去。光武帝亲自上阵，四面围攻董宪。三天后，董宪的军队被打败。佼强投降，苏茂投奔张步，董宪和庞萌逃跑到郯县。八月，光武帝到达郯县，留下吴汉攻城，自己率军攻取彭城、下邳。吴汉攻下郯县，董宪、庞萌逃到朐县。刘纡被他的军士高扈所杀，高扈投降光武帝。朐县被吴汉进军包围。

建武五年（公元29年）三月，大将岑彭攻克夷陵，田戎大败，逃入蜀地，他的妻子及部众数万人被俘，荆州一地得以平定。

（3）耿弇平张步

十月，光武帝到达鲁城。

张步听说耿弇马上要到达，命他的大将军费邑驻屯历下城；又在祝阿县部署兵力；另外在钟城、泰山排列数十个营垒，等待耿弇军。耿弇渡过黄河，开始攻打祝阿。祝阿在短短一个上午就被攻克。耿弇有意打开一个缺口，让城里的残兵能够跑出，投奔钟城。钟城的军队听说后，异常恐慌，于是弃城而逃。

费邑派遣弟弟费敢据守巨里。耿弇先威胁巨里，准备攻城工具，通告全军，三天后就要全力进攻，之后，暗中释放几名俘虏，让他们逃回，故意泄露自己的行动日期。费邑在三天后，亲自率领精锐三万余人赶来援救。耿弇非常高兴，对将领们说："我准备攻城工具，就是要引诱费邑前来。不攻打他们的部队，要城岂不更好！"马上留下三千人看守巨里；自己亲自统率精兵登上山坡，占据高地，大败敌军，费邑在阵地上被斩杀。随后把费邑的人头送到巨里城中，城中恐惧。费敢率军队逃跑，投奔张步。耿弇又稍作休整，派兵攻取那些未归附的营寨四十余座，随后平定济南郡。

当时张步以剧县为都城。张步派弟弟张蓝率领精兵二万人驻守西安，派各郡太守集合一万余人守卫相距四十里的临弇县。耿弇率军进攻位于西安和临弇之间的画中。耿弇看到西安城防很坚固，而且张蓝的军队又很强大，临弇表面上看固若金汤，但实际上却容易攻取。于是，各指挥官接到命令，五天以后联合攻打西安。张蓝得知以后，日夜警戒守卫。第六天，夜半时分，耿弇将领们草草吃过饭。到天亮时，抵达临弇城。护军荀梁等认为："攻打临弇，西安一定会派军队支援；攻打西安，临弇不能救援，不如攻打西安。"耿弇说："西安方面日夜戒备，正担心自己的安全，不可能再出兵援救别人！临弇方面防备松弛，必定会惊慌失措。我用一天的时间，必能攻破。攻陷了临弇，也就切断了西安和剧县的交通，从而孤立西安，西安守军必然弃城逃跑。这正是所谓'一举两得'。如果先攻打西安，不是很容易攻下，军队陷在那里，伤亡一定很多，就算能够攻破，张蓝将率军逃回临弇，合并了那里的守军。我们深入敌地，补给很困难，一个月之内，不用打仗就败了。"果然，他只用了半天就攻占临弇。张蓝听到消息，十分惊恐，率领军队逃回到剧县。

耿弇下令禁止军队掳掠，等到张步到来时再拿走财物，以此激怒张步。张步听后，大笑说："尤来、大彤的十几万军队都不是我的对手。现在耿弇的军队比他们少，又十分疲惫，有何可怕的？"于是率号称二十万的大军，抵达临弇城东，准备攻打耿。耿弇向光武帝报告军情说："我占据临弇城，筑高墙，挖深壕。张步从剧县远道而来，军队饥渴疲劳。他要推进，我就引诱他；他要撤退，我就去追击他。依靠自己的营垒，精锐百倍，以实攻虚，以逸待劳，十天之内，张步的首级便能获得。"于是耿弇率军出营到弇水边，与敌军遭遇。耿弇恐怕挫败敌军锐气，使得张步不敢前进，就有意助长对方的气焰，率军回城，在城内布防，都尉刘歆、泰山太守陈俊分别在城下布阵。张步气势汹汹，径直攻打耿弇军营。耿弇登上高台观望，查看刘歆等同张步作战的情况，然后亲自率领精锐部队在东城下横冲张步的军队，大败敌军。一支乱箭射中耿弇的大腿，耿弇用佩刀截断箭杆，左右都无人知道。第二天早晨，故计重施，耿弇又率军出营。

光武帝在鲁城听说耿弇被张步攻击的消息，亲自率军前去援救，陈俊对耿弇说："敌兵士气正盛，我们可以暂且关闭营门，休养军士，等皇上前来。"耿弇说："皇上马上就到，臣子应当杀牛备酒，而不是把盗贼匪徒送给君王去灭！"因此出兵大战，一天之间，再次大败敌军，敌人死伤无数。耿弇料到张步受到重创以后一定会撤军，在左右两翼设下伏兵等候。深夜，张步果然率军离去。伏兵奋起攻击，一直追杀八九十里地，尸体遍野，耿弇缴获张步的辎重车两千余辆。张步逃回剧县，元气大伤，兄弟们各自带兵离开。

几天之后，光武帝抵达临淄，亲自慰劳军队，宴请文武百官。光武帝对耿弇说："过去韩信攻下历下，开创了汉朝大业的基础；现在将军攻破祝阿，建立了伟大功绩，这些地方全是以前齐国的西方边界，你们二人的功劳足可以相提并论。而韩信攻击的是已经投降的军队，将军单独打败强大的敌人，又比韩信艰难了。还有，田横曾经杀害郦食其，等到田横投降刘邦，刘邦下诏卫尉郦商不要记仇。先前伏隆也被张步杀了，今天假如他来归顺，我将下诏让大司徒伏湛解除怨恨，这两件事情又特别相似。你以前在南阳时，曾提出建树这项功业的重大策略，我还总感到计划过于庞大，无法实现。"光武帝进抵剧县。

耿弇又追击张步。张步逃到平寿县，苏茂率领一万余人前来援救，责备张步说："耿弇曾击败了勇敢善战的延岑的南阳军队精锐，大王为何靠近并攻击耿弇的阵地呢？您既然征召我，就不能等我一步吗？"张步说："惭愧惭愧，我输得无话可说。"光武帝派人告诉张步、苏茂，只要能诛杀对方，投降的就能封爵。于是张步杀了苏茂，到耿弇军营投降。耿弇把张步送到光武帝驻地，自己率军到平寿城，树起十一个部的旗帜，令张步的士兵分别到本部的旗下。此时，张步军队余部还有十余万，全部遣散返回乡里，又把张步的三个弟弟囚禁在当地的监狱。光武帝下诏赦免他们，封张步为安丘侯，让他和妻子儿女住在洛阳。

当时只剩琅琊尚未平定，光武帝任命陈俊为琅琊太守，陈俊一到，盗贼全部逃散了。耿弇到城阳收降了五校农民军余部，齐地全部平定，便回到京城。耿弇共平定四十六个郡，更为难得的是，没有遭受一次挫折。

建武六年（公元30年），吴汉等攻取朐，董宪、庞萌前后被斩杀，江淮、山东地区也全部平定。诸将率军队还朝。

4. 得陇望蜀

光武帝稳定中原以后，只剩关陇地区的隗嚣和蜀中的公孙述这两个割据势力了，光武帝动用数十万军队，费了十几年的时间才彻底打败他们，统一了全国。

更始二年（公元24年）二月，更始政权征调隗嚣及其叔父隗崔、隗义等人，隗嚣准备应征。方望认为更始政权未必能存，不同意隗嚣去长安，隗嚣一意孤行，方望就写了一封辞别信而去。隗嚣等人到了长安，隗嚣被任命为右将军，隗崔、隗义保留原称号。

四月，更始政权派李宝、益州刺史张忠带领一万多人经营蜀汉地区，公孙述派遣弟弟公孙恢进攻李宝和张忠，打败他们夺了绵竹。公孙述自立为蜀王，建都成都，当地臣民纷纷归服。建武元年（公元25年），公孙述又即皇帝位，以"成家"为号，改元"龙兴"，李熊为大司徒，其弟公孙光为大司马，公孙恢为大司徒。

（1）马援出使

隗嚣等人降归后不久，隗义、隗崔想回故郡，隗嚣怕连累自己，告诉刘玄，结果刘玄杀了隗崔、隗义。刘玄认为隗嚣忠于自己，任命他为御史大夫。次年夏天，赤眉军入关，三辅地区大乱，传说光武帝在河北即帝位，隗嚣劝刘玄归政于光武帝叔父刘良，刘玄没有听从。诸将想劫持刘玄东归，隗嚣也参与了谋划。事情被刘玄知晓，派使者召隗嚣，隗嚣装病不进见，和周宗、王遵等人率军守卫府邸，刘玄派执金吾邓晓包围了隗嚣府邸。隗嚣闭门坚守，黄昏时，率数十骑突围逃归天水。隗嚣召集旧部，在旧地自称"西州上将军"。关陇避难的士大夫基本上都依归隗嚣，隗嚣也礼贤下士。他以平陵范逡为师友，任命前凉州刺史、河南人郑兴为祭酒，茂陵人申屠刚、杜林为治书，马援为绥德将军，杨广、周宗、王遵、王捷、行巡、王元皆为大将军，安陵人班彪等人为宾客。隗嚣因交结名流而名震西州。

由于几代都在河西为官，对当地风土人情相当熟悉，窦融与更始政权右大司马赵萌关系又很不错，就借助赵萌的关系请求去河西。赵萌向更始政权推荐窦融，任命他为张掖属国都尉。当时，酒泉太守梁统、张掖都尉史苞、金城太守库均、酒泉都尉竺曾、敦煌都尉辛肜，在河西地区都是英俊之士，窦融与他们交情很深。更始政权失败后，窦融与梁统等商议说："现在形势混乱，我们一时还不能确定归附谁，河西地区身陷羌胡包围，不同心协力就将失败，权力相当就谁都不服谁，应当推举一人为大将军，统领五郡。"最后推举窦融代理河西五郡大将军，梁统为武威太守，竺曾为酒泉太守，史苞为张掖太守，辛肜为敦煌太守，窦融居住属国，兼任属国都尉，设置从事，监察五郡。

建武三年（公元27年）十一月，光武帝对太中大夫来歙说："现在西部州郡没有归附，公孙述称帝，路途遥远，地势险要，诸将正在经略关东，经营西部的方略，一时还不知怎么办，你看应该怎样？"来歙回答说："我在长安曾经与隗嚣相遇，这个人在刚起兵时曾以兴汉为名，我想按照您的意思写一封信给他，他一定归降，隗嚣归降，公孙述就不难对付。"光武帝认为有道理，就让来歙招降隗嚣。因对汉有功，又曾接受邓禹代表光武帝授予的官职爵位，自己的左右也有归汉的意思，隗嚣于是去长安奏事。光武帝用隆重的礼仪接待了隗嚣。

延岑自在四川失败，辗转逃亡，建武四年（公元28年）二月，又率残部进攻顺阳，光武帝派邓禹迎战，大败延岑。延岑去汉中投靠公孙述，被封为大司马、汝宁王。

第一章 光武中兴

十二月，公孙述聚兵数十万，广蓄粮草，又造十层楼船，刻了许多天下各地牧守的官印，派遣李育、程乌统率数十万人马到陈仓和吕鲔会师，进攻长安三辅地区。冯异大败公孙述军。程乌、李育逃回汉中，冯异转头又击败吕鲔，吕鲔手下将士投降冯异的不计其数。

隗嚣派马援前往成都刺探公孙述的情况。马援和公孙述是同乡，关系不错，他以为到达之后，公孙述必然像以前那样和他握手。然而公孙述在殿阶下排列许多卫士，戒备森严。随后马援入殿行过见面礼之后，公孙述让马援到驿站休息，又为马援准备布衣服和交让冠。在宗庙中召集百官，设旧交老友的座位。公孙述以绣着鸾鸟的旗帜、披头散发的骑士做前导，开路清道，实行警戒。他向迎候的官员屈身还礼后，进入宗庙。礼仪祭品和百官的阵容相当盛大。公孙述准备封马援侯爵，任命为大将军。马援带领的宾客们都乐意留下来，马援说："天下胜负未定，公孙述不懂得迎接有才干的人，却只注重繁琐的小节，这种人怎能长久留住天下有志之士，跟他共图大事呢？"因此告辞。回来后他对隗嚣说："公孙述不过是井底之蛙，却妄自尊大，我们不如一心跟刘秀往来。"

于是隗嚣派马援带着给光武帝的信到洛阳去。光武帝在宣德殿南面的廊屋里，仅戴头巾笑迎马援，对马援说："您在两个皇帝之间游历，今天见到您，令我十分惭愧。"马援叩头辞谢，说："现在的天下，不单君主选择臣子，臣子也选择君主。我和公孙述是同乡，从小关系很好。我前些时候到成都，公孙述让武士拿着兵器立在殿阶下，随后才接见我。今天我远道而来，您如何知道我不是刺客，而这样平易地接见我？"光武帝笑着说："您不是刺客，仅仅是说客而已。"马援说："天下形势，反复不定，以帝王自称的人难计其数。今天我看见您和高祖一样恢宏大度，才知道自有真正的天子。"

在冯异同公孙述军队交战时，隗嚣派兵帮了很大忙，冯异报告光武帝，光武帝写信给隗嚣，说："我很愿意与将军结交，你南挡公孙述，北平羌人之乱，所以冯异只数千人就能在三辅地区站稳脚跟，如果没有您的帮助，咸阳则已为他人所有了。如果公孙述的军队到汉中，三辅地区要借助将军的军队，两者可谓实力相当，果真如此，实在是智士计功割地之时。管仲曾说：'生我者父母，成我者鲍子。'以后，要常往来书信，不要听别人离间的言语。"后来，公孙述数次出击，都被隗嚣与冯异联合击败。公孙述随即拉拢隗嚣，派人把大司空、扶安王的印绶授给隗嚣。隗嚣斩杀了来使，出兵进攻。公孙述军队因此不敢向北出击。

建武五年（公元29年）正月，光武帝派来歙送马援归陇右。隗嚣向马援问起东方之事，马援说："前一段到朝廷，光武帝接见数十次，每次都在一起促膝长谈，常常昼夜不间断。其才智勇略，任何人都不能比拟，而且为人坦诚，心胸博大，重大节，和高祖相似。熟读经书，政事文辩，前世无人所及。"隗嚣问："你认为他和高帝不同的有哪几个方面？"马援说："和高帝不一样，高帝无可无不可，而现在的皇上喜欢吏事，行动有节度，又不喜欢饮酒。"隗嚣心里有些不快，说："如你所说，不是各方面都胜出高帝了吗？"

二月，岑彭攻取夷陵，田戎投靠公孙述，岑彭俘虏了田戎的家属和将士数万人。公孙述封田戎为翼江王。岑彭想进攻蜀，只是这个地区粮草太少，水流湍急难以运输，于是留威房将军冯骏驻军江州，都尉田鸿驻夷陵，领军李玄驻夷道，自己屯军津乡，处荆州要会之处，传谕少数民族投降者，上奏皇帝封其首领。

当初，窦融等听说光武帝的威望恩德，非常向往东方，因为相隔遥远，自己无法直接联系，于是从隗嚣那里接受东汉"建武"的年号。隗嚣授给他将军印绶。隗嚣表面上顺应众望，实际上怀有二心，他派说客张玄劝说窦融等人道："更始的大事已定，却很快又失败，这证明刘氏一姓无法再起。假如马上就认定君主，隶属于他，就会受到束缚和制约，自己也会失掉权力。如果他灭亡，我们便会随着他败亡，后悔莫及。现在英雄豪杰竞起，胜败未定。我们应当各守自己的领地，和陇西隗嚣、西蜀公孙述结成联盟。如果成功可以成为战国时代的六国之一，就算失败也可成为南海尉佗。"窦融等召集豪杰们商议，其中有远见的人都说："现在皇帝的名字，和预言书中一样，法术大师谷子云、夏贺良等都说，汉朝有再次兴起的祥瑞征兆，因此刘歆改名为刘秀，希望应验预言书上的话。王莽末年，西门君惠策划拥立刘歆做皇帝，事情败露被杀。西门在赴刑场的途中，对围观的人说：'预言千真万确，刘秀的确是你们将来的君主！'这些事，大家亲眼所见。况且当今号称皇帝的几个人中，刘秀拥有的土地最多,实力最强大。观察预言书上的话,考察世间的事情,除了刘秀无人可担当君主了。"大家听罢,有的赞同,有的反对。

窦融决定归顺光武帝,派长史刘钧等人带信到洛阳。与此同时,光武帝也派使者送信给窦融召他。光武帝的使者在路上遇到刘钧,一起返回洛阳。光武帝非常高兴,设宴款待刘钧,随后,让他带诏书给窦融说:"现在公孙述在益州,隗嚣在天水。公孙述和我正在相互攻打,这样将军您有着举足轻重的作用,也就是说,您计划帮助某一方时,力量不可估量!如果要创立齐桓公、晋文公一样的霸业,我们就应联合起来;假如想实现三足鼎立的局面,也应该抓住时机。天下还未统一,我和您相距遥远,不会相互吞并。现在谈及此事的人,必定有像任嚣让尉佗控制七个郡那样的计策。君王可以分封土地,却不分割百姓。所有一切也不过是自己做适合自己的事情而已。"于是任命窦融当凉州牧。

(2)隗嚣怀二心

隗嚣时常自比周文王。他跟将领们商议称王,郑兴说:"过去天下的三分之二被周文王占领,还向商朝称臣;周武王和八百个诸侯事先没有商量而集结到一起,仍要退兵等待时机;高帝连年征战,仍用'沛公'的名义指挥军队。您的恩德现在虽然显明,却没有周朝世代相承的王位;虽然您的威望才略高,但没有高帝的战功。如果勉强做不可能做的事,肯定会加速祸患的降临,这样做不合适!"隗嚣于是放弃自己的计划。后来隗嚣又封了官员,以示自己的高贵和尊严。郑兴说:"中郎将、太中大夫、使持节官,都是帝王的规格,这样做名义上有损,实际上也没好处,不是尊重主上的本意。"隗嚣非常不满意,但也没办法。

当时,关中将领多次上书说明可以攻打西蜀公孙述的理由。光武帝给隗嚣看这些奏书,趁势让隗嚣攻打公孙述,以证明他的信义。隗嚣却大谈三辅孤单薄弱,北方边境还有卢芳的威胁,不适合谋取西蜀。光武帝知道隗嚣见风使舵,不希望天下统一,因此对他渐渐冷淡下来。光武帝因为马援、来歙是隗嚣的好友，多次派来歙、马援前往隗嚣处，规劝他朝见，并许诺给他高官厚禄。隗嚣接连派遣使者去洛阳，谦恭地说自己没有功德，等到四方平定，就隐退回乡。光武帝又派来歙劝说隗嚣让他派长子到洛阳宫中为官。隗嚣听说刘永、彭宠已经失败，于是派遣长子隗恂到洛阳。刘秀任命隗恂当胡骑校尉，封镌羌侯。

郑兴趁隗恂到洛阳之际，要求返回故乡安葬父母，隗嚣没有答应，却让郑兴搬迁住处，增加俸禄和礼遇。郑兴说："我请求返回家乡，只是因为父母没有安葬。假如因为增加俸禄，迁移住所，就改变主意留下来，那就是用双亲做诱饵，太无礼了！这样的人，将军不能够任用。我愿意留下妻子儿女，只身返回故乡安葬双亲，将军还有什么可猜疑的呢？"于是隗嚣允许郑兴和妻子儿女一同回故乡。马援也带着家属随同隗恂回到洛阳，因为所带的宾客太多，请求在长安上林苑垦田耕种，光武帝答应了。

隗嚣手下大将王元认为天下形势还很难说，不愿专心归服汉政权，劝隗嚣说："过去更始政权建立之初，四方响应，万民景仰，可以说天下太平了，可是一旦分崩，将军几乎没有容身之所。现在南有公孙子阳，北有刘文伯，全国各地有实力称雄一方的有十余人，而要听从儒生之说，放弃千乘之国的基业，羁居危国而求安全，这是不安全的。天水地区丰饶富裕，兵强马壮，我请求带一支兵马守函谷关，这样形势将对我们很有利。如果不如此考虑设想，就暂时训练士卒，蓄养马匹，据守关隘，以待天下之变，纵然不能统一全国，也可称霸一方。最主要的是鱼不可离开水，神龙失势，与蚯蚓相同。"隗嚣心里赞成王元的计议，派长子到洛阳为人质后，仍打算利用地区的险要，专制一方。

申屠刚劝谏隗嚣说："我听说，人心归向他时，上天就会成全他；人心离散时，上天就会除掉他。现在的朝廷确实是上天安排，是人力所不能及的。而今诏书不断传来，托付国土，表达信任，希望同将军同当祸福。平民相交，尚且有终身不忘承诺的信义，何况君主呢？现在您害怕什么？贪图什么？为什么长时间迟疑不决？一旦发生重大的变化，将会上违背忠孝，下愧对世人。事情没有发生时的预言，原本常被以为是虚幻的。事情发生时，又什么都来不及了。因此我用忠言恳切地规劝，真心希望您慎重考虑我这个愚昧老人的话！"隗嚣不听，因此外来的士人及长者逐渐离去。

建武六年（公元30年）正月，光武帝苦于长期战争，而隗嚣遣子入朝，公孙述又远在边陲，于是对诸将说："这两个人的事暂且不考虑吧！"让诸将回洛阳休养，分部分军士到河内，几次写信给公孙述、隗嚣，分析祸福利弊。但事与愿违，三月，公孙述让田戎招集旧部，打算攻取荆州，没有攻下。光武帝下诏书给隗嚣，想让他从天水地区征伐蜀。隗嚣上书说："由于白水险阻，栈阁坏绝，无法进兵。公孙述性情严酷，上下都担惊受怕，等到他恶贯满盈的时候，形成一呼百应之势才可进攻。"光武帝看出隗嚣终将不为自己所用，于是准备讨伐。

四月，光武帝巡行长安，拜谒祖宗园陵，派耿弇、盖延等七员大将从陇道伐蜀，先派中郎将来歙带诏书给隗嚣。隗嚣再次找了很多借口，一时不能决定。来歙愤怒地斥责隗嚣说："皇上以为您知道得失兴亡，所以亲笔写信表示心意，您为表示忠心，派遣长子去洛阳为人质，现在又听信奸人之言，走毁家灭族的道路。"他打算上前刺杀隗嚣，隗嚣起身入内，隗嚣卫士要杀来歙，来歙不紧不慢地拿着节杖上车走了。隗嚣派牛邯率兵围堵来歙，大将王遵劝谏隗嚣说："来歙虽只身远来出使，可他却是皇帝的表兄啊，杀死他对汉不是什么损失，可对我们来说却是灭族之祸。以前宋国杀死楚使，杀身之祸速至，小国尚且不可侮辱，何况是当今皇帝，并且更重要的是您长子的性命掌握在他们手里！"来歙为人讲信义，重视信诺，往来游说，西州的士大夫都信任尊重他，现在都替他说情，因此得以免死东归。

（3）隗嚣叛汉

五月，隗嚣反叛，派王元据守陇坻，堵塞往来的道路。汉诸将与隗嚣交战，皆大败，各率兵撤退，隗嚣紧紧追赶，马武选精骑在后面掩护，杀死隗嚣数千人，汉军才撤回。

东汉将领兵败之后，刘秀命耿弇在漆县驻屯，命冯异在栒邑驻屯，命祭遵在汧县驻屯，命吴汉等返回长安驻屯。冯异还没到达栒邑，隗嚣乘胜派王元、行巡率领二万余人的军队下陇山，派行巡夺取栒邑。冯异急行军挺进，要抢先占据栒邑。将领们说："敌人实力很强，又乘着胜利的锐气，不可和他们硬拼。应停止行进，在有利的地点安营，再慢慢考虑。"冯异说："敌军压境，获取小利已经习惯，所以打算深入。如果栒邑失守，三辅就将难保。攻势不足时，守势就有余。我们以逸待劳，抢先占据栒邑，不是和敌人决高下。"为此偃旗息鼓，秘密进城，关闭城门。行巡完全不知情，急忙赶赴栒邑。冯异乘其不备，突然间旌旗招展，战鼓齐鸣，率军而出。行巡的军队惊慌失措，四下逃走。冯异追击，大败敌军。祭遵也在汧县打败王元的军队。后来诸豪强首领耿定等全都背叛隗嚣，归降东汉。刘秀下令冯异进军义渠。冯异大败卢芳的将领贾览和匈奴奥汧日逐王。北地郡、上郡、安定郡全都平定。

此时正在和河西五群郡守训练兵马的窦融，上疏请求进攻隗嚣。又派弟弟窦友到洛阳，上书说："我很高兴，能够成为先皇后亲属的后裔，好几代都是食禄二千石的官员。我现在又是将帅，镇守一方。因此曾派刘钧向您口头表达我的忠诚，我在内心深处对您没有丝毫隐瞒。但您的诏书却颂扬公孙述、隗嚣两位君主三分天下、形成鼎足之势的权力，提到任嚣、尉佗的谋略，我深感悲痛。我窦融纵然没有远见灼识，但在利与害之际、顺与逆之间，怎能背叛真正的主人，去事奉奸恶的人！怎能置忠贞的节操而不顾，去做颠覆国家的坏事！怎能抛弃已经成就的现实，去追求毫无希望的利益！这三个问题，就算去问一个疯子，也会解决，而我为什么偏偏会别有用心？现在派我的弟弟窦友前往，代我亲口陈述忠诚。"窦友走到高平县，正好隗嚣叛变，道路被切断，于是只好派司马席封从小路把信带到洛阳。光武帝又回信让席封带给窦融、窦友，安慰他们。窦融于是写信给隗嚣说："当年，将军亲历艰难时世，国家蒙受不幸的时候，可以坚守节操，效忠汉朝。这就是我等钦佩您的高风亮节，愿意听从您的役使的原因。但您却在愤怒急躁之下，改变自己的节操和意图，舍弃已有的成就，去开创不现实的未来。积累百年的成果，毁于一旦，难道不可惜吗？可能是在下面管事的人贪图荣华富贵，设计密谋，才会变成这样。现在凉州地势狭窄局促，人民四处流散，辅助别人是容易的，自己单独开创局面是艰难的。倘若执迷不悟，那么，不是投向南方的公孙述，就是加入北方的卢芳罢了。依靠虚假的交情却没注意敌人的强悍，仗恃远方的援救而轻视眼前的敌人，没什么好处。自从战争发生以来，城市变成一片废墟，百姓流离失所。天运稍微有点回转，没想到将军又要重复当初的灾难。这是让旧病不能痊愈，百姓将再次流离失所，提起这些能不让人悲痛酸楚吗？庸人还都不忍心，何况仁慈的人呢？我听说做忠诚的事不难，但很难做得得当。替人过分担忧，就是用恩德换取怨恨。我知道我会因为上面所说的话而被判有罪。"隗嚣没有采纳。

窦融于是和五郡太守共同训练军队，并向光武帝上书，请求指示出兵日期。光武帝深切嘉勉赞美窦融。窦融马上和各郡太守进入金城，进攻隗嚣同党先零羌首领封何等，羌军大败。于是驻守黄河，显扬军威，恭候皇帝到来。当时大军还没有出发，窦融已率军返回。光武帝看到窦融很讲信义，又很坚定，更加嘉奖他：下令整修窦融父亲的坟墓，用牛羊猪各一头祭祀，数次派使者送给窦融四方进贡的珍奇食物。梁统仍然担心大家犹豫不决，就派人刺杀隗嚣的使者张玄，然后跟隗嚣绝交，把隗嚣授予的将军印信绶带全都扔掉。

（4）光武帝亲征

先前，马援听说隗嚣对汉朝不太忠诚，企图背叛，几次劝说责备他。等到隗嚣反叛，马援给光武帝上书说："我和隗嚣以前是朋友，开始派我去洛阳时，他对我说：'我本来打算拥戴汉朝，请你前去洛阳考察，你认为行得通，我就一意拥戴汉王朝。'等我返回，据实汇报考察的情况时，的确想引导他从善，不敢用不义欺诈他。但是隗嚣性情奸恶，把怨恨全发泄在我的身上。假如我不说明，陛下就不知道。我请求前往洛阳，向您详尽地陈述消灭隗嚣的策略。"光武帝于是召马援到洛阳。马援提出了详尽的作战方案。

光武帝让马援率领骑兵五千人作为突击队，前去劝说隗嚣的将领高峻、任禹等，还有羌族的首领，给他们分析利害关系，离间隗嚣的部下。马援又写信给隗嚣的将领杨广，让他劝说隗嚣，信中说："我看到天下已经平定，万民都有同感。但是隗嚣割据一方，起兵反叛，成了人人痛恨的人物。我常害怕大家对隗嚣咬牙切齿，要争相扑杀，所以给他写信，表明我的忧虑和伤痛。然而竟听说隗嚣把所有的不是都推到我身上，并采纳王元的邪恶主意，宣称函谷关以西轻易就可以平定。从现在的局势来看，怎么会呢？

"我不久前曾到过河内，问候隗嚣的儿子隗恂。看见他的奴仆从凉州回来，说隗恂的弟弟隗仲舒看见这个奴仆，本想问隗恂是否已遭意外，居然说不出话来，早已泣不成声。一谈及全家悲苦忧愁的情况，难以用言语表达。有怨仇可以指责，不能用恶毒的手段报复。我听到这些事后，不知不觉流下眼泪。隗嚣以前孝顺慈爱，曾参、闵子骞也不如他。慈爱的父母，哪能不爱孩子！可有儿子身戴刑具，而父亲却飞扬跋扈、胡作非为，甚至还想分一杯用儿子的肉做成的肉羹这类事吗？

"平时隗嚣自己说，他拥有军队是为了保全乡土和父母的坟墓，又说不过是为了厚待士大夫罢了。然而现在，乡土就要分裂丧失，父母坟墓将被毁掉，所要等待的却是将受到轻视。隗嚣曾羞辱公孙述而不接受他的爵位，今天却乖乖地去投靠他，应该有惭愧之色吧！假如公孙述也要求用长子做人质，隗嚣又怎能再得一个长子给他呢？从前，你拒绝公孙述封你为王。现在你年纪老了，还要低着头和小孩子们在一起吃饭，在冤家的朝中做官吗？

"现在朝廷对你有非常大的期待，你应该请牛邯和各位前辈尊长一起规劝隗嚣。假如还说服不了他，一定要离开他。天下有一百零六个郡和封国，如何能用区区两个郡对抗其余的一百零四个郡呢？你侍奉隗嚣，既是君臣关系，又是朋友关系。君臣之间，本应该直言进谏；朋友之间，应该切磋协商。哪有明知他不能成功，却只是咬着舌头，跟他一起走入灾祸深渊的呢？趁现在定下大计还来得及，过了这一步，就不同了。况且，来歙以忠信闻名天下，朝廷尊重他，他对隗嚣感情很深，常独自为凉州说话。我认为朝廷肯定要在这件事情上建立信誉。我无法久留，愿你急速给我回信。"杨广没有答复。

第一章 光武中兴

隗嚣曾上书谢罪说:"我不能禁止吏民因大将军的突然到来而产生的惊恐和自救行为,军队虽有大胜,但我不敢不遵守为臣之道,亲自追回了军队。古代虞舜侍奉父亲,大杖则逃走,小杖则承受,我虽然不是很明智之人,但这一点还是记得的。现在我听从朝廷处治,赐死则死,加刑则受刑,如能有机会改正,我将死而无憾。"有人以隗嚣言语傲慢为由,要诛杀他作为人质的儿子,光武帝不忍心,再次派来歙面见隗嚣,赐给隗嚣书信要求隗嚣送次子入朝。隗嚣见自己的假意暴露,便派使者向公孙述称臣。

建武七年(公元31年)三月,隗嚣被公孙述立为朔宁王,并得到军队声援。秋,隗嚣率三万马步军进攻安定,到达阴泜,冯异率诸将迎击;隗嚣又命别的将领进攻祭遵,都遭到失败。

光武帝决定会合窦融将军的军队,亲自征讨隗嚣。因遇大雨,道路被冲断,又因隗嚣退兵,光武帝中止计划。于是令来歙写信招降王遵,王遵投降,封为太中大夫、向义侯。

建武八年(公元32年)春,二千余人领来歙之命伐山开道、辟水筑桥,从番须、回中直接袭击略阳,斩杀略阳守将金梁。隗嚣很惊奇地说:"汉军真神速啊!"光武帝听说来歙攻克了略阳,高兴地说:"略阳是隗嚣所依恃的险阻,也是隗嚣的腹心,腹心已坏,还担心整治不了他的肢体吗?"吴汉等将领听说略阳已被攻克,争着急速去会师。光武帝认为:"隗嚣没有要塞城池作为屏障,势必投入全部精锐来进攻,旷日持久而攻不下,士卒就会疲惫,我们就会有可乘之机。"于是派人把吴汉等人追回。隗嚣果然倾尽全力要夺回略阳,只留下王元守陇坻、行巡守番须口、王孟守鸡头道、牛邯驻军瓦亭。公孙述派遣李育、田弇率军协助,开山筑堤,用激水灌略阳。来歙与部下将士拼死坚守,兵器用尽,就拆房屋断木作为兵器。隗嚣数月的进攻毫无进展。

四月,光武帝亲自率军讨伐隗嚣。光禄勋郭宪劝谏说:"东方刚刚平定,陛下不可远征。"为了阻挡光武帝亲征,他用佩刀斩断了车前杆。光武帝不以为然,率军西进到漆,大多数将领认为王师应持重,不应该深入险阻之地。拿不定主意的光武帝向马援请教。马援分析战况,认为隗嚣将帅土崩瓦解在即,如果此时进军就一定能够成功,又把当地的山川形势用谷米摆出，给光武帝演示，各军的进攻路线和可能的情况，十分清楚，光武帝看了以后说："敌军都在我目中了。"第二天一早，部队开始进发，走到高平，五郡太守及羌人、小月氏等少数民族军队数万人在窦融率领下，携粮草辎重五千余车，与汉军相会。当时军队还在初创阶段，诸将朝会礼仪制度还不规范，窦融先派从事问朝见的礼仪，光武帝对窦融的做法十分赞赏，置酒设宴以示对窦融的特殊礼遇，并在百官中宣扬此事。

光武帝指挥各军分兵几路，共同前进，让王遵写信招降牛邯。牛邯投降，拜为太中大夫。接连失去十余万军队、十六座县城的隗嚣带领妻子逃奔西城依附杨广，田弇、李育守上邽，略阳解围。光武帝慰劳来歙，酒席上的位置高出众将一等，又将一千匹缣赏赐给来歙的妻子。

光武帝又进军上邽，下诏书告诉隗嚣说："如果学英布就只有死路一条，要是束手投降，可以保证他们父子相见。"隗嚣拒不投降，光武便杀了他的儿子隗恂，让吴汉、岑彭率军包围西城，耿弇、盖延围上邽。

高平第一城（在今宁夏固原）被隗嚣大将高峻拥兵把守，耿弇等人包围了高平，一年没有攻下。光武帝要亲征，寇恂进谏说："长安处于中心位置，接应各处都很方便，安定、陇西都受到震慑，这样，从容地居于一处，可以牵制四方。现在兵马疲惫，四方地势险阻，有很大隐患，前年颍川反叛，可引以为戒。"光武帝顽固进军，仍没有打败高峻。光武帝派寇恂前去招降，寇恂携带玺书到高平第一城，高峻派军师皇甫文相见，言辞、礼节都极不礼貌。寇恂大怒，要杀死皇甫文，诸将劝道说："高峻有精兵万人，又兵强马壮，掩护西边陇道，连年攻不下，今天万万不可想招降却诛杀使节呀？"寇恂不听，杀死了皇甫文，让副使回去报告高峻："军师无礼已经被斩，降与不降，悉听尊便。"高峻深感恐慌，当天开门投降。诸将都来道贺，并问寇恂说："杀了他的使者而让他投降，这是为什么呢？"寇恂说："高峻的心腹之人就是皇甫文，他为高峻设定诸计，今作为使者辞意不屈，说明没有降心，保全他则他得计，杀死他则高峻失去左右手，所以投降了。"诸将都说："您确在我辈之上呀。"

十一月，杨广死，隗嚣趋于灭亡，隗嚣的大将王捷在戎丘登城对汉军大叫说："为隗王守城者，宁死也不屈服，请你们停止攻城，我自杀以明

志。"说完自刎而死。

当初，光武帝嘱咐吴汉："保留诸郡的兵士会耗费粮食，如果有人逃跑，军心又会受影响，应该全部遣返故里。"吴汉等将领贪图人多势众，就没有遣散郡县兵士，并力进攻隗嚣，粮食一天天减少，兵士疲于劳役，士气大降，很多人逃亡。岑彭引谷水灌西城，城还有一丈多就要被淹没，正好王元、行巡、周宗率领五千多西蜀救兵，突然来到，大喊说："百万之众都已来到。"汉军大惊。王元等人冲破汉军尚未形成的阵势，将隗嚣从城中接回至冀。吴汉军粮草耗尽，只得焚烧了辎重，率兵下陇，盖延、耿弇也随之撤退，隗嚣命军队追击汉军。岑彭率军保护，诸将才得以全军东归，唯有祭遵驻守弇没退。吴汉等人再次屯兵长安，岑彭回到津乡。隗嚣再次占据陇西、天水、北地和安定。

建武九年（公元33年）正月，颍阳成侯祭遵病逝于军中，光武帝诏冯异接替祭遵。这时隗嚣又病又饿，只能吃发了霉的粮食，愤恨而死。隗嚣少子隗纯被王元、周宗立为王，总其兵将据守冀，公孙述派遣赵匡、田弇帮助隗纯，冯异领光武帝之命率军兴讨。

（5）汉军击公孙述

公孙述派翼江王田戎、大司徒任满、南郡太守程汜率数万之众进攻江关，冯骏等部被击退，巫山以及夷道、夷陵等被攻克。他又以荆门、虎牙为基础，横跨长江建起浮桥、关楼，又断绝水道，跨山建立军营堵塞陆路，抵御汉兵。

六月，光武帝让来歙监护诸将，太中大夫马援为副手屯驻长安。来歙上书光武帝说："公孙述以陇西、天水为藩蔽，才能苟延残喘，现在这两个郡荡平，公孙述已无计可施。此时，我们应该精选兵马，储积粮草，由于西州刚刚平定，可以用财谷招集疲惫饥饿的百姓。但是我知道国家开支项目很多，用度不足，也有不得已的地方。"光武帝认为来歙的分析有道理，下诏书在汛积谷六万斛。八月，冯异等六位将领在来歙的率领下向天水的隗纯发动进攻。

建武十年（公元34年），冯异等人力战一年，杀死赵匡、田弇等，仍没有打败隗纯。汉军诸将打算先撤回休整，冯异坚持不动，于是联合进攻落门，但没有攻取。夏天，冯异病逝于军中。

十月，来歙与诸将攻破落门，隗纯率周宗、行巡、苟宇、赵恢等投降，王元投奔蜀。隗嚣的后代被光武帝迁到京师以东，隗纯与宾客因为要逃入北方少数民族之中，所以被杀于武威。

建武十一年（公元35年）三月，岑彭屯军津乡，数次攻击田戎等人，均被打败。吴汉率诛虏将军刘隆等领光武帝命令，统率荆州军队六万多人，协助岑彭。岑彭装备数十艘战船，吴汉因诸郡船手太费粮食，打算遣散他们，岑彭认为蜀兵强盛，不能罢遣，双方争执不下，请示光武帝。光武帝回信说："擅用步骑的大司马（吴汉），不了解水战，荆门之事，一切以征南公事为重就是了。"

闰月，岑彭以重奖征募军中勇于攻浮桥的勇士，偏将军鲁奇应募而出。当时刮着强劲的东风，鲁奇乘船逆流而上，直冲浮桥，可是鲁奇的船因为拿柱有反杷钩不能离开，鲁奇乘势进行殊死战斗，扔一些火把焚桥，火趁风势，浮桥、关楼焚烧崩塌。岑彭全军顺风并进，势不可当，蜀兵大乱，溺死数千人，公孙述的大将任满被杀，程汎被俘，田戎退保江州。

岑彭上书推荐刘隆出任南郡太守，自己率臧宫、刘歆进入江关，下令禁止掳掠，所经过的地方，老百姓携带酒肉迎接慰劳，岑彭都推辞了，百姓大喜，都争先开城门投降。光武帝让岑彭代理益州牧，所攻下的郡的太守都由他代理，如果出界，有权选定代理太守的将军，和选任官属代理州中长吏。

岑彭到江州，发现很难攻克广积多贮、城池坚固的江州，便留下冯骏围困江州，自己领兵向垫江进发，攻占平曲，没收城中粮米数十万石，将粮食带走，吴汉留在夷陵。

六月，王元为将军之职，被公孙述派遣守河池。来歙与盖延等击溃王元、环安，攻克了下辨，乘胜前进。蜀人十分恐惧，派遣刺客将来歙刺成重伤，来歙在临死前召来盖延，盖延见状，十分伤心。来歙大声斥责盖延说："虎牙将岂能如此？我遇到刺客，无法再报效国家，故想把军事托付给你，你却像小孩子啼哭不止。刀子虽扎在我身上，难道士兵还会不听我的命令杀死你吗？"盖延停止哀哭，接受来歙的嘱托。来歙在自己写给光武帝的信中说："我在夜深人静的时候，被刺客刺中要害，我不敢爱惜自己，只恨自己没有尽到本份使朝廷蒙耻。治理国家要有贤才，太中大夫段襄，正直有魄力，可任以要职，愿陛下考察；还有我的兄弟不成器，最终恐怕要违法乱纪，望陛下哀怜，经常教训督察他。"写完投笔拔刀自尽。光武帝听说后大惊，看了遗表，流泪不止，下令来歙中郎将的职务由扬威将军马成代理。

光武帝亲征公孙述，七月，到达长安。公孙述派其将领延岑、吕鲔、王元、公孙恢统率大军驻守广汉和资中，又派遣侯丹率二万余人拒守黄石。为了抵御延岑，岑彭让臧宫率五万军队从涪水上平曲，自己率部分兵力顺浮江而下到江州，然后从都江逆流而上，击溃侯丹部队，又急行军二千余里，一举攻取武阳，接着派精骑袭击距成都只有几十里的广都，势如破竹，每到一处敌军纷纷逃散。起初，公孙述听说汉兵在平曲，所以派遣大军迎击。等岑彭到了武阳，绕到延岑军队后边，蜀郡上下一片惊恐，公孙述更是大惊，以杖击地说："竟有这样的速度？"

延岑率大军驻守沅水。臧宫的士卒因人多粮少，又不能及时补给而想散离叛乱。当地郡邑都再次召集残部坚守，观望成败。臧宫想撤退，又担心延岑反击。这时光武帝派使者到岑彭军中去，有马七百匹，臧宫设计全部扣留，日夜进兵，一路插上旗帜，登山大声呼喊，右边是步兵，左边是骑兵，夹住中间的船队进发，呼喊声响彻整个山谷。延岑没想到汉军会突然出现，大为震恐，臧宫借机大举进攻，杀死淹死延岑军队一万多人，沅水因此变浊。延岑逃往成都，他的军队全被俘虏，臧宫获得全部粮草辎重，又乘胜追击，败军投降的有十几万。臧宫军到达阳乡，王元率军投降。

光武帝写信给公孙述，分析利害关系，用丹青表示信义，公孙述看信后叹息不止，让亲信传看。太常常少、光禄勋张隆都劝公孙述投降，公孙述说："国家的兴旺发达自有老天安排，岂是个人力量能左右的？天子会因为国家的危难而投降吗？"左右都不敢再说什么。常少、张隆都忧郁而死。

（6）吴汉灭公孙述

光武帝回到长安。十月，公孙述派人假装成逃亡的奴仆，投降岑彭，夜深人静之时刺杀了岑彭。其部下由太中大夫监军郑兴代为统领，等吴汉到达而交给吴汉。岑彭治军有方，所经地方秋毫无犯，邛谷王任贵钦佩岑彭，不远千里派人迎降，正赶上岑彭被刺杀，于是任贵奉献的财物全被光武帝赐给了岑彭的妻子，蜀人为岑彭立庙，四时祭祀。十二月，吴汉率军三万人从夷陵逆流而上，征伐公孙述。

建武十二年（公元36年）正月，公孙述的将领魏党、公孙永被吴汉击败，并且武阳也被吴汉包围在鱼涪津。公孙述派遣子婿史兴救援武阳，吴汉打败了史兴，进入犍为地界，诸县城都顽抗坚守不降，光武帝让吴汉直接进攻广都，将公孙述的心腹要地占为己有。吴汉攻取了广都，又烧毁了成都市桥，公孙述将帅受到很大震惊，许多人叛离。公孙述虽然残忍地诛灭叛离者家属，但仍不能禁止众人叛离。光武帝一定要公孙述投降，又下诏书劝公孙述说："不要对来歙、岑彭受害的事产生顾虑，你现在来投降，全家可保不死。"公孙述始终没有投降的意思。

七月，冯骏攻下江州，抓捕了田戎。光武帝告诫吴汉说："成都兵力尚有十余万人，不可轻敌，要坚守广都，以守代攻，不要与敌人争一时胜负。如果敌人不敢出兵，你可用计逼使他进攻，等到他精疲力尽，才可进攻。"吴汉凭借有利条件，自率军两万向成都进发，在离城十几里的江北扎营，架设一浮桥，让副将刘尚率一万多人驻扎江南，两营的距离有二十多里地。此事让光武帝大为惊恐，写信责备吴汉说："我给你去信每次都是千叮万嘱，怎么临时改变主意。你既轻敌深入，又与刘尚分兵驻扎，如果有意外情况，难以互相顾及。敌人如果用军队牵制你，以大军进攻刘尚，刘尚被攻破，你也必定失败。幸运的是你还没有遇到麻烦，赶快回广都。"九月，诏书还未到达吴汉处。果然公孙述让大司徒谢丰、执金吾袁吉率十几万大军进攻吴汉，让别的将领率一万多人牵制刘尚，这样就限制了双方相互援救的可能。吴汉与谢丰大战一天，败退，进入围墙之内，谢丰进而将其包围。吴汉召集诸将说："我与诸位历尽千辛万苦，才深入敌人心脏地带，现在与刘尚被分割包围，两军不能联结，其后果不堪设想。我想率军队偷偷地到江南与刘尚会合，联合起来共同对敌，在两军的配合下，可立大功，如果不这样，必败无疑。成败在此一举。"诸将都认为只有这条路可走，遂令士兵养精蓄锐，闭营三日不出战，在第三天夜间偷偷出营和刘尚联合，谢丰等人没有发觉。第四天，谢丰留下部分兵力据守江北，自己率军进攻江南，汉军倾尽全力，混战自早晨开始到午后，谢丰、袁吉被杀死，谢丰军惨败而归。吴汉率军回到广都，刘尚留下抵御公孙述，把战况上报光武帝，并进行了深刻的自我检讨。光武帝回信说："你回到广都，就很合适，公孙述一定不敢忽略刘尚而倾力向你进攻，若先进攻刘尚，你从五十里外的广都赴援，正赶上两军战斗疲倦之时，必定能打败公孙述。"后来，吴汉与公孙述在广都、成都进行八次交锋，吴汉八战全部胜利，在成都城郭之中驻扎军队。臧宫攻取了绵竹、涪城，杀死了公孙恢，又拿下繁、郫，与吴汉军顺利会合于成都。

公孙述已无计可施，问延岑说："该怎么办？"延岑说："男子汉大丈夫应不畏生死，坐以待毙不是我等所为。钱财乃身外之物，不应过分爱惜。"公孙述于是把储存的财物拿出来，召募一支五千余人的敢死队给延岑，延岑在市桥假装树起旗帜，向吴汉挑战，而暗地派奇兵偷偷绕到吴汉军背后发动突袭。吴汉被打入水中，幸亏抓住了马尾才爬上岸来。吴汉军粮食只够支撑七天，正偷偷地准备船只撤退，被蜀郡太守张堪知道后，立即前往见吴汉，说公孙述必败，千万不可撤退。吴汉听从了张堪的计策，故意向外放出消息，说自己兵力不足，以引诱敌人。

十一月，臧宫驻军咸阳门。公孙述亲率数万人进攻吴汉，让延岑牵制臧宫，延岑三战三胜，自黎明战至中午，军士一直都没有吃饭，双方军士都已疲惫不堪。吴汉让护军高午、唐邯率数万精锐之师进攻，公孙述军队一片混乱，高午直奔敌阵刺公孙述，公孙述脸上被刺了一个洞，被士兵接入城中。公孙述把军队托付给延岑的当夜便一命归西。第二天，延岑献城投降。吴汉诛灭公孙述整个家族，又诛杀延岑整个家族，焚烧了公孙述宫室，解除掠夺禁令。光武帝得知后龙颜大怒，谴责吴汉和刘尚说："成都投降三天，老弱万余口，吏民服从，却放任兵士纵火，叫人听说后深感悲痛。刘尚是宗室后代，曾经在朝中担任过官职，怎么忍心做这种事？如此行为将失去民心啊。"

光武帝平定蜀后，下诏封曾经劝公孙述投降的常少为太常，张隆为光禄勋；不接受公孙述职务的费贻、任永、冯信等人也得到他的征聘，正逢任永、冯信因病死去，而只有费贻应征出仕。光武帝看到公孙述旧将程乌、李育有勇有谋，都加以提升任用，于是西土都心悦诚服，对汉朝廷忠心不二。

5. 光武帝治国

自古以来，创业难，守业更难。统一大业完成以后，怎样巩固好政权是历代开国皇帝不得不花大力气考虑的大事。不同的统治者所采取的策略和措施也不同。光武帝刘秀扫平各地割据势力，统一中国以后，轻武重文，又设法让一些开国功臣辞官归隐，并提拔了一批文官，巩固了东汉政权，给后代封建统治者提供了一些可供借鉴的成功经验。

（1）退功臣，抑外戚

建武十三年（公元37年）四月，吴汉平定西蜀，班师回朝。光武帝大规模犒劳将士，给予功臣高官厚禄，更改封号、增加封邑的有三百六十五人，又分封外戚、恩泽侯四十五人。其余各功臣按不同等级各有赏赐，对已经去世或战死沙场的功臣的子孙进行了提拔，有的甚至还分封了他的旁系亲属或庶出子孙。

经历了长期战争的光武帝,厌倦了戎马生涯,深知长期战争,国家经济十分萧条,人民饱经战乱之苦,想休养生息,因此,不准在没有紧急军情时谈论军队战争之事。有一次,皇太子向光武帝问起有关攻战的问题,光武帝回答说:"以前卫灵公向孔子请教战阵的问题,孔子没有回答,这也不是你所应该知道的事。"邓禹、贾复等知道光武帝想停止争战,注重文治,不愿让功臣聚集在京城,遂退职回家。同时光武也想保全功臣爵禄,担心这些功臣担任职事官会因此而失去爵邑,就罢除了左右将军等武职。交上大将军、将军印绶归家的有耿弇等人,光武帝都加以空衔,让他们可以参与朝会。

邓禹为人修养较好,敦厚,有十三个儿子,且都让他们学得一技之长。邓禹平时注重整顿门风,教养子孙,他所制订的许多家法门规为后世所效法,在经济上除了食用封邑,不再从事其他盈利性的生产。

贾复不轻意过问外事,为人也刚毅正直、重志节。朱祐等人向光武帝推荐说贾复可以出任宰相,光武帝注重让三公负责处理一般政事,但是功臣一概不用。一般情况下,邓禹、李通、贾复等人的意见才有可能被采纳,光武帝对他们三人格外照顾。

光武帝虽然剥夺了功臣的军政大权,但对功臣还称得上关心爱护,恩赏备至。对于功臣的小过失往往能原谅和赦免;对于远方进贡的物品,他常遍赐功臣列侯;同时还经常告诫功臣要珍重自爱,不要以身试法。

对刘秀这种安置功臣的办法,王夫之评论说:"光武帝没有让功臣出任要职,诸将不做非分之想,光武帝的用意是深远的。自古以来,这种关系能处理得这样好,也只有东汉。"

外戚干政的问题自刘邦建汉以来始终没有解决,以致出现了西汉末年的外戚专权、王莽篡汉。刘秀重建汉政权后,为防止外戚专权再现,对后族、外戚干政进行了严密地防范,外戚一律不得封侯。如冯衍小时候就有奇才,九岁时就能背出很多诗,二十岁时就因知识渊博而小有名气。王莽时,虽多有举荐,冯衍都拒绝了。建武六年(公元30年),冯衍上书,建议光武帝采取注重文治、奖励功臣、安抚边境等一系列的措施,深得光武帝的赏识。后因外戚阴识、阴就也很看重冯衍,冯衍也就与他们结交。光武帝把外戚宾客抓起来绳之以法，借此打击外戚私交宾客。冯衍虽经光武帝下诏赦免，但也终不得用。光武帝名义上是打击宾客，但实际是在警告、震慑外戚不要有非分之想，所以，外戚在光武帝时都谦退以求自保。建武九年（公元33年），光武帝想要封阴兴，阴兴极力推辞说："臣蒙陛下恩泽至厚，家贵已极，不可复加，至诚不愿。"刘秀对阴兴的这一举动感到十分高兴："嘉兴之让，不夺其志。"事后，对于阴兴为何如此谦退，他说："夫外戚之家苦不知谦退，嫁女欲配侯主，娶妇眄睨公主，愚心实不安也。富贵有极，人当知足。"光武帝的计划就是这样，既鼓励他们谦退，更不愿外戚势力增长，正因如此，在光武帝时代，外戚"皆奉遵绳墨，无党势之名。至或乘牛车齐于编人"。

许多诸侯王在光武帝建国之初得到分封，但和西汉初年的诸侯王相比，东汉的诸侯王的领地小了很多，大多只有一个郡。同时，这些诸侯王，只有食封权，而无治民权。尽管如此，鉴于七国之乱，光武帝约束限制了各诸侯王的势力。建武二十四年（公元48年），光武帝重申了汉武帝的"阿附蕃王法"，严禁诸侯王私交宾客。但过了不长时间，沛王纠集宾客谋杀仇人，事后，光武帝将许多王侯宾客处以刑罚，被处死的有千人之多。所以三国时的诸葛恪说："自光武帝以来，诸王都很有节制，唯得自娱宫内，不得临民干与政事，其与交通，皆有重禁。"

（2）改革政治机构

为了集权，以及尽可能地加强皇权，光武帝从建立东汉起，就不断调整政治军事机构，加强了对官吏的法律监督，进一步强化了专制主义中央集权制度。

东汉初年设司徒、司空和太尉三公。司徒掌民事，司空掌水土工程，太尉掌军事，但实际上，三公没有实权。一方面，三公之下有九卿处理民政；另一方面，军事、法律等已转归尚书。当然，虽削弱了三公权力，但其地位却很高贵，上自天子，下至朝臣，会见三公，均礼敬倍至。

在削弱三公以后，主要职权集中在尚书部门。光武帝设了一个主要政务机关尚书台，尚书台设尚书令一人，是一千石官吏；尚书仆射一人，尚书六人，都是六百石官吏。尚书令辅佐皇帝，对各方面政务均有管理权。光武帝为提高尚书令地位特地下了诏，在朝会时，尚书令与御史中丞、司隶校尉皆设专席，号称三独坐，以显示其尊贵地位。尚书仆射主要负责开启文书，并负有监察百官和谏诤的职责，如尚书令不在，可率尚书奏事。公卿、官吏、民政、外交、盗贼、狱论分别由尚书六人掌管。尚书下设左右丞、侍郎等，皇帝有事便命亲随告知尚书，尚书根据皇帝的意思拟定诏书，下发给主管部门或地方官府。尚书会先看全国各地及中央部门上奏的文书，再转达皇帝或保存。国家一般事务也经过尚书台报告皇帝，听候皇帝的处理意见。这样光武帝通过尚书台亲自管理吏治和天下政务。尚书虽位尊权重，但官职低下。光武帝选用人的原则和标准是任人唯贤、德才兼备，如前期的伏湛、侯霸、冯勤等人。

伏湛在西汉时为博士弟子，王莽时出任过绣衣执法。伏湛为名儒旧臣，因此被光武帝任命为尚书，负责典定制度。伏湛常在光武帝出征时留守京师，监察管理各级官吏，后来又取代邓禹出任大司徒，被封为阳都侯。伏湛对于东汉初期政事制度的建立有不少的贡献。

侯霸一心好学，西汉成帝时曾任太子的老师，精通《谷梁春秋》，于光武帝在位时被任命为尚书令。他以西汉典章政事作为制度损益的参考，在此基础上修订了东汉一些制度，后来代替伏湛出任大司徒，被封为关内侯，在位期间，勤身自勉，最后病死在任上。

冯勤善于算术，曾为姚期下属，以才能著称。冯勤由姚期推荐而被封为尚书，因做事精细勤快受到光武帝的赏识，称为佳吏。分封功臣为列侯就是冯勤主持的。冯勤根据功劳大小、封地肥瘠远近，综合考虑，分封得合理妥当，功臣都很满意。冯勤后来升为尚书令，又被任命为司徒。

同时，光武帝在秦、西汉的基础上，完善、加强了监察制度，对行政系统实行有效的监督。

秦朝时，御史大夫负责监察，到东汉初年，御史大夫改称司空，负责水土工程事。光武帝又设了御史台，由御史中丞主管，下设治书御史二人，其职责是解释法律条文；由十五个侍御史去纠察违法官吏，接受群吏奏事；皇帝直接控制御史台。

西汉武帝时，曾设置司隶校尉，负责纠察京师及周围地区的百官，成帝时，司隶校尉被废除。光武帝把新设的司隶校尉的监察权扩大了，在京师，百官中除三公外都可纠察，在地方，扩大到所有诸郡。司隶校尉是独立的监察官员，享有"三独坐"的尊崇地位。

建武十八年（公元42年），光武恢复和完善了刺史制度，刺史可以督察从地方到中央的各级官吏。除京师及周围地区外，其他地区被划分为十二个州，每州设刺史一人，食禄六百石，他们按照皇帝的规定，每年八月出巡所辖区域，按照朝廷规定的六条标准查访各地，平反冤狱，对地方官吏的政绩进行全面考察，每年年底向朝廷汇报。对地方官升降、赏罚均根据刺史的汇报。光武帝把赏罚之权划归刺史，并规定刺史每年必须举荐人才一人。西汉时期刺史没有固定治所，光武帝又为刺史设置固定治所，并明确规定，父母即使去世，在任期间的刺史也不许请假。刺史大多都是严明正直的文士。刺史的设立进一步加强了对地方的控制。

（3）改革军事制度

军队是封建统治的支柱，更是皇帝维护、强化皇权的重要工具。光武帝建东汉后，对军事制度作了重大的改革。

建武七年（公元31年），光武帝下诏废除了一些地方军队以利于集中军权。诏书说："天下郡国都有军队，兵多而精，许多轻车、骑士及相关军吏都应回乡种田。"这些军队都是汉高祖刘邦时命天下郡国在平原、山地、河泽等地区编制的地方军队。光武帝让这些部队复员，既节约开支，又为恢复农村经济提供了劳动力，并且集中军权，一举数得。

地方军队复员后，光武帝开始对京城卫戍军队进行整顿。光武帝在京师设南北军：北军警卫京城，由原来的胡骑、虎贲二校合并成五营而成，设北军中侯一人，官俸六百石，取代原来的中垒校尉，统率五营京城卫戍军。南军为宫廷禁卫军，设光禄勋一人，官俸为二千石，统率殿门内的宿卫军；卫尉一人，官俸二千石，统率殿门外的宫门卫士。南北军是东汉军队主力，重大的军事行动、皇帝宿卫、京城治安都由这两支军队担任，重大典礼或仪式，也由这些军队充当仪仗队。皇帝直接掌握这两支军队的使用权。

光武帝摒除功臣武将不用，广泛征求文人儒士，吸收他们从政，在即位之初，即注意网罗各地的士人。卓茂是西汉元帝时期的通儒，性情宽厚，西汉末任密县县令，王莽篡权后，隐居不仕。光武帝继位后曾下诏说："前密县县令卓茂，注重个人修养，志节淳固，能做别人不能做之事，名声为天下之冠，应当受天下重赏，值得效法以前武王伐纣时封赠比干之墓、表彰商容故里。现在特任命卓茂为太傅，封宣德侯，食邑二千户，赐给几杖、车马和衣服一套，棉絮五百斤。"张堪十六岁时去长安太学学习，因品学兼优被誉为神童。张堪在早年就给光武帝留下很深的印象，后来来歙推荐张堪，光武帝把张堪留在身边，出任郎中，不久又提升为谒者，专门传达诏命。吴汉征伐公孙述，张堪又被任命为蜀都太守。成都攻下，张堪将入城所查珠宝全部上报朝廷，没有丝毫隐瞒，而且安抚新征服的地区，使蜀人都安心归服，直到离任时，仍穿一身布衣，乘坐一辆断了辕的马车。光武帝听说后，感叹不已，后来任命张堪为渔阳太守。在张堪率领下，边境百姓抵御匈奴、开垦土地，得以安居乐业，因此纷纷歌颂张堪说："张堪当政，是我们的幸福。"正是这些文人儒士在战争期间帮助光武帝稳固了占领地区的统治。光武帝为选拔更多的文人入仕帮助治理国家，对文人儒士参政的制度也开始了改革。

（4）理国以得贤为本

光武帝深知"理国以得贤为本"的道理，为此，他非常注意对官吏的选拔和任用。

对官吏的选拔，光武帝吸取了西汉后期察举征辟制度的教训，颁布了

"四科取士"的诏书。"四科"是选拔官吏的标准。一是志节清白，品德高尚；二是有知识，熟谙经书的博士；三是熟悉法令，能够熟练地依法办事；四是有魄力才干，办事干练，能独当一面。诏书中说："征召人才，必须严格执行四科标准，各地必须从自己的辖地严格选择年轻有为、德才兼备的人才，授予官职，举荐者要对举荐不实负连带责任。"

光武帝严格要求选拔上来的官吏，不仅要求他们严守法规，勤于职守，还经常亲自考核他们，选优汰劣。对违法的官吏，即使是尚书近臣也要给予严惩。

为了推行文治，光武帝很注意吸收更多的文人儒士参加政权，网罗天下隐士，尽力访求，以礼相待，当时经常能在山林中看见征求隐士的车辆。有些隐士入仕为官，而其他如严光、薛方、逢萌、周党、王霸等人就坚决不入仕。

严光，字子陵，年轻的时候名声就很好。光武帝在求学的时候和他是同学，两人关系不错。等到光武帝当上皇帝后，其他同学都跑去攀交情，想捞点好处。只有严子陵隐姓埋名，悄悄躲了起来，不去高攀富贵。光武帝一直很欣赏他的贤明，想让他出来辅佐自己，于是让人画好严子陵的像，派人到处查访他的下落。

齐国报告说："有个男子披着羊皮衣服在大泽里面垂钓。"光武帝怀疑那个人就是严子陵，派人前去打探，果然就是他。光武帝很高兴，专门准备了舒适的车马和官服，派人去聘请他。请了一次又一次，严子陵实在躲不过去了，这才肯出来。他被安排在北军居住，光武帝赐给他床和被褥，还命令掌管百官饮食的人专门为他提供膳食。

司徒侯霸和严子陵也是老朋友了，他派人给严子陵送信。那个送信的人告诉严子陵："司徒大人听说先生您到了洛阳，他诚心诚意想亲自来拜访您。不过呢，司徒大人现在身居要职，如果前来的话很不方便，怕别人说闲话，况且公务也实在繁忙。所以想请您老人家晚上委屈一下，到司徒大人那儿说说话。"严子陵懒得理他，那封信他看都没看就扔还给他了。然后口述了回信："足下现在已经权倾朝野，举足轻重，这很好。您怀着仁慈之心辅佐朝政，天下人都很高兴。但是您阿谀奉承、溜须拍马的功夫也达到了绝妙的境界啊！"侯霸得到回信后把信封好交给了光武帝。光武

第一章　光武中兴

帝看了信后笑着说:"这就是那个狂妄之人的一贯脾性!"

汉光武帝当天就坐着车来到严子陵的住处看望他。严子陵知道光武帝来了,却躺在床上不起来。光武帝也没怪他,走到床边摸着他的肚子说:"你这个咄咄逼人的严子陵啊,你就不能出来帮助我治理天下吗?"严子陵闭上眼睛不说话,过了很久他才慢慢睁开眼睛,看了光武帝老半天,才开口说道:"以前唐尧德行那么高尚,他让许由、巢父出来做官辅佐他,他们听到这话后恶心得都去洗耳朵,嫌让他们出来做官的话弄脏了他们的耳朵。每个人的志向本来就不一样,大家都有自己的志向,你为什么非要来强迫我呢?"光武帝很失望,说:"子陵啊,我到最后也不能让你降服于我吗?"只好坐上车叹着气回去了。

后来光武帝叫人把严子陵带到皇宫里,两人一起聊天,谈论以前的老朋友们的事,两人面对面地坐着,一连聊了好几天。光武帝突然问道:"我和以前相比,有没有什么变化?"光武帝是想让严子陵夸他当了皇帝后气质和威严变了。可严子陵并不吃他那一套,而是回答:"陛下比以前稍微胖了一点。"光武帝于是就转换了话题。晚上两个人像同学时候那样睡在一起,严子陵睡熟后一个翻身,就把脚放在光武帝的肚子上了,光武帝也没有在意。第二天,主管观测天象的太史前来报告,说有客星侵犯帝星的征兆,而且非常急迫。光武帝笑着说:"哪有什么事啊,不过是昨天晚上我和老朋友严子陵睡在一起,他把脚放我肚子上了而已。"

光武帝想拜严子陵为谏议大夫,但严子陵没有接受。光武帝见实在没有办法让严子陵出山辅佐他,就放他回去了。严子陵回到富春江从事农业劳动,时不时地还去江边钓鱼,过着悠闲的生活。后来人们把严子陵钓鱼的地方称为严陵濑,现在那个地方被称作严子陵钓台,是一处风景名胜。

建武十七年(公元41年)的时候,光武帝又想起了严子陵,又一次请他出来做官,这一次严子陵还是没有同意。严子陵80岁那年死在家里,光武帝非常悲痛,感到很惋惜,于是下诏书给当地官府,赐给严子陵的后人100万钱和一千斗谷子,让他们给严子陵筹办丧事。

太原广武人周党和严光几乎是同时代人,西汉末年也曾去长安游学,光武帝征他入仕封为议郎,他以身体不好为由推辞了,和妻子隐居渑池之后光武帝再次聘他出仕，周党无奈之下，只得穿了短布单衣，戴着用树皮做的帽子，出来见前来征聘的尚书。朝见光武帝时，周党跪在地上，只陈述自己不愿出仕，愿守志隐居，连姓名都不报。光武帝没有办法，只得让他回去。博士范升看不惯这些隐士的行为，上奏说："周党等人见陛下不行臣下之礼，使者三次征聘才肯应聘，他们文不能演义，武不能为君主死节，只会沽名钓誉。臣想考考他们，看看他们有什么本领，如果没有真才实学，便是盗窃虚名，应以大不敬、虚妄之罪处罚他们。"光武帝把范升的意见交给公卿议论，因为当时并不是范升一个人有这种想法。最后光武帝下诏说："自古以来，即使圣明君主时期，也会有不归顺的士人，伯夷、叔齐不吃周王朝粮食，太原周党不受朕禄，人各有志，不必强求。赐他四十匹帛，让他回家吧！"

东汉初期，还有逄萌、王霸、井丹等人也始终不肯入仕，一生都在山林度过。

光武帝为实行文治，选拔一些主张用文德教化社会的文人入仕，对东汉社会的稳定和政权的巩固起了很大作用。

重视教育是光武帝提倡文治的一个重要内容。更始时期，天下混乱，许多文人儒士怀抱典籍，隐居山林。士人出身的光武帝爱好经术，出行时经常下车访求儒雅之士。政权稳定后，许多文人儒士纷纷来到京师，建议光武帝重儒兴学。如范升、陈元、郑兴、杜林、卫宏、桓荣等人会集洛阳，光武帝对这些人以礼相待，采纳了他们的建议，西汉武帝时期的博士制度得到了恢复和完善。五经立十四博士，精通经学的儒士为博士，其中《易》有施、孟、梁丘、京四家博士，《尚书》有欧阳及大、小夏侯三家博士，《礼》有大、小戴两家博士，《春秋》设严、颜两家博士；又在洛阳设立太学，召收学生随博士受业。进入太学学习的太学生称为诸生，或称博士弟子。太学生在太学期间，要严格遵守太学的各项制度，开始先专门学习一经，学习一年后进行考试，成绩优秀的可以直接入仕为官。光武帝常去慰问学生，或与博士谈论经义。建武十九年（公元43年），光武帝再次到太学，让博士辩论经义。《尚书》欧阳博士桓荣身穿儒衣，温文尔雅，把经义解得清晰而有条理，论驳有据，因桓荣不以辞胜人、而是以理服人，所以参加辩论的都很佩服他的讲论。光武帝十分赏识桓荣，给予特别的赏赐。光武帝又命诸生演奏《雅》、《颂》之乐以助兴致。后来，桓荣被光武帝召进宫为太子讲经，并升为太子少傅。

（5）贤吏治事

光武帝"理国以得贤为本"的原则，加之所实行的一系列措施，使东汉开国初的很多官员都是忠正耿直之臣。

建武五年（公元29年），陈留人刘昆被举为孝廉，后来相继被任命为江陵（今湖北江陵）县令和弘农（治所在今河南灵宝北）太守。江陵火灾频繁，弘农境内的崤渑驿道老虎成患。刘昆为政勤勉，治理了火灾和虎患，使商旅畅通。有一次，光武帝召见刘昆，问道："朕听说你在江陵时，有一次发生火灾，被一阵反方向吹来的风把火吹灭了；在弘农时，因为你的仁慈感化，连老虎都带着虎子渡河而去。这些现象你是怎样施用德政才出现的呢？"刘昆答道："这些大概都是巧合吧。"在场的人都笑刘昆过于老实。光武帝听后感慨地说："这真是长者的质朴之言啊！"然后回过头命史官把这段话记入史册。

陈留人董宣，是司徒侯霸的僚属，后任北海（今山东昌乐）相。董宣到北海后，任命当地一个大族成员公孙丹为助手。公孙丹非常迷信，他新盖了栋房子，请人来占卜，占卜的人说这个地方肯定会死人。公孙丹相信了卜者的话，心里惶惶不安。他唆使儿子偷偷杀了个过路人，然后把尸体放到新房子里面，认为这样就算死过人，那么就不会再死人了，为自己的这一招暗自得意。董宣知道这事后火冒三丈，自己的助手居然敢公开杀人，他决心要杀一儆百。于是派人把公孙丹父子抓了起来，然后处死。公孙丹家族是当地的大家族，平时嚣张惯了，这次被董宣抓了个正着，心里非常不满。有三十多个家族成员拿着武器到官府喊冤闹事。董宣知道公孙丹曾经依附过王莽，怕他家里和海贼有勾结，这件事他担心海贼也牵涉在里面，于是把那三十多个人全部抓了起来，然后命令手下的一个小吏水丘岑把他们全部杀掉。董宣的顶头上司青州刺史因为他杀人过多，上书控告这事，并把水丘岑抓起来拷问。董宣也被传讯到廷尉那里，被关进了监狱。

董宣和其他喊冤哭闹的犯人不同，他在监狱里一直安安静静的，从早到晚都安心读书，丝毫没有忧虑的神情。最后他被判了死刑，到了行刑那天，他过去的下属们安排了酒菜来送他。董宣严厉地说："我董宣这辈子从来没吃过别人的饭菜，何况现在就要死了呢！"从容上了囚车被拉到刑场。

当时和他一起处刑的共有9人，依次处决，轮到董宣的时候，汉光武帝派来赦免董宣的使者及时赶到，救下了董宣，把他送回了监狱。汉光武帝派人责问董宣滥杀无辜的事，董宣把事实一五一十地告诉了使者，并说水丘岑是执行我的命令，不能怪他，有什么罪都由我来承担，我请求把我杀了，赦免水丘岑。使者把董宣的话带给了光武帝，光武帝敬佩董宣，于是只把他贬为怀县令，并下令青州不要追究水丘岑的罪责。水丘岑逃过一劫，日后一直升到司隶校尉一职。

后来江夏出现了一个叫夏喜的大盗，他在江夏一带到处抢掠，成为当地一害。朝廷知道董宣对付盗贼很有办法，就任命他为江夏太守。董宣刚上任就发布公告："朝廷因为我能够擒拿盗贼，所以让我来担任这个职务。现在我已经把兵带到郡内了，捕盗的檄文也发下去了，希望那些盗贼好好考虑下如何保全自己吧！"夏喜等人知道这消息后非常害怕，马上解散了手下投降官府。董宣将江夏治理得井井有条，但不久因为得罪了外戚阴氏在当地做官的人，无辜被免掉了官职。

董宣虽然因为自己的刚正不阿而多次丢官，但他从来也没有向恶势力低过头。后来他被特别征召为洛阳令。洛阳是东汉的首都，皇亲国戚很多，他们一个个骄横跋扈，就连手下的佣人也横行不法。有一次湖阳公主的仆人杀了人，逃到公主家里藏了起来，官府不敢冲进公主家抓人，这事只好拖着，董宣也没有办法，只能派人监视公主府。日子长了，公主认为这事已经过去了，于是在出行的时候把那个仆人也带上了。谁知道经过夏门亭的时候，董宣早已在那等候多时。董宣拦住公主的车队，拔出刀来划地，大声斥责公主的过失，并叱骂那个仆人下车，然后把他杀了。公主哪里忍得住这口气？马上赶去皇宫向光武帝哭诉。湖阳公主是光武帝的姐姐，很年轻就守了寡，是她把光武帝从小带大的。光武帝一直很尊敬她，即使知道她手下人经常犯法，也没有去管。这次听说姐姐受了气，顿时勃然大怒，马上派人把董宣叫来，要活活打死他给公主出气。董宣边叩头边说："请让我说一句话再让我死。"光武帝说："你还有什么可说的？"董宣说："陛下有神圣的品德才能让天下重新兴盛起来，但是却纵容奴隶杀人，以后怎么治理天下？也不用陛下您派人打了，我请求自杀。"说完，董宣就一头向柱子撞去。光武帝也没真想杀他，见他真的自杀，赶紧叫小太监把他拉住。光武帝见不好下台，于是让董宣给公主叩个头，道个歉，给公主点面子也就算了。董宣认为自己没有错，说什么也不肯叩头。旁边的人按着他的头往下扳，董宣用手撑着地，死也不肯低头。公主说："陛下当年当老百姓的时候，藏匿逃亡和被判死罪的逃犯在家里，官府都不敢上门来搜查。现在当了皇帝了，怎么还不能把威信用在一个小小的县令身上？"光武帝笑着说："正因为当了皇帝，所以就不能像当老百姓那时候那样了啊。"于是下令让这个"硬脖子"的洛阳令出去，并赏给他30万钱。董宣把这些钱全部分给了手下人。从此以后，董宣惩治豪强就更大胆了，那些违犯乱纪的豪强都很怕他，给他取了个"卧虎"的外号。

董宣在任洛阳令5年后去世，光武帝派人去他家查看慰问，发现董宣的尸体只是用布被子盖着，家里连仆人都没有，只有他的妻儿在哭，家里的财产只有一点大麦和一辆破车。光武帝知道后很感伤地说："董宣的廉洁，我在他死后才知道啊！"他下令以葬大夫的礼节埋葬了董宣，并提拔董宣的儿子为郎中，没有让忠臣的后代流离失所。

（6）安民有道

集权也好，选用贤吏也好，如果要实现真正的长治久安，就必须安民，因为安民才是保持社会稳定、发展社会生产的根本所在。

光武帝于民间长大，经历过王莽的残暴统治，知道耕种之艰难，百姓之痛苦，知道百姓休养生息的要求。因此，在东汉建立后，光武帝废除王莽的繁苛法令，减轻刑罚，轻徭薄赋，给百姓以一个宽松的社会环境。此后，他还多次下诏削减各地的监狱，不断地告诫各级官吏尤其是地方官吏要体恤百姓，宽松执法。正因如此，在东汉初年，各级地方官吏大都以安民为要务。卫飒在光武帝建武初年时为桂阳太守。卫飒上任后，知道桂阳因地处边远，礼俗落后，便从抓教育入手，设立学校，端正风俗，过了一段时间，境内"邦俗从化"。桂阳郡的含洭（今广东英德西北）、浈阳（今广东莫德东）、曲江（今广东韶关东南）原来是越族的聚居地，后属桂阳，当地的百姓为不向官府交纳田租而逃进深山居住。因交通不便，官吏们来往这些地区时，都要征调民船，给百姓造成很大的负担，因此百姓怨声载道。卫飒组织开山修道五百多里，一路设置亭传、邮驿，这样不仅减轻了人民的负担，还方便了那里的交通，百姓慢慢地都搬到道路两边居住，当地经济随之迅速发展起来，百姓开始向官府交纳田租。当时有人称赞说："大汉初兴，详览得失，故破矩为圆，更立疏网，蠲除苛政，海内欢欣……人怀宽德。"

安民，要有效地减轻人民负担，光武帝认为官吏奢侈挥霍，官僚机构臃肿，是百姓的最大负担。因此，他在位期间，始终都十分提倡节俭。据史书记载，光武帝自己是"身着朴素，也不玩赏稀世珍宝，内宫左右一视同仁。"建武十三年（公元37年），有国外使者向光武帝献上一匹日行千里的名马和一柄宝剑，这匹千里马被光武帝送去驾鼓车，宝剑赐给了骑士。在光武帝的影响下，节俭在东汉初年蔚然成风。在提倡节俭的同时，光武帝对官僚机构进行了裁汰。西汉平帝时，全国有郡、国一百零三，县、邑、道、侯国一千五百八十七，冗官无数的局面从而形成。公元30年，光武帝下诏归并郡国，省并了郡、国十个，县、邑、道、侯国四百多个。行政开支由于并官省职而减少了亿万钱。合并郡县后，光武帝严格控制郡县的再度增加。建武二十一年（公元45年），随着边境地区的发展，在边疆地区重新设置郡县已十分必要。马援率领一批官吏在边疆建立了一些堡壁，想要建立一批郡县，并任命了一批空有头衔的郡太守、县令。马援的目的是想通过设立郡县来招徕居民。光武帝得知后，笑着对马援说："边疆无一人却设置了这么多的官，比《春秋》里的素王孔子管起来还要难呀。"然后免了这些官员。为了提高地方官吏勤勉治民的积极性，减少

第一章 光武中兴

中下级官吏贪污扰民的可能性，建武二十六年（公元50年），光武帝下诏调整俸禄，增加六百石以下的官员，而减少一千石以上的官员。

安民，还要求提高百姓的社会地位。自西汉中期以来，大量的平民沦为奴婢，成为影响社会稳定的隐患，为此，光武帝连续六次下诏释放奴婢。当然，每一次都是针对不同地区、不同情况，都有一定范围和前提。同时，光武帝释放奴婢不仅仅是为了解决奴婢问题，也是他在统一全国的行动中政治、军事战略的一个重要部分。从地区上说，光武帝所释放的奴婢，集中在青、徐、凉、益诸州，这些都是光武帝政敌的统治区；在时间上，主要是释放那些在王莽当政时期沦为奴婢的人。这些诏令使奴婢的数量减少了，有效地抑止了自耕农沦为奴婢的趋势。同时，光武帝还在一年之内连续三次下诏，禁止杀、伤和虐待奴婢，提高了他们的身份，其生活也得到了改善。

安民，还要解决土地问题，以利于发展社会生产。西汉中期以来大规模的土地兼并，使土地高度集中。那些占有大量土地的豪强们，并不如实地向国家申报土地、交纳田赋，因而造成了东汉初年土地问题一片混乱的局面。为准确地掌握全国耕田数目和户籍，打击豪强，保证赋税收入和征发徭役，光武帝于建武十五年（公元39年）下令在全国"度田"，也就是丈量土地，同时也核定人口。在度田过程中，官吏们和豪强勾结在一起，或抵制清查，或隐瞒不量，而对百姓土地的丈量却连墙头地角、房前屋后都不放过，"百姓嗟怨遮道号呼"的原因尽皆来源于此。光武帝了解到度田不实后，盛怒之下先后诛杀了大司徒、河南尹及郡守十余人，不料却爆发了一场大规模的地方骚乱。地方上的豪族大姓纷纷叛乱，光武帝用镇压和分化相结合的手段，最终平息了骚乱。光武帝度田的目的虽没能达到，但也因此恢复了统计田亩和按比户口的旧制。

光武帝的一系列措施，为东汉的继续发展奠定了基础。因此，历史学家给予光武帝很高的评价。南宋诗人陈亮说："自古以来的中兴都比不过光武帝。"明末思想家王夫之更是称赞光武帝"允冠百王"，认为"三代而下，取天下者，唯光武帝独焉。"历史上也把光武帝统治下的繁荣时期誉为"光武中兴"。

6. 度田事件

　　建武十五年（公元39年），由于全国的耕地面积自行申报多不据实，并且户口、年龄都有增减，所以光武帝下诏，命各州郡进行核查，以此举来减少过分严重的土地兼并现象。

　　早在汉武帝时，土地兼并现象就已经相当严重，哀、平之世更加突出。王莽曾经推行"王田法"，企图通过国家的权力，让大地主、大商人拿出一部分土地，重新分配给农民，以缓和因土地兼并而造成的社会矛盾。但是由于大官僚、大地主的破坏，王莽的土地政策失败，不久绿林、赤眉农民大起义相继爆发。土地问题是引起农民起义最重要、最根本的原因。

　　农民起义的目的是推翻地主阶级统治，夺回被地主兼并的土地，结果王莽的腐朽统治被推翻了，但是大地主的经济势力并没有从根本上受到削弱，农民也没有获得土地。大商人、地主看到农民起义而组织武装，保卫自己的财产。例如王郎起义爆发后，刘植便与他的弟弟刘喜、从兄刘歆，统率宗族宾客数千人，死守昌城（今河北丰南西北）。耿纯与从弟耿沚、耿宿、耿植，统率宗族宾客二千余人强占宋子（今河北赵县东北）县城。有上千家的避难人投靠刘秀的舅舅樊宏，因为他联合宗族亲属挖堑筑垒以自守。以光复汉朝为目标的刘秀知道这些地方武装与自己是同路人，而这些地主武装也很愿意依附刘秀以做靠山。他们纷纷参加刘秀集团，追随他征战。刘植、耿纯带上自己的武装在河北加入刘秀集团；在陕西，王丹率领宗族献二千斛小麦给刘秀做军粮，邓禹便委任王丹做地方官吏。可见此时的大地主并不是像秦末地主那样被"扫地出门"，逃避山林，他们以自己的武装保住了自己的土地财产。豪强地方势力在农民起义失败后进一步膨胀为统治农村的政治势力。

刘秀是西汉宗室、南阳豪强地主。他的姐夫邓晨、妹夫李通都出身于官宦世家。其外祖父樊重是名震南阳的豪强，为东汉基业立下了汗马功劳。所以东汉政权建立后，光武帝刘秀对豪强地主采取极其优待的政策，在政治上选拔他们为官，在经济上保护他们的利益。地方官僚兼并土地的现象极为突出，如马援以屯田为名，霸占上林苑中大片土地；吴汉的妻子在吴汉率军外征时在后方购置田产。那些皇亲国戚更不甘落后，个个都是田连阡陌、奴婢成群的大地主。

光武帝作为豪强地主的政治代表，不想触动维护大地主利益的土地所有制；由于吸取了王莽改制失败的教训，他也不敢触及豪强地主的土地财产。但是财政收入的不足，迫使他不得不触动这个最为敏感的问题。王莽末年的战乱中，有的地主丧命，土地所有权转归他人，有的人因之获得了人身解放，也有少量农民获得了小块土地。因此，东汉政府为了征收租税赋役，要把土地占有与人口情况进行登记。另外，豪强地主为逃避赋税，往往隐瞒自己的土地数量和人力数量，严重削减了国家的财政收入。为了加强对土地和人口的控制，增加国家财政收入，刘秀决心进行一番认真的清理。建武十五年（公元39年），光武帝颁诏，下令各州、郡官吏清查土地、户口，这就是"度田"。

光武帝下达诏令后，地方官吏没有完全照章办理，他们对农民和地主的态度截然不同。当时有些豪强地主拥有武装，地方官吏害怕他们，不敢详细清查；有些与地方官勾结的豪强让各官员帮助自己隐瞒田产和依附人口。当时的官吏很多都是豪强地主，他们不愿意如实丈量土地、清查人口，使本阶层的利益受损。对于农民，地方官吏不仅不放过他们的每一小块土地，就连房舍也算在内丈量，致使后来发生了农民骚乱。

多亏儿子刘庄提醒，光武帝才得知地方官吏的舞弊行为。度田开始后，各州郡派人到中央汇报情况。光武帝接见陈留郡派来的官吏，看见他手里拿着写着"颍川、弘农可问，河南、南阳不可问"的木牍。光武帝不明白是什么意思，追问他，他不肯回答，却说这木牍是在路上拣来的，惹得光武帝大怒。当时，刘庄才十二岁，时为东海公。刘庄提醒光武帝说："这是他临走时郡守叮嘱他的话，让他参照别郡度田的数量向您报告。"

光武帝还没听懂，说："如果是这样，为什么说河南、南阳不可问呢？"刘庄说："近臣多在河南，贵戚则多在帝乡南阳，因此不能以其他郡的标准来衡量。"光武帝令武士们责问陈留吏，他不得不如实供述汇报作弊的情况。光武帝得知地方官吏舞弊，派使者前往调查取证，终于调查清楚了他们的舞弊行为。

光武帝决心以强制手段在全国范围内度田，他首先以"度田不实"的罪名重罚舞弊的官吏，将大司徒欧阳歙、河南尹张伋等十余人处死，然后重申严格核实田亩和人口，加紧度田。结果武装反抗事件在各地频频发生。其中既有农民反抗地方官吏多丈田亩、多收租税的斗争，也有豪强地主反抗度田的斗争。这两种不同性质的反抗交织在一起，汇成比较强大的武装力量。他们攻杀地方官吏，遇官兵前来镇压，便像鸟兽一样散开；一旦官兵离开，又聚集在一起。这些斗争以青、徐、幽、冀四州最为激烈，给东汉王朝以极大的震动。

面对这种混乱局面，光武帝不得不作出让步，他采取镇压与安抚两种手段，迁移捕到的叛乱首领，给他们土地房舍使其安居乐业，切断与原所在地的联系。光武帝同时发布命令，让参与武装反抗的人自相残杀，五人联手杀死一叛乱者，则此五人可以免罪；地方行政长官因害怕叛乱而弃城逃跑者不加追究，考核官吏成绩的标准以捕获叛乱者人数的多少为依据，隐瞒藏匿叛乱者算犯罪。各级官吏加紧搜捕，叛乱逐渐平息。度田之事也不了了之。

由于这次叛乱，光武帝再也不敢强制推行清查土地人口的政策，但他又不肯彻底放弃度田。清丈土地仍是各地方官的职责，度田舞弊的事仍经常发生，当然光武帝也不再像当初那样把他们杀头示众，只是给点处分而已。到明帝时，仍有官吏上书说地方官度田失实，说："许多地方由于发生牛疫水旱而使垦田数量比以前减少了，可是官吏谎报政绩，想让度田之数比从前增加，没有种的土地，亦令农人交租。"度田在形式上虽已成为东汉朝廷定制，但它既没有达到增加政府财政收入的目的，也没有真正解决豪强地主隐瞒土地、人口的问题。

第二章

承平之世

汉光武帝之后，又经历汉明帝、汉章帝、汉和帝三朝。这三朝是东汉政权较为稳定的时期，也是社会经济发展最快的时期。

明、章、和三朝继承和发扬了光武帝时期的政治、经济政策。政治上，约束诸侯王、防范外戚干政，强化吏治；经济上，与民休息，发展社会经济。

为约束诸侯王，明、章、和三朝对诸侯王恩威并施，若实力一般的诸侯王违法，朝廷削减其食邑；若实力雄厚的诸侯王违法，则严惩不贷，甚至处死。

明、章二帝时期，马皇后对外戚的抑制起着重要作用。

明、章、和三朝出现了一大批清廉奉公、执法严明、深知百姓疾苦、注意发展社会生产的良吏。

正是由于明帝、章帝、和帝遵奉光武制度，"俱存不挠"，使东汉在五十余年的时间里，社会安定，经济发展，逐渐达到了顶盛。

1. 帝位之争

光武帝共有十一个儿子。光武帝在世时他的儿子们相安无事，等到他去世，刘庄继承皇位之后，广陵王刘荆、楚王刘英便开始觊觎皇位。汉明帝刘庄为了确保皇位、铲除隐患，先除掉了同母弟刘荆，后来又将楚王刘英及其党羽一网打尽，这就是东汉历史上著名的楚王刘英之狱。

（1）更换太子事件

楚王刘英之狱，说到底是光武帝的儿子们为夺皇位而展开的一场殊死斗争。

阴丽华是南阳新野人，长相冠盖南阳。刘秀到新野后听说她貌美，于是心存向往。后刘秀到长安见执金吾车骑非常有气势，感叹到："当官当做执金吾，娶妻当娶阴丽华。"更始元年（公元23年），刘秀娶阴丽华为妻，了却了一桩心愿。刘秀打下江山做了皇帝后，本想立阴丽华为皇后，但阴丽华想到自己还没有儿子，便一再谦让，以正妻身份而居贵人之位。郭圣通是真定郡豪强地主郭昌之女，美丽而又贤惠。更始二年（公元24年），刘秀征战来到真定，得到了郭昌的大力支持，刘秀亦因此而娶郭圣通为妻。建武元年（公元25年），刘秀称帝，郭圣通为刘秀生下了第一个儿子刘强。子贵母荣，再加上刘秀也希望得到地方豪强对其政权更为有力的支持，因此第二年便立郭圣通为皇后，立刘强为太子。以后刘秀又陆续有了十个儿子，刘秀分别赐予他们公爵之位。

第二章 承平之世

阴丽华虽然没做皇后，但刘秀对她一直宠爱有加，特别是在建武三年（公元27年）生下刘庄以后，刘秀对她更是偏爱。刘庄聪明伶俐，光武帝很喜欢他。建武十五年（公元39年），光武帝处理各地度田不实之事时得刘庄建议而大悟，万分高兴，心中产生了立其为太子的想法。与此同时，郭皇后因嫉妒刘秀对阴丽华的百般宠爱，令刘秀很不满意。

建武十七年（公元41年），光武帝废除郭圣通皇后之位而立阴丽华为皇后。对此，大臣们有异议，认为郭皇后并无违反道德规范的行为，只因宫中小事随便废立，不好向天下人解释。光武帝为消除大臣的不满情绪，便将郭皇后亲生之子刘辅由右翊公提升为中山王，封郭皇后为中山王太后。刘辅升为中山王，其余还是公爵的皇子们自然就感到不满。为解决这个问题，光武帝又将其他儿子（太子刘强和早夭的刘衡除外）全部封为王。

郭皇后被废之后，太子刘强自知已失去了父亲的重视，所以多次向光武帝表示自己愿意辞去太子之位回去奉养母亲。光武帝也不加阻拦，在建武十九年（公元43年）下诏："《春秋》里说立子从贵，刘庄乃阴皇后之子，按理应继承皇位，特命东海王刘庄为太子，今太子刘强为东海王。"刘秀将刘庄与刘强的位置互换，便解决了爱子刘庄继承皇位的问题。刘强做皇太子，大家基本没有什么意见，因为他既是嫡长子，同时德行也颇受众人称道。现在刘庄凭着其母阴丽华得宠和自己的小聪明，成了太子，其他诸王心中就有点不平，他们认为刘庄既然能当太子，那么他们也有继承皇位的权利。这样刘秀中途更换太子的行为，便为后来皇子们争夺皇位埋下了隐患。

西汉时分封诸王的叛乱，使光武帝深知给下面的诸王太多特权会对中央集权构成极大的威胁，并会直接威胁到皇位的安全。所以，汉武帝制定了左官律、附益法等一系列限制诸王特权的法规。东汉初期，由于光武帝忙于巩固新生政权，又因为当时被封的诸王年龄较小，还没有政治野心，所以未将这些法规付诸实施。随着刘秀几位儿子长大，特别是刘庄做了太子之后，他们便利用法律的空子大力发展自己的实力，这时光武帝所封诸王都在京师居住，他们想方设法扩大影响，并招聚宾客培养党羽，为以后实现政治野心创造条件。光武帝很快就发现了这个问题，他十分担心自己去世后儿子们会为争夺权力自相残杀。建武二十四年（公元48年），刘秀重申西汉的附益法，宣布如有人附益王侯一律重法处置。但是，皇子们对于附益之法都置之不理，依然各行其事，有的封王甚至利用宾客做出了违法乱纪的事情。寿光侯刘鲤是刘玄的儿子，与沛王刘辅来往极其密切。刘鲤对杀死他父亲的刘盆子怀恨在心，建武二十八年（公元52年）夏天，刘鲤利用沛王刘辅的宾客将刘盆子的哥哥刘恭杀死。刘秀意识到儿子们羽翼已丰，现在如果不加以制止，将会导致不可想像的后果。于是，刘秀将沛王刘辅逮捕入狱严加审问，并命令各州郡追杀各位封王的宾客，结果捕杀各封王宾客一千多人。由此可知，当时诸封王的势力已经发展得比较强大了。经过这件事情之后，光武帝不敢将儿子们留在京师了。建武二十八年（公元52年）秋天，光武帝除将太子留在京师外，将诸王全部遣送回各自的封国。经过沛王刘辅事件，各封王的宾客势力锐减，就连进入京师也得先请示，封王势力在这次事件中遭到了沉重打击。

（2）广陵王被囚

中元二年（公元57年），光武帝离开了人世。光武帝一去世，诸王与太子刘庄的矛盾便公开化。诸王在参加刘秀的丧礼时都不愿意处在太子的后面，与太子坐在一起行礼举哀，诸王的随官出入皇宫时也与中央大员没有差别。主持丧事的太尉赵憙意识到了问题的严重性，如果在丧礼上不能将太子与诸封王在礼法上区别开来，以后这些事情将会变得越来越复杂。他拔出剑，表情严肃，站在殿前，将太子放在最前，将诸王扶下殿堂，以表明尊卑区别；再将各王国官员与地方官员同列，以此把中央和地方区别开来。礼毕又让各封王回到自己在京的住所，没有命令不准随便上朝，然后又加强门卫，用来防止夺权的事情发生。光武帝的丧礼完毕之后，太子刘庄在大臣们的主持下即位，即历史上的汉明帝。

刘庄虽然最终做了皇帝，但有的封王心中仍不服，特别是刘庄的同母弟山阳王刘荆对此更是怀恨在心。刘荆自恃其有才能，通文法，并且长相酷似刘秀，所以认为皇位理所当然应该是自己的，对刘秀未将他立为太子心怀不满。光武帝去世后他就想利用朝政混乱之机鼓动东海王刘强造反，以便从中渔利。他伪造了一封大鸿胪郭况写给外甥东海王的信。信的大意是："先帝处事不公，你并没有什么罪过竟然被废掉太子之位，更可怜的是郭太后无故被废，全国上下无不为此感到愤恨。这一切都是因为阴皇后和太子刘庄。这时候正是起兵报仇的最佳机会，只要您能集合起两个封国的力量，得到百万大军，击败刘庄就像泰山压鸡子那样容易。当年高祖刘邦以亭长身份起义造就了万岁之业，况且你是光武帝的长子，因此一旦起兵，定会马到成功。俗话说机不可失，时不再来，应抽刀痛杀的时候就不要做温顺的羔羊，不然时机错过，恐怕连羔羊也做不成了。君主崩亡之日就是强者夺取皇位的时候，希望你迅速起兵以成高祖刘邦之业。"这封书信言辞恳切，气势非凡，但它并没有使东海王刘强生出夺皇位之心。刘强知道即使自己安守本分，新登基的汉明帝亦对他怀有戒心，一旦有把柄落到别人手里，汉明帝是决不会轻易放过他的。所以在接到这封信之后，刘强慌恐之下立即将送信人和信件一起送交朝廷。经过认真审查，事实大白于天下。由此，汉明帝知道东海王刘强老实胆小，不会对自己构成威胁，对东海王大加奖赏，而对于觊觎皇位的自己的同母弟刘荆，汉明帝也不好将他诛杀，只好将此事不了了之，并禁止外传。

刘荆的政治野心被揭穿之后，他决定破釜沉舟大干一场。明帝永平元年（公元58年），西羌造反，刘荆希望国家会因此而混乱，自己好从中渔利，于是，便请通晓占星术的人秘密计划和准备造反。汉明帝在侦知此事之后，马上改封刘荆为广陵侯，并把其送至自己的封地。但刘荆并没有因此放弃夺取皇位的念头。永平九年（公元66年），刘荆在准备造反起兵前找来相面的问："我的相貌酷似先帝，先帝三十岁夺取了天下，我今年也到了三十岁，可以起兵吗？"相面的明白造反乃是大逆不道、十恶不赦的事情，事关自己的生死，所以马上向有关官吏告发。汉明帝立即采取措施，命令刘荆不得管理其封国的官吏和人民，只能食用租税，并由广陵国相对其行动进行严密监视。刘荆事实上被软禁了，他看着自己的前途已没有希望，便于永平十年（公元67年）自杀身亡。

（3）楚王造反被捕

继广陵王刘荆之后，楚王刘英开始向汉明帝的帝位发起挑战。刘英乃许美人所生，许美人不受宠爱，刘英也不受重视，虽然被封为楚王，但十个封国之中以楚国为最小。不公平的待遇造就了刘英反叛的性格，他年轻时就乐于结交豪杰。但他从沛王刘辅、广陵王刘荆事件上看到过于暴露自己的目标就会遭到打击，所以他对政治的欲望深藏不露。为了更好地伪装自己，刘英极力和汉明帝搞好关系，得知汉明帝喜好佛教，他就在贵族中率先斋戒祭祀浮屠，以此表示自己对政治毫无兴趣而只喜爱清静。但皇帝那至高无上的权力以及由此而来的尊严、享乐时时刻刻诱惑着他。

广陵王刘荆事件后不久，刘英便暗地结交天下名士，为将来夺取皇位打好基础。东汉时谶纬迷信盛行，大家把谶言纬书视为真理。为了给自己做皇帝制造舆论的力量，刘英命方士们制作金龟、玉鹤，刻写文字作为自己做皇帝的符瑞，命渔阳人王平、颜忠做图谶，把它当成自己做皇帝的预言，同时他还越权在封国之内设置诸侯、将军和二千石以上的官员。

刘英的谋反行为很快便被人告知朝廷。汉明帝为了将这次谋反行动在萌芽之初给予消灭，立即采取了两项措施：一是废除刘英的王位，派人将刘英押送至丹阳泾县（今安徽宣州）软禁起来，刘英到丹阳后感到前途渺茫就自杀了；二是派司徒邢穆严办与刘英谋反有关联的人。汉明帝对这次谋反事件极为愤怒，发誓要杀光所有与这件事有牵连的人。

当时，朝廷尽全力追究楚王之案，连年不止。从皇亲国戚、诸侯、州郡豪杰，直到审案官吏，因为与楚王有关联而被处死、流放的不计其数，此外在狱中还有几千人被关押。

当初，樊儵的弟弟樊鲔曾经向楚王刘英的女儿求婚。樊儵得知消息后劝阻他说："建武年间，咱们全家无比显贵，一门之内，出了五个侯爵。那时候只要我们担任特进的父亲一句话，女可以配亲王，男可以娶公主。只是父亲认为显贵过度就成为祸患，因此不做这样的事。再说你只有一个

第二章 承平之世

儿子，为什么把他送给楚国呢？"樊鲔并没有听从其兄的劝说。楚王谋反发生时，樊鯈已经去世。明帝追念樊鯈为人严谨恭敬，因此就没有对他的儿子降罪。

刘英曾偷偷地记录天下名人成册，明帝发现上面有吴郡太守尹兴的名字，就传唤尹兴及其下属五百多人到廷尉审讯。属官们无法忍受严刑拷打，大部分人死去。只剩下门下掾陆续、主簿梁宏、功曹吏驷勋，尽管经受了五种毒刑，肌肉溃烂，但最终不改口供。当陆续遭拷打时，言辞神色从不改变，然而当母亲来到洛阳探望他时，面对母亲送的饭菜却痛哭流涕，不能自已。审案官问为什么，陆续说："母亲来了，而母子不能相见，所以悲伤。"审案官问："你怎么知道她来了？"陆续说："我母亲总把肉切得方方正正，切葱也总是一寸长短。看到这饭菜，我敢肯定是她来了。"审案官将这件事上报后，明帝很受感动，便赦免尹兴等人，但规定他们终生不得入仕。

颜忠和王平的供词涉及到隧乡侯耿建、濩泽侯邓鲤、朗陵侯臧信、曲成侯刘建。耿建等人都说自己从来没有见过名叫颜忠和王平的人。当时，因为明帝愤怒至极，审案官员无不感到害怕，凡被牵连者，大部分都被判罪定案，没人敢根据实情宽恕他们。侍御史寒朗怜悯耿建等人冤枉，单独讯问颜忠和王平、耿建等人的外貌，颜、王二人答不出来。寒朗看出这其中有诈，就上书说："耿建等人没有罪过，而是被颜忠和王平诬陷了。我怀疑天下的无辜罪人，遭遇之不幸很多与此相似。"明帝问："如果是这样，那么颜忠、王平为什么要诬蔑他们？"寒朗回答道："颜忠、王平自己知道犯了大逆不道之罪，因此随便地招供出很多人，企图以此来表白自己。"明帝问："如果是这样，刚开始为什么不向我汇报呢？"寒朗回答说："我担心有人真的能揭发出耿建等人也有这样的阴谋。"明帝很不高兴地说："你这审案官，骑墙滑头！"便让人把寒朗拉下去拷打。左右侍卫刚要拉走寒朗，寒朗说："等我说一句话再死。"明帝问："还有谁和你一起写奏章？"寒朗说："全部是由我自己拟写的。"明帝问："为何不和三府商议？"回答说："我自己知道一定会有灭族之罪，不想把其他的人也牵连进来。"明帝问："为何是灭族之罪？"回答说："我接手案件已有一年，不能彻底清查奸谋的实情，但是却替有罪之人开脱，因此我明白自己将会有灭族之罪。而我现在上奏，是因为盼望陛下能早日醒悟过来。我见审问囚犯的官员，都说臣子对叛逆大罪应同仇敌忾，现在判人无罪不如判人有罪安全，可以防止以后自己被追查。所以，官员审讯一人便牵连十人，审讯十人便牵连百人。另外，百官上朝的时候，在陛下谈及案情处理得是否合理时，他们全都跪着说：'按照惯例，大罪要诛杀九族，而陛下大恩，只是处理当事者，这正是天下大幸了！'但是他们回到家里，口中即便没怨言，却也暗自叹息。许多人都明白这里面有许多人都是冤枉的，但又不敢违背陛下的意思而直说。我今天说出这番话，死而无憾！"明帝怒气顿消，就下令免掉寒朗之罪。两天以后，明帝亲临洛阳监狱探视囚犯，释放了一千多人。当时久旱的洛阳立刻倾盆大雨。马皇后也认为楚王之案滥杀无辜，就借机劝谏明帝。明帝醒悟过来，心里很愧疚，从此以后就以宽大之策对待罪犯。

汝南人袁安升任楚郡太守。到达楚郡之后，他先去调查楚王之案，就登记上报，准备把缺少确证的罪犯放掉。郡府的大小官员全部叩头力争，认为"叛逆者的同党，依法同罪，万万不可释放"。袁安说："假如违背了朝廷，我自己承担罪责，不会连累你们的。"这时明帝已经醒悟，就批准了袁安的奏书，有四百多家由此被无罪释放。

通过这一案件，汉明帝将蠢蠢欲动的封王及其党羽全部收拾干净，从那以后，所封诸王再也没有人敢对皇位心怀邪念。

2. 班超威镇西域

班超，字仲升，扶风平陵人，班彪之子，班固之弟，生于光武帝建武八年（公元32年），卒于和帝永元十四年（公元102年）。班超从小就胸怀大志，不拘小节，并且很能吃苦，从无怨言。他能言善辩，涉猎书传，最喜欢读《公羊传》。永平五年（公元62年），有人告发班固私改国史，为此班超奔赴京城，上书给明帝，为兄鸣冤。明帝看过班固写的《汉书》后，赏识他的才学，召他到京师，封官校书郎。于是班超和母亲一起，跟随哥哥来到洛阳。由于家境贫寒，班超只好靠为官府抄书来养家糊口。这项工作很艰苦，有一天，班超停下工作，把笔扔到一边，叹道："大丈夫当胸有大志，如果想效仿傅介子、张骞，立功封侯，又怎么能常常劳顿于笔砚之间呢？"周围的人为此都嘲笑他，班超说："庸人怎么能知道壮士的志向呢？"后来有一个善于相面的人对班超说："很多人都不过是些布衣儒生，只有你才会封侯于万里之外。"这更增加了他立功外域的决心。很长时间以后，明帝问班固："你的弟弟在干什么？"班固说："他在为官府写书以奉养老母。"于是，明帝封班超为兰台令吏，可后来由于犯错被罢了官。

（1）出使西域

永平十六年（公元73年），窦固与匈奴作战，任命班超为代理司马，结果班超大胜伊吾于蒲类海。自此，窦固很赏识他的才能，推荐他与从事郭恂一起出使西域。

汉武帝时，西域内附共有三十六个小国，汉武帝为了对其统领监护而设置了使者、校尉，汉宣帝改置都护，到元帝时又添设了戊己校尉二人，屯田于车师前王庭（今吐鲁番东）。哀帝、平帝时，西域分裂为五十五个小国。自王莽称帝后，与匈奴关系恶化，西域也随之瓦解，与新朝断绝关系而转向投靠匈奴。匈奴贵族在西域横征暴敛，西域各国不堪忍受，到东汉建立之后，各国纷纷派遣使者，请求投靠，并敦请刘秀派都护统领各国。但由于当时中原内部尚不稳定，刘秀无暇顾及外域，只好不了了之。西域各国在今塔里木盆地南沿、昆仑山以北的地区陷入混战，鄯善兼并了小宛、精绝、戎卢、且末诸国，于阗则占据了渠勒、皮山。准噶尔盆地以南的车师国吞并了周围的一些小国。之后许多小国纷纷宣布独立。建武二十二年（公元46年），蒙古草原大旱，匈奴陷入混乱，后来一部分匈奴人南迁归附东汉，称为南匈奴；而另一部分人则向西北迁徙，称为北匈奴。北匈奴占据天山以北的草原和天山以南以及玉门关以外的地区。汉明帝即位之初，匈奴侵占凉州的河西各郡县，烧杀抢夺，无恶不作，乃至于河西边邑的老百姓大白天都不敢开门。后来，东汉政府想打通中亚的商路，决心驱逐天山南北的匈奴势力。明帝永平十六年（公元73年），奉车都尉窦固奉命讨伐匈奴，占领伊吾庐，设置宜禾都尉以屯田，同时又夺得了北匈奴在车师前、后王国的统治权。车师成为东汉蕃属，天山东麓的匈奴势力被肃清。伊吾庐是通过吐鲁番进入天山南麓的钥匙，东汉政府在这里建立军事据点，进入西域地区的第一步开始了。不久于阗等国派王子到洛阳侍奉汉帝，与内地断绝关系六十五年之久的西域，终于又恢复了与内地的往来。汉明帝知道，单纯的军事进攻虽可以击败匈奴，但却不能控制西域的广大地区。要在这里建立自己的统治，只有采取怀柔手段，派遣使节，加强政治渗透。在这种背景下，班超奉命出使西域。

　　班超首先到达鄯善（今新疆婼羌一带），开始时受到了鄯善王的友好接待，但后来就被怠慢了。班超对手下的人说："你们感觉到鄯善王对咱们的态度改变了吗？这肯定是因为匈奴的使节来了，他心里很矛盾，不知该服从谁好。"班超把侍候他们的鄯善人找来，恐吓他说："匈奴使者到这里已有好几天了，他们住在什么地方？"那人很害怕，把实情告诉了他。班超把那人囚禁起来，把手下三十六人全部叫来喝酒壮胆，酒喝得差不多时对他们说："咱们来到西域，为的是建立功勋，现在匈奴使者才来几天，鄯善王对我们就不那么热情了，如果鄯善人押送我们到匈奴，那时我们肯定性命都难保全了！大家看该怎么办？"手下的人都说："在这危险的地方，生死都听您安排。"班超说："不入虎穴，焉得虎子？现在的办法，只有趁天黑放火袭击敌人，敌人不知我们的实力，一定会惊慌失措，那时我们就可乘机一举歼灭他们，鄯善王也会被吓住，这样我们的目的就达到了。"众人都说："和从事商量商量吧！"班超发火说："是死是活在此一举，从事是文人，听说后必定害怕，这种事一旦泄密，我们死无葬身之地！"众人说："好，就听你的！"待到初更时分，班超便带着吏士奔赴敌营。当时正赶上刮大风，班超令十人带着鼓藏在敌营后边，一

旦看见火光，便鸣鼓大喊，其余的人则拿好武器做好了埋伏。班超顺风放火，匈奴人惊慌地四处逃窜，班超亲手杀死三人，吏士们杀死匈奴使者随从三十余人，其余的人则全被烧死了。

第二天，班超把这事告诉郭恂，郭恂听后大吃一惊，脸色都变了。班超猜出他的意思，说："您虽然没有参与，但我不会把功劳全部归于自己。"郭恂非常感激他，又高兴起来。于是班超召来鄯善王，将匈奴使者首级给他看。鄯善王和他的国家都为之震惊。班超将王子作为人质带到洛阳，窦固见了很高兴，为班超庆功，又请求派使者出使西域。明帝很欣赏班超的胆识，对窦固说："有班超这样的勇士，还用另选别人吗？现在就任命他为司马，让他继续立功。"窦固让班超出使于阗国，并为他增派人手，但班超只想带领原来的三十六人。他说："于阗是个大国，路途遥远，现在若带许多人去，除了可以显示强大以外别无益处，倘若有意外发生，人多倒会成为累赘。"

当时，于阗王广德在西域南道实力最为强大，但仍受匈奴的间接控制。班超到达于阗后，广德待他十分冷淡。于阗又十分迷信巫术，而巫师声称："神已发怒，问我们为什么要倾向汉朝。汉朝使者带来了一匹黑唇黄马，非常适合做祭品，快给我拿过来！"于是广德让宰相私来比向班超索要这种马。班超暗中知道了这件事的底细，就答应此事，却要巫师亲自前来取马。不一会儿，巫师来了，班超立刻砍了他的头，同时逮捕了私来比，痛打数百皮鞭。班超交上巫师的首级，对广德进行了严厉的斥责。广德听说过班超在鄯善击杀北匈奴使者的事情，心里非常害怕，就立即斩杀前来监护的匈奴使者，归顺了汉朝。班超重赏了于阗的百官，从此征服了于阗。于是西域各国纷纷派王子到汉朝做人质，曾中断了六十五年的西域与汉朝的关系得以恢复。

当初，龟兹倚仗匈奴的威势，控制着西域北道，又密谋杀死疏勒王，派自己的臣子兜题当新王。汉明帝永平十七年（公元74年），班超等人抄小道抵达疏勒，在离兜题所居住的槃橐城九十里的地方扎营，然后派随从田虑前去招降。班超吩咐田虑道："兜题不是疏勒族人，人民肯定不愿受他统治。如果他不立即投降，你可以逮捕他。"田虑一行到达槃橐城后，兜题见他们力量太小，毫无投降之意。田虑乘兜题没有防备将其劫持，捆了起来。兜题的随从没想到会出此事，全都慌不择路地逃走了。田虑急忙报告班超，班超立即赶赴槃橐城，在疏勒召集文武百官，数说龟兹王的种种罪恶，然后，把前疏勒王的侄子忠立为疏勒王，举国上下十分高兴。班超问忠及其百官："对兜题是斩杀呢，还是放了他？"众人异口同声道："杀死他。"班超说："杀他也没有什么好处，应当让龟兹知道汉朝的恩威。"于是放走兜题。

（2）镇抚各国

　　永平十六年（公元73年）十一月，汉明帝派奉车都尉窦固、驸马都尉耿秉、骑都尉刘张都攻打西域，然后命令耿秉和刘张都交出兵符，与窦固的军队合并。汉军部队共一万四千人，在蒲类海边大败白山的北匈奴，然后又决定攻打车师。车师前王是车师后王之子，两个王庭距离有五百余里。窦固认为后王之地路途遥远险峻，加之天气寒冷，便决定先进攻前王。然而耿秉认为应先打后王，集中力量端掉其老巢，那么前王将不战自降。窦固犹豫不决，耿秉奋然起身道："我去打先锋！"于是跨上战马，率领一支部队向北挺进，其他的部队也都跟了过去，结果取得大胜。车师后王安得惊恐万分，走出城门迎接耿秉，摘去王冠，抱住马腿请降。耿秉带着他去拜见窦固。车师前王也赶紧前来投降，至此平定了车师，汉军班师回国。窦固上书建议重新设置西域都护及戊、己校尉。明帝任命陈睦为西域都护，任命司马耿恭为戊校尉，在后车师金蒲城屯驻；任命谒者关宠为己校尉，在前车师柳中城屯驻，各设置驻军数百人。

　　永平十八年（公元75年），北匈奴单于令左鹿蠡王带领两万骑兵进攻车师。戊校尉耿恭派人前去救援，但因力量太小，全军覆没。匈奴打败车师后王安得，把他杀死，然后攻打金蒲城。耿恭将毒药涂在箭头上，对匈奴人说："这是汉朝神箭，中箭者肯定会出怪事。"中箭者发现伤口处烫如沸水，非常害怕。当时恰逢狂风暴雨，汉军乘势出击，杀伤无数。匈奴人十分害怕，说道："汉军有神力，太可怕了！"于是便撤退了。

第二章　承平之世

永平十八年（公元75年），汉明帝驾崩，汉章帝继位。

这一年，焉耆和龟兹两国联合进攻西域都护陈睦，陈睦全军覆没。北匈奴的军队就包围了在柳中城的己校尉关宠。此时，恰逢明帝去世，汉朝因为丧事，没有派出援兵。后来车师再度反叛，跟匈奴一道进攻耿恭。耿恭激励官兵进行抵抗。几个月后，汉军粮食用尽，只好用水煮铠甲弓弩，吃上面的兽筋皮革。耿恭和士卒坦诚相见，同生共死，众志一心。汉军死亡人数不断增加，最后全军仅剩下几十人了。北匈奴单于知道耿恭已被逼入绝境，想让他投降，就派使者去招抚道："如果你投降，单于就封你做白屋王，给你美女为妻。"耿恭把使者骗上城亲手将他斩杀，然后用火烧其尸体。单于异常愤怒，就增派兵力围困耿恭，但仍不能取胜。关宠上书请求援助，章帝下旨，命令公卿商量。司空第五伦反对派兵救援。司徒鲍昱说："朝廷派人前往艰难危险之地，现在发生了紧急情况，却将他们抛弃，这是对外纵容蛮夷的暴行，对内则是伤害忠心的大臣。果真要权衡时势而采取权宜之计，往后边界太平无事就罢了，但如果匈奴再犯我边境，陛下又该如何应付呢？另外，耿恭、关宠仅各有数十人，但匈奴围困他们这么长时间，却不能攻克，这实际上已经表明了匈奴兵弱力竭。我建议让敦煌、酒泉两郡太守各率领精锐骑兵二千人，多带旗帜，用最快的速度前去救援。北匈奴的军队疲惫至极，肯定无法抵挡。在四十天之内，就可返回塞内。"章帝采纳了他的意见，派征西将军耿秉代理酒泉太守职务；派酒泉太守段彭与谒者王蒙、皇甫援征调张掖、酒泉、敦煌三郡兵力及鄯善的军队共七千余人，火速前去援救。

酒泉郡太守段彭等人齐聚柳中，进攻车师，在交河城斩杀了三千八百多人，又俘虏了三千多人。北匈奴惊慌逃窜，车师再度投降。此时，关宠已经不在人世，谒者王蒙等人计划率军队东归。耿恭的一位下属范羌当时正在王蒙军中，坚持要求去援救耿恭。其他将领都不敢去，于是范羌亲率两千士兵前去救援。范羌由山北之路去援救耿恭，途中遇到一丈多深的积雪，因此援军勉强到达时，都已经是精疲力尽。耿恭等人夜间听到兵马之声，以为匈奴的援军来了，大吃一惊。范羌在远处喊道："我是范羌，来营救你们的！"城中的人齐呼万岁。大家相互拥抱，痛哭流涕。然后他们在第二天一道返回。北匈奴派出追兵，汉军边战边走。开始时战士还有二十六人，但由于饥饿已久，加之一路上困难重重，沿途不断死亡，最后到达玉门关时仅剩下十三人了。这十三人衣衫褴褛，形销骨瘦。中郎将郑众为耿恭及其部下接风洗尘，同时上书说："耿恭凭借微弱的兵力抵抗匈奴数万大军，长时间固守孤城，凿山打井，煮食弓弩，费尽了心力，但仍多次打败敌人，英勇无比，维护了朝廷的威名，所以应当加官进爵，以示鼓励。"耿恭到达洛阳后，被章帝任命为骑都尉。

在同一时期，龟兹、姑墨等国多次攻打疏勒。班超据守槃橐城，跟疏勒王忠构成首尾之势。当时，班超已是势单力薄，并且没有援兵，却以极少的兵力，硬是苦苦坚守了一年多。章帝登上帝位之初，因陈睦刚被杀害，怕班超兵力单薄，难以保全，便下令召班超还朝。班超奉命准备回国时，疏勒全国一片恐慌。都尉黎弇说："汉朝使者一旦离开，我们一定会再次被龟兹所灭，我实在不忍心看到这一天啊！"于是拔刀自尽了。班超回到于阗，于阗国举国上下都号哭着说："汉使就像我们的父母一样，您真的不能离开我们啊！"于是都抱着班超的马腿，不让班超走。班超感到于阗决不会让他东归，且他还想实现原来的志愿，于是又折回疏勒。自从班超离开后，疏勒的两个城市又降了龟兹，而同尉头国连兵。班超捕杀了叛乱者，打败了尉头，疏勒再次安定了下来。

建初二年（公元77年），章帝下令在伊吾屯田的兵士全部撤回，而班超继续留在于阗，以安抚各国。

当时，天山北道诸国已被匈奴控制。南道诸国虽仍归属东汉，但匈奴却截断了南道诸国通往中原的道路，而且还有一个莎车在南道的于阗和疏勒之间，这样，匈奴在塔里木盆地已优势明显。面对严峻的形势，班超打算先清除根据地附近的匈奴人势力，以使自己的统治更为稳定；然后征服切断南道交通的莎车，打通南道；最终凭借南道诸国的人力物力，消灭北道诸国的匈奴势力，从而彻底实现对塔里木盆地的控制。

建初三年（公元78年），班超联合疏勒、康居、于阗、拘弥之兵一万人夺取姑墨国石城（新疆温宿西）。姑墨国受龟兹管辖，是匈奴的一个据点，其地靠近南道的疏勒。姑墨覆灭，匈奴对南道诸国的威胁便烟消云散了。

3. 马太后抑外戚

永平十八年（公元75年）八月，明帝去世，章帝刘炟继位，尊马皇后为皇太后。明帝去世后，马太后亲自编撰了《显宗起居注》，并把其中有关自己哥哥马防侍奉明帝治病的事迹全部删去，章帝知道后请求说："舅舅为黄门郎，日夜在父皇面前侍奉医药达一年，没有功劳也有苦劳，这样是不是不太合适？"马太后回答说："我不愿让后世知道先帝亲近外戚，所以不记述此事。"这是马太后看到前朝外戚干政的严重后果，主动让外戚淡出朝政的例子之一。马太后贬抑外戚，对于巩固汉章帝的统治有一定的积极作用。

马皇后在被汉明帝立为皇后前几天，梦中看见无数小虫飞扑到她身上，钻入皮肤后又飞出。自从立为皇后，她就更加谦恭肃敬。她通读经书，衣着朴素。初一及十五诸妃嫔参加朝见，看见马皇后袍衣稀疏粗糙，以为是质地细密的绮罗皱縠，走近仔细一看，不禁笑了起来。马皇后告诉她们说："这种布特别适合染色，所以我才用它。"六宫妃嫔都暗自叹息。明帝常到行宫苑囿游玩，马皇后就以不要冒风犯邪沾露淋雾告诫，言辞恳切得当，令人不得不采纳。明帝到北宫的濯龙园游玩，召集众多的妃嫔，下邳王以下亲属追随左右，有人提出把马皇后也请来。明帝笑着说："她不喜欢游乐，即使来了也不会快乐的。"在游览娱乐方面，马皇后几乎从不与明帝一同参加。

永平十五年（公元72年），明帝打算分封皇子，而众封国领地都只及原来的一半。马皇后知道后便说："诸子裁减一半领地，对于法制不是太少了吗？"明帝说："我们的儿子与先帝之子不一样，一年供给二千万就足够了。"当时，因楚王刘英谋反案，狱囚互相牵连，株连数千人。马皇后担心刑杀过度，便瞅准机会提醒明帝，明帝终于醒悟，很多狱囚才得到赦免。当时，诸将奏报的问题及公卿考校评议很难平衡一致，明帝多次拿来求助于马皇后，而马皇后每一次分析解释都合情合理。马皇后总是在陪侍明帝的时候言及政事，但从不为家族私事求官求福，所以明帝对她越来越宠爱。

　　马太后的兄弟虎贲中郎将马廖、黄门郎马防、马光，在明帝在位时期没有加官进爵，章帝即位后，任命马廖为卫尉，马防为中郎将，马光为越骑校尉。马廖兄弟礼贤下士，社会交往很广，各种有身份的士人也主动接近马氏兄弟。第五伦上书说："我记得《尚书》中说：'臣下作威作福，既对自身无益，也是国家凶险的前兆。'近年阴光烈皇后慈爱为怀，但仍注意抑制外戚，不给他们权势，后来梁氏、窦氏都曾做过非法之事，明帝即位后，诛杀了许多人。自此以后，洛中再没有权威。明帝曾告诫外戚说：'屈身对待士人，不如全心报国，两者不能兼顾。'现在马氏为人们所议论，我私下听说卫尉马廖用布三千匹，城门校尉马防以钱百万暗地赠送三辅地区的衣冠之士，又听说给在洛中的士人每人五千钱。越骑校尉马光，祭祀用羊三百头、米四百斛、肉五千斤。我认为这与经义不合，心内惶恐不敢不报告朝廷。陛下如果因亲戚的缘故要厚待他们，则应根据具体的情况而为之。我今天说这些话，是想上对陛下效忠，下保全太后全家。"

　　建初元年（公元76年），章帝想授爵位给几位舅舅，马太后不答应。次年夏天，大旱，有人以为是由于不封外戚的缘故，管事的人因此上书请求依汉制旧典，对外戚进行封侯。马太后诏令说："凡是上书请求此事的，都是想奉承我以求富贵。过去王氏五侯同日加封，黄雾漫天，没有降雨以相应。外戚富贵很容易带来灭顶之灾，所以先帝小心防范外戚，不让他们占据要害职位；又曾强调我的儿子不应和先帝的儿子地位相等，现在有关部门为什么要以马氏和阴氏相比呢？卫尉阴兴，所有的人都赞颂，宫省的御都到他家去拜访，他连鞋都来不及穿就出门迎接，非常敬谨。新阳侯阴就虽然刚愎自用，但他有方略，善于谈论，朝廷中无人能及。原鹿贞侯阴识，为人诚信勇猛。这三个人都是天下首屈一指的臣僚，没有人能比得上他们。马氏根本不能与阴氏相提并论。我没有什么才能，常担心

第二章　承平之世

破坏了先皇后留下的法教，因此再小的过失我也不放过，经常不停地督促改正。可是亲属仍经常有越轨行为发生，治丧起坟超越制度，我又耳目不灵，没有及时发现，另外也说明我平常的告诫没有起作用。我身为太后，而身穿大练衣服，吃饭不求美味，身边的人也和我穿一样的衣服，非常朴素，不用薰香一类的饰物，为的是以身作则。我以为外家亲戚看到后，会感动而约束自己，可是他们却说：太后一直就很节俭。前一段经过濯龙门，看见到我娘家问候起居的人的情形，车水马龙，川流不息，仆人身穿绫罗绸缎，回头看我的驾车人，和他们相差很远。我虽然对娘家人没有谴责，但却断绝了他们的日常费用，希望他们能反省，但他们仍松懈怠惰。知臣莫若君，何况是对自己的亲属。难道要我辜负先帝的旨意，毁损先人的德行，重蹈西京时吕禄、吕产、窦婴、霍禹等外戚叛乱而败亡的惨祸吗？"

章帝读了诏令后，非常感动，又重新请求太后说："汉室兴盛，舅氏封侯，就像皇子封王。太后确实有谦虚的美德，但怎能让我承受不加恩于舅父的名声呢？况且卫尉马廖年岁已高，两校尉马防、马光疾病缠身，如果有不测，将使我长期有刻骨之恨。请允许我选吉日封拜，不要再拖延。"

太后回答说："我反复考虑，也希望有个两全其美的办法，难道我只想获取谦虚的名声，而让你忍受不对外家施恩的遗憾吗？以前窦太后想封王皇后的兄长，丞相條侯说：'高祖有约，没有军功者不能封侯。'但现在马氏毫无功劳，怎能与阴太后、郭太后中兴之太后外家相比呢？我看到富贵人家，禄位重叠，就像结果实太多的树木，树根会因此受伤。人之所以愿意封侯，是想上奉宗庙祭祀，下求日常开支，现在我娘家祭祀是受太官的赏赐，衣食是靠朝廷的俸禄，难道还不感到满足吗？我已经详细考虑，已没有顾虑。"

太后接着说："儿女孝顺最好是让父母平安。现在灾异不断，谷价上涨数番，我日夜忧虑，而皇帝却打算先为外戚封侯，违背慈母的一片诚心！我平时刚强性急，胸有气痛的毛病，不能不顺气。儿子小时尚听父母的教导，长大以后就不听了。我想，你是皇帝，完全可以按自己的想法办事。然而你三年的服丧期未满，又事关我的家族，所以我自己作了主张。

倘若边境宁静无事，你便可以按照自己的意愿行事，而我则只负责抚养孙子之类的事，不再干预朝事。"章帝这才取消了这个计划。

太后曾对三辅说："马氏家族，如果有因为请托郡县官府干预扰乱地方行政的，则应依法处置。"马太后的母亲下葬时堆坟稍高，马太后对此提出反对，于是她的哥哥等人亲自将坟减低了。在马家亲戚中，行为谦恭正直的，马太后就会以温言好语相待，并赏赐其财物和官位。但如果有人犯了小错误，马皇后也会严厉批评。对于那些奢侈浪费、不遵守法律制度的亲属和亲戚，就将他们从皇亲名册中取消，送回老家。广平王刘羡、钜鹿王刘恭和乐成王刘党生活俭省，章帝向太后反应了这个情况后，太后便立即赏赐他们每人五百万钱。因此内外亲属全都听从太后的教导，崇尚谦逊朴素。此时外戚亲族比明帝时期更加谦逊节俭，马太后曾设立织室，在濯龙园中种桑养蚕，并经常前去视察，把这当成一项乐事。另外她还经常与章帝讨论国家大事，教年幼的皇子儒家经书，讲述亲身经历，终日和睦欢洽。

马廖担心马太后倡导的谦恭之风无法持久，因此上书劝太后要完成德政。他说："从前元帝取消服官，成帝穿用旧的衣袍，哀帝撤除乐府，但奢侈之风仍旧很盛行，最终导致国家的衰落，原因就在于百姓跟随朝廷所行，而不听信朝廷所言。改变政风民风，应该从最根本之处着手。经传说：'吴王好剑客，百姓多伤疤；楚王好细腰，宫中多饿死。'长安有谚语说：'城中喜爱高发髻，乡下的发髻高一尺；城中喜爱宽眉毛，乡下的眉毛半前额；城中喜爱大衣袖，乡下的衣袖用了整匹帛。'这些话好像是戏言，但也在一定程度上说明了事实。就在不久前朝廷推行一项制度，没过几天就推行不下去了，这也许是由于官吏不依法办事，但事实上是因为京城率先怠慢。现在陛下也养成了生活朴素的习惯，是因为神圣的天性，如果能把它坚持到底，那么天下人就会传颂你的美德，美好的名声将远播海内外，能够与神灵相通了，因此就更不用提推行法令了！"太后认为他的建议很正确，决定全部采纳。

建初四年（公元79年）四月，有关部门依据以前惯例，请求章帝分封诸位舅舅，章帝看到国家太平，物资丰盛，便封卫尉马廖为顺阳侯，车骑将军马防为颍阳侯，执金吾马光为许侯。太后得知后说："我年轻时，很羡慕青史留名，并且为了这个志向甚至不惜以生命为代价，现在虽然年老，仍然告诫自己不要贪婪。因此日夜自励，希望能恪守此道，不辜负先帝；我还经常告诫兄弟，共同成就这个志向，至死而无憾。我本想在自己瞑目之日，没有什么可后悔的事，怎么也没有想到在我年老时这个志向竟不能实现，令我到死的时候仍然遗恨不已啊！"马廖兄弟得知后都极力推辞封爵，但章帝始终不答应。兄弟二人最后不得不接受封爵，然后又上书辞让官位，章帝答应了他们。五月，马廖兄弟三人辞官回家，再没有担任任何职务。

4. 班超平定西域

汉章帝建初五年（公元80年），一直想实现平定西域夙愿的班超，上书朝廷请求军队支援。他说："先帝打算开拓西域，因此向北进攻匈奴，向西派使者跟各国结交，并且使鄯善、于阗两国归顺我朝。目前拘弥、莎车、疏勒、月氏、乌孙及康居等国都希望再次归附，并计划联合军队消灭龟兹，铲平通往中原道路上的障碍。只要把龟兹攻下，则整个西域的绝大部分区域都会归顺汉朝。以前谈论西域的人都说：'征服三十六国，可称作斩断匈奴的右臂。'现在西域各国，绝大多数都十分愿意归顺汉朝，不断地进贡，仅有焉耆和龟兹还在顽抗。从前，我曾率领部下三十六人出使偏远的异域，饱受艰难困苦，自到疏勒以来，已经有五年时间了。对于西域的情况，我非常了解。西域的大国小国都一致说：'依赖汉朝，好比依赖上天。'从这一点足以证明，葱岭可以打通，龟兹可以消灭。现在应将龟兹派到汉朝做人质的王子白霸封为龟兹王，然后派步骑兵数百人护送，让他领导联合西域各国的部队，不用一年时间便可夺取龟兹。利用夷狄去打夷狄，这绝对是上上策！同时莎车、疏勒的土地广袤肥沃，牲畜成群，不像敦煌、鄯善一带，因此用兵不会消耗中原物资，而能够确保自给自足。同时姑墨、温宿两国国王是龟兹特别委任的，他们与本国人的矛盾很尖锐，因此在一定的形势下，必定会有人投降。如果这两国归顺了汉朝，那么龟兹便不可自保。请把我的奏章交付朝廷讨论，作为决事的参考。如果奏折能被朝廷认可，那我就死而无憾了！然而微臣班超特别幸运地得到了神灵的保佑，使我免于一死，微臣希望亲眼看到整个西域归顺的那一天，陛下举起祝福万年的酒杯，向祖庙祭告，向天下宣布大喜。"章帝明白这一行动可以成功，于是召集群臣讨论，准备答应班超的请求。平陵人徐干上书朝廷，表示愿奋勇出征，做班超的助手。为此徐干被任命为副司马，率领被赦免的囚徒及志愿从军的勇士共一千余人，到西域去协助班超完成心愿。

以前，莎车认为汉朝不会出兵，就向龟兹投降，疏勒都尉番辰也背叛了汉朝。恰好徐干这时赶到，班超就和他向番辰发动了进攻，大败番辰，斩杀了一千多人。班超认为乌孙兵强，应该利用乌孙的力量，于是上书说："乌孙是个大国，兵强马壮，所以武帝把公主嫁给了乌孙王，到孝宣皇帝时，终于见到了成效。现在当派使者慰问，让乌孙与我们同心合力。"章帝接受了他的建议。

建初八年（公元83年），章帝派卫侯李邑护送乌孙使者回国。李邑到达于阗时，恰逢龟兹攻打疏勒，他因害怕而不敢前进，就上书说西域的功业不可能成功，还大肆诬陷班超，说班超"拥爱妻，抱爱子，在西域享受快乐，毫无效忠朝廷之心"。班超听到消息后感叹道："我尽管不是曾参，却遇到曾参所遇的三次诽谤，恐怕要受到朝廷的猜疑了？"为此送走妻子。章帝相信了班超的忠诚，就严厉斥责李邑说："你说班超拥爱妻，抱爱子，但那么多思乡的军人怎么可能和班超同心呢？"章帝派李邑到班超那里，并下旨给班超说："如果李邑在西域能够胜任，你就可以把他留下做你的副手。"然而班超却派李邑带领乌孙送往汉朝做人质的王子回京城。徐干对班超说："以前李邑诋毁阁下，想破坏您的形象和您的事业，现在为何不将他留下，再派其他官员去护送人质呢？"班超说："这话是多么浅陋！正因为他诽谤过我，我才派他去。自己问心无愧，为什么要怕别人的议论！为使自己称心快意而留下李邑，这不是忠臣所为。"

第二章　承平之世

　　第二年，朝廷派和恭等人率八百官兵增援班超，这样班超手下共有一千八百人，至此班超征服塔里木盆地的大规模军事行动开始了。他首先调发疏勒、于阗之兵，从东西两面夹击莎车，莎车自知打不过，就暗中贿赂疏勒王忠。忠反叛，占据乌即城，班超于是命令一位疏勒王率军队攻打忠。忠向康居求救，康居派兵支援。班超率兵与康居军队相持半年，难以取胜。班超于是派人送大量财物给月氏王，让月氏王劝康居退兵。康居退兵后，班超得胜，把忠带回疏勒王城。过了三年，忠又与康居、龟兹密谋反叛，派人到班超那里诈降，班超假装答应他，忠喜出望外，轻骑去见班超。班超随即在酒席上把他给杀了，然后乘势击破其众，天山南道重新开通。

　　第二年班超征调于阗等国兵二万五千人再次进攻莎车。龟兹王征调周围几国近五万大军前来救援。班超把将校和于阗王召来商量说："如今敌我对比悬殊，我们只好撤兵，晚间以鸣鼓为信号，各奔东西。"然后故意放走龟兹俘虏，让他们把这假消息告诉龟兹王。龟兹王听说后非常高兴，亲自带领大军，分东西两路埋伏。班超秘密召集各部军队，清晨时急速赶到莎车军营，莎车兵毫无准备，仓皇逃走。班超率军追赶，杀五千余人，莎车投降，龟兹再也不敢前来进攻。此后，班超名震西域。

5. 窦氏专权

　　马太后在世期间抑制马氏外戚，等她逝世后，马氏权力顿衰，很快就被以窦皇后为代表的窦氏家族取代。顺阳侯马廖为人谨慎，却天性厚道宽容，不会管教约束马家子弟。因此，马家子弟全都是为所欲为的纨绔子弟。校书郎杨终曾写信给马廖，警告他说："阁下的地位尊贵显要，四海之内众人瞩目。您的弟弟黄门郎马防、马光都还年轻，血气方刚，他们没

83

有窦皇后的哥哥长君的退让精神，反而结交一些品行不端的朋友。您对他们一贯纵容不加教诲，眼看他们日渐任性骄纵。回首前事，我为马家感到寒心！"马廖没有接受他的忠告。马防、马光兄弟非常富有，他们大规模地建造宅第，将房屋连成一片，占满街巷，养了数百食客。马防还饲养了大量牲畜，向羌人胡人征收赋税。章帝对他们的做法很不满意，屡次责怪他们，并处处予以限制。为此马家的权势稍有削弱，食客朋友也逐渐离去。马廖的儿子马豫任步兵校尉，上书章帝时，有怨恨不满之词。因此一些官员想弹劾马豫和马防、马光兄弟，称马防、马光的豪华奢侈超越他们的身份，扰乱圣明的礼教，建议罢免马氏兄弟，命他们前往各自的封国。章帝采纳了他们的建议。马廖等人快要上路时，章帝下诏说："舅父一家都去了封国，四季祭祀陵庙时就没有助祭的人了，朕很悲伤。朕现在下令许侯马光留下，在乡间田庐闭门反省，以慰朕的甥舅之情，大家不要再提出异议。"马光比马防谨慎收敛一些，因此章帝把他留下，后又恢复他的特殊地位。马豫随马廖到封国后，被审讯拷打致死。后来，章帝又下诏书，召马廖返回京城。

（1）窦氏兄弟显贵

马家获罪以后，窦家地位更加显赫。建初八年（公元83年），窦皇后的哥哥窦宪任侍中、虎贲中郎将，弟弟窦笃任黄门侍郎，二人同在宫中任职，受到大量的赏赐。窦家兄弟很喜欢结交朋友。司空第五伦上书说："虎贲中郎将窦宪，作为皇后的亲属，统领皇家禁军，出入宫廷，他正值壮年，志向远大，恭敬谦让，乐于为善，喜好结交士子，这本来是无可非议的。但是那些奔走出入于皇亲国戚门下的人，多有劣迹，在政治仕途上不如意，尤其缺少安贫守分的气节。官僚中志趣低下的人，相互吹捧，并相互推荐，大批涌向他的家门，这恐怕会让他们变得骄傲放纵。三辅地区喜好议论的人还说：'如果由于显贵亲戚的连累而遭贬黜压制，就应该重新由这些贵族来洗清罪过，就像是用酒来解醉一样。'那些邪僻

第二章 承平之世

阴险、趋炎附势之辈，应远离之。我请求陛下和皇后严令窦宪等人闭门思过，不得任意结交官僚士子，防患于未然，这样才可以让窦宪永保荣华富贵。而且君臣之间不会产生任何隔阂，是我最大的心愿！"但章帝对此话并未在意。

窦宪借助皇后的影响和势力，从诸侯王、公主，到阴家、马家等外戚，没有人不怕他。窦宪曾以低价强买沁水公主的庄园，沁水公主害怕他的权势不敢计较。后来章帝出行时经过那里，向窦宪问起庄园的事，窦宪暗中喝斥左右的人不得如实回答。后来，章帝得知真相，非常愤怒，严厉责备窦宪说："你强夺公主庄园，这种手段甚至比赵高的指鹿为马还要恶劣！这件事多么令人震惊。以前，在永平年间，先帝经常命令阴党、阴博、邓叠三人相互监督，因此诸多显贵中无人敢触犯法律。现在连尊贵的公主都横遭掠夺，何况平民百姓呢？国家抛弃你窦宪，就好比扔掉一只小鸟或者腐臭的死鼠！"窦宪非常恐慌，窦皇后也因此脱去皇后的衣饰来谢罪。过了很久，章帝的愤怒才稍稍平息，令窦宪将庄园还给公主。章帝虽没有对窦宪依法治罪，但也不再委以重任。

元和三年（公元86年）三月，太尉郑弘几次上书，说侍中窦宪的权势过大，窦宪怀恨在心。后来，郑弘上书弹劾窦宪的同党尚书张林和洛阳令杨光，说他们贪赃枉法且行为残暴。没想到，处理奏书的官吏却是杨光的旧交，此人就告知杨光，杨光又告知窦宪。因此窦宪弹劾郑弘身为朝臣却泄露机密。章帝责问郑弘，四月，章帝下令收回郑弘的印信绶带。郑弘自己到廷尉投案待审，章帝下旨释放他。郑弘请求解甲归田，章帝没有批准。郑弘病重，上书谢恩说："窦宪的奸恶，为天地不容，天下百姓和朝中百官，不管是贤是愚，都对他深恶痛绝，都说：'窦宪用什么方法迷住了圣上！近代王莽之祸，依然历历在目，是前车之鉴啊！'陛下贵为天子，守护着万世长存的帝业，却信任进谗献媚的奸臣，这关系国家存亡。尽管我已经是将死之人了，但我仍是汉朝的臣子，还是要对您效忠，所以愿陛下如舜帝除掉'四凶'一样惩办奸臣，以平息神明和百姓的愤恨。"章帝看到奏书后，有感于郑弘的忠心，派医生为他诊病。但当医生到达郑家的时候，郑弘已经去世。

章和二年（公元88年），章帝去世，年仅十岁的太子肇即位，是为和帝。

窦太后摄政，窦宪以侍中的身份入宫主持重要政务，太后下达的一切旨意也由他宣布。他的弟弟窦笃、窦景、窦瓌任中常侍。窦家兄弟全都身居高位。窦宪的门客崔骃上书告诫窦宪说："古书说：'一般说来，生来就富有的人骄横，生来就尊贵的人骄傲。'出身富有尊贵却能不骄横倨傲的人，从来没有过。现在您的官位正逐渐上升，皇上对您也愈加恩宠，朝中百官都在注意您的所作所为，您应如《诗经·周颂》所说的那样：'望能终日小心谨慎，求得终身的荣耀。'以前冯野王以外戚身份居高官之位，被人称为贤臣；阴兴克己守礼，最后成为多福之人。外戚之所以被当时的人嘲笑，被后世的人唾骂，是因为权势太盛而不知退让，官位显赫而仁义不足。从汉朝建立，直到哀帝、平帝，皇后家族共计二十个，只有四位皇后家族和自身得以保全的。《尚书》说：'以殷商的覆亡，作为鉴戒。'您在这方面能不谨慎一些吗？"

窦太后下旨："任命前任太尉邓彪为太傅，赐爵为关内侯，主管尚书事务。百官各司其职，服从太傅。"因为邓彪仁义礼让，所以受到先帝的敬重，又因为他为人忠厚随和，因此，特意把他捧上高位。窦宪要做什么事的时候，就在外面让邓彪奏报，自己到内宫向太后说明，就没有什么事不被批准。邓彪身居太傅之位，只知道修身自好，根本不能捍卫朝廷纲纪。窦宪性情暴烈，再小的怨恨他也会去报复。明帝永平年间，谒者韩纡曾审理过窦宪的父亲窦勋的案件，窦宪就让门客砍下韩纡儿子的人头来祭祀窦勋。

（2）窦宪立功受封

章和二年五月，齐殇王刘石之子都乡侯刘畅到京城来祭吊章帝，窦太后连续几次召见他。窦宪担心刘畅威胁自己在内宫的权势，就派刺客在皇宫中将刘畅暗杀，然后嫁祸于刘畅的弟弟利侯刘刚。为此朝廷派侍御史和青州刺史一同调查刘刚等人。尚书韩棱认为："凶手就在京城，不该到那么远的地方去。现在的做法,恐怕要被奸臣讥笑。"太后非常生气,严厉责备韩棱,然而韩棱仍然坚持己见。何敞对太尉宋由说:"刘畅是皇室成员,封国藩臣,来祭吊先帝,身在禁卫军保卫当中,却被刺杀而死。执法官吏漫无目的地追捕凶手,却不见凶手的踪影,也不知他们的姓名。我是您属下的要员,主管捕审罪犯,想亲自到判案现场,以督察案件的进展。但是司徒和司空二府的负责人认为,三公不应参与地方刑事案件,公然放纵奸恶,而且并不承认自己的过错。因此我打算单独奏请,请求参与审案。"宋由答应了何敞的请求。司徒、司空二府得知何敞要参与审案,便派主管官员随同前去,事情才真相大白。窦太后知道真相后大怒,把窦宪禁闭在内宫。窦宪害怕遭杀身之祸,就主动请求去打匈奴,以赎死罪。

十月,朝廷任命窦宪为车骑将军,任命耿秉为副统帅,征发部队,出塞征讨北匈奴。

和帝永元元年(公元89年),窦宪将要出征时,三公及九卿拦阻,认为"匈奴没有侵犯边境,我们却要无缘无故地劳师远征,以消耗国家资财为代价,求取万里以外的功勋,这不是为国家着想的策略"。奏书都被搁置下来。太尉宋由感到害怕,便不敢再在奏章上署名,九卿也逐渐停止进谏。只有司徒袁安、司空任隗坚定不移,还脱去官帽在朝堂力争,先后上书约达十次。众人都非常担心他们的安危,害怕他们因此而获罪,但袁、任二人却神情镇定,正气凛然。侍御史鲁恭上书说:"我国最近有大的灾难,陛下正在守丧,百姓刚刚失去先帝的庇护,夏、秋、冬都无法听到圣上出巡时禁卫军警戒喝道的声音,人们全都因思念先帝而惶惶不安,好比有求而不能得。现在却要在盛春之月征兵,为了远征匈奴而扰乱全国百姓,这实在不符合施恩于民,改年号变更朝代、由内及外地处理政务的原则。万民百姓都是上天所生,上天爱万民百姓,好比父母爱子女。天下万物中,只要有一物不能安适,那么天象就会为此发生错乱,何况是人呢?所以,爱民的君主,上天必有回报。那些边疆的异族,好比四方的异气,与动物没有分别,如果让他们混居在中原内地,就会扰乱天象,扰乱民心。因此,圣明的君王,只是对他们采取笼络和约束的政策。如今北匈奴已被鲜卑打败,远远地躲到史侯河以西的地方,距离汉朝边塞有几千里远,但是我们却计划利用敌人的疲弱去进攻他们,这不是仁义之举。我们现在才开始征兵出征，物资已不能满足大司农的调度，各级官员相互逼迫，百姓的困苦也已达到极点。群臣和百姓都说此事不值得做，而陛下为什么只为窦宪一人打算，而不顾百姓的性命，不体恤他们忧患的呼声呢！上观天心，下察民意，就可以明白事情的得失了。我担心这样下去中国将不再是真正的中国，岂只匈奴不把中国当中国看待而已！"尚书令韩棱、骑都尉朱晖、京兆人议郎乐恢等有识之士，也都上书劝谏，然而太后均不予理睬。

太后让使者为窦宪的弟弟窦笃、窦景兴建宅第，为此征用许多百姓服役。侍御史何敞上书说："我听说，匈奴叛逆凶暴。高祖当年被围困在平城，吕后收到冒顿傲慢的书信，因为这两次侮辱，臣子都要去与匈奴决一死战，可是高祖和吕后却含羞忍辱，放过匈奴。现在北匈奴没有叛逆行动，汉朝也没有受到和当日一样的侮辱。此时正值盛春时节，农民忙于耕作，大规模地征兵，会令百姓产生怨恨，人心不定。窦笃、窦景是陛下亲近的贵臣，应该做百官的表率。现在大军远征，朝廷焦灼不安，百姓愁苦，财政空虚，而这时候竟然兴建巨宅，为了两个朝官的喜好而劳民伤财，这不是发扬恩德、可以使后世仿效的做法。应当马上停工，专注于北方边疆的战事，体恤人民的困苦。"奏书呈上，但未被采纳。

窦宪曾派门生带信去见尚书仆射郅寿，想叫郅寿办点私事，郅寿立即把这个门生送到牢房。郅寿还屡次上书，指责窦宪的骄横，并引用王莽的教训来告诫朝廷，又趁上朝的机会就征讨匈奴和大肆兴建房舍之事抨击窦宪等人，辞意十分诚挚。窦宪大怒，反而诬陷郅寿私买公田，诽谤朝廷。郅寿被拘捕审讯，依律当斩。何敞上书说："郅寿是皇上亲信，指出并纠正大臣的错误是他的本分。现在郅寿为了朝廷安定而反对群臣，大胆劝谏，难道这是为了个人吗？我冒死上言，也不是为了郅寿。忠臣尽节，死而无憾，我尽管不了解郅寿，但我想他会心甘情愿地赴死。我实在不希望圣明的朝廷会对直言上谏之人进行诛杀，那有损宽厚的教化，堵塞忠臣进谏的言路，会被后人讥笑。我身为国家机密官员，却说出了这些不应由我说的话，罪名该当入狱，先于郅寿被杀，死有余辜。"奏书呈上，郅寿被判流放合浦。动身之前，他就自杀了。

六月，窦宪、耿秉从朔方鸡鹿塞出发，南匈奴单于从满夷谷出发，度辽将军邓鸿从稒阳塞出发。三路大军计划在涿邪山会师。窦宪派副校尉阎盘、司马耿夔、耿谭，各率领南匈奴一万余精锐骑兵，在稽洛山跟北匈奴单于会战。北匈奴军大败，单于逃走。汉军追击北匈奴各部落，到达私渠北海，共斩杀大部落王以下一万三千人，被生擒者更是数以万计，还夺取各种牲畜一百多万头。先后有八十一部、二十余万人投降。窦宪、耿秉出塞三千余里，登上燕然山，让班固修建立功碑，上书汉朝的国威和恩德，然后撤军。窦宪让军司马吴汜、梁讽带上财物送给北匈奴单于。当时北匈奴陷入内乱，直到西海之畔吴、梁二人才追上单于，向他宣布汉朝的恩典，并以皇帝的名义进行赏赐，单于叩首接受。为此梁讽游说单于，让他仿效呼韩邪单于，做汉朝的藩属。单于很高兴地表示接受，立即率领军队同梁讽一道南归。到私渠海时，听说汉军已经返回，单于便派他的弟弟带着贡物去洛阳做人质。由于北匈奴单于没有亲自前来，窦宪便奏报窦太后，把单于的弟弟送回去了。

九月，窦宪被任命为大将军，封为武阳侯，享有二万户食邑。中郎将刘尚任车骑将军。窦宪坚决推辞，不接受封爵，窦太后没有勉强。依照旧例，大将军的地位在太尉、司徒、司空三公之下。这时候，太后规定：窦宪的地位在太傅以下，三公以上；大将军府的长史、司马的俸禄为中二千石。耿秉被封为美阳侯。

（3）窦氏骄奢招怨

窦氏兄弟恣意妄行，以执金吾窦景尤为突出。他的奴仆和部下，奸淫掳掠，非法劫取罪犯。商人们不敢出门经商，好像躲避强盗。窦景还擅自征发边疆各郡骑兵精锐，为己所用，有关官员无人敢举报。只有司徒袁安弹劾窦景："在边疆擅自征发人民，惊扰欺骗官吏百姓，边郡太守不等调兵的符信，就毫不犹豫地奉行窦景的命令，依法应当处死示众。"他还说："司隶校尉、河南尹攀附外戚，不弹劾外戚等的不法行为，建议把他们都免官治罪。"但这些奏书全都得不到答复。窦家兄弟中，仅有驸马都尉窦瓌一心专研儒家经书，约束节制，洁身自好。

尚书何敞呈上密奏，写道："以前，春秋时郑国太后武姜溺爱幼子共叔段，卫国国君庄公溺爱庶子州吁，对他们百般放纵，致使共叔段和州吁最后成为凶恶暴戾之人。由此看来，像这样放纵子弟，就好比在他们饥饿时喂给他们毒药，是害了他们。在先帝驾崩后不久，公卿曾接连上奏，希望由窦宪主持国家事务，然而他谦恭退让，坚决辞去高位，态度非常诚恳，言辞尤为诚挚。天下百姓听到以后，无不为之感到欣喜。然而国丧还没完结，在一年有余的短短时间内，窦宪却突然中途改变了态度。现在窦家兄弟专权，窦宪掌握全国的兵权，窦笃、窦景统领宫廷禁卫军。他们为政残暴，生活奢侈，僭越本来的身份，诛杀无罪之人，为求自己快意而为所欲为。他们的行为令民怨沸腾，到处传言共叔段和州吁再次出现。据我看来，公卿所以采取旁观态度，不肯指责他们，是为了这样的目的：如果窦宪等人始终效忠朝廷，那么他们自己就有像周代吉甫褒扬申国国君那样的功劳；而假如窦宪等人违法乱纪，那么自己则采取汉初陈平、周勃顺从吕后的权宜之计，窦宪兄弟的命运吉凶毕竟不关他们的事。我愿为朝廷和窦家筹划两全的方法，去除灾难的根源，截断祸患的源流。上不希望使太后的美誉受到损害，不希望看到陛下如郑庄公怨恨母亲那样发誓'黄泉相见'而为后人讥笑；下使窦宪等人永远保有富贵。驸马都尉窦瓌曾多次请求退让，希望抑制窦家权势的发展，陛下可以听取他的意见。这才是上上之策，也是窦氏家族的福分！"

汉和帝永元三年（公元91年），窦宪看到北匈奴力量微弱，就想趁势将它消灭。二月，他让左校尉耿夔、司马任尚从居延塞出发，在金微山包围了北匈奴单于。北匈奴军队大败，单于之母阏氏被俘，斩杀大部落王以下五千余人。北匈奴单于脱逃，不知踪迹。汉军出塞五千余里后撤军，其距离之远，是自汉朝征讨匈奴以来未尝有过的。耿夔被封为粟邑侯。

窦宪立下大功，威名更加显赫。他以耿夔、任尚等人做爪牙，邓叠、郭璜为心腹，起用班固、傅毅等人为他撰写文章。州刺史、郡太守和诸县县令，基本上都由窦氏举荐任命，这些人横征暴敛，共同做起贪污贿赂的勾当。司徒袁安、司空任隗弹劾一批二千石官员，加上受牵连者，被贬官或免职的达四十多人。窦家兄弟对此非常恼怒，却因为袁安、任隗二人向

第二章 承平之世

来洁身自好，声望甚重，所以也未能加害他们。尚书仆射乐恢，监察检举不留情面，窦宪等人对他很是讨厌。乐恢上书说："陛下正年轻，继承帝业，各位舅父不该控制中央大权，否则天下人会说陛下您有私心。目前最好的办法是在高位的人以大义自动退下，在低位的人以谦让的态度主动引退。这样，四位国舅才能永保富贵，皇太后才可以永远不辜负宗庙的期望，这确实是最佳的良策。"但这些建议未被采纳。为此乐恢称病，上书请求告老还乡，返回故乡长陵。窦宪暗中指使州郡官府，胁迫乐恢服毒而死。于是朝廷官员对窦宪十分畏惧，全都逢迎窦宪的意思，无人敢违抗。袁安因和帝年纪太小，导致外戚专权，每次朝会进见之际，以及与公卿谈论国家大事的时候总是呜咽流泪。上自天子，下至大臣，全都被袁安所感动，对他寄以厚望。

金微山之战后，北匈奴单于去向不明，他的弟弟右谷蠡王於除鞬便自封为单于，带领数千部众在蒲类海一带驻扎，让使者到边塞请求归附汉朝。窦宪要求使者将於除立为单于，设置中郎将进行监护，沿用对待南匈奴单于的先例。由公卿商议后，宋由等人认为窦宪的建议可行，袁安、任隗却表示反对。他们说："光武皇帝招抚南匈奴，并不是说让他们可以永远安居内地，而只是一种权宜之计，目的是利用他们去抵御北匈奴。现在北方大漠已经平定，应当命令南匈奴单于返回北方，没有必要再另封於除做单于而增加国家的经费开支。"两种意见截然相反，朝廷一时难以决定。袁安担心窦宪的主张会被采纳，便独自呈递密奏，奏书写道："南匈奴单于屯屠何的祖先曾带领部众归降，深受汉朝的恩典至今已四十余年，现在交到陛下手中。陛下应当追思并继承先帝的遗愿，完成他们未完的事业。何况屯屠何是首先提出北征这项重大方案的人，消灭北匈奴以后，我们半途而废，不思努力实现先帝的遗愿，而要另立一个新降服的北单于。为了窦宪一时的建议，违背三世以来的规定，失信于效忠我们的南匈奴单于，却去扶植无功的北匈奴单于。《论语》说：'言辞忠诚而恪守信约，行为敦厚而态度恭敬，即便在荒蛮之地也通行无阻。'现在要是失信于屯屠何，恐怕将有一百个蛮族不再相信汉朝的承诺了。况且乌桓、鲜卑新近斩杀了北匈奴优留单于，凡人之常情都是忌惮仇人的，现在如果扶植优留单于的弟弟，那么乌桓鲜卑肯定会心怀怨恨。何况依照汉朝惯例，供给南匈奴单于的经费，每年达一亿九十余万；供给西域的费用，每年有七千四百八十万；现在北匈奴距离更远，费用将会比这些多得多，这会耗尽国家的财富，不符合制定政策的正确原则。"和帝下旨，命令将此奏章让群臣讨论，袁安又跟窦宪进一步争辩，相互诘难。窦宪仗势凌人，言辞骄横，还蛮不讲理地诋毁袁安，以光武帝诛杀韩歆、戴涉的旧事进行威胁。袁安始终没有动摇，但和帝最终还是听从了窦宪的建议。

永元四年（公元92年）六月，丁鸿上书说："当年吕氏外戚专权，皇统差一点就要变更；哀帝、平帝末年，皇家宗庙祭祀中断。因此，就算是像周公那样的近亲，假如其人没有品德，也不能让他掌握大权。现在尽管大将军窦宪希望能自我约束，对自己的等级不敢有所僭越，然而天下远近之人，全都诚惶诚恐地奉承听从他。新任命的刺史、二千石官员，都要到窦家拜谒辞行，听候答复。虽然已经敬受皇上赐予的印信，领受过尚书台的训令，但也不敢就这样离去。而等候窦宪召见要等几十天的时间。背对朝廷，趋向私门，这使君王威望受损。人间的伦常假如被打乱，天象就会发生相应的变化。虽然事有隐密，但神灵也可以洞察内情，用天象警告，用以告诫人间的君王。在灾祸发生之初，很容易避免，而到了灾祸愈演愈烈时，就难以挽救了。人们无不是因为疏忽了微小的祸端，最后导致了大祸。起初出于恩情而不忍教诲，因为仁义而不忍割爱，等到事过之后，再看灾祸发生前的征兆，就很清楚了。上天不可以不刚，不刚则日、月、星都不会明亮；君王不可以不强，不强则难以控制住大小官员。应该趁着天象示警，匡正朝纲，来回报天意！"

窦氏父子兄弟都做九卿、校尉，势力遍布朝廷。穰侯邓叠，他的弟弟邓磊，母亲元，窦宪的女婿郭举，郭举的父亲、长沙少府郭璜等人互相勾结在一起。其中元、郭举可以自由出入宫廷，而且窦太后又宠幸郭举，他们就共同策划杀害和帝，被和帝发现了他们的阴谋。当时，窦宪兄弟掌握大权，和帝跟其他官员无法接近，与和帝共同相处的只有宦官。和帝认为朝中大小官员全都为窦宪控制，只有中常侍、钩盾令郑众谨慎机敏，不献媚于窦氏集团，就跟他密谋杀掉窦宪。因为窦宪还在外出征，担心他兴兵作乱，因此暂且忍耐。正在这时，窦宪和邓叠全部回到了京城。当时清河王刘庆受到和帝的特别恩遇，常常进入宫廷，在宫中住宿。和帝快要采取行动时，想看一下《汉书·外戚传》。可是他惧怕左右随从的人向窦宪通风报信，不敢让他们去找，就命刘庆私下向千乘王刘伉借书。夜里，和帝单独把刘庆接到内室，又让刘庆向郑众传话，让他找皇帝诛杀舅父的先例。六月，和帝亲临北宫，下令执金吾和北军五校尉备战，驻守南宫和北宫；他还下令关闭城门，逮捕郭璜、郭举、邓叠、邓磊，并把他们全都处死。同时派谒者仆射收回窦宪的大将军印绶，改封他为冠军侯，同窦笃、窦景、窦瓌一并遣送去各自的封国。和帝因为窦太后的缘故，不想正式处决窦宪，而选派正直干练的国相将其监督起来。窦宪、窦笃、窦景到达封国以后，全部被强令自杀。

当初，河南尹张酺曾数次依法惩罚过窦景。等到窦氏家族败亡，张酺上书说："当初窦宪等人身居显贵的时候，群臣争相阿谀附从他们，都说窦宪受先帝临终嘱托，怀有辅佐商汤之伊尹、辅佐周武王之吕尚的忠诚，有时还把邓叠的母亲元比作周武王的母亲文母。现在圣上的圣诏颁行以后，众人都说窦宪等人该当处死，却不顾事情的前前后后，推究事情的真实面目。我看夏阳侯窦瓌始终忠诚善良，他曾与我交谈，表露出为国尽节之心。他日常约束管教宾客甚严，从不违犯法律。我听说圣明君王统治，对于亲属的刑罚，原则上可以赦免三次，宁可过于宽厚，也不过于刻薄。现在有人提出为窦瓌选派严厉干练的封国宰相，我害怕这样会让窦瓌遭到迫害，必不能保全性命。臣以为应只对窦瓌予以宽大处理，以显示圣上恩典。"和帝被他的言辞感动，窦瓌也因此独得保全。窦氏家族及宾客，只要凭借窦宪的关系而当官的，全部被罢免，遣回原籍。

6. 王充著《论衡》

王充，字仲任，会稽上虞（今浙江上虞）人，东汉建武三年（公元27年）出生，死于汉和帝永元九年（公元97年），一生历经光武、明帝、章帝、和帝四朝，享年七十岁。

（1）反对谶纬

王充祖籍魏郡元城（今河北大名），祖上是有功之人，封地在会稽阳亭，但一年后便被贬为平民，从此在家务农。王充的祖父王汛勇猛过人，与当地众人结怨，为避仇家，举家迁往钱塘县，以经商为生。王汛的长子叫王蒙，小儿子叫王涌，即王充之父。两兄弟继承王家侠气的传统，又在钱塘结怨于豪强，于是又不得不迁居到上虞。

王充从六岁开始读书识字，他举止庄重，礼貌待人，稳重沉着，志向远大。他儿时便熟习儒家经典，后来到洛阳游学，曾到太学中学习，后师从著名的史学家、经学家班彪。王充天资聪慧，博览群书，过目不忘，由此博通各派各家学说。成年后，王充曾任过县掾等一些地位较低的下级属吏，后来因与上司的关系处得不是很融洽辞归故里，以教书为生。元和三年（公元86年），王充六十岁时因遭人陷害，不得已携带家眷到扬州避难。扬州刺史董勤征聘他为州从事，后来他的朋友谢夷吾向皇帝上书，推荐王充，称道他的才识。恰逢王充生病，故未能成行。汉和帝永元九年，王充于家中病死。

第二章 承平之世

王充的一生，正处于新王朝建立之初，政治比较稳定，经济有所发展。但由于东汉政府的放纵，豪强地主兼并大量土地，招纳依附农民建立起田庄。随着经济势力的膨胀，他们干预政治，操纵选官，造成吏治混乱，影响了政治的稳定。东汉前期政治稳定、经济繁荣的表面背后隐藏着尖锐的社会矛盾。在这样的社会条件下，一些思维深邃、眼光敏锐的知识分子走到了社会历史的前列，他们抨击腐败时政，揭露社会矛盾，期望达到消除社会危机的目的。王充便是这样的知识分子群体——士阶层的代表人物。

从西汉以来，天文学方面的理论和材料日渐丰富，出现了盖天说、浑天说、宣夜说等诸多理论，为王充的天体理论提供了依据。另外，西汉在人体解剖、医疗理论方面也颇有成就，打破了传统的心是思维器官的看法，认识到思维活动是在头脑中进行的。这些进步的医学知识对王充提出人死无知、不能为鬼的无神论理论奠定了基础。

谶纬迷信思想在王充生活的年代尤为盛行。自西汉后期起这种迷信思想就开始影响国家政治，后来成为王莽篡夺政权的舆论工具。在新莽末年的农民大起义中，南阳豪强地主集团为了给刘秀称帝制造舆论也编制了《赤伏符》，宛人李通以图谶说刘秀，刘秀才下定起兵的决心。刘秀在位期间强力推行谶纬，并于建武中元元年（公元56年）"宣布图谶于天下"。对于通晓百家，博览群书，且正值而立之年的王充来说，这无疑是一个强烈的刺激，面对这样的社会现实，王充提出了"疾虚妄"、"求诚实"等口号表示抗争和指斥。王充五十三岁那年，汉章帝于白虎观诏太常将、大夫、博士、郎官、诸儒集会以讨论五经之异同。这次会议，不仅深化了董仲舒的天人感应的神学思想，而且把谶记纬书当成正宗统治思想，提高到与经书等同的地位。这对于王充来说又是一个不小的刺激。据学者们研究，王充在章帝时期完成了《论衡》书的大部分篇章，这与当时的思想背景密切相关。

7. 蔡伦与造纸术

汉和帝元兴元年（公元105年），蔡伦改进造纸术，将用新方法造出的纸张贡献给汉和帝，受到汉和帝的表彰。从此以后，蔡伦的造纸方法迅速地传播出去。

根据文字学专家研究表明，中国的象形文字在新石器时代就已出现，到了商朝中国的文字便走向成熟了。文字作为用来记录事情和交流思想的符号被发明以后，人们就一直摸索将其书写在哪种物体上最为合适。经过反复的探寻，人们找到了纸这种文字载体。东汉的蔡伦在纸的发明过程中功不可没，所以他就被认为是造纸术的发明者。

原始社会末期的人们，不是把文字烧制在陶器上，就是把文字刻画在岩壁上，这些方法都是极为繁琐的。到了殷商时期，在奴隶社会文化高度发展的同时，文字的书写材料有了很大的变化，人们或者把记载的内容铸造在青铜器上，或者刻写在龟甲、兽骨上。在铸造与刻写有关文字时非常耗费人力和物力，除了政府，没有人能承担这项事务，所以极不利于文化的传播。虽然如此，这种做法一直延用到西周。春秋战国时期，人们又将文字直接写在竹简或木简上。这虽然比刻写在甲骨和铸造在青铜器上便利许多，但简片狭小，容纳不了太多文字，写成一部书需要很多的竹、木简，数量之多必须用车来运载，不方便阅读和携带。于是，人们又试着将文字书写在丝制的缣帛上，缣帛轻巧却昂贵，一般人根本使用不起。人们越来越渴望寻求一种既轻便又实惠的书写材料。西汉时，麻是劳动人民普遍使用的制衣材料，要将麻弄软，首先在水中沤麻，然后剥下来浸泡、锤打、漂洗，在处理麻的过程中，人们发现那些残留在席子上的麻丝干燥后就会变成薄薄的纤维纸，人们便在这种麻纸上写字。但是，麻纸的质量过

第二章 承平之世

于粗糙，还不太适合于书写。人们迫切需要对造纸术进行改进和提高，这一关键性的任务最终由蔡伦完成。

蔡伦，字敬仲，东汉时期桂阳（今湖南省耒阳县）人，在汉明帝永平末年被送进皇宫做了宦官。蔡伦机智聪敏，为人处事谨慎得体，深得人心，所以汉章帝建初年间就做了宦官中的小黄门，成为皇帝的亲随。汉和帝即位以后，对蔡伦恩宠有加，蔡伦官至中常侍，经常参与国家政事。蔡伦为官尽心尽力，敢于直言进谏、匡正过失。后来，汉和帝又让其同时担任尚方令，监管制造皇室所用的兵器及其他器物。蔡伦擅长各种手工技艺，他监制的刀剑诸器物都精美坚实，深受皇室人员喜爱；他精湛而超凡脱俗的技艺，成为社会上效法的榜样，广为流传。不久，蔡伦又开始涉足造纸这一行，立志解决宫廷及社会上的用纸问题。

经过反复摸索试验，蔡伦最终解决了造纸的一系列难题。原来造纸的材料多是未经使用的麻，这在古代是很大的浪费，再者完全用麻会使纸质粗糙不利于书写。蔡伦经过研究，将废麻、破布、烂鱼网、树皮等都用来造纸。这既可以变废为宝，降低造纸的成本，又能将多种原料揉和在一起，从而使纸张厚薄均匀、韧性加大。东汉时期的造纸工艺还很简陋，尚处于原始状态。为了提高纸的质量，蔡伦总结出了一套严格的造纸工艺。其过程的第一步是在水中浸泡废麻、破布、烂鱼网、树皮等造纸材料；第二步是粉碎、冲洗浸泡后的原料；第三步是将碎洗后的原料加入草木灰水入锅蒸煮，以草木灰中碱的成分除去原料中的各种杂质；第四步将蒸煮后的原料漂洗干净捣成纸浆；第五步用细密的竹帘或纱网将纸浆捞出；第六步将捞取纸浆弄平、上光、烤（晒）干形成纸张。经过这些繁琐而精细的工序，就制作出了真正的纸张。元兴元年（公元105年），蔡伦将他制作的纸正式进献给和帝，汉和帝对这种质地上乘而精美的纸张赞赏有加。在这以后，蔡伦的造纸方法很快地传播开来，使中国的造纸业进入了全新的时代。

汉安帝初期邓太后掌权，因为蔡伦技艺超卓又长期忠心侍奉皇帝，被太后于元初元年（公元114年）封为龙亭侯，食邑三百户。不久，蔡伦又被升至长乐宫太仆，专门掌管太后的车舆和马匹。建光元年（公元121年），邓太后因病逝世，汉安帝亲政，蔡伦的命运也随之改变。汉章帝时期窦皇后专宠但没有儿子，汉安帝的祖母宋贵人亦得到章帝的宠爱而生下儿子被立为太子。窦皇后对此十分嫉恨，于是百般诬陷宋贵人并用巫术诅咒她。于是汉章帝废太子，囚宋贵人。窦皇后又派当时的小黄门蔡伦审理此案，蔡伦将宋贵人屈打成招，最后宋贵人饮药自杀。亲政后的汉安帝决心报蔡伦毒打祖母之仇，立即命令蔡伦到廷尉处服罪。蔡伦自知难逃此劫，便沐浴整衣之后服毒自杀了。

蔡伦的一生虽然短暂，但他的造纸术却被人们继承、发扬光大，全国各地越来越多的造纸作坊诞生。随着纸质量的提高和数量的增加，使得人们书写文字再也不使用简牍和缣帛，纸受到了人们的普遍青睐。可以毫不夸张地说，是蔡伦完成了中国书写材料的这一历史性变革。在这以后，用纸印刷的中国书籍日益增多，中国文化走向了一个新的时期。

蔡伦发明的造纸术，在推动了中国文化发展的同时，也对世界历史产生了巨大影响。在公元六七世纪以前，世界各地区的人们都因各自不同的条件而使用着不同的书写材料。古代苏美尔（今叙利亚地区）人把文字刻写在泥版上，在古代，印度人把文字写在白桦树皮和大叶棕榈树的叶子上，埃及人则使用一种水草，欧洲人则在羊皮上书写。毫无疑问，这些材料对于文字的书写和保存都有许多不便之处。质量低劣的书写材料成为极大限制世界各地区文化发展的重要因素。唐朝是中国封建社会的高度发展时期，也是中国文化走向世界的时期。随着唐朝与阿拉伯世界之间关系的密切，唐朝的一些工匠和战俘把经过改进的造纸术传入阿拉伯，阿拉伯人又把中国的造纸术传到这些地区。这样，便在世界范围内完成了由各种土制书写材料向纸的转变。

8. 邓太后临朝摄政

　　元兴元年（公元105年），和帝刘肇正当盛年却突然染疾身亡，留下二子，长子身患痼疾，次子则出生百余日，都是宫人所生。年仅二十五岁的皇后邓绥为保汉家王朝不得不走出帷幕。那时，首要的问题是选立嗣皇。邓绥反复考虑，认为皇长子刘胜虽年已八岁，但身体不健全，不宜继承皇位；皇幼子刘隆虽然年幼，但总会长大，并且皇子越小越容易控制。于是她没有采纳有些大臣主张立刘胜的建议，坚决地将刘隆立为太子，随后即皇帝位。邓氏被尊为皇太后，改年号为延平。

（1）皇后邓绥

　　邓绥是南阳新野（今河南新野）人，生于汉章帝建初五年（公元80年），为功臣显宦之后。她的祖父邓禹是汉光武帝时的名将，他最先鼓动刘秀"立高祖之业"，并随刘秀出生入死打天下。刘秀的儿子汉明帝刘庄登基后，为了表彰和纪念中兴汉室的功臣，将二十八名有杰出贡献者的画像陈列于南宫云台中，历史上称为"云台二十八将"，邓禹位居二十八将之首。他官至太傅，被封高密侯。邓绥的父亲邓训是邓禹的第六个儿子，他不喜文学，而好理政牧民，明帝初，官居郎中，元和年间，升护羌校尉。邓绥的母亲阴氏，是光武帝刘秀的皇后阴丽华的亲侄女。邓绥共有兄弟五人，分别为邓骘、邓京、邓悝、邓弘、邓阊。她排行老三，是家里仅有的女孩，所以家人对她十分宠爱。邓绥从小聪明惠淑，善解人意，年迈的祖母对她最为喜爱。在她年少的时候，有一次，祖母为她修剪头发，却因年老眼花，无意中用剪刀划破了她的前额，邓绥强忍疼痛，不发一言。左右仆妇、婢女见她额上有血，难免惊讶询问，她却说："不是我不知道疼痛，实在是由于太夫人对我爱怜有加，我要是呼疼，只会伤了老人的好意，所以只好忍住。"小小年纪已能如此为人设身处地着想，十分不易。

邓训为官清廉，持家甚严，诸子都严加训导，课读诗书。邓绥也深受影响，她和一般女孩不同，并不喜欢女红，却志在典籍，六岁便能读史、作篆书，十二岁通《诗经》、《论语》。每次兄长们诵经读传时，她往往在旁边提出一些令人深思的问题。母亲阴氏看到她那副专心的样子，便开玩笑地说："你一个女孩子家，不学针黹，却一心读书，难道还想当女博士不成？"邓绥明白母亲劝诫的苦心，便白天学做女红，晚上点着灯读书。家人见她这么勤奋用功，都戏称她为"诸生"。父亲邓训见女儿这么知书达理，对她也另眼相看，不论大小事务，常常要问邓绥的意见。

当年，邓禹曾对人说："我统率百万兵众，但没有错杀一人，后世肯定有子孙兴起。"邓绥的叔父邓陔说："我曾经听说过，救活一千人的，子孙就会受到封赏。我的兄长邓训当谒者时，奉命修石臼河，每年救活好几千人。我们应该信赖天道，我家一定蒙福。"到了后来，邓绥被选入后宫，做了贵人。她谨慎谦恭，举止得体，合乎法度，伺候阴皇后或同别的嫔妃相处时，时时克制自己，居人之下。即使是对宫人和奴仆，也都给予恩惠和帮助，和帝对她非常赞赏。邓绥曾经染病，和帝专门让她的母亲和兄弟不限制天数，入宫照料医药。邓绥推辞说："皇宫是最重要的禁地，却让外戚在内久住，对上会给陛下引来宠幸私亲的讥讽，对下将让我受到不知满足的非议，上下都要受到损害，我实在不希望看到这样的局面！"和帝说："人们把亲属多次进宫视为荣耀，你为什么要为这个而担心呢？"每到宴会，嫔妃们都争相修饰自己，只有邓贵人喜欢朴实无华。若她的衣服如有和阴皇后一样颜色的，她就立即脱下换掉。若是和阴皇后一同进见，她不敢正坐或并立，走路时微躬上身，以此来表示自己身份卑微。一旦和帝有所询问，她总是退让在后，不敢先于阴皇后回答。阴皇后身材不高，举止常常有不合礼仪的地方，左右随从之人掩口偷笑，可邓贵人忧而不乐，替阴皇后隐瞒遮掩，犹如自己做错了事一般。和帝明白邓贵人的苦心和委屈，感叹道："修养德性的辛劳，竟然达到这种样子！"后来，阴皇后不再得宠，邓贵人就借病推辞和帝的召见。当时和帝连续失去皇子，邓贵人担心后嗣不多，多次挑选才人进献，来赢得和帝的欢心。阴皇后见邓贵人德望渐高，十分嫉妒。和帝曾经卧病，情况十分危险，阴皇后暗中说："我如果能够得意，就不让邓家再留下活口！"邓贵人听到这些话，流泪说道："我真心真意地侍奉皇后，却得不到她的护佑。我今天应该跟随皇上去死，上报皇上的大恩，终结家族的灾祸，下不让阴氏如吕太后那样有'人彘'的讥讽。"说完，就要服毒自杀。有个叫赵玉的宫人坚决阻拦她，就谎称："刚才有差人来，皇上的病已经好了。"邓贵人这才作罢。第二天，和帝真的病愈。等到阴皇后被罢黜，邓贵人为她求情，没有成功。和帝欲将邓贵人立为皇后，但邓贵人却更加谦恭，她以病重为由，闭门深居。

永元十四年（公元102年），和帝下诏，立邓贵人为皇后。邓贵人一再推辞不果，没有办法只好即位为皇后。她下达诏命：各郡、各封国全部停止进贡物品，每年四季只需进献纸墨而已。每次和帝想封邓氏家族官爵时，邓皇后总是苦苦劝阻、谦让。因此，在和帝生前，她的哥哥邓骘的官职没有超过虎贲中郎将。

（2）赢得民心

元兴元年（公元105年）冬季，和帝驾崩于章德前殿。当初，和帝的儿子连续夭亡，前后达十余人，因而将后出生的皇子暗中送到民间养育，群臣没有人知道。直到和帝驾崩，邓皇后才从民间将皇子接回宫中。长子刘胜，一直身患顽疾；幼子刘隆，出生才一百多天。邓皇后将刘隆立为皇太子。当夜，刘隆登基。邓皇后被尊称为皇太后，临朝总理朝政。当时经历大丧，法律、禁令还不完备，宫中失落一箱大珠。邓太后考虑，如果要审问，一定会牵累无罪受冤的人。所以她亲自查看宫人，审查涉嫌者的面容神色，盗珠人立刻自首认罪。和帝的一个宠幸者叫吉成，侍从们都诬陷他使用巫蛊害人。吉成被交付掖庭进行审讯，供词、证据都很确凿。可是邓太后认为吉成是和帝身边的人，对她有恩，平时不讲自己的坏话，如今受到这样的对待，不合常理。所以她亲自下令召见吉成，重新核实，查出原来是被侍从们陷害，众人都赞叹佩服太后圣明。

邓太后独掌朝纲后，首先将和帝朝元老太尉张禹进为太傅，司徒徐防进为太尉，光禄勋梁鲔擢为司徒，获取了朝廷重臣的拥护；又以皇帝幼弱，留张禹在宫中，以备不时顾问。考虑到自己年轻，不方便经常接见大臣，将胞兄邓骘擢为车骑将军，礼仪与三公一样，让他出入宫禁，沟通内外。然后，将和帝厚葬于顺陵，安排其妃妾侍封园寝，遣送诸王就国。大赦天下，减免贡赋，以安定民心。

洛阳令广汉人王涣，为人刚正不阿，办事公平，能够洞察暗藏的奸邪并给予惩治。从表面看，他施政苛猛，但内心却十分仁慈。人们对他的判决都心悦诚服，整个京城都认为他有神明帮助。王涣在任上故去，所有百姓都叹息流泪。王涣的灵柩向西运回家乡，经过弘农时，当地百姓在路旁设下案几摆上盅盘，进行祭祀。官吏问其原因，他们都说："我们以往运米到洛阳，在官吏和士卒的掠夺之下，总有一半要损失掉。但王君到任以后，我们就不再遭受侵害和冤屈了，所以前来报恩。"洛阳人民立祠庙和作诗来纪念王涣。每到祭祀的时候，就奏乐歌唱这些诗篇。邓太后下诏说："没有忠良的官吏，国家不能得到治理。朝廷非常迫切地寻求这种官吏，可是却很少得到。现将王涣的儿子王石任命为郎中，以鼓励那些任职劳苦而辛勤的官吏。"

邓氏处置从容，举措得当，一登上政治舞台，便崭露头角。

因为皇帝是个还在襁褓之中的婴孩，邓太后想让重要的大臣住在宫内，于是下诏，命张禹在宫中居住，每五天回家一次。一到朝见，就专门为他唱名，让他单独就座，不与三公同席。

汉殇帝延平元年（公元106年），清河王刘庆、河间王刘开、济北王刘寿、常山王刘章前去封国就位。刘庆受到邓太后特别优待，得到其他亲王所没有的礼遇。刘庆的儿子刘祜年仅十三岁，由于皇帝年幼小，担心以后发生不测，邓太后就把刘祜和他的嫡母耿姬留下，居住在清河国设在京城的官邸。

当年夏季，有三十七个郡和封国遭受大雨之灾。邓太后颁下旨意，减少太官、导官、尚方、内署的各种御用衣服车马和珍馐美食，以及各种奢靡富丽精巧难成的物品。只有在供奉皇陵祠庙之时，才能对稻谷粱米进行加工精选，每日早晚只吃一次肉食。往日太官、汤官每年花费将近二万万钱，到这时只有数千万钱。并将各郡、各封国的贡物，全削减一半以上。上林苑的猎鹰、猎犬全部被卖掉。各地离宫别馆所储备的存米、干粮、薪柴、木炭，也全部下令减少。

随后，又下诏将掖庭部分宫人遣散，而且罚入掖庭当奴婢的皇族成员一律免除罪行，让他们成为平民。

延平元年（公元106年）八月，汉殇帝驾崩。皇帝入殓以后，灵柩在崇德前殿停放。邓太后与其兄车骑将军邓骘、虎贲中郎将邓悝等人在宫中共商大计，寻找皇位继承人。当天夜里，由邓骘持符节，把清河王的儿子刘祜用青盖车接来，在殿中斋戒。皇太后登上崇德殿，文武百官全部穿上吉服陪同出席。十三岁的刘祜被引导上殿，皇太后封其为长安侯。然后下诏书，立刘祜为和帝的子嗣。接着又起草了册立皇帝的诏命。有关官员宣读完诏令，太尉将皇帝的御玺献上，刘祜就正式即位，是为汉安帝，邓太后依然临朝摄政。

邓太后给司隶校尉、河南尹、南阳太守下旨：“每当翻阅前代史事，看到皇后家族和其宾客仗势横行，使得奉公而不徇私情的官员陷于混乱，让百姓遭受痛苦，这都是执法不严，没有立刻施行惩罚造成的。现在尽管车骑将军邓骘等怀有恭敬顺从的心意，但家族庞大，亲戚众多，宾客非常奸猾，对国家的法律禁令常有违犯。现命令要公开地对邓氏家族的不法行为予以检点约束，不允许包庇祖护。”在这以后，邓氏家族亲属犯罪，官员都按律察办。

尚书郎、南阳人樊准鉴于儒家学风日益衰颓，上书说：“我听说，君主必须学习。光武皇帝领受天命，中兴汉朝，东征西讨，顾不得安居休息。可是他仍然放下武器，宣讲儒家学问；停鞍歇马，讨论圣人之道。孝明皇帝每天非常繁忙，事事躬亲，但是却爱好古籍，留心儒家经典，每当行过飨射礼——在学校举办宴会和射箭比赛之后，都坐在正位上，亲自讲解经书，儒生们则一起恭听，全场一片欢愉的气氛。他还将众多著名的儒家学者召集在朝廷，每到宴会就亲切地和他们一道讨论疑难，研究治国和教化之道。《孝经》人人通晓，即便是期门、羽林的武士军官。儒学的影响被圣明的君王扩展到野蛮荒凉之地。因此，只要人们称颂盛世的时候，都提到明帝永平年代。今日学者越来越少，京城以外的地方更为严重。博士把坐席扔在一边不再讲学，儒生争相追求华而不实的理论，忘掉了正直忠诚的原则，只知道谄媚阿谀的言词。我以为应该发布诏书，明告天下，广泛寻访隐居的学者，提拔渊博的儒士，等到以后圣上上学的时候，做他讲解经书的老师。"邓太后采纳樊准的意见，下诏说："三公、九卿和中二千石官员，要各自推举隐士、大儒；被举荐者一定要具有高尚的德行，以劝导晚生后进；再从中精选博士，这样一定能够得到恰当的人选做皇帝的老师。

（3）分封外戚

看到前朝外戚窦氏专权势盛，最后被诛杀的教训，邓绥皇太后尽量在任用官员上做到公正不偏，甚至有时刻意贬抑外家。可是，在以男性为中心的封建宗法政治环境中，一个女人要统治天下实在有太多不便，所以，只有依靠娘家人为左右臂膀，这样，邓氏兄弟不可避免地要干涉朝政。到永初元年（公元107年），邓骘官拜车骑将军，邓悝升城门校尉，邓弘为虎贲中郎将，邓阊为郎中，后邓太后又加封邓骘为上蔡侯、邓悝为叶侯、邓弘为西平侯、邓阊为西华侯，食邑各万石。长兄邓骘定策迎安帝有功，加邑三千户，邓骘坚决推辞没有领受。此外，邓氏又把生母阴氏封为新野君，以万户供汤邑。在这之后，邓氏累世宠贵，将族中很多人加官进爵，二十九人封侯，二人封公，大将军以下十三人，中二千石十四人，列校二十二人，州牧、郡守四十八人，至于侍中、将、大夫、郎、谒者更是无法计数。

永初元年（公元107年）十二月，为防备羌军进攻，诏书命令车骑将军邓骘和征西校尉任尚统帅屯骑、步兵、长水、越骑、射声五营兵及各郡郡兵共五万人，进驻汉阳。

永初二年（公元108年）春季，正月，邓骘到达汉阳。各郡郡兵却未能到达，邓骘军被钟羌部落数千人在冀县以西打败，一千余人被杀。当时梁慬刚从西域归国，在敦煌郡收到诏书，令其担任各部队的后援。梁慬军抵达张掖，将羌军各部队一万余人击败，仅有十分之二三的人逃脱。

第二章 承平之世

冬季，邓骘派遣任尚及从事中郎、河内人司马钧带领各郡郡兵，同滇零率领的数万羌军在平襄大战。任尚军被羌军打败，战死八千余人。羌军自此实力大增，气焰更盛，不受朝廷的控制。湟中地区各县的谷价每石达一万钱，死亡的百姓多得不可计数，可是粮食运输十分困难。原左校令河南人庞参因为先前被控犯法而在若卢监狱做苦工，他的儿子庞俊上书说："现在，西部地区的难民流离失所，可是徭役征发依然不休，水灾不断，地力无法恢复，又加上大军出征，戍守远方使百姓十分疲劳，大量消耗了农业劳动力，百姓资财也因征发而枯竭。田地得不到开垦，庄稼得不到收割，人们急得无计可施。即使到了明年秋天，也不再有希望，百姓已经无法承受负担。我以为，将粮从万里之外运到遥远的羌人地区，还不如集合部队休养生息，等候敌人衰败。车骑将军邓骘应该暂时整军回师，而让征西校尉任尚留下负责将凉州的士人和平民迁移到三辅地区。只有停止征发徭役，免除繁重的赋税，才能不误百姓发展生产，有利于恢复他们的资财。这样做是为了养精蓄锐，等到敌人开始懈怠，我们就出其不意，攻其不备，那么定能够为边疆百姓报仇，雪洗往昔失败的耻辱了。"奏书呈上，恰逢樊准正上书推荐庞参，邓太后于是召见庞参，把他由刑徒晋升为谒者，命令他西上三辅，监督驻守在该地区的各部队。十一月二十九日，邓太后下旨，令邓骘回师，留下任尚驻扎汉阳，掌管各军的调度。邓太后遣使迎接邓骘，将他任命为大将军。邓骘到达洛阳以后，大鸿胪又奉邓太后之命亲自出迎，中常侍前往郊外劳军，亲王、公主以下的群臣则等候于路旁。邓骘所得的这些恩宠和荣耀显赫异常，京城内外为之震动。

邓骘作为大将军，推举了不少贤能人才。他举荐何熙、李郃等进入朝廷为官，还延聘弘农人杨震、巴郡洗人陈禅等做自己的幕僚，得到天下人的赞扬。自小孤弱贫困而好学的杨震，精通欧阳氏解释的《尚书》，同时知识渊博，博览群书，被儒家学者们称为"关西孔子"。他教学授徒二十多年，州郡官府的延聘征召都不接受。人们认为杨震已经年迈，步入仕途已晚，但他的志向却越来越坚定。邓骘听闻杨震的名声以后，将他请来聘为自己的幕僚。那时，杨震已经五十多岁，连续出任荆州刺史和东莱太守。在前往东莱郡的路上，经过昌邑，昌邑县令是他先前所举荐的荆州茂才王密。夜里，王密拿着十斤黄金送给杨震。杨震说："故人了解你，你却不了解故人，这是为什么？"王密说："黑夜之中，没人知晓。"杨震说："天知，地知，我知，你知，怎能说没有人知道！"听罢，王密惭愧地出门走了。杨震后转任涿郡太守。他清廉公正，子孙时常以蔬菜为食，徒步出行。有的故旧亲友劝杨震为子孙置办产业，可是杨震不肯，他说："让后代人说他们是清官的子孙，这笔遗产难道不丰厚吗？"

谒者庞参向邓骘提议："将边疆各郡因为贫困无法生存的人民迁移到三辅居住。"邓骘采纳庞参的建议，准备放弃凉州，集中全力应付北方的边患。所以他召集公卿商量道："这就如同是破衣服，牺牲其中的一件去补另一件，还可以得到一件整衣，要不然两件全都没法保全。"郎中陈国人虞诩对太尉张禹说："大将军邓骘的计策实行起来非常困难，理由有三点：先帝开拓疆土，历尽艰辛，才取得了这块土地，可是如今却因害怕消耗一点经费，就把它统统丢弃，这是不可行的第一点。失去凉州以后，要将三辅作为边塞，皇家祖陵墓园便没有了屏障而暴露在外，这是不可行的第二点。常言道：'函谷关以西出将，函谷关以东出相。'猛士和武将，大多出在凉州，当地民风粗犷勇武，习惯从军作战。当下羌人、胡人所以不敢攻取三辅，不敢在我汉朝关键的地区作乱，就是因为凉州在他们的背后。而凉州的百姓之所以手拿武器，冒着流矢飞石奋勇杀敌，父亲死在前面，儿子接着作战，而没有反顾之心，就是因为他们臣属于汉朝。现在将凉州抛开不顾，而百姓安于乡土而不肯迁徙，他们一定会引颈哀叹：'我们被朝廷丢给了夷狄！'即使是忠义善良之人，也会产生怨恨。如果突然有人起事，乘着天下饥馑和国力虚弱的机会会聚群雄，按照才能推选领袖，以氐人、羌人为前锋，席卷东来，就算是用古代勇士孟贲和夏育当士兵，姜太公做大将，恐怕依然无法抵御。要真是那样，那么函谷关以西，历代帝陵和旧都长安就不再属于汉朝，这是不可行的第三点。倡议者用补破衣来比喻，以为还能够保存一件，但是我害怕局势好像恶疮，不停侵蚀溃烂却没有止境！"张禹说："我忽视了这些，如果没有你这番话，就要坏了国家大事！"所以虞诩向张禹建议："招揽网罗凉州当地的英雄豪杰，将州郡长官的子弟征召到朝廷来，让中央各官府分别选用一些人，表面上好像是奖励，是回报他们父兄的功绩，而实际上是将他们控制起来，作为人质，防止叛变。"张禹对他的建议赞赏有加，重新召集大将军、太尉、司徒、司空等四府进行商讨。众人一

第二章　承平之世

致赞同虞诩的意见。于是征辟凉州地区有影响和有势力的人士到四府担任属官，并把当地刺史、太守和其他州郡高级官员的子弟任命为郎，进行安抚。

邓骘因为放弃凉州的计划没有被采用，从此对虞诩心怀嫉恨，试图用吏法进行陷害。恰好朝歌县叛匪宁季率数千人造反，杀死官吏，聚众作乱数年，州郡官府无法将其镇压。于是邓骘便任命虞诩为朝歌县长。虞诩的故人旧友都为他担心，虞诩却笑着说："做事不避艰难，这是臣子的职责。没有遇到盘根错节是不能分辨刀斧是否锋利的，这正是我建功立业的时机！"他一到任，就去拜谒河内太守马棱。马棱说："你是一位儒家学者，应该在朝廷担当谋士，现在却来了朝歌，我非常为你担心！"虞诩说："朝歌的这帮叛匪，只是如同狗群羊群那样聚在一起，来寻求温饱罢了，请你不要忧虑！"马棱问："为什么这样说？"虞诩说："朝歌位于古代韩国与魏国的交界处，背依太行山，面临黄河，离敖仓不超过百里，而青州、冀州逃亡的难民难以计数，但是叛匪却不知道打开敖仓，以粮食招揽民众，抢劫武库中的兵器，据守成皋，砍断天下的右臂，所以对他们我们不用担心。如今叛徒的势力正在上升，我们以武力难于取胜，但兵不厌诈，请准许我放开手脚去对付他们。"等到上任以后，虞诩定了三个等级，用来召募勇士，让掾史及以下官员各自就所知道的情况进行推荐：上等的是行凶抢劫的；中等的是打架伤人、偷盗财物的；下等的是不经营家业、不从事生产的。总共收罗了一百多人。虞诩设宴招待他们，并赦免其全部罪行，又命令这些人混入匪帮，引诱叛匪进行抢劫，而官府则设下伏兵等待，这样杀死叛匪数百人。虞诩还悄悄派遣会缝纫的贫民给叛匪制作服装。这些人用彩线缝制裙衣，叛匪穿上以后，刚在集市街巷露面，就让官吏捕获。叛匪都说有神灵在帮助官府，因此非常害怕，四散逃离。这样朝歌县境内全部平定。

邓太后的母亲新野君生病，邓太后前往新野君府省亲，连续住了好几天。三公上表坚决反对这种行为，邓太后这才回宫。十月，新野君去世。邓太后派司空负责治丧，按东海恭王刘强的标准。邓骘兄弟请求辞去官职为母亲守孝，邓太后准备拒绝，询问曹大家（即班昭）的看法。曹大家上书说："我听说，谦让是最大的美德。如今四位舅父坚持忠孝原则，自愿辞去高位，可是陛下却由于边境战乱不休，不肯答应。但是，如果将来有人对今日的做法提出细微的指责，我担心那谦让的美名就再也得不到了。"邓太后这才答应了邓骘等人的要求。服丧期满以后，邓太后下旨命令邓骘回来辅佐朝政，并再次授予以前曾准备加封的爵位。邓骘等再三叩头推辞，邓太后这才作罢。于是邓氏兄弟全都被赐予"奉朝请"的名义，他们的地位比三公低，但比特进和侯要高，碰到国家大事，就前去朝堂，与三公九卿一起商议。

（4）任用贤臣

怀县县令虞诩向任尚提议："按照兵法，弱的不去进攻强的，走的不去追赶飞的，这是自然之理。如今羌兵全都骑马，像急风骤雨，离弦飞箭，每天能够行数百里，如果我军用步兵追赶，一定是追不上的。这就是我们虽集中兵力二十余万却没有战功的原因。我建议你应该让各郡郡兵复员，令他们每人出数千钱，二十人合买一匹马，这样就能够用一万骑兵去尾追截击数千敌寇，羌人自然无路可逃。这样既方便了人民，也有利于战事，便可以建立大功了！"于是任尚按照虞诩的建议上书，经朝廷批准后，任尚的轻骑兵在丁奚城击败了杜季贡。

邓太后听闻虞诩有将帅之才，任命他为武都郡太守。数千羌军在陈仓崤谷拦截虞诩。虞诩得报后，立刻下令部队停止前进，宣称："我已经上书请求援兵，待援兵到达后，再动身出发。"羌军闻讯分头前往邻县抢劫。虞诩乘羌军兵力分散的机会，夜以继日，前进了一百余里。他让官兵每人各做两个灶，以后每日增加一倍。这样羌军不敢逼近。有人问虞诩："从前孙膑使用过减灶的计策，而你却增加灶的数量；兵法说每日行军不超过三十里，以保持体力，防备不测，但你现在却每天行军接近二百里，这是什么缘故？"虞诩说："敌强我弱，走慢了容易被追上，走快了对方就无法得知我军的实情。敌军发现我军的灶数越来越多，肯定以为郡兵已来接应。我军人数多，行动又快，敌军一定不敢追赶。孙膑故意向敌人示弱，我如今有心向敌人示强，这是因为各自的情况不同。"虞诩抵达郡府以后，兵力不到三千，而羌军有一万余人，围攻赤亭达几十日。虞诩于是命令部队，禁止使用强弩，只许悄悄使用小弩。羌人误认为汉军弓弩力量弱小，射不到自己，于是集中兵力猛烈进攻。这时虞诩命令每二十只强弩集中射一个敌人，射无不中。羌军十分惊恐，纷纷退下。虞诩乘机出城追击，杀伤敌人无数。第二天，他集合所有士兵，让他们先从东门出城，再由北门入城，然后变换服装，往复多次。羌人以为城中有许多汉军，于是更加惶恐不安。虞诩估计羌军即将撤走，便暗中派遣五百余人埋伏在河道浅水处，守住羌军的逃路。羌军果然全军撤退，汉军乘机突袭，杀敌擒虏不计其数。羌军大败，从此元气大伤。此后虞诩勘察地形，建立营堡一百八十处，并将流亡的百姓招回，救济贫民，打通水路运输。虞诩刚上任时，谷价每石一千钱，盐价每石八千钱，只存户口一万三千户；然而在任三年之后，米价每石八十钱，盐价每石四百钱，居民迅速增加到四万多户。家家丰裕，人人富足，一郡平安。

汉安帝即位后，前虎贲中郎将邓弘去世。邓弘生前朴素节俭，致力于研究欧阳氏解释的《尚书》，曾在宫中教授安帝。相关部门提议追封邓弘为骠骑将军，位居特进，并封为西平侯。邓太后念及邓弘平生的志向，没有加赠官爵和衣服，只赐钱一千万，布一万匹。邓弘的哥哥邓骘等人坚决辞让，不肯领受。太后下旨，封邓弘的儿子邓广德为西平侯。下葬之前，相关部门再次奏请，征调北军五营的轻车骑士护灵，礼仪依据西汉霍光的旧例。邓太后一律拒绝，只让使用白盖丧车，派两名骑士护卫，由邓弘的学生们徒步送葬。在这之后，因为邓弘曾担任过安帝的师傅，地位重要，就分割西平国的封土，封邓广德的弟弟邓甫德为都乡侯。

元初六年（公元119年），邓太后召集和帝的弟弟、济北王刘寿和河间王刘开五岁以上的子女，共计四十余人，以及邓氏家族的近亲子孙三十余人，为他们建立官舍，讲授儒家经书，并由邓太后亲自监督考试。她下达诏命给堂兄、河南尹邓豹和越骑校尉邓康等人说："身处于末世的皇亲国戚和官宦人家，吃美食、穿暖衣、驱良马、乘坚车，但是对待学术，就如同面向墙壁而眼中什么都看不见，不懂得善恶得失，这就是灾祸与败亡的起因。"

永宁元年（公元120年），邓太后的堂弟、越骑校尉邓康多次上书邓太后，认为邓太后执掌政权已有很久，邓氏家族拥有太大权力，应该抬高朝廷的威望，主动削减外戚的私权，言辞非常恳切。邓太后一直没有采纳。所以邓康以生病为由，不去朝见。邓太后派内宫侍者前去探访。这位侍者以前做过邓康家的婢女，却自称是"中大人"，邓康听到之后，辱骂这位侍者。侍者心中记恨，回宫后，就回禀说邓康装病，还口出狂言。邓太后勃然大怒，把邓康免官，遣回封国，将他的族籍取消。

邓太后虽然独揽大权，但总体来看，她颇能勤政爱民，没有做过失德的荒唐之事，她的所作所为大体上都是维护刘家汉室的根本利益，对待手足兄弟，并没有随意封赏他们或纵容其犯法。相对于其他临朝太后，她对外家约束是非常严厉的，故而邓氏子弟不敢胡作非为。邓太后的做法，应当说是很明智的，这也是她得到多数大臣拥护的重要原因。安帝建光元年（公元121年），邓太后因病去世。在东汉刘氏政权动摇的情况下，邓太后临朝听政起到了支撑汉室、安定民心的积极作用。

第三章

东汉衰朽

东汉末年,外戚、宦官交替专权,东汉政治日益腐朽。

汉和帝执政时期,外戚窦氏专权,等年仅27岁的和帝病逝后,邓太后及其兄邓骘掌权。

邓太后死后,汉安帝亲政。安帝联合宦官集团除掉邓氏,但不久又形成了外戚阎氏集团与宦官集团共同专权的局面。

汉安帝在位时,西域诸国离心汉室,班勇力主收复西域,西域诸国再次内附,但乌孙及葱岭以西诸国与汉朝断绝关系。

汉顺帝即位后,宦官势力大增,不仅干预朝政,甚至假传圣旨。顺帝也扶植外戚势力,相继拜皇后的父亲梁商和他的儿子梁冀为大将军。

顺帝死后,梁冀掌握实权,形成外戚执政的极盛时期。后在桓帝努力下,梁氏被灭门,但汉室的衰朽之势已积重难返,诸多社会矛盾日益尖锐复杂。

1. 安帝亲政

建光元年（公元121年），邓太后死后，汉安帝亲政。他庸碌无为，重用宦官，导致了宦官李闰、江京勾结，祸乱朝政，诛杀邓氏外戚，剪除异己的惨剧，从而造成东汉历史上宦官专政的局面，东汉王朝随之进入没落阶段。

（1）邓氏灭族

安帝年幼时，人们都说他聪明，所以邓太后立他为皇帝。但是等到长大以后，安帝却沾染了许多坏的品质，渐渐不符合太后的心意，安帝的奶娘王圣知晓这个情况。邓太后曾经将济北王和河间王的儿子召来京城，河间王的儿子刘翼相貌不凡，邓太后认为他非比寻常，就把他作为平原怀王刘隆的继承人留在京城。王圣见邓太后久不还政，害怕安帝会被废黜，常常与中黄门李闰和江京一道在安帝身边诋毁太后，安帝常常感到怨愤和害怕。邓太后驾崩之后，以前因受处罚而心中怨恨的宫人便诽谤邓太后的兄弟邓悝、邓弘、邓阊，说他们曾向尚书邓访索要废黜皇帝的历史档案，欲改立平原王刘翼。安帝得知后暴跳如雷，下令有关部门查办邓悝等人的大逆不道。继而废黜西平侯邓广宗、叶侯邓广德、阳安侯邓珍、西华侯邓忠、都乡侯邓甫德的爵位，将他们一律贬为平民；邓骘因为没有参与密谋，只被免去特进之衔，遣回封国；邓氏宗亲统统免官去职，返回原郡；邓骘等人的资财、田地和房产被没收；邓访和其家属被放逐到边远的郡县。在郡县官员的逼迫下，邓广宗、邓忠二人自杀。后又改封邓骘为罗侯。五月，邓骘和他的儿子邓凤一道绝食而死。邓骘的堂弟、河南尹邓豹，度辽将军、舞阳侯邓遵，以及将作大匠邓畅全部自杀。仅有邓广德兄弟由于母亲与阎皇后是亲姐妹，才能够留在京城。安帝重新任命耿夑为度辽将军；征召乐安侯邓康，任命为太仆。后来，平原王刘翼被贬为都乡侯，遣回河间。从此刘翼闭门谢客，深居不出，因此才避免获罪。

当年，邓氏立为皇后，太尉张禹、司徒徐防曾打算跟司空陈宠一道奏请追封邓皇后的父亲邓训。可是陈宠以为前代没有这种奏请先例，就跟他们争辩，连续好几天不能决定。等到和帝给邓训追加封号和谥号时，张禹、徐防又约陈宠一道派儿子向虎贲中郎将邓骘送礼祝贺，陈宠没有答应。因此，陈宠的儿子陈忠在邓氏家族专权之下郁郁不得志。待到邓骘等人失势，陈忠被任命为尚书，反复上书弹劾，最后使邓氏家族身获重罪。

大司农、京兆人朱宠，因邓骘无罪遭遇祸难而十分痛心，于是赤裸上身，抬着棺材，为邓骘上书诉冤。奏书说："我认为和熹邓皇后拥有圣明善良的品德，如同周文王的母亲文母。她的兄弟忠孝，专心国事，得到王室的倚靠和重用。迎立皇上以后，邓骘功成身退，拒绝接受封国；主动辞去高位，历代的皇后家族，没有能和他们相比的。邓氏家族应该由于他们善良和谦让的行为而得到保佑，可是却横遭宫人一面之辞的诬陷，罪名没有确实的证据，判案也未经过审讯，结果竟让邓骘等人遭到这样的惨祸，一家七口，统统死于非命，尸骨分散各地，冤魂没法返回家乡。如此违背天意令天下震惊，全国各地一片颓丧。应该允许将他们的尸骨还葬祖坟，将留下的孤儿优待保护，使邓家的宗祠有人祭祀，以告慰亡灵。"朱宠明白自己的言辞激烈，主动到廷尉投案。果不其然，陈忠又弹劾朱宠。安帝下诏免去朱宠官职，让他返归乡里。大部分人都为邓骘鸣冤，安帝有所醒悟，于是斥责迫害邓氏家族的州郡官员，准许邓骘等人的尸骨运回北芒山安葬，邓骘的堂兄弟们也都可以返回京城洛阳。

安帝把嫡母耿贵人的哥哥牟平侯耿宝任命为羽林左军车骑总监，把祖母宋贵人的兄弟全都封为列侯，宋氏家族中有十余人担任卿、校、侍中、大夫、谒者、郎官。阎皇后的兄弟阎显、阎景、阎耀统统担任卿、校，掌管皇家禁军。在这之后，安帝内宠的权势也逐渐扩大。

不但邓氏宗族，就连被邓太后重用的官员、宦官也受到打击。这时，郑众已死，蔡伦仍担任长乐宫太仆，安帝诛杀邓氏的同时，命令蔡伦自己到廷尉自首，等候治罪。蔡伦恃才自珍，不愿受辱，于是关闭官门，沐浴整衣，饮鸩而死。

（2）杨震之死

杨震，字伯起，弘农华阴（今属陕西）人，为官僚世家之后。其八世祖杨喜，是西汉开国功臣，追随汉高祖刘邦出生入死，曾经参加乌江之役，累积战功被封为赤泉侯。杨震高祖父杨敞，是著名史学家司马迁的女婿，昭帝时任丞相，封安平侯，与大将军霍光一同辅政，以谨慎闻名。

杨震从小勤奋好学，拜太常桓郁为师，受学欧阳《尚书》。《尚书》在东汉分为欧阳，大、小夏侯三家博士。师法家法在东汉传授儒经时十分受重视，而桓氏是欧阳《尚书》的嫡传，桓郁的父亲桓荣受教于欧阳《尚书》博士九江朱普，桓荣在东汉初期因精通经学、知识渊博而闻名于世，光武帝特命桓荣为太子（即东汉明帝）讲学，由欧阳《尚书》博士升迁为太子少傅，并加封为关内侯。桓郁继承书香传统，曾入宫为章、和两位皇帝讲授经书，仕官至太常。桓氏不但是经学世家，而且父子又为三代帝师，是东汉前期著名的经学大师。杨震拜桓郁为师，勤奋好学，以明经闻名天下，儒生中常说"关西孔子杨伯起"，即把杨震与孔子相提并论，可见对其评价之高。

为精研经书，杨震居住在湖城县，边读书边教授，州郡多次召辟他入仕，他都以生病为由加以拒绝。因为父亲早死，杨震与母亲相依为命，靠一块租种的土地谋生。许多人劝他入朝为官，而杨震却坚持自己的志向，专心治学，直到五十岁时才出仕州郡。

安帝元初四年（公元117年），杨震征入朝廷，被任命为九卿中的太仆，随后又迁为太常。这段时期，东汉政权逐渐混乱，很多任用的官员名不符实，杨震却坚持以才干为标准，秉公选举。他向朝廷推荐杨伦等五人，都是精通经学、道德高尚的儒士，到朝廷后都根据所学拜为经博士。杨伦等人任博士期间，均能将本家学业发扬光大，得到儒士们的普遍称赞。

安帝亲政后，认为江京当年曾前往清河国驻京官邸迎接自己入宫即位有功，将他封为都乡侯，将李闰封为雍乡侯，并都提升为中常侍。江京同时担任大长秋，与中常侍樊丰、钩盾令陈达、黄门令刘安，以及王圣和王对的女儿伯荣在内外活动，争相显示奢侈和暴虐。伯荣可以出入皇宫，便干起串通密谋和传送贿赂的勾当。司徒杨震上书说："我听说，掌握政权的基本条件是得到贤才，铲除奸恶是治理国家的主要任务。所以唐尧虞舜时代，重用俊杰之士，流放'四凶'之类的恶人，从而得到天下敬服，由此做到人心和睦。今天拥有《尚书》所提出的'九德'的人没有在朝中效命，宫廷却充斥奸佞之辈，奶娘王圣出身微贱，得到千载难逢的机会，奉养皇上，虽然有精心侍候的辛劳，可前后对她的赏赐与恩德，已经远远超过她的功劳，但是王圣仍贪得无厌，不清楚法纪的限度，与宫外之人勾结，接受请托贿赂，扰乱大局，使朝廷受到损害，使陛下日月般的圣明遭到玷污。女子和小人，接近他们便高兴，疏远他们便怨恨，实在难以豢养。陛下应该尽快让奶娘出宫，命她在宫外居住，把伯荣和宫廷的联系切断，不许她出入往来。这样能够同时发扬皇恩与圣德，对上对下都有益处。"奏书呈上，安帝让奶娘等人传阅，全都对杨震怀恨在心。

这些人当中，最为骄奢淫逸的是伯荣。她私通已故朝阳侯刘护的堂兄刘瑰，刘瑰便娶她为妻，并被升为侍中，还继承了刘护的爵位。杨震上书说："传统伦理规定：父亲去世，由儿子继承；兄长去世，由弟弟继承，这是为了不出现篡位。我看到颁布的诏书，让已故朝阳侯刘护的远房堂兄刘瑰继承刘护的爵位，封为侯爵。可刘护的弟弟刘威尚在人世。我听说，天子享有赐封的权力，赐封给有功的人；诸侯享有赏爵的权力，赏爵给有德的人。如今刘瑰并没有其他的功劳德行，只因娶了奶娘的女儿，不但官居侍中，而且晋封侯爵，这违背了传统制度，也不符合儒家经义，行人为此在路上喧哗，百姓因之感到不安。陛下要以史为鉴，遵循帝王的法则。"尚书、广陵人翟酺上书说："从前窦家、邓家的荣宠，威震四方，他们身兼数职，家中黄金数目众多，财物堆积如山，甚至控制皇帝，操纵国家大事，就是由于他们的权势太大而威望太高，才招来了祸患的。等到他们败亡的时候，性命难保，即使是想做一只猪仔，也办不到了！不是逐步达到的尊贵的身份，就会突然地丧失；不是通过正道获得的爵位，必定迅速引来祸殃。现在外戚宠幸，功劳与天地相等，自汉初以来是不曾有过的，陛下诚然有仁爱恩宠备至，以亲近九族，然而朝廷不掌握官爵禄位，政权转移到了私门，就会重蹈前人的覆车之路，这非常危险！这是关系王位安危的最深刻的戒条，是重要的国家大计。以前文帝不愿花费百金修建露台，帷帐也是用包装奏章的黑色布袋制成，有人讥笑他的俭省，他却说：'朕只是为天下守财罢了，怎么可以随意浪费呢？'如今自陛下亲政以来，时间没有多久，赏赐费用已经无法计数。将天下之财，堆积到没有功劳的人的家里，会使国库空虚，民间凋敝，如果突然发生不测，就要再加重赋税，百姓就会产生怨恨背叛之心，危险和变乱就会随之而来。希望圣上尽量寻找任用忠贞的臣子，惩处和疏远小人，割舍情欲的欢娱，放弃宴乐和追求私恩的爱好，不要忘记亡国之君遭致失败的教训，研究创业之君获得成功的原因，那么许多灾害便可止息，丰年便可到来。"奏书呈上，安帝统统都不予理会。

延光二年（公元123年）冬季，太尉刘恺被罢免。接着，司徒杨震被任命为太尉，光禄勋、东莱人刘熹被任命为司徒。为了推荐中常侍李闰的哥哥，大鸿胪耿宝亲自去见杨震，说："皇上非常器重李常侍，想让三公征召他的哥哥当官。我只是传达上面的意思罢了。"杨震说："如果圣上想让主管官员征召，尚书就应发出敕令。"耿宝拂袖而去。执金吾阎显也向杨震推荐自己亲近的人，同样遭拒绝。司空刘授知道后，便很快征召这两个人做自己的掾属，在这以后杨震更遭怨恨。当时安帝下诏派遣使者给王圣修建豪宅，而中常侍樊丰及侍中谢恽、周广等人相互勾结，徇私枉法，扰乱了朝廷纲纪。杨震上书说："我认为，现在灾害更加严重，百姓贫困，西北东三方边境连年战乱，国库空虚，国家尚未安宁。可是诏书颁下，要为奶娘修造雕刻装饰宅第，把两坊合二为一，占据整条街道。为了凿山采石，官员层层催逼，耗费资财亿万计。周广和谢恽兄弟，并不是王室的近亲或旁支，却在皇上身边得宠的奸佞支持下，一起作威作福，窃取权力，向州郡官府请托，势倾大臣，主管官员只得按他们的意思征辟人才。他们网罗天下贪婪之人，收取贿赂，还有些因赃罪而被查禁当官的人，也新出任重要的官职。是非混淆，清浊不分，天下人为此哗然，纷纷讥刺朝廷。我听先师说过，身居高位的人向百姓索取财富，会招来百姓的怨恨，被耗尽了精力的百姓便会背叛朝廷，请陛下三思！"他的建议依然未得到安帝的采纳。

延光三年（公元124年），樊丰、周广、谢恽等人见杨震连续进谏都没有得到采纳，所以更加肆无忌惮，后来便伪造诏书，征用大匠的现有徒夫、木材及大司农的钱粮，为自己兴建巨宅、林园池塘和亭台楼阁，劳役及费用无法统计。杨震再次上书说："我位列三公，不能调和阴阳。去年十二月四日，京城发生地震，那一天是'戊辰'日，地与戊、辰三者都属'土'，而地震的位置在中宫，这是宦官幸臣专权弄事的先兆。我想到，陛下为了边境平静，自己非常节约，就是皇宫的墙垣殿堂倾斜，也只用支柱撑起罢了。可是那些亲近的宠臣，却不能与陛下同心，他们骄傲奢侈超过法律的限制，大批征用役夫，大修宅第，作威作福，导致行人议论纷纷。地震的灾变，也许就是因此而发。此外，去年冬天没有积雪，春天未下雨，百官感到非常焦急，可是修缮仍未停止，这实在是干旱的征兆。希望陛下振奋帝王的阳刚之德，抛弃那些骄傲奢侈之臣，以报答上天的警告！"安帝对杨震前后的言论由温和转为激烈深感不满，而樊丰等人全都对杨震侧目而视，非常仇恨，但由于杨震是出名的儒者，他们不敢加害于他。就在这时候，河间男子赵腾上书分析批评朝廷得失激怒安帝，被捕并下狱审问，以欺骗主上、大逆不道定罪。杨震上书营救赵腾，说："我听说殷代、周代的圣明君王，在遭到小人的抱怨和诟骂后，就自我反省，进一步修养品德。现在赵腾受到的指控，是用激烈的言辞进行诽谤，罪行与持刀杀人犯法不一样。我请求为赵腾减刑，保全他的性命，以鼓励朝野为国进言。"安帝不听。赵腾还是被处死，横尸于都市街头。趁安帝去东方巡视之机，樊丰等竟相大修宅第。太尉部掾高舒叫来大匠令史询问核查，获得了樊丰等人伪造发下的诏书。杨震把详细情况写成奏书，准备等安帝回京后呈上，樊丰等人得到消息，十分害怕。这时，正好太史报告说星象发生变化，出现了逆行现象。于是樊丰等人便一齐诋毁杨震说："自从赵腾死后，杨震心怀不满，并且他是邓氏家族的旧人，有怨恨之心。"安帝返回京城洛阳，暂时在太学休息。当夜，派使者颁策，将杨震的太尉印信收回。从此以后杨震闭门不出，也不再会见宾客。樊丰等人又对此不满，指使大鸿胪耿宝上奏说："杨震本是大臣，竟然不服罪而心怀怨恨。"安帝下旨，遣杨震回原郡。在洛阳城西的夕阳亭，杨震慷慨激昂地对他的儿子、门徒们说："死亡，是士的平常遭遇。我蒙受皇上的恩宠，从而担任朝廷的重要官职，痛恨奸臣狡诈，但不能进行惩罚；痛恨淫妇作乱，却不能予以禁止，没有面目再见日月！我死以后，要以杂木做棺材，用单被包裹，只要能盖住身体就行了，不要归葬祖坟，不要祭祀！"然后服毒而死。弘农郡太守移良遵照樊丰等人的意思，在陕县派官吏留住杨震的丧车，让棺木暴露在大道之旁，并贬罚杨震的儿子们为驿站传递文书。路上的行人都为他们落泪。

2. 班勇收复西域

汉安帝延光二年（公元123年），主张收复西域的班勇奉汉安帝之命，率五百兵出塞，开始了他收复西域的战斗历程。

汉和帝死后，西域诸国想借机脱离东汉的统治，于是派兵进攻在疏勒的任尚。东汉政府得到报告后，一面派段禧接替任尚担任都护，一面派梁慬统帅河西四郡羌、胡兵五千人前去增援。梁慬、段禧共有八九千人的兵力，于是与龟兹王白霸合力保守龟兹。不久龟兹国内也发生反叛，叛军与温宿、姑墨合兵，围攻龟兹城。后来龟兹民变虽然剿平，但今甘肃西南部的先零羌叛乱，使通往西域的大道被切断了。安帝永初元年（公元107年），西域都护及屯田吏卒全部撤回，以后的几十年里，没有再委派都护，十余年西域都不接受东汉政府的管制。

第三章 东汉衰朽

（1）力主收复西域

游牧于天山与阿尔泰山之间的北匈奴残余势力，乘东汉政府放弃西域之机，又占领伊吾之地，并重新奴役西域诸国，且连年侵扰凉州诸郡。元初六年（公元119年），敦煌太守曹宗奏明安帝，派遣长史索班率千余人，把伊吾重新夺回，并招抚西域各国，车师前部、鄯善皆来归降。但几个月后，索班被北匈奴与车师后部联兵攻杀，车师前王被赶走，天山北道被占据。鄯善向曹宗求救，曹宗建议朝廷出兵五千人进击匈奴，一则可以为索班复仇，二则可以再次控制西域。执政的邓太后于是召集班勇等人到朝堂讨论此事。

班勇，字宜僚，是班超的小儿子，自幼就有其父风范。安帝时西域都护及屯田吏卒撤回，他作为军司马，和哥哥班雄一起出敦煌郡迎接。在邓太后召集的讨论会上，公卿大臣都以为经营西域费用太大，得不偿失，主张关闭玉门关，断绝与西域的联系，只有班勇一人竭力反对，认为绝不可放弃西域。班勇建议道："以前孝武皇帝因匈奴强大感到忧虑，因此开通了西域。有见识的人都知道，此举夺了匈奴的财路，等于是使它少了一支右臂。光武帝忙于中兴大业，未能顾及外部事务，所以匈奴才能依靠强大的武力，迫使各国服从。到了永平年间，匈奴再次进攻敦煌，使得河西地区各郡的城门皆不敢开。孝明皇帝反复思索，制定国策，派出虎将征讨西域，匈奴为此向远方逃遁，边境才得以保持安宁。等到永元年间，异族全部归附天朝。但不久之前又发生了羌乱，汉朝跟西域的关系再度中断。北匈奴借机派遣使者，督责各国缴纳拖欠的贡物，同时提高价值，严格规定缴纳期限。鄯善、车师两国全都心怀怨愤，一心想臣服于我朝，但却归附无门。由于我朝官员管理不当，加之奸人迫害的缘故，西域才时常发生叛乱。现在曹宗仅仅是为先前的失败感到羞耻，要向匈奴报仇雪恨，既没有研究从前的战史，也没有考虑当前战略的利弊。在遥远的蛮荒建立功业，可能性微乎其微，如果因此导致连年战争，祸事不断，就会后悔不及。何况现在国库并不充足，大军无后继力量，这样做只会向他国展示了我国的弱点，向天下人显示了我国的不足，我认为不能批准曹宗的请求。以前敦煌郡有营兵百人，现在应当恢复，沿袭永元年间的旧制设置护西域副校尉，驻扎敦煌，还应派遣西域长史带领五百人驻扎楼兰，在西方控制焉耆、龟兹的通道，在南方增强鄯善、于阗的信心和胆量，在北方抵抗匈奴，在东方捍卫敦煌。我以为这才是上策。"

尚书又问班勇："这个计划利害如何？"班勇回答说："永平末年，汉与西域的交通刚刚恢复时，首次派遣中郎将驻守敦煌，后来又在车师设置副校尉。既指挥胡人，调解他们的冲突，又防禁汉人，不许他们随意侵犯胡人的利益。因此外族归心于我朝，匈奴恐惧我朝的威望。现在的鄯善王尤还是汉人的外孙，如果匈奴得逞，那么尤还必死。这些外族尽管如同鸟兽，可也知道逃避危害，我们假如在楼兰驻军，就可以使他们归心，我以为这样做是有利的。"

长乐卫尉镡显、廷尉綦母参、司隶校尉崔据提出责难，说："因为西域不能给汉朝带来利益，同时费用庞大，难以供应，所以朝廷以前放弃了它。现在车师已经臣伏于匈奴，鄯善也不可信赖，要是局势有所变化，班将军能保证北匈奴不来侵害边疆吗？"班勇回答说："现在汉朝设置州牧，是为了禁止郡县的奸人盗匪。如果州牧能够担保盗匪不作乱，我也愿以腰斩来保证匈奴不侵害边疆。现在如果开通西域，就将削弱匈奴的势力，那么我们所面临的危害也就小了许多。这跟把宝藏交还给匈奴，并为它接上断臂能相比吗？现在设置西域校尉，是用来保护安抚西域；设置长史，以便于招揽怀柔各国。如果放弃西域而不设置校尉、长史，那么西域失去希望后就会屈从北匈奴，汉朝的沿边各郡就会受到侵害，恐怕我们又要看到边关昼夜关闭城门的一幕了！现在不推广朝廷的恩德，却吝惜屯戍的费用，长此以往，北匈奴就会气焰高涨，这决不是保证边疆安全的长远之策！"

太尉属毛轸诘难道："现在要是设置了校尉，那么西域各国就会络绎不绝地派遣来使，要求赏赐，这种要求很难满足。如果给予他们，那么费用太多而难以供应，如果不给他们，就会失掉归顺之心。而且，他们受到匈奴的逼迫之时，还要再向汉朝求救，那时就需动用兵力，费事就更大了。"班勇回答说："如果我们现在把西域交给匈奴，匈奴因感激汉朝的恩德，从此不再侵略作乱，那么就可以这样办。如果不是这样，匈奴就会因为得到了西域，获得了西域丰厚的贡物和众多的兵马，加紧骚扰攻击汉朝的边境。这是给仇人增加财富，为横暴的敌国增强实力。设置校尉，是为了宣扬推广汉朝的国威和恩德，用来维系西域各国的归附之心，动摇匈奴的觊觎之意，不用担心会消耗国家资财。何况西域之人，并没有其他的要求，使节来到汉朝，只需供应他们膳食就可以了。假如拒绝西域各国，它们肯定归属北方的匈奴人。如果各种力量联合起来，共同侵略并州、凉州，那么国家的开支将不止十亿。我相信，设置西域校尉的确是有利的。"于是班勇的建议被朝廷采纳，汉重新向敦煌郡派遣营兵三百人，同时设置西域副校尉驻守敦煌。朝廷尽管又控制了西域，但仍没有直接派驻军驻扎在边境之外。在这以后，匈奴多次跟车师一起侵犯内地，河西地区受到严重威胁。

（2）攻守西域

汉安帝延光二年（公元123年），北匈奴与车师连续侵入河西地区，议论此事的官员主张重新关闭玉门关和阳关，断绝与西域的联系，以绝外患。敦煌太守张珰上书说："我在京城之时，也曾主张放弃西域，而现在亲自踏上这块土地，才知道如果这么做了，河西地区也就危险了。我谨献上有关西域的上中下三策：北匈奴呼衍王常常辗转来往于蒲类海和秦海之间，控制西域地区，率领西域各国一起侵略汉朝。现在可以将酒泉属国的部队二千余人集合到昆仑塞，先去围攻呼衍王，除去祸根，马上征调鄯善国军队五千人威胁车师后国，这是上策。如果不能出兵，可以设置军司马，领兵五百人，从河西四郡武威、酒泉、张掖、敦煌供给犁、牛、粮食，出塞进据柳中，这是中策。如果还不行，那么就应放弃交河城，收揽鄯善等友好国家的人民，让他们全部避入塞内。这是下策。"朝廷让群臣讨论张珰的建议。陈忠上书说："西域归心汉朝已有很长时间，许多国家热诚地向往东方，到边关探询请求，这都证明他们不满匈奴、仰慕汉朝。

如今北匈奴已经打败了车师，肯定会向南进攻鄯善。如果我们拒绝了他们的请求，他们只好投靠匈奴了。要是这样，那么北匈奴的财富就会越来越多，胆量就会越来越大，威势逼近南羌地区，并与之勾结，我们的河西四郡也会因此处于危险之中。河西地区如果危险，必须前去救援，那么就要征发百倍的徭役，动用无数的资财了。讨论这件事的人，只考虑到西域是如何的遥远，担忧这一地区花销巨大，却忽视孝武皇帝苦心操劳的目的。眼下敦煌孤立危险，从远方向朝廷告急，若不给予帮助，对内无法安慰官吏和百姓，对外无法向各异族示威，一定会削减自己的领土，这不是好计策。我以为应当在敦煌设立校尉，并且按惯例在河西四郡增派驻军，来镇抚四方各国。"安帝听从了他的意见，所以重新将班勇任命为西域长史，率兵五百人出塞，在柳中驻扎。

第二年正月，班勇抵达楼兰，因为鄯善归顺汉朝，班勇被朝廷特加三绶以示奖励。但是龟兹王白英还在犹豫不决，班勇以汉室的恩威加以开导后，白英率领姑墨、温宿绑起自己到班勇处投降。班勇于是集合他的步兵骑兵万余人到车师前王那里，从伊和谷将匈奴伊蠡王赶跑了，并且俘虏了前部的五千余人，于是又控制了前部。收兵之后，于柳中一边防守，一边种田。

延光四年（公元125年）秋，班勇集合敦煌、酒泉、张掖六千骑兵，联合鄯善、车师前部、疏勒兵攻打后部王军就，结果大胜他们，俘杀八千多人，抢夺马畜五万多头。军就和匈奴持节使者被抓到，押到索班死的地方斩了头，首级被传送到京师，班勇终替索班报仇雪耻。永建元年（公元126年），改立后部故王子加特奴做王。班勇又派另一将校杀了东且弥王，也另立了新王，至此车师六国被平定。

同年冬天，班勇调集各国士兵攻打匈奴呼衍王，呼衍王逃脱，他的部下二万余人投降。班勇又活捉了单于的堂兄，命加特奴将其杀掉，此举加深了车师与匈奴的仇隙。北单于自己率领万余骑兵进入车师后部，行至金且谷，班勇派假司马曹俊快马去救援。单于退走，曹俊追斩他的贵人骨都侯，在这之后呼衍王就迁居到枯梧河。从此以后，匈奴在车师消失，城郭也很安定，只有焉耆王元孟还未归顺。

第二年（公元127年），班勇上书请求攻打元孟，于是朝廷派敦煌太守张朗带领河西郡兵三千人配合班勇。班勇率领各国兵四万余人，分两路出击。班勇从南道走，张朗从北道走，商定日期会师焉耆。但张朗先有罪在身，想立功赎罪，就先赶到爵离关，派司马带兵打前站，俘获敌人二千余人。元孟担心被杀，派使者请求投降，张朗直接到了焉耆，受降后就回去了。元孟竟不肯亲自投降，仅派儿子到朝廷进贡。张朗由此得以赦免死罪，班勇因为没有如期赶到，被判罪下狱，但不久即被释放，最后老死在家中。

自此以后，西域诸国再次内附，但乌孙及葱岭以西的国家与汉朝断绝了关系。东汉在中亚再无势力了，其活动范围仅限于葱岭以东的地区。同时，东汉在西域亦不再设置都护，仅派遣长史，其声威远不及班超时代显赫。

3. 祸起萧墙

东汉安帝刘祜的皇后阎姬貌美艳丽，但是极喜嫉妒，野心很大。她在宫中十二年中，勾结宦官，残杀情敌，废黜太子，企图效仿窦、邓两位太后，独揽大权，久专朝政。可惜她一无德性，二无能力，最后，反被十九名深宫宦官一举诛灭。

（1）废黜太子

阎姬，河南荥阳人。祖父阎章，在汉明帝永平年间官居尚书，辅佐皇帝总理朝政。阎章的两个妹妹被明帝选入内宫，封为贵人，阎氏成为外戚之家。阎章精力充沛，精研先朝典章制度，按理本应被提拔重用，但明帝担心外戚专权，祸乱朝廷，反而有意贬抑，所以阎章不仅没得到擢升，反而被外调为步兵校尉。阎章之子、阎姬之父阎畅，在女儿入宫之前，担任侍中之职，能够自由进出宫廷，随侍安帝。阎姬有一姨母嫁给当朝太后邓绥的弟弟邓弘为妻，这样，阎、邓两家就有了亲家之谊。

元初元年（公元114年），阎姬以外戚之女的身份被选中，从此进入安帝后宫。阎姬出生显贵，容颜俏丽，又略通文墨，可以说是才色双全，入宫不久，就大获无能好色的安帝的恩宠，很快被立为贵人。在此之前，安帝最喜欢的李夫人已为他生育了皇长子刘保。安帝曾有意立李氏为皇后。阎姬进宫以后，安帝有了新欢，夜夜专宠阎贵人，李夫人慢慢失宠，立她为皇后的念头也在安帝脑中无影无踪了。当时安帝尚未亲政，邓太后独掌大权，由于阎氏与邓太后有着一层亲戚关系，再加上最得安帝欢心，因此，在元初二年（公元115年）被立为皇后。

阎姬有着特别强的嫉妒心，即使当了皇后，也仍不满足，怕安帝旧情重燃，再宠李夫人。再加上她自己一直未怀孕，膝下无子，很担心刘保被立为太子，那样的话，李夫人母以子贵，就可能将她的皇后之位夺去。因此，阎姬把李氏视为心腹之患，必欲置之于死地而后快。她利用安帝沉迷女色对自己言听计从的弱点，诬告李夫人不守本分，与外朝官员勾结，企图谋反。这把李夫人吓得魂飞魄散，竟服毒自尽。阎姬逼死了情敌，还想将刘保一同害死。全靠邓太后的护佑，皇子刘保才逃脱毒手。从此以后，阎姬一直缠着安帝，不让他立即册立太子，哄着安帝说，由她这个正宫皇后为安帝所生的儿子做太子，才名正言顺。安帝为她着迷，处处迁就，立太子之事便拖了下来。但是，五六年过去了，阎姬仍没有生出一男半女来。刘保已年满六岁，阎氏还想再拖下去，无奈邓太后日渐老迈，身体也不好，希望在自己的有生之年为东汉王室选定接班人，频频催促安帝册立太子。这样，永宁元年（公元120年）四月，终于立刘保为皇太子，配备东宫官属，选择师保，教他读书。阎姬无力阻拦，只好冷眼旁观，内心满怀忧恨，害怕有朝一日刘保继承大统，要找她报杀母之仇。所以，阎氏处心积虑地想害死太子。

建光元年（公元121年），邓太后病故，刘保没有了保护伞。阎皇后认为时机已到，就一步步展开了谋害太子的计划。这时，刘保年方七岁，还不懂得培植自己的亲信，平时只是与乳母王男和掌管御厨的宦官邴吉较为亲近。安帝在邓太后去世后宠信宦官李闰、江京、樊丰等人，他们仗恃诛杀邓氏外戚有功，作威作福，干涉朝政。安帝的乳母王圣也小人得志，骄横跋扈。对此，王男、邴吉二人心中不满，不免在言语行止当中流露出来。阎皇后看准这个空子，用小恩小惠拉拢江京、王圣、樊丰，怂恿他们诬陷王男、邴吉心怀怨望，诅咒圣上。

　　太子的奶娘王男和厨监邴吉等人遭到王圣、江京、樊丰等人诽谤，结果王男等被杀，家属被流放。太子刘保常常思念王男和邴吉，每每为此叹息。江京、樊丰害怕留有后患，便与阎皇后凭空捏造证据，罗织罪名诽谤太子和太子宫的官员。安帝大怒，召集三公九卿及以下群臣，商议废黜太子。耿宝等人顺从圣上之意，主张废黜。太仆来历、太常桓焉、廷尉犍为人张皓则反对说："经典说，年龄不到十五岁的人，过失与罪恶不由他本身负责。而且王男、邴吉的奸谋，太子可能并不知情，应该为他挑选忠良之臣做保傅，用礼义进行辅佐。废黜太子是非常重大的事，这的确是圣恩所应留驻之处！"安帝不理。张皓退下，又上书说："以前奸臣江充捏造证据，进行诬陷，使戾太子遇祸，武帝明白过来已是很久之后的事了，虽然追补从前的过失，可后悔莫及！现在皇太子年方十岁，没有保傅教育过他，怎么可以骤然责备他呢？"奏书呈上，安帝置之不顾。九月丁酉初七，皇太子刘保被废黜，贬为济阴王，令其在德阳殿西侧钟楼下居住。于是，来历约集光禄勋祋讽，宗正刘玮，将作大匠薛皓，侍中闾丘弘、赵代、陈光、施延，太中大夫九江人朱伥等十余人，一起到鸿都门谏诤，说太子没有过失。安帝和他的左右亲信非常不安，便让中常侍用诏命恐吓群臣说："父子一体，本是天性，以大义割断亲情，乃是为了天下。来历、祋讽等不识大体，与众小人一同鼓噪喧哗，似乎忠诚正直，实际却是在为以后谋取好处。掩饰邪念，违背正义，这不是事奉君王之礼！朝廷广开言路，所以姑且全部宽恕，如果执迷不悟，就要以刑法严加处置。"劝谏的人都非常吃惊。薛皓首先叩头说："我们自然要服从圣命。"来历很是气愤，当廷诘问薛皓说："刚才一起进谏时说的是什么话？可现在又要将它背叛！大臣乘坐朝廷之车，处理国家的大事，能够这样反复无常吗？"进谏的官员们逐渐各自起身退下。来历单独一人在鸿都门下守候，连续很多天不肯离去。安帝大怒，尚书令陈忠和各位尚书便一同上书弹劾来历等人。安帝将来历兄弟免官，把来历的封国赋税收入削减，贬黜来历的母亲武安公主，禁止她入宫晋见。

（2）阎氏作威作福

就在废黜太子的这一年，严重的自然灾害又侵袭东汉，全国共发生了三十六次洪水、二十三次地震。老百姓流离失所，饿殍遍野。在这样的情况下，安帝刘祜不知励精图志，勤政爱民，反而纵情声色，疏于朝政。这年春节过后，他游兴大发，选了一个风和日丽的日子，携带着阎皇后和大小嫔妾，还有阎显兄弟及一班宦官，兴高采烈地到南方游玩。一路上热闹非凡，旌旗如云，沿途郡县官吏竭尽全力，拼命搜刮百姓，进奉安帝。三月份，来到了宛城（治所在今河南南阳），安帝忽然感到身体不适，饮食无味，忽冷忽热。阎后忙传御医诊治，可是，几服药下去，病情日渐加重。眼见皇帝病情严重，已经不能巡游江南，便调转车驾往回赶。刚走到叶县，安帝已经病入膏肓，无药可救，死在乘舆之中，连遗嘱也没留下一句。

皇后和她的兄弟阎显以及宦官江京、樊丰等密谋说："现在皇帝在道上病死，他的亲生儿子济阴王却留在京都洛阳。只要消息传到那里，如果公卿大臣集会，拥立济阴王继承帝位，我们就将大祸临头。"所以谎称皇帝病重，将尸首抬上卧车，所到之处，和往常一样贡献饮食、问候起居。车队急行四天，返抵皇宫。

第二天，派司徒刘熹前往郊庙、社稷，祷告天地。当天晚上，为安帝发丧，皇后被尊为皇太后。太后临朝主政，任命其兄阎显为车骑将军、仪同三司。太后为了长期执掌朝廷大权，想选立一个年幼的皇帝。所以，她和阎显等在禁宫中商议，计划迎立济北惠王的儿子、北乡侯刘懿继位。而此前已遭废黜的济阴王刘保却不能够上殿在棺木前哀悼父亲，他痛哭不止，饮食不进。宫廷内外，文武百官，全都替他哀伤。

第三章 东汉衰朽

阎显、江京等人接着让阎姬以皇太后的名义下达诏令,一面集合王公大臣置办丧事,一面将济北惠王刘寿之子北乡侯刘懿迎接进京为皇嗣。刘懿只有两岁,是汉章帝刘炟的孙子,辈份上讲是安帝的叔伯兄弟。阎姬不允许刘保继位,但自己又没有后嗣,为了达到其临朝执政、长期掌权的目的,自立为皇太后,又不管辈份悖谬,将同辈的幼童刘懿立为安帝嗣子,继承帝位,史称汉少帝。

少不更事的少帝,完全被阎太后控制,只不过是名义上的皇帝。少帝继位之后,阎太后便将其胞兄阎显提升为车骑将军,位列上卿,统领军队,可以出入宫廷,与其一道控制朝廷。

阎显干涉朝政的时候,大将军还是安帝的母舅耿宝,此人野心极重,他的妹妹耿氏是清河王刘庆的王妃——安帝的嫡母。因为是安帝母舅,所以在安帝亲政后耿宝被封为大将军。大将军为全国最高军事领袖,权势极大,阎显对此十分嫉恨。当时,樊丰、王圣等人仗着自己是安帝旧宠,狂妄乱行,无人敢管,这当然也成为阎氏兄妹的眼中钉。阎显为了除掉这些障碍,大权独揽,便悄悄地同阎太后商量,除掉耿宝、樊丰。阎太后最痛恨的是王圣,她整天以安帝乳母自居,飞扬跋扈,连太后阎氏也没放在眼里,这就冒犯了阎太后的权威。所以想把这些人一举铲除。阎显更加狡猾,他没有让太后立刻下诏罢黜政敌,而是绕了个圈子,先叫太后擢拔冯石为太傅,进刘熹为太尉,升李郃为司徒。这三个人能力平庸,现在却能位居三公,自然感激阎氏的恩宠,阎显又频繁出入三人府第,极力拉拢,结为至交,然后,请冯石、刘熹、李郃联名上奏朝廷,弹劾耿宝、王圣、樊丰:"耿宝和他的同党中常侍樊丰、虎贲中郎将谢恽、侍中周广、野王君王圣、王圣的女儿等人,互相勾结,作威作福,大逆不道。"于是,樊丰、谢恽、周广都被捕入狱,后被处死,家属被流放到比景。耿宝和侄儿林虑侯耿承被贬为亭侯,遣归封国,耿宝被迫自杀。王圣母子被流放到雁门。之后,阎显又把其弟阎景任命为卫尉,阎耀为城门校尉,阎晏为执金吾,兄弟同居权力中枢,胡作非为。

（3）孙程灭阎氏

延光四年（公元125年），北乡侯刘懿身患重病，中常侍孙程对济阴王谒者长兴渠说："济阴王是皇帝嫡子，本来没有犯什么错，先帝听信奸臣谗言，竟然将其废黜。如果北乡侯一病不起，我跟你合力除掉江京、阎显，一定能够成功。"长兴渠答应了。另外，中黄门、南阳郡人王康，长乐太官丞，京兆王国等人也都赞同孙程的建议。江京对阎显说："北乡侯病危，应该及时确定继位人，为什么不及早召集诸王的儿子，从中选出可以继位的人？"阎显认为很有理。北乡侯去世后阎显立刻禀报太后，先不发丧，然后征召诸王之子进宫，紧闭宫门，派兵严密把守。

十一月，孙程、王康、王国、黄龙、彭恺、孟叔、李建、王成、张贤、史泛、马国、王道、杨佗、陈予、赵封、李刚、魏猛、苗光等，秘密在西钟楼下集会，每人扯下一幅衣襟进行盟誓。京都洛阳和十六个郡、封国发生地震的当天晚上，孙程等先在崇德殿上集合，然后进入章台门。当时，江京、刘安、李闰和陈达等刚好都坐在禁门下，孙程和王康一道动手，将江京、刘安和陈达杀死。因为李闰一直很有权势，宫内人对他都很信服，孙程等决定借他之力，于是拿刀威胁李闰说："你一定要同意拥戴济阴王为帝，不能反悔！"李闰回答："是。"这样，大家扶起李闰，到西钟楼下迎济阴王即皇帝位，这就是汉顺帝，当时年仅十一岁。然后召集尚书令、仆射以下官吏随着御车进入南宫。孙程等把守禁门，切断内外交通。皇帝登上云台，召集公卿百官，派虎贲和羽林卫士分别驻扎于南宫和北宫的全部宫门。

阎显这时恰在宫中，听到消息后十分惊慌，不知怎样应付。小黄门樊登建议阎显让太后下诏，召集越骑校尉冯诗、虎贲中郎将阎崇带领大军驻守平朔门，以抵抗孙程等人。于是，阎显将冯诗引诱入宫，并对他说："济阴王登基继位，并不是遵循皇太后的旨意，皇帝玺印仍在这里。要是你能全力效劳，可以得到封侯。"太后派人送来印信说："抓到济阴王的，封万户侯。抓到李闰的，封五千户侯。"冯诗等人虽然都应承下来，却又推脱说："因为诏命下得很突然，带兵太少。"阎显便派冯诗等和樊登到左掖门外迎接增援的将士，冯诗等趁机杀死樊登，返回营地坚守不出。

阎显的弟弟卫尉阎景慌忙从宫中返回外府，召集军队到达盛德门。孙程传诏书，命尚书们逮捕阎景。当时，尚书郭镇正卧床养病，一听到命令，立刻率领值班的羽林卫士，从南止车门出来，恰好遇上阎景的部属拔刀大喊："不许挡道！"郭镇马上下车手持符节宣读诏书，阎景说："什么诏书！"然后举刀砍向郭镇，没有砍中。郭镇拔剑还击并将阎景击落车下，羽林卫士上前用戟叉住他的前胸，将他活捉，送至廷尉狱囚禁，当天夜里死去。

血战了大半夜之后，阎氏兄弟和江京、李闰等人死的死，伤的伤，降的降，惨败而归。

第二天一大早，顺帝派管理皇室名籍的宗正到阎太后居住的长乐宫，命她交出代表皇权的玉玺金绶。阎氏见回天乏术，只好全部交出转送顺帝。顺帝得到这些御国之宝，就住进嘉德殿，遣侍御史持符节逮捕了阎显、阎耀、阎宴，统统送入牢狱，判处死刑；又把阎太后逐出长乐宫，转到离宫居住。阎姬寂寞孤独，想到往事，后悔不已，常常在梦中见到刘保的生母李氏和其他被冤死的人前来向她索命，惶惶不可终日，很快就一病不起。一年之后，即永建元年（公元126年），在冷宫中一命呜呼。

顺帝依靠十九个太监消灭外戚集团，得以当上皇帝。实际上，这个遭受贬抑多年的少年皇帝，早已失去了面对风云变幻的宫廷斗争的勇气，失去了努力向上的进取精神。在这场政变中他毫无主见，仅仅是宦官们打击政敌的有力武器，因此，即使在登基之后，也只是任人摆布。

孙程等人剿灭阎氏外戚，其主要动机并不是为了维护汉王室的长治久安，更不是为了伸张正义，而是为了取代阎氏、江京的地位，自己登上权力宝座，享受荣华富贵，获得高官厚禄。阎氏一被推倒，他们就急不可待地邀功请赏。顺帝不敢怠慢这些"有功之臣"，立即颁布诏书，一面命令打开南北宫门，撤除驻扎的卫兵，一面大行封赏，犒劳"有功"的宦官。孙程等都被封为列侯：孙程食邑万户，王康、王国食邑九千户，黄龙食邑五千户，彭恺、孟叔、李建各食邑四千二百户，王成、张贤、史泛、马国、王道、杨佗、陈予、赵封、李刚各食邑四千户，魏猛食邑二千户，苗光食邑千户，并为十九侯。与此同时，划分等级，分别赐给车马、金银和钱帛。李闰因为没有参与首谋，故而没有被封侯。孙程被提升为骑都尉。开始的时候，孙程等进入章台门，苗光却没有进去。诏书命王康上报功臣名单时，王康谎称苗光进入章台门。苗光没有得到封赏的符策，心中十分恐惧，就向黄门令自首。于是，有关官吏弹劾王康和苗光欺蒙皇上。皇帝下诏不要追究，任命将作大匠来历为卫尉。由于祋讽、闾丘弘都已因病去世，就把他俩的儿子都任命为郎。朱伥、施延、陈光和赵代，也都获得提拔任用，后来官至公卿。王男、邴吉两家家属，重返京都洛阳，并被给予厚赏。从前太子刘保被废黜时，监太子家小黄门籍建、傅高梵、长秋长赵熹、丞良贺、药长夏珍都被治罪，放逐到朔方郡，皇帝即位之后，全被擢升为中常侍。

（4）宦官干政

孙程掌权后，没有停止打击敌对势力，以前受阎氏擢拔重用的冯石、刘熹、李郃三人，都因阿附权贵的罪名被免去三公之职，改由拥戴顺帝的朱宠任太傅，桓常任太尉，朱伥任司徒。中常侍张防虽不是孙程同党，但他擅长溜须拍马，随侍顺帝身边，顺帝也很宠信他。张防因为能够亲近皇帝，所以经常狐假虎威。

中常侍张防利用权势收受贿赂，虞诩多次要求将他法办，都被搁置，没有回音。虞诩十分气愤，于是于永建元年（公元126年）八月自投廷尉监狱，上书顺帝说："以前，安帝任用樊丰，废黜皇室正统，已经快使社稷灭亡。今天，张防又专权弄势，亡国的危险就要再次来临了。我不愿意和张防同列朝廷，谨自囚廷尉狱以报，省得让我重蹈杨震的覆辙！"奏章呈上后，张防在顺帝面前痛哭流涕，因此，虞诩坐罪，被送到左校服苦役。可是张防依然不肯放过虞诩，一心想要将其除掉。两天之内，虞

诩被传讯拷打四次。狱吏劝虞诩自杀，虞诩回答说："我宁可受刑，被杀死在街市，让所有的人都知道！如果默默无闻地自杀，谁能辨别是非呢？"浮阳侯孙程和祝阿侯张贤先后请求面见顺帝，孙程说："陛下开始和我们起事的时候，常常痛恨奸臣，清楚地知道他们会使国家倾覆。现在即位以后，自己纵容和包庇奸诈的小人，怎么能责备先帝不对？司隶校尉虞诩为陛下尽忠，却被逮捕下狱。中常侍张防贪赃枉法，证据确凿，却陷害忠良。现在看天象，客星守羽林，是宫中有奸臣的征兆。应该迅速逮捕张防下狱，来免除上天所降的灾异。"当时，张防在顺帝背后站着，孙程大声训斥张防说："奸臣张防，还不下殿去！"张防没有办法，小步快走退入东厢。孙程又对顺帝说："陛下，请立刻下令逮捕张防，不要让他去向您的乳母求情！"顺帝征求尚书们的看法，尚书贾朗跟张防一直关系很好，坚持说虞诩有罪。顺帝心中非常困惑，对孙程说："你们先出去，朕正在考虑！"与此同时，虞诩的儿子虞和一百余名门生打着旗帜，等候中常侍高梵的车子，向高梵叩头直到流血，申诉虞诩被冤枉的情况。高梵入宫后，把情况向顺帝报告。最后，张防获罪被流放到边疆，尚书贾朗等六人，有的被处死，有的被罢官。就在同一天，虞诩获释。孙程又上书陈述虞诩有大功，言辞十分直率激烈。顺帝醒悟，非常感动，任命虞诩为议郎。过了几天，擢升为尚书仆射。

　　浮阳侯孙程等人因为拿着奏章上殿争功激怒顺帝，因此，有关官吏弹劾："孙程等人扰乱朝政，抗命叛逆。王国等人和孙程勾结，长期留在京都洛阳，让他们更加骄纵放肆。"所以，顺帝把孙程等人全部罢官，改封到偏远地区，又命令十九侯各自前去他们的封国，派洛阳令督促他们，限期起程。

　　司徒掾周举劝告司徒朱伥："当年，皇帝在西钟楼下时，没有孙程等人尽力，如何即位为帝？现在却不记得人家的大德，计较他们很小的过错。如果他们在回封国的途中有人死去，那么皇帝就会受到屠杀功臣的非议。趁着孙程等人还未出发，应该立刻奏明皇上，予以劝阻。"朱伥回答说："眼下皇上正在发怒，如果我独自为此事上奏，肯定会受到皇帝的降罪谴责。"周举又说："您已经八十多岁了，身居宰相高位，不在这时尽忠报国，却珍惜自己，安于富贵，您想得到什么？即使能保全自己的俸禄和官位，也一定会被人骂为奸佞之辈，而因谏诤被降罪，还能留下忠贞的美名。如果我的意见不值得采纳，我请求就此离开！"于是朱伥上表劝谏，顺帝果然接纳。

孙程被改封为宜城侯。他到封国后，心中十分不满，把印信和符策都归还朝廷，私自逃归京都洛阳，出入于山中。顺帝下令寻找孙程，找到以后，把他原来的封爵和食邑恢复，赏赐车马和衣物，遣送他回到封国。

永建三年（公元128年），顺帝想起孙程等十九人的拥立之功，下诏将他们全部召回京城，并加封其中三人为骑都尉。从此，十九人又重新盘踞宫内，继续扰乱朝政。

4. 梁冀专权

梁氏家族是东汉时期的豪族，在汉顺帝执掌政权期间，因为梁皇后的原因，梁氏家族势力大增，特别是梁冀擅长权术，心思歹毒，攫取了一人之下，万人之上的权力。梁冀权倾朝野，为祸甚多，最后也落得一个被诛杀的下场。

（1）梁冀继任大将军

顺帝永建元年（公元126年），乘氏侯梁雍病故，他的儿子梁商继承了爵位。梁商少年时以外戚身份任郎中之职，后升为黄门侍郎。永元三年（公元91年），梁商的女儿被选进宫，梁商也跟着升迁为侍中、屯骑校尉。

阳嘉元年（公元132年）正月，正式册立梁商的女儿为皇后，四月，梁商又得升迁，不久后又被升为执金吾。

阳嘉二年（公元133年）三月，梁商之子梁冀被封为襄邑侯。尚书令左雄进谏说："明君都喜爱忠实正直之人，而讨厌阿谀小人。逸谀者受宠幸，这也许就是由于听信忠言难而顺从阿谀容易的缘故吧！人们都不愿被刑罚，都喜欢得到宠幸，因此社会上尽忠者少而阿谀者多，所以君主常常听到赞颂之声而很少知晓自己的过失，如若长期沉迷不能觉悟，最后会导致灭亡。梁冀之封，不是紧急之事，应该等度过这多事之秋，然后再评议。"同时梁商也坚持不接受皇帝对梁冀的封赠，接连推让十余次，顺帝才应允了。

阳嘉四年（公元135年）四月，顺帝又将梁商升为大将军，梁商推辞，假称有病，一年不上朝议事。顺帝便命太常桓焉将任命的诏书送到了梁商的家里，梁商不得不接受任命，从此掌握了朝政大权。

梁商自幼习经传，少年博通众书传记，天资聪敏，举止优雅，质朴诚实，不为华饰，在处世交往方面，以孝友忠信著称，在朝廷和府邸里，威而不猛，严而不酷，庄重严肃，接人待物宽和爱敬，忧人之忧，乐人之乐，舍己助人，平时轻财重义，不为积蓄，所以朝廷倚重，百官敬服。梁商被任命为大将军以后，非常注重对人才的录用，让有才能的人担任他们所胜任的职位，辟用巨览、陈龟为掾属，李固为从事中郎，杨伦为长史。一时府中多俊杰，京师传诵，称为良辅，顺帝非常倚重。一遇到灾荒，梁商就把自己的财物拿出来赈济灾民，还不透露自己的姓名。他对自己的家属严加约束，也不因自己权大干涉法律，只是性情过于谨慎懦弱，优柔寡断，无法整肃朝纲。李固曾经向梁商提出严肃纲纪，整顿朝廷的请求，梁商没有采纳。

顺帝永和元年（公元136年），梁冀任河南尹。他在职期间极为凶残，多行非法之事。梁商有个亲密的朋友洛阳令吕放，跟梁商谈了梁冀很多短处，梁商因此狠狠责备了梁冀。梁冀怀恨在心，于是派人将吕放杀死在路上，又怕梁商知道，就把刺杀吕放的嫌疑，推到吕放的仇人身上，还请求让吕放的弟弟吕禹做洛阳令，要他去捕捉杀死吕放的仇人。最终，吕禹把他的仇家全部诛杀,并株连宗族、宾客百余人。

永和三年(公元138年)十二月,梁商见皇上对宦官曹节非常宠幸,便让其子梁冀、梁不疑与曹节结交,别的宦官嫉妒梁商受宠,图谋进行陷害。中常侍张逵、蘧政、杨定等人与左右合谋,谮告梁商及中常侍曹腾、孟贲,说他们企图征请其他皇子,欲罢黜顺帝,要求把梁商收捕,审问定罪。顺帝对此事的态度非常明智、果断,对张逵等人说:"大将军父子为我所亲近信任,腾、贲是我所爱,肯定无此事,一定是你们嫉妒他们。"张逵等人听后心中惶恐,一不做,二不休,假传诏书在宫省内逮捕了曹腾、孟贲。顺帝得知后勃然大怒,命令宦官李歙马上将孟贲、曹腾释放,并逮捕了张逵等人,审理后杀掉。审理时牵连到一些在位大臣,梁商担心牵连过多,冤枉了好人,上书说:"春秋之义,功在元帅,惩罪应惩首恶,所以赏不过多,刑不过滥,五帝、三王这才将天下治理成太平盛世。我听说审问中常侍张逵等人,他们在供词中牵连了许多人,若真按其查办,会连累许多无辜,这样做对国家的兴平没有什么益处,宜尽早结案,不要再枉捕乱杀了。"顺帝听从了梁商的建议,只惩罚了与案件有直接关系的人。

永和六年(公元141年)八月,梁商身染重病,临死前在卧榻告诫梁冀等儿子说:"我活的时候对朝廷没有多大贡献,死后不能再耗费国家钱财,衣衾饭晗、玉匣珠贝之类,对一具骷髅来说没有任何意义,劳扰众位同僚,装饰送葬的道路,仅仅是增加一些尘垢罢了。虽然有礼制规定,有时也可以论事而定。眼下边境不安定,盗贼不息,不能再妄用国家资财了。在我死后,把我的尸体用车运到墓地,马上殡殓,殡殓完后立刻下葬,殡葬仪式应一切从简。孝子不应违背我的遗志。"他死后,顺帝亲自临葬,诸子想遵照梁商临死前的嘱咐,朝廷没有采纳,而是铺张浪费地大办丧礼:赏赐东园秘器、银缕、黄肠、玉匣;下葬时,赐轻车、介士,皇后亲自送葬,顺帝临幸宣阳亭,以示哀悼。

梁商去世之后,其爵位由梁冀继承了下来,并由河南尹升为大将军,其弟梁不疑由侍中迁升河南尹。对于梁冀继承大将军之职,宋朝司马光在把顺帝与西汉成帝加以比较之后,曾予以评论,他说:"成帝时不能选任贤俊,却委政舅家,可以说是暗昧糊涂,但是还知道王立一点才能都没

有，于是将之遗弃不予以重用。梁冀顽劣残暴，平时已有充分表现，但顺帝依然将权力交给他，最终导致汉朝覆亡。顺帝和成帝相比昏庸更甚。"

（2）诸贤臣维护汉室

汉安元年（公元142年），东汉朝廷派了侍中河内人杜乔、张纲等八位中央大臣，分别到各州郡进行巡察，对忠于职守和有德行的地方官吏加以表扬。对于犯法的刺史、郡太守等二千石以上官吏的罪行用驿马迅速上奏朝廷；如若是县长、县令以下的官吏，立即逮捕法办。杜乔等领受使命后出发到各州郡，只有张纲呆在洛阳不走，他说："豺狼不打，为什么先去追究狐狸！"所以上书弹劾："大将军梁冀、河南尹梁不疑，蒙受皇恩，肩负辅佐皇帝的重任，然而却任情纵欲，大肆贪污。他们目无君王，贪赃枉法，涉罪累计十五件，这都是做臣子的人万分痛恨的。"奏章呈上去后，整个洛阳城都震动了。当时，皇上正对皇后宠爱有加，梁氏家族亲戚几乎控制了整个朝廷，顺帝虽知道张纲说得对，却没有采纳。杜乔到兖州视察以后向朝廷上表，说李固即泰山郡太守的政绩是当今天下第一。于是，顺帝提升李固至京都洛阳任职。八位使者向朝廷所弹劾的地方官吏，大多数是宦官和梁冀的同党，因而在皇亲和宦官互相庇护下，所有的弹劾案都被搁置起来。侍御史、河南人种暠对此深感痛恨，再次进行弹劾。廷尉吴雄、将作大匠李固也上书说："应迅速惩处八位使者所指控的地方官吏。"顺帝这才把八位使者的奏章，交给了有关官员，命令审查定罪。

梁冀从此对张纲怀恨在心，想找一个机会来陷害他。当时，在广陵郡，以张婴为首的盗贼在扬州、徐州一带作乱已十年有余，历任郡太守都无法镇压下去，于是，梁冀就任命张纲为广陵郡太守。以前的广陵郡太守都想以大兵镇压，然而张纲却只身一人前去上任。到达广陵以后，就直接到张婴营垒大门，求见张婴。张婴见状非常惊讶，慌慌张张把营门关闭了。张纲在摒退随来的官吏和百姓后，只留下十几个亲信，随后请张婴出来见面。张婴见张纲如此诚恳，于是出营拜见。张纲让张婴坐在上座，劝导他说："从前的那几任郡太守，大多贪婪残暴，你们这才聚众起兵。郡太守的确是有罪的，可是你们这样做也不合乎大义。现在主上仁爱圣明，准备以德平乱，因此才派我来，想给你们封官进爵，免去你们的罪责，现在实在是转祸为福的大好机会。要是听到这些道理仍不肯归附朝廷，皇上定会勃然大怒，征用荆州、扬州、兖州、豫州的大军，云集进击，到时候你们就将身首异处，子孙灭绝。这两者孰利孰害，你先好好考虑清楚了。"张婴听后流着眼泪说："我们这些愚民，自己无法上通朝廷，无法忍受苛捐杂税和官吏的迫害，才啸聚山林，像鱼游锅中，自己也知道无法长久。我们现在的生活是得过且过，实在没有什么指望。今日得到您的教导，正好救了我们一命。"为此，张婴告辞回营。次日，一万多人在张婴的率领下走出营门，向张纲投降。过后，张纲独自乘车进入张婴的营垒，大摆筵席，饮酒作乐，随后遣散张婴的部众，只要他们愿意投奔其他地方，都不加以限制，任其行事。张纲还亲自为张婴选择住宅，置买田地，他还推荐张婴的子孙担任当地的官吏。张纲对这种事的处理令当地百姓十分佩服，当地一片和平。朝廷论功行赏，本应封张纲侯爵，但是梁冀却一直提出异议，阻挠这件事。张纲在广陵郡任职一年后去世。张婴不忘旧恩，率众五百余人，穿上丧服举哀，把他的灵柩送回了他的家乡犍为，还为他运送泥土，筑成坟墓。顺帝下旨，将张纲的儿子张续任命为郎中，还赐钱一百万。

当时，洛阳令任峻、冀州刺史京兆尹人苏章，胶东国相陈留人吴祐等是比较有才能和政绩的二千石官吏。自王涣被解职洛阳令以后，所有的洛阳令都不称职。任峻接任洛阳令后，善于选用文武官吏，让他们各尽其才，才尽其用。举发奸罪十分迅速，破案也十分迅速，民间也不再害怕官吏。任峻的威严和震慑能力超过王涣，可王涣在礼文仪节、政治教化方面又强于他。苏章任冀州刺史，他有一位朋友在清河郡任太守，苏章在辖区巡视，得知他贪赃枉法。苏章宴请这位太守，两个人对酒叙话，谈论他们之间的友情，非常欢洽。太守高兴地说："别人都只有一个天，只有我有两个天！"太守还以为老朋友苏章可以遮掩他的罪恶行径。苏章说："今天晚上，我苏孺文跟故人喝酒，这是出于私情；明天，冀州刺史调查案情，却是国法。"于是检举并查办了他的罪行，这件事使全州感到震惊和佩服。苏章后因打击权贵而违背皇帝圣旨，被免去官职。当时，朝政日趋凋敝，百姓更加忧愁困苦，到处是不称职的官吏。苏章因为办事得力，许多人在议论时事时候经常称赞他，然而朝廷却不再任用他。吴祐出任胶东国相，为政崇尚仁爱节俭，百姓都不忍心欺骗他。有一位乡啬夫，叫孙性，暗中私吞百姓的钱财，买衣服送给自己的父亲。父亲得到衣服，不喜反怒说："你怎么忍心欺骗这样的长官？"便催促他回去认罪。孙性拿着衣服，怀着惭愧和畏惧的心情，到官府投案。吴祐把身边侍候的人摒退以后，问起缘由，孙性就把父亲所说的话，全都告诉了吴祐。吴祐安慰他说："你贪污的罪名都是由于孝敬父亲而起，真所谓：看他的过失，知道他有仁爱的品德。"他让孙性回家向父亲谢罪，又把衣服赠给了孙性的父亲。

（3）梁太后临朝听政

建康元年（公元144年），顺帝驾崩，太子即位，是为冲帝。冲帝只有两岁，梁皇后被尊为皇太后，当时的朝廷大权都掌握在梁太后手中。九月，京师及太原、雁门地震，朝廷下诏书举贤良方正之士，想问众人对地震之事有何看法。皇甫规回答说："顺帝开始勤于政事，重视用法纪治理国家，社会差不多安定下来了，后来奸佞专权，纳贿卖爵，门下宾客到处横行，天下由此纷乱，百姓从乱如归，官民财富俱竭，现在国家的局势已是国贫民富。陛下刚开始摄政，任用贤才，改革政治，全国上下都感到太平在望。可是眼下灾异不断，寇贼猖獗，恐怕也是奸臣专权的结果，其中宦官中常侍弄权更是无所顾忌，应该把他们的官职即刻免去，扫除其党羽，没收其财产，以平民愤、顺天意。大将军梁冀、河南尹梁不疑也应该谦虚，注重志节方面的修养，用儒术指导自己，在游戏娱乐方面应该有所收敛，以免耗费大量钱财，另外还应削减府第没有意义的装饰。君如舟，民如水，大臣好像乘舟的人，大将军如同舟上掌舵摇桨者。如果朝廷上下尽心同力，使百姓的生活安定下来，就是福，要是怠惰松弛，将被波涛淹没，不能不小心呀。如果大臣的道德和爵禄不相称，就如同挖墙基来增高墙，难道能使墙安固吗？应贬退所有奸滑酒肉之徒，以便惩戒犯科作恶之辈。对于得到贤士才是最大的幸福的道理，梁冀这等人应认真思考一下。"梁冀得知了皇甫规的对策后，怀恨在心，把皇甫规的对策定为下策，任为郎中。

汉冲帝永嘉元年（公元145年）春季，冲帝在玉堂前殿驾崩。梁太后知道扬徐之地盗贼猖獗，计划等受征召的诸侯王、王子们到达京都洛阳以后再为冲帝发丧。太尉李固说："冲帝虽然年幼，但他为国之君，今天已经去世，人神共悲，哪里有做子民的隐瞒君父去世消息的做法？以往，秦始皇死后的沙丘之谋，还有迎立北乡侯之事，都是秘不发丧，这是天下最大的禁忌，这样做甚为不妥。"梁太后听从，就在当天下午发丧。

清河恭王刘延平的儿子刘蒜及渤海孝王刘鸿的儿子刘缵受到征召，来到洛阳。刘延平和刘鸿是乐安王刘宠的儿子。清河王刘蒜为人严肃庄重，行动举止遵循法令制度，受到三公九卿的佩服。李固对大将军梁冀说："现在应当选高明贤德，又可亲自摄政之人继承皇位。立帝乃国家大计，将军应仔细考虑，体察当初周勃选立文帝、霍光之所以选立宣帝的道理，以邓氏家族和阎氏家族选立幼弱的前事为戒。"梁冀没有理会，与梁太后在宫中商议由谁继位。之后，由梁冀持太后符节，用封王的皇子乘用的青盖车迎接刘缵进入南宫。于是，刘缵被封为建平侯，并在封侯当天登立皇位，是为质帝，时年仅八岁。清河王刘蒜却被遣回封国。

朝廷准备为冲帝刘炳按宪陵的规模修建陵园，李固说："盗贼四起，军费浩大。倘若要重新修建一个像宪陵那么大的陵园，需不少钱财人力。而且，冲帝年龄幼小，可以依照殇帝康陵的制度在顺帝宪陵之内修建一个陵园，将冲帝安葬于内。"梁太后采纳了这个建议，安葬了冲帝，陵墓称怀陵。

当时，朝廷大权被梁太后交给三公等人，因此李固提出的很多建议得到采纳，凡是作恶的宦官，一律被排斥和遣退。

当年，顺帝时所任命的官吏，很多不是以功绩大小就任。等到李固当政时，奏准免职的有一百余人。他们都非常怨恨李固，于是共同写匿名信诬告李固说:"太尉李固,假公济私,表面上依照正道办事,内里却徇私枉法,挑拨离间皇室和近亲的关系,培植和加强自己的党羽。冲帝停柩在堂,路上的行人莫不哭泣,李固却把容貌用胡粉修饰,搔首弄姿,盘旋俯仰,镇定自若地按照常规走路,没有一点凄惨悲伤的样子。冲帝尸骨未寒,就改变原来的朝政,把功劳归于自己,过失归于君王;排斥逐退皇帝身边的近臣,让他们不能侍奉送葬。作威作福,没有比李固厉害的了!为儿大恶,就是连累父母;为臣大恶,就是诽谤君王。李固罪大恶极,罪可当诛。"奏章呈上后,梁冀面见梁太后,要求将奏章转交有关官吏查办,梁太后没有听从。

永昌郡太守刘君世用黄金铸成一条有花纹的蛇,送给梁冀。益州刺史种暠把刘君世举发逮捕,还派人疾驰上奏朝廷,梁冀为此痛恨种暠。恰逢巴郡人服直啸聚百人,自称天王,巴郡太守应承讨伐剿捕未能得胜,军民伤亡惨重。梁冀借此陷害种暠,逮捕种暠和应承,押解到京都洛阳。李固上书说:"按照我所得到的情报,这次讨伐和剿捕造成的伤害,本不是种暠和应承的过错,实际情况是县吏畏法惧罪,全力强迫驱赶百姓作战,从而造成这场伤害。盗贼络绎不绝,四处而起,处处都未断绝,如果连种暠和应承这样举发盗贼之人,都受到惩罚,恐将使州县官吏举发盗贼的忠心受到伤害,结果是真实情况被隐瞒,无人再尽忠心!"梁太后看到奏章,就赦免了种暠和应承的罪,只是把他们二人免官。刘君世的金蛇被收缴后,交给掌管国库的司农看管,梁冀向大司农杜乔借看,杜乔不肯给他。还有一次,梁冀的小女儿去世,命三公和九卿都去吊丧,只有杜乔不肯前往,因此得罪梁冀。

(4)梁冀立桓帝

质帝虽然年幼,却很聪明,对梁冀的狂妄专权十分不满。本初元年(公元146年),在一次朝会时,他看着梁冀说:"这是一位跋扈将军。"梁冀知道以后,对质帝心中不满,唆使左右将一个毒饼献与质帝。

质帝吃了以后，肚子开始疼痛，赶紧派人召太尉李固。李固赶到后问质帝得病原因，质帝那时还可以说话，对李固说："吃了煮饼，腹中闷，喝一些水可能还可以活下去。"这时在旁边的梁冀说："恐怕要呕吐，不可喝水。"话没说完，质帝就死去了。李固抚摸着质帝尸体痛哭了一场，追问侍候质帝的太医，梁冀害怕毒死质帝的阴谋泄露出去，对李固更加仇恨。

在商议继承帝位的人选之前，李固和司徒胡广、司空赵戒，先给梁冀写信，讨论皇位继承之事说："天下不幸，连续几年间，帝王之位，三次断绝。现在要选立新帝，必须明白天下最重要的就是帝位，我们知道皇太后的关切和大将军的苦心，将认真地选择一位合适的人选，得到一位圣明的帝王。我等愚钝，却也关切着这件事。参察旧制前例，有关皇帝废立之事，每一次都向三公九卿询问，广泛征求大家意见，让继承帝位的人选，上应天心，下合众望。经传上说：'失天下易，得天下难。'从前，昌邑王登极之后，一天比一天昏庸，霍光忧国忧民，如果没有霍光的勇气与忠贞，田延年的果敢起事，汉朝的宗庙祭祀将要被昌邑王倾覆了。选定继承人，实在是一件最令人忧虑，也是最重要的大事，怎么可以不深思熟虑呢？天下的事千头万绪，都可暂缓，只有选择合适的帝位继承人不可掉以轻心，国家兴衰，在此一举。"梁冀看到这封信，召集三公、中二千石官员和列侯共同商议帝位人选。李固、胡广、赵戒和大鸿胪杜乔都认为，清河王刘蒜礼孝贤明，皇家的血统又最尊、最亲，是皇位的最佳人选，朝廷的文武官员，全都盼他登极继位。可是，中常侍曹腾曾经有一次去拜见刘蒜，刘蒜没有向他施礼，宦官们从此对刘蒜怀恨在心。当初，平原王刘翼被贬逐回到河间国后，经顺帝批准，他的父亲河间王刘开分出蠡吾县，刘翼被封蠡吾侯。刘翼去世后，他的儿子刘志继位为蠡吾侯。梁太后想把她的妹妹嫁给刘志为妻，刘志受诏来到洛阳。刘志此次来京，恰逢质帝驾崩，梁冀就打算立刘志为帝。但群臣的议论都与自己的主张不同，梁冀十分恼怒，可别人又无法强迫。曹腾等人闻得信息，连夜向梁冀献策："将军几代都是皇亲国戚，又亲自掌握朝廷大权，宾客布满天下，难免有许多过失和错误。清河王严厉明察，如果当上皇帝，那么将军不久就会大祸临头了！而若立蠡吾侯，则可久享富贵。"曹腾此话正合梁冀心意。所以，第二天，重新召集三公、九卿进行讨论。梁冀在会上气势汹汹，言辞激烈率直，除太尉李固和大鸿胪杜乔外，众人都非常害怕，都说："我们只听大将军的命令！"只有李固与杜乔坚持己见。李固仍认为刘蒜是众望所归，是为上上人选，因此又上书奏请。梁冀更加愤怒，便说服梁太后，颁策将太尉李固免职。后任命司徒胡广为太尉，司空赵戒为司徒，又把太仆袁汤提升为司空。袁汤是袁安的孙子。梁冀奉太后之命手持符节，迎刘志进入南宫。当天，刘志即皇帝位，是为汉桓帝。当时，他年十五岁，梁太后继续临朝听政。

七月，大将军掾朱穆上书劝诫梁冀说："明年是丁亥年，刑罚和恩德，都在北方的乾位集合。《易经》上说：'龙战于野。'这表示阳道要获得胜利，阴道就受到挫败。希望将军您能一生一世都效忠朝廷，广泛征求贤能人才，不要只为私欲，为皇帝选择师傅时，一定要找那些既谨慎小心又忠良朴实且笃信礼义的人士。愿将军和师傅一同进宫，参与劝学，效法古圣先贤。这就好像稳坐平原、背靠南山一样，十分安全，没有人能够使您倾覆。议郎和大夫的职位，原本应该由精通儒术和德行高尚的人士担任，可现在很多人根本无法胜任，九卿中也有不称职的，请将军注意考察。"他又推荐种暠、栾巴等人，但梁冀未予理睬。

（5）李固、杜乔之死

六月，太尉胡广被罢免，光禄勋杜乔被提升为太尉。自从废黜李固后，朝廷和民间都死气沉沉，因惧怕梁冀群臣不敢正立，只有杜乔刚直不阿，没有屈服。所以，他成了朝廷和民间唯一的希望。

七月，勃海孝王刘鸿故去。刘鸿没有儿子，桓帝的弟弟蠡吾侯刘悝被梁太后封为勃海王，做刘鸿的继承人。

桓帝下达诏命，因拥立皇帝决策有功，把食邑一万三千户封给梁冀，封梁冀的弟弟梁不疑为颍阳侯、梁蒙为西平侯、梁冀的儿子梁胤为襄邑侯，又封胡广为安乐侯，封赵戒为厨亭侯，袁汤为安国侯。中常侍刘广等人都被封为列侯。

对此杜乔上书进谏说："古往今来，圣明的君王都把任用贤能和赏功罚罪当成最重要的事。所以，在那时，即使将砍头的利斧放在面前，人也不畏惧，把封爵官位悬在面前，人也不动心。亡国的君王，他的朝廷难道没有忠贞干练的栋梁之才和赏罚分明的典章制度吗？真正的原因是：虽然有贤能，却得不到重用；即使有典章制度，却得不到施行；有忠直的建议，却得不到采纳，而听到逸言时，又不能洞察奸邪。陛下以诸侯之身登上至尊宝座，天下万民归附，不先去分封任用忠贞贤能的人，却先把自己身边的人封王封侯。梁家一门和宦官这些卑微之辈，都佩带上无功而获得的官印和绶带，得到了只有功臣才应得到的封土，这种乖谬却又没有节制，没有办法用话语来形容！不赏赐有功之人，就会让为善的人感到失望；如果不惩罚那些邪恶的人，就会让他们更加肆无忌惮地胡作非为。假如把这种办法付诸于行动，不仅伤害政事，导致朝廷混乱，甚至还要丧身亡国，难道可以不慎重吗？"但是桓帝根本不理睬呈上来的奏章。

八月，桓帝册封梁冀的妹妹梁女莹为皇后。梁冀准备用厚礼铺张，杜乔按照以往的典章坚决反对。梁冀又想让杜乔任命氾宫为尚书，杜乔因为氾宫以前犯过贪污罪，予以拒绝。自此，梁冀越来越忌恨杜乔。九月，京都洛阳发生地震。梁冀以天降灾异为由罢去杜乔官职。十月,任命司徒赵戒为太尉,司空袁汤为司徒,前任太尉胡广为司空。

宦官唐衡、左悺都向桓帝诬陷杜乔说:"陛下以前要即位时,杜乔和李固反对,以为您不能继承汉朝社稷。"因此桓帝对杜乔和李固也心生怨恨。

十一月,清河人刘文和南郡的妖贼刘鲔相勾结,宣称"清河王刘蒜应当统御天下",计划拥立刘蒜为帝。这件事被清河国相谢暠发觉,刘文等人便劫持谢暠,对他说:"应当拥立清河王刘蒜当皇帝,由您当三公。"谢暠不从,被刘文刺死。朝廷知道此事后,拘杀刘文和刘鲔。有关官吏上奏弹劾刘蒜,刘蒜判罪被贬,降为尉氏侯,并被放逐到桂阳,后自杀。

这样,梁冀借此机会诽谤李固、杜乔,诬陷他们和刘文、刘鲔等人狼狈为奸,要求把他们逮捕治罪。梁太后一向了解杜乔忠直,不愿答应。梁冀没有办法,就把李固一人逮捕下狱。李固的门生、渤海人王调身戴刑具向朝廷上书,为李固鸣冤。河内人越承等数十人也身戴刑具到宫门上诉。于是,梁太后下诏释放李固。等到李固出狱的时候,京都洛阳的吏民在大街小巷竞相奔告。梁冀知道以后,大为恐惧,害怕李固的声名和品德终将对自己不利,于是重提旧事,再次将李固下狱,欲置李固于死地。大将军长史吴祐对李固的冤狱极为不平,与梁冀据理力争。梁冀勃然大怒,拒不听从。当时正好为梁冀起草奏章的马融也在场,吴祐就责问马融说:"李固的罪状,是你一手编造出来的,李固如果被诛杀,你还有什么面目见天下人!"梁冀一怒而起,进入内室,吴祐也径直离去。李固最终冤死狱中。他临死前,写信给胡广、赵戒说:"我李固受国家厚恩,因此竭尽忠心,不顾死亡大祸,目的是想辅佐皇室,成就万年伟业,媲美文帝、宣帝。不料梁氏一时荒谬作乱,你们曲意顺从,把凶恶当成吉祥,前功尽弃!汉王朝衰落,自此开始。你们也蒙受皇恩,眼看朝廷就要倒塌,却不肯扶持。倾覆朝廷的大事,后世优秀史官不会有所偏袒!我生命已到尽头,可是尽到了大义,还要再说什么!"胡广、赵戒看到李固所写的遗书后,感到悲伤惭愧,也只能叹息流泪而已。

后来,梁冀又让人威胁杜乔说:"你应该尽快自杀,才能保全妻子与儿女。"杜乔不接受。第二天,梁冀派人骑马到杜乔家门,没有听到里面有人啼哭，因此梁冀捏造罪名，报告梁太后，把杜乔逮捕下狱。杜乔也死在狱中。

梁冀把李固、杜乔的尸首放在洛阳城北十字路口示众，下令："凡敢来哭泣吊丧者，必予严惩。"李固的学生、汝南人郭亮不到二十岁，左手拿着奏章和斧子，右手抱着铁砧，到宫门上书，要求为李固收尸，没有获得答复。郭亮又和南阳人董班一同去吊丧哭泣，守着尸体不愿离开。夏门亭长喝斥说："你们这些大胆的书生！公然冒犯皇帝的圣旨，想知道官府的厉害吗！"郭亮回答说："我们为他们的大义感动不已，不顾及自己的性命，为什么还要用死来威胁我们呢？"梁太后知道后，赦免了郭亮、董班二人。杜乔从前的属吏陈留、杨匡，悲号哭泣，日夜不停地赶到京都洛阳，穿上以前官服，头戴赤巾，谎称是夏门亭吏，在杜乔的尸体旁护丧，达十二天之久。后被发现逮捕，但梁太后把他也赦免了。为此杨匡到宫门上书，向朝廷请求将李固和杜乔的尸体运回，归葬家乡，梁太后批准。这样，杨匡将杜乔的灵柩送回家乡，安葬完毕，又为他服丧，然后和郭亮、董班隐居起来，终身不出来做官。

吴祐被梁冀命为河间国相，吴祐自己辞官归家，在家中去世。

梁冀因刘鲔谋反，想起朱穆以前向他提出的建议，为此聘请谢嵩担任从事中郎，推荐栾巴为议郎，并由于朱穆考绩最优而进行保举，任命其为侍御史。

（6）梁冀骄奢跋扈

和平元年（公元150年）正月，梁太后下达诏命，从此开始不再行使皇帝权力，由桓帝亲政。二月，梁太后去世。

汉桓帝下令加封大将军梁冀食邑一万户，加上以前所封食邑，计三万户。梁冀的妻子孙寿被封为襄城君，与此同时，阳翟的租税，每年收入有五千万钱之多，加赐红色的绶带，跟长公主一样。孙寿善于做出许多妖媚的姿态来迷惑梁冀，梁冀对她既宠爱又害怕。梁冀所宠信的管家奴

第三章 东汉衰朽

秦宫被任命为太仓令,能够出入孙寿的住所,有非常大的威势和权力,包括州刺史和郡太守等在内的二千石高级地方官吏,在上任之前都要拜谒秦宫,向他告别。梁冀和孙寿分别在街道两旁相对兴建住宅,建筑工程极尽奢华之能事,互相攀比夸耀,金银财物,奇珍异宝,充满房舍。又大肆建造园林,从各处运来土石,堆砌假山,十里大道,有九里都紧紧挨着池塘,林木深远,山涧流水,好像天然生成。奇异的珍禽和走兽在园林中飞翔奔跑。梁冀和孙寿一道乘坐人力辇车,在家宅之内游玩赏乐,后面还带着许多歌舞艺人,一路欢唱。有的时候还通宵达旦地纵情娱乐。客人登门拜访和求见,都不准通报。求见的人只得向看门的人行贿,使得看门人的家产达千金之多。梁冀还在京都洛阳附近各县都建造了园林,在洛阳城西修建了一处兔苑,面积纵横数十里。他下达文书,令当地官府向人民征集活兔,并将每只兔都剃掉一撮兔毛,作为标志,如若有人胆敢猎取苑兔,最高要判处死刑。曾有一位西域的胡商,因不知道这个兔苑的禁令,误杀了一只兔,结果人们相互控告,牵连获罪被处死的达十余人。梁冀又在洛阳城西兴建了一座别墅,用来收容奸民和藏匿逃亡犯。他甚至强抢良家子女,全部用来充当奴婢,这种被称为"自卖人"的多达几千人。梁冀接受孙寿的建议,免去了许多梁姓家族成员的官职,以显示梁冀的谦让,而事实上却提高了孙氏家族的地位。在孙氏家族中假冒虚名担任侍中、卿、校、郡守、长吏的,共有十余人,这些人全部贪赃枉法、穷凶极恶。他们让自己的私人宾客,各自到所属郡县调查登记当地富人,然后妄加罪名,把富人逮捕关押,严刑拷打,让他们出钱赎罪。家财不足,交不齐赎款的,往往被活活打死。扶风人士孙奋,是一个非常富有又十分吝啬之人,梁冀曾送给他一匹乘马,要求借贷五千万钱,可士孙奋只借给他三千万钱。梁冀被激怒,于是让人到士孙奋所在的郡县,诬陷士孙奋的母亲本来是梁冀家里看守库房的婢女,以前偷盗白珍珠十斛、紫金一千斤后逃走。于是士孙奋兄弟被逮捕下狱,严刑拷打至死,家产全部没收,共计一亿七千余万钱。梁冀还派遣门客巡游四方,寻找各地的异物。这些被派出的门客,依仗梁冀的势力横征暴敛,强占百姓的妻子和女儿,殴打地方官吏和士卒,每到一地,都激起当地怨恨。

侍御史朱穆因为自己过去是梁冀的属吏,于是向梁冀上书进谏说:

"大将军的地位，在三公之上，和申国国君一样的尊贵，只要行善一天，天下全都感恩；只要作一天恶，四海马上沸腾。最近，官府和民间俱已十分穷困，再加上水灾、虫灾，京都洛阳各官府的费用激增，皇帝下诏征调的款项，有时竟是平时的十倍。但是地方的各级官府都以库里没有现钱为由，向百姓征收，于是用鞭子抽打，强迫凑足数目。朝廷征收的赋税本已非常沉重，官吏个人的聚敛却更加疯狂。州牧和郡太守等地方高级官吏，大多不是有德之士，他们都十分贪婪，把百姓看成盗贼和仇敌。百姓有的被官府活活打死，有的因忍受不了横征暴敛而自杀。并且，这些抢夺百姓的恶行，都是以大将军府的名义进行的，这就使大将军遭到天下的怨恨，官吏和百姓，全部感到伤心悲痛，在路上叹息。在永和末年，朝廷纲纪有些松弛，有些使百姓失望，仅仅四五年时间，就使得全国财政空虚、户口流散、百姓离心离德。马勉这些人趁此机会在荆州和扬州之间起兵造反，差点铸成大祸，全靠梁太后临朝主政，清静无为，朝廷内外齐心协力，才得以平息。如今，百姓的忧惧比永和末年更为严重。如果对内不能发扬仁爱之心予以容忍，对外又没有保全国家的办法，是没法长治久安的。将相等朝廷大臣，和国家君主同为一体，共同乘坐一车奔驰，共坐一船渡河，车辆一旦颠翻，舟船一旦倾覆，大家实际上是患难与共的。怎么能够抛弃光明，投向黑暗？怎么可以走在危险的路上，却自以为平安？又怎么可以在主上孤独而时局危难之际，全不在意？应该赶紧撤掉那些不称职的州牧和郡太守，裁减兴建宅第和园林池塘的费用，拒绝接受各郡和各封国进献的礼物，对内证明自己的高贵品德，对外解除人民的疑虑，使仗势为恶的奸吏失去依靠，负责监察的官吏尽心尽职。法纪伸张以后，整个国家会一片清平，大将军的地位将更加尊贵，事业更加显赫，明德将永垂于世。"

梁冀没有采纳，仍然垄断朝政，专横跋扈。同时，仍结交皇帝身边的当权宦官，任命他们的子弟和宾客亲友出任州郡官府的重要职务，以加强皇帝对自己的恩德和宠信。于是，朱穆再次向梁冀上书极力劝谏，可梁冀一直没有觉悟，他回信给朱穆说："照你的说法，我是一无是处了！"因为梁冀一直敬佩朱穆，所以也不怪罪他。

梁冀写信给乐安郡太守陈蕃，要他办事，可陈蕃不会见梁冀派来的使者。所以，使者假装是其他客人，要求谒见陈蕃。陈蕃大怒，用鞭将使者打死。这之后陈蕃被贬为修武县县令。

这时，皇子生病，命令各郡县购买珍贵的药材。梁冀又抓住这个机会，令门客带着他写的书信去京兆，要求一起购买牛黄。京兆尹南阳人延笃看过梁冀所写的书信，就将梁冀派遣的门客逮捕，说："大将军是皇亲国戚，如果皇子有病，一定进献医方，怎么会派门客到千里之外谋利呢？"于是把他杀了。梁冀觉得恼怒，但也不能开口。随后，有关官吏按照梁冀的意旨，追查这一杀人案件，以延笃有病为由，撤销了他的官职。

元嘉元年（公元151年）春季，正月，群臣朝见桓帝，大将军梁冀带着宝剑进入宫中。尚书蜀郡人张陵大声斥责梁冀，要他退出，并命令虎贲和羽林卫士，将他所佩带的宝剑夺下。这样，梁冀跪下给张陵认错，张陵没有答应，立刻上书桓帝弹劾梁冀，要求把他送交廷尉治罪。桓帝下诏，罚梁冀一年的俸禄赎罪。于是，文武百官全部对张陵十分敬佩。河南尹梁不疑，以前荐举张陵为孝廉，于是对张陵说："过去荐举你，今天恰好来惩罚我们梁家！"张陵回答说："您不是以为我没有才能，错误地把我提拔任用吗？我今天为朝廷伸张法度，以回报您的私恩！"梁不疑满面羞惭。

梁不疑爱好儒家的经书，乐于结交有学问的人士，梁冀对此十分厌恶，于是调他担任光禄勋，而把自己的儿子梁胤任命为河南尹。那时，梁胤只有十六岁，长得非常难看，穿上官服以后不堪入目，过往的行人看到他这副样子，全都嘲笑他。梁不疑认为兄弟之间出现嫌隙，对自己来说是一种耻辱，于是辞去官职，返回自己的宅第，与弟弟梁蒙闭门在家自守。梁冀不愿意他再与外面的宾客交往，就偷偷派人乔装打扮，到梁不疑的大门前，记下和他来往的宾客。南郡太守马融、江夏郡太守田明刚被任命时，经过梁不疑家，曾经去拜访梁不疑，向他告别。梁冀就指使有关官吏弹劾马融在南郡贪污，并以其他的事为借口诬告田明，对他们二人都处以髡刑、笞刑，发配到朔方郡。马融自杀未遂，田明在发配途中死去。

桓帝打算奖赏和尊崇梁冀，召集朝廷中二千石以上的官员集聚商量有关礼仪。特进胡广、太常羊溥、司隶校尉祝恬、太中大夫边韶等人，都夸赞梁冀的功德可以与周公相提并论，应该封赏他山川、土地和附属于他的小封国。只有司空黄琼提出不同意见说："梁冀从前因亲自迎立桓帝有功，已增封食邑一万三千户；并且，他的儿子梁胤也得到了封赏。现在，诸侯的封国全部是以食邑的户、县数为标准，而不以面积大小为限，因而，梁冀可以与邓禹相仿，赏赐给他已有四县的食邑。"桓帝采纳。与此同时，有关官吏回奏皇上："梁冀入朝的时候，不必小步快走，可以带剑穿鞋上殿。晋见皇帝时，礼宾官只称呼他的官衔，不通报姓名，按照萧何的礼仪标准对待他。将陶县、阳成县余下的全部户数都封赏给他，加上以前封的两县，使食邑增为四县，和邓禹一样。赏赐金钱、奴婢、彩色丝织物、衣服、车马、住宅，等同霍光的标准，以区别于其他的元勋。每次朝见皇帝时，梁冀与三公不同席，另有一个专席，十天入朝一次，处理尚书台事务，并且把这项殊荣，诏告天下，作为万世的表率。"可是，梁冀认为有关官吏所上奏的礼仪还太轻，心中并不高兴。

延熹元年（公元158年）五月，发生日食。太史令陈授通过小黄门徐璜上奏说："出现日食灾异，是大将军梁冀的过错。"梁冀知道这个消息后，于是命令洛阳县令逮捕和拷问陈授，最后陈授死在狱中。桓帝为此对梁冀十分恼恨。

大将军梁冀和陈龟之间一直有矛盾，互相怨恨。梁冀诽谤陈龟损坏国家的声威，捞取个人的功劳和名誉，得不到匈奴人的敬重和畏服。陈龟因罪被征召，回到京都洛阳。这样，陈龟请求退休，返回故乡。后来，朝廷又征召他出任尚书。这时，梁冀更为暴虐，陈龟上书桓帝弹劾他的罪状，要求诛杀梁冀，桓帝无动于衷。陈龟知道梁冀一定不会放过自己，于是绝食七天而死。

（7）桓帝诛杀梁冀

延熹二年（公元159年），梁皇后依靠姊姊梁太后和哥哥大将军梁冀的权势，穷奢极欲，独受桓帝的宠爱。她嫉妒心极重，六宫的其他嫔妃都无法伺候桓帝。梁太后去世之后，桓帝对她的恩宠顿时大减。梁皇后自己没有生下儿子，致使每次其他嫔妃怀有身孕，都很难得到保全。桓帝虽然害怕梁冀，不敢谴责和发怒，但让梁皇后来陪侍的次数逐步减少，梁皇后渐渐忧愁愤恨。七月，梁皇后去世。桓帝把她安葬在懿陵，谥号为懿献皇后。

梁氏一族，前前后后有七个侯，三个皇后，六个贵人，两个大将军，夫人和女儿拥有食邑而称君的七人，三人娶公主为妻，其他担任卿、将、尹、校等官职的有五十七人。梁冀把持朝政，独断专行，残暴放肆，越来越严重。他的亲信遍布宫廷禁军和皇帝最亲近的侍卫和随从中，皇宫内部皇帝的起居他都一清二楚。向全国征调的物品，以及各地每年按时向皇帝贡献的礼品，都先把最好的送给梁冀，皇帝只能得到剩下的。官吏和百姓拿着财物，到梁冀家里请求做官或者免罪的，络绎不绝。文武百官升迁或被征召，首先都要到梁冀家门呈交谢恩书，然后才敢到尚书台去领受指示。下邳国人吴树被任命为宛县县令，上任之前向梁冀告别，梁冀的很多宾客散布在宛县县境，梁冀就请吴树照顾他们。吴树说："邪恶的小人是残害百姓的蛀虫，即使是近邻，也应诛杀。将军居上将之高位，应该尊贤使能，弥补朝廷的缺失。但是，自打我随同您坐下以后，没有听见您称赞一位长者，反而叮嘱我照顾许多不恰当的人，我真的不敢听！"梁冀默不作声，心里十分不痛快。吴树到县就任后，就把梁冀的宾客中为百姓所痛恨的数十人杀了。吴树后来升任荆州刺史，上任前向梁冀辞行，梁冀让他喝下了毒酒，吴树一出来，就死在车上。东郡太守侯猛，在接受任命时，没有去拜见梁冀，梁冀就随便找了一个罪名将他腰斩。郎中、汝南人袁著，只有19岁，到宫门上奏说："春夏秋冬的轮回，每个季节都在达到最盛的时候就会消退。太高的官职爵位，过分的宠爱信任，都会招来灾祸。如今大将军已经位极人臣，功成名就，更加应当警戒，最好是仿效汉元帝时的御史大夫薛广德，将皇帝赏赐他的安车悬挂起来，高卧家中，颐养精神，不再过问政事。经传上说：'树木果实太多，就会压断树枝，伤害树根。'要是不抑制和减少他手中所掌握的过多的权力，就有可能无法保全他的性命。"梁冀知道以后，暗中派人搜捕袁著。于是，袁著改名换姓，假装病亡，家里人用蒲草结做成尸体，买来棺木埋葬。梁冀看透这个骗局，继续追捕，最后捕获袁著，用鞭子将其活活打死。太原人郝絜、胡武喜欢高谈阔论，跟袁著素来交好。郝絜和胡武曾经一道上书太尉、司徒、司空等三府，荐举天下的高明人士，却没有把推荐书送给梁冀。袁著死后，梁冀想起往事，命令京师有关官署发文书逮捕郝絜、胡武。这样，胡武被满门抄斩，死了六十余人。郝絜开始逃亡，后来自知大祸难逃，于是带着棺木亲自到梁冀家门上书，把书递进去后，就服毒自尽，梁冀才放过其家人。安帝的嫡母耿贵人去世，梁冀向耿贵人的侄儿、林虑侯耿承索要耿贵人的珍宝玩物，却被耿承拒绝。梁冀万分恼怒，将耿承和他的家属十余人全部杀死。涿郡人崔琦由于文章写得很好，而得到梁冀的喜爱。崔琦作《外戚箴》、《白鹄赋》讽劝梁冀，梁冀愤怒。崔琦对梁冀说："以前，管仲担任齐国的宰相，愿意听讥刺和规劝的言语；萧何辅佐汉室王朝，单独设立记录自己失误的官吏。如今，将军身居辅政高位，责任和伊尹、周公一样重大，但是没有听说您以德治政，却只见生灵涂炭，灾难深重。将军没有结交忠贞贤良来拯救大祸，难道是想要堵塞士人的口，欺蔽主上的耳目，让天地颜色颠倒，鹿马换形吗？"梁冀哑口无言，就遣送崔琦回乡。崔琦因害怕被害而离家，四处逃亡躲藏。梁冀派人将他抓获，然后杀害。

　　梁冀把持朝政将近20年，威势和权力震动内外，桓帝没有办法只能相让，任何事都不能亲自参与。面对这种局面，桓帝心中很早就已不满，陈授的死让他更加愤怒。和熹皇后邓绥的侄儿、郎中邓香和妻子宣育有女儿邓猛。邓香死了以后，宣改嫁给梁纪为妻。梁纪是梁冀之妻孙寿的舅父。孙寿看到邓猛美貌，就把她送进掖庭，被桓帝立为贵人。梁冀想将邓猛认作自己的女儿，让她改姓为梁，但又担心邓猛的姊夫、议郎邴尊从中捣乱，让岳母宣予以拒绝，就遣刺客将邴尊杀死。然后，梁冀又想除掉邓猛的母亲宣。宣家和中常侍袁赦是邻居，梁冀派遣的刺客爬上袁赦家的屋顶，正要进入宣家时，被袁赦发现。于是袁赦击鼓聚集众人，通知宣家。宣赶紧入宫面圣，向桓帝报告，桓帝震怒。于是，他单独带着小黄门史唐衡跟随他上厕所，问道："我的左右侍卫，哪些人和皇后娘家关系不好？"唐衡回答说："中常侍单超、小黄门史左悺和梁不疑有仇。中常侍徐璜、黄门令具瑗常常私下对皇后娘家的骄横暴虐表示愤恨，但是不敢开口。"这样，桓帝将单超、左悺召进内室，对他俩说："梁将军兄弟把持朝纲，胁迫内外，三公、九卿以下，都得遵照他们的意思办事，如今，我想要除掉他们，你们二位觉得怎么样？"单超等回答说："梁冀兄弟本来就是国家的奸贼，早就应该铲除；只是我们的力量不足，不知圣意如何罢了。"桓帝又说："要是真的和你们所说一样，那么，请你们暗中计划。"单超等回答说："谋划没有什么难处，只怕陛下心中不够坚决。"桓帝说："奸臣威胁国家，早就应定罪伏法，怎么会狐疑不决呢！"于是，把徐璜、具瑗叫来，桓帝和五个宦官一道商定计策，把单超的手臂咬破出血，作为盟誓。单超等人对桓帝说："陛下现在既然已下定决心，千万不要再提这件事，不然会引起猜疑。"

但是，梁冀还是对单超等产生了怀疑。汉桓帝延熹二年（公元159年）八月，梁冀派遣中黄门张恽入宫住宿，防范发生意外变故。具瑗命令属吏以"擅自从外入宫，想要图谋不轨"的罪名逮捕张恽。桓帝登上前殿，召集各位尚书前来，揭露了这件事，命令尚书令尹勋持节率领丞、郎以下官吏，全都手拿兵器，守卫省阁，将全部代表皇帝和朝廷的符节集中起来，送进内宫。又令具瑗率领左右御厩的骑士、虎贲、羽林卫士、都侯所属的剑戟士，总共一千余人，会同司隶校尉张彪一起包围梁冀府第。派光禄勋袁盱持节，收缴了梁冀的大将军印信，将他改封为比景都乡侯。梁冀和他的妻子孙寿在这天一起自杀。梁不疑、梁蒙在这之前已经去世。梁氏和孙氏家族，以及他们在朝廷和地方的亲戚，统统被捕入狱，不分男女老幼，一律押往闹市斩首，并将尸体暴露街头。同时受牵连的公卿、列校、州刺史、二千石官员，被处死的有数十人。太尉胡广、司徒韩縯、司空孙朗，由于追随梁冀而停留在长寿亭，没有保卫宫廷，被指控有罪，减死一等，罢官免职，贬作平民。另外，梁冀以往的属吏和宾客，被免官的有三百余人，整个朝廷，几乎都空了。当时，事情一下子从皇宫中爆发，使者往返飞驰，三公九卿等朝廷大臣全部一反常态，官府和大街小巷犹如鼎中的开水一片沸腾，好几天以后，方才安定，百姓们全都拍手称快，表示庆祝。桓帝下令把梁冀的财产没收，由官府变卖，收入达到三十余亿，全都上缴国库，减免当年全国一半的租税。此外，还将梁冀的园林分给贫民耕种。

后来，桓帝立梁贵人为皇后，同时将梁冀的妹妹、梁皇后的坟墓懿陵贬称为贵人冢。桓帝非常讨厌梁氏，于是将皇后梁猛的姓，改为薄氏。很久以后，才得知皇后是邓香的女儿，这样又重新改姓邓氏。

桓帝下诏赏赐诛杀梁冀的功臣，将单超、徐璜、具瑗、唐衡、左悺全部封为县侯，单超食邑二万户，徐璜等四人各一万余户，他们被世人称为"五侯"。左悺、唐衡提升为中常侍，又封尚书令尹勋等七人为亭侯。

大司农黄琼被提升为太尉，光禄大夫、中山国人祝恬被进为司徒，大鸿胪、梁国人盛允被升迁为司空。

第四章

桓灵末世

梁氏被桓帝灭门后，宦官集团独揽朝政大权。到灵帝时期，宦官气焰更盛，把持朝廷，甚至肆意妄为，陷害异己，东汉政治更加黑暗腐败，社会矛盾更加尖锐复杂。

以李膺、陈蕃为首的士大夫、官吏结成的集团反对宦官的残暴统治，宦官集团因此恨之入骨，发动了两次"党锢之祸"，此时的东汉政权已经腐朽透顶，不可救药了。

汉灵帝中平元年（公元184年），遍及全国的黄巾大起义爆发，矛头直指衰朽黑暗的东汉政权，敲响了东汉政权覆亡的丧钟。坚持九个月后，黄巾起义失败，但却瓦解了东汉王朝，致其名存实亡。

1. 皇甫规平羌

汉桓帝延熹四年（公元161年），先零、沈氐羌和其他部落羌人攻击并、凉二州。泰山郡太守皇甫规率兵讨伐羌族部落。

皇甫规，字威明，安定郡朝那县人，祖孙三代为官。祖父皇甫棱，曾任度辽将军。父亲皇甫旗，官至扶风都尉。

永和六年（公元141年），西羌贼首率贼众将安定围困，征西将军马贤率领各郡兵讨伐，兵败而回。皇甫规虽为一介布衣，但对军事谋略很有研究，他看到马贤胡乱用兵，于是上书说明了马贤必败的情势。没过多久，马贤果然被羌兵所灭。郡将知道皇甫规很有军事才能，于是任命他为功曹。皇甫规率领八百甲士，与羌兵交战，杀了很多羌兵，西羌兵终于退却了。于是皇甫规被推举为上计掾。后羌兵又大举骚扰陇西，成为朝廷心腹大患。皇甫规上书自荐，请求领兵剿灭羌兵，说："我近年来提出了不少对付西羌的措施。羌戎还没有行动，我就料他会反叛，马贤一出兵我就知道他必然败退。虽然这些话是偶然说中的，但处处有事实可以作证。马贤等人领兵四年没有获得成功，用掉的费用以百亿计，这些钱出于老百姓，但多落入某些官吏的私人腰包。又加上青州、徐州闹饥荒，民不聊生，有些百姓被逼无奈，只好群起造反。羌戎反叛，没在以往太平的时期而在如今发生，全部都是由于边疆没有抚慰治理好。本应该平安无事的，却去侵暴欺负他们，为了求得小小的利益，却引来祸国殃民的大害。为了证明打了胜仗，向朝廷邀功，常常虚报斩首多少多少，打了败仗就瞒住不说。士兵劳苦，受到奸诈长官的困逼，一肚子怨气。进不能奋勇作战而获取功名，退也不能够获得温饱养活自己，往往是饿死在沟渠中，暴尸于荒野，看到王师出兵，却不看见王师回来。为将的悲哭泣血，害怕发生变

第四章　桓灵末世

故。所以平安不会太久，一旦战乱发生，就是好多年。我常为此深感痛心呀。希望给我以马贤、赵冲两营的兵力和安定、陇西两郡之地，带领五千兵士，与护羌校尉赵冲首尾相应，出其不意攻击羌戎。我熟悉当地的山谷地形，军队在我整顿之下，已是进退巧便。皇上只要任命我去征讨羌戎，我不会要求很高的赏赐。如果说我年少官轻，不可以用，那些败兵之将，官爵够高的，年龄也够大的，又怎么说呢？我不胜至诚，冒死自陈。"当时皇上没有任用他。

冲帝、质帝时，梁太后执掌大事，皇甫规以贤良方正之士被推荐。皇甫规在答策问时，指斥了梁冀、梁不疑的恶行，最后说：

"官在其位，不谋其政，尚书怠职，对于官吏不执行政令也不纠察，因此使皇上只能听到一些谄谀的话，其他的什么也听不到。我当然知道阿谀谄媚会得到好处，说真实的话会引来祸端，但是，我难道敢于抛弃良知以逃避诛责吗？我生长在边远地方，没来过京师几次，非常惶恐，没有把我的心里的话都说出来。"

皇甫规的话传到梁冀那里，梁冀恨之入骨，将他的对策评为下等，任他为郎中。皇甫规以生病为由辞官回家。州郡在梁冀的授意下，好几次差点把他陷害致死。皇甫规用《诗》、《易》教授学生三百多人，共14年。后来梁冀被杀，在一个月之中，朝廷五次以礼相召，但是皇甫规都没有答应。

延熹四年（公元161年）冬季，先零、沈氐羌和其他部落羌人攻击并凉二州，护羌校尉段颎带领湟中志愿从行的胡人部队前去征讨。凉州刺史郭闳因想分享段颎的功劳，故意拖住段颎的军队，使段颎的部队没有办法前进。志愿从行的胡人部队因为服役的时间太久，思念故乡，全部起来反叛，逃回了家乡。郭闳把罪过推到段颎头上，段颎因罪被征回京都洛阳，并被送往左校营服苦役。朝廷任命济南国相胡闳接任护羌校尉。胡闳既没有威信，又没有什么谋略，各部的羌人气焰因此更加嚣张，不断攻陷军营和障塞，相互勾结，在各郡之间随意出入，攻劫掠夺的祸患变得越来越严重。

皇甫规十分了解羌人的事情，有心想奋起抗击，于是上书说："如今，奸猾的盗贼在当地被全部剿灭，泰山郡基本恢复太平，又听说诸种羌人一道反叛。我生长在颍山、岐山一带，今年已经是59岁了，以前曾担任过郡吏，羌人的叛乱经历过两次，对那里的情况十分熟悉。我向来身患顽疾，害怕自己年老体弱，不能回报皇上大恩，希望陛下让我做一个有官阶而无职事的散官，给我准备一辆车子，让我作为朝廷的使者，到三辅地区去慰问和鼓励百姓与士兵，以示朝廷的声威和恩德，以我所了解的地理形势知识和用兵的谋略帮助各军。我处于孤单危险的境地中，数十年静坐观察郡太守，从鸟鼠山到泰山，所犯的毛病几乎全都一样。与其费尽心思去寻找勇猛的将领剿贼平乱，倒不如施行清平的政治；与其精通孙子和吴起的兵书，不如郡太守奉公守法。上一次羌人反叛，并没有过去多久，我对这真的十分忧虑，因此，虽然这已经超出了我的职责范围，仍尽全力进献我的意见。"

于是桓帝下诏，将皇甫规任命为中郎将，让他持符节督察函谷关以西的军队，去讨伐零吾等羌族部落。十一月，皇甫规进击羌军，大获全胜，斩杀八百人。皇甫规的威望和信誉一直为先零羌中的各部落所敬慕，他们互相劝告，有十余万人归降。

延熹五年（公元162年）三月，沈氏羌进犯张掖郡、酒泉郡，皇甫规把先零羌族的各部落都征发起来，一同去征讨陇西地区。但是，征讨途中道路被敌方切断，一场瘟疫使十之三四的军士死于非命。皇甫规亲自到各军营巡视和安抚将士，在他的鼓舞劝说下，全部军队都表示誓死效命。因此东羌派人前来请求投降，通到凉州的道路再次得到了开通。

在此以前，安定郡太守孙隽非常贪婪，名声极坏；属国都尉李翕、督军御史张禀，随意杀死归降的羌人；凉州刺史郭闳、汉阳郡的太守赵熹都是年老软弱之人，根本无法担任职务。但是，他们全都倚仗朝廷权贵的势力，不遵纪守法，胡作非为。皇甫规到职后，把他们的罪状一一上奏，进行弹劾。这些人有的被免官，有的被诛杀。羌人知道后，全部改变态度，跟汉王朝亲善。沈氏羌大豪帅滇昌、饥恬等率领十余万人，再次向皇甫规投降。

皇甫规持节担任大军统帅，返回故乡，督率军政。他没有树立自己的私恩，却不断上书弹劾贪官污吏，同时对弄权宦官非常痛恨，从不和这些人结交往来。当时朝廷和地方一些对他有怨恨之人上书诬陷他用货财贿赂诸种叛羌，命令他们假装投降。自此，桓帝责备他的诏书也就纷至沓来。

皇甫规上书为自己辩解说："去年秋季，西羌各部族蠢动，反叛朝廷，使得旧都长安恐惧震惊，朝廷对西方的形势非常忧虑。我把国家的声威重新振作起来，并且让叛乱的各羌族都低头请求投降，节省一亿以上的经费。我认为这是忠臣应尽的义务，不敢向朝廷称言有功，但是，与前面那些打了败仗的人相比，我应该没有什么罪过，也没有什么后悔的。当初，我一进入凉州境内，先行弹劾孙隽、李翕、张禀；然后即刻率师南征，又弹劾郭闳、赵熹，列出他们的罪状，按照这些罪状，他们应被判处死刑。这五位臣子，党羽遍布半个中国，其余在县令以下，甚至小吏，所牵涉的人大约有一百余个。这些涉案之人的属吏亲属怨恨老臣，便结交权贵，争相散布诽谤谣言，诬陷我私下贿赂反叛的羌人，用财物酬谢他们。要是说我用的是私人财产，但我家境清贫，甚至没有一石以上的存粮；要是说我用的是官府的财物，那么有官府的文书帐簿，很容易考查。更让我不明白的是，即使他们所说的都是真话，那么，前朝还把宫女赏赐给匈奴单于，把公主嫁到乌孙王国；现在，我只不过花费了区区一千万钱，却收到了安抚和怀柔叛羌的效果，这是良臣的才干，是军事家所推崇的谋略，这又何罪之有呢？并且，从安帝永初年间以来，朝廷派出的将帅很多，其中仅全军覆灭的就有五位，动用资财多达万万。有人在班师回朝之际，把朝廷拨给军队使用的钱，甚至连封条都没有打开就原封不动运回京都洛阳，直接送进权贵的家门。可是，他们却功成名就，加封官爵，得到丰厚的封赏。现在我返回故乡，纠察和弹劾各郡的官吏，断绝和朋友、亲戚的关系，的确是在情理之中。"

于是桓帝把皇甫规征召回京都洛阳，任命他为议郎。依照他的功勋，原来应该加封侯爵，但是，中常侍徐璜、左悺却打算从中捞取财物，屡次派遣宾客向皇甫规询问立功的情况，然而皇甫规始终佯装不懂。于是徐璜等人非常恼怒，重提前事进行诬陷，把皇甫规交付有关官吏审问治罪。皇甫规的部下打算收集钱财把它送给徐璜等人向他们道歉，但皇甫规誓不听从这种建议。为此，皇甫规就以没有肃清叛羌余众的罪名，被关押到廷尉狱，判处到左校服苦役。这之后，太学生张凤等三百余人前去宫门为皇甫规鸣冤，而此时又恰逢朝廷颁布赦令，皇甫规才回到家中。

2. 第一次党锢之祸

东汉末期，外戚专权，宦官乱政，政治黑暗，社会矛盾尖锐。到桓帝时期，宦官干预朝政达到顶峰。宦官集团陷害忠良，诛除异己，激起了朝野正直人士的强烈反抗。一批维护汉室、忠诚耿直的官员和太学生联合起来对朝政进行抨击，打击宦官势力。桓帝偏袒宦官集团，对这些挺身抗争的所谓"党人"实施逮捕，"党人"或被诛杀，或被流放，或被囚禁，这起案件在历史上被称为"党锢之祸"。

（1）李膺、陈蕃不畏强暴

在与宦官势力作坚决斗争的官僚士大夫群中，李膺和陈蕃是他们的领袖。人们深深敬仰他们的人品和风貌，当时社会上流传着这样两句话："天下模楷李元礼（膺），不畏强御陈仲举（蕃）。"

李膺，字元礼，颍川襄城（河南襄城）人，是历代世宦豪门之后。他的祖父李修曾居三公之高位，是汉安帝朝的太尉。他的父亲李益，曾做过赵国的宰相。李膺性情孤傲，不喜欢随意与人交往。他熟读诗书，满腹经纶，能文能武，起初被推举为孝廉，被司徒胡广看中，荐举他做了官，前后担任青州刺史、渔阳太守等职。那时东汉边塞常被北方的游牧部族鲜卑侵犯。李膺很有将才，被起用为护乌桓校尉，他身先士卒，打仗不避矢石，几次将鲜卑军队打得大败，威震鲜卑。后来李膺因公事受连累，被削去官职返回家乡，居住在纶氏（今河南登封），设馆教书，有上千门徒跟

第四章 桓灵末世

着他学习，闻名天下，受到社会的推崇。人们都争着与他交往，但他又不太喜欢轻易地和人交朋友，所以，只要是受他接见的人，都被人们称为"登龙门"。有个叫荀爽的人去谒见李膺，因为为他驾了一次车，回家后高兴地说："今天终于能为李君驾车了！"李膺成了那时最受人敬慕的名士。永寿二年（公元156年），鲜卑人又一次大举侵犯云中郡（治所在内蒙古自治区托克托东北），桓帝听说李膺很有才干，又一次封他为度辽将军。他一到边境，鲜卑人都非常害怕，迅速归降，自动放还所抢掠的人口财物。

延熹二年（公元159年），李膺被任命为掌管京城的最高行政长官——河南尹。这年，宛陵（今河南长葛县）的世家大族羊元群由渤海郡被罢免官职返回家乡。这个人徇私舞弊，臭名远扬，卸任时连官衙厕内的精巧饰物都带了回来，刚直不阿的李膺上奏皇帝，要求将羊元群依法治罪。羊元群赶紧贿赂宦官，结果宦官诬陷李膺有罪，桓帝听信谗言，反而罚李膺做苦工。后来，司隶校尉应奉上奏章为他求情，向皇帝澄清了事情的真相，李膺才得以脱罪，罢官回乡。过了一段日子，李膺又被起用，被任命为司隶校尉。他上任后，仍然坚持执法，不避豪强。当时为桓帝所宠信的宦官张让有个弟弟叫张朔，他依靠兄长的权势当上了野王县（今河南沁阳）的县令，该县离京城不远，在司隶校尉的稽查范围之内。张朔非常残忍，做尽坏事，甚至以残杀孕妇取乐。他得知李膺出任司隶校尉之后，知道自己罪孽深重，李膺不会放过，心中非常害怕，抛弃官职，逃到哥哥张让家，躲进支撑房梁的空心大柱子里。李膺亲自率领吏卒到张让家中抓捕，最终，劈开大柱子抓住了张朔，查实了他犯的罪行，很快根据法规处死。张让心中怨恨，便向桓帝鸣冤。桓帝召来李膺责问他为什么要先斩后奏，李膺回答："以前孔子担任鲁国司寇，上任七天就杀了少正卯。如今我已到任十天了，才杀了张朔这个坏蛋。我还正在因为办事缓慢，经常出错而担心呢，没有想到反倒因为办得太快而犯罪，我明白自己闯下大祸，请陛下再给我五天时间，等我查办罪犯后台之后，那时甘愿领死。"李膺的话有理有据，有智有勇，软中带硬，说得桓帝哑口无言，只得对张让说："这是你弟弟的过错，司隶校尉有什么不对呢？"把他打发走了。在这之后，宦官们都有所收敛，平时也谨慎恭敬，有的就是在节假日也不敢出宫门。桓帝见这些平日横行无忌的家伙突然变得这么老实,非常纳闷,就问是怎么回事,宦官都哭着叩头说:"怕李校尉。"李膺一直坚持除暴抑恶,毫不手软地打击宦官势力,这一方面引来了宦官集团的仇恨,另一方面也赢得了朝廷官员、在野名士和太学生们的尊敬和爱戴,被大家视为榜样,奉他为"天下模楷"。李膺实际上成了"党人"和太学生运动的领袖人物。

陈蕃,字仲举,汝南平舆(今河南汝南县)人。他的祖父以前担任过河东郡(治所在山西夏县西北)的太守。陈蕃15岁的时候,自己住的房子里一片狼藉,他却从来没有清理过。有一天他父亲的朋友薛勤来看他,问道:"你怎么不打扫庭院招待客人呢?"陈蕃却回答说:"大丈夫在世,应当以扫除天下为最重要的事,怎么可以只关心一间屋子呢?"薛勤听了很惊讶,认为他有治理天下之志,不可小看。

开始,陈蕃在本郡做小官,由于他清正廉明,被举为孝廉,升任郎中。过了一段时间,因为母亲去世,他弃官回家守丧。丧期满后,刺史周景征用他为属官,陈蕃有自己的主见,不会奉承上司,因而辞官回家。后来,被太尉李固上奏举荐,朝廷征陈蕃为议郎,负责皇帝的顾问应对,可以参与朝廷大事。不久,又升任乐安太守(治所在山东广饶县)。那时,李膺担任青州刺史,是陈蕃的上司。郡县官吏都听说新刺史执政威严,知道他将要来上任,因害怕被查出有不轨行为,很多人都辞了职,只有陈蕃问心无愧,留在任上。陈蕃治理乐安,注意招引贤才,惩治不法之徒,政绩卓然。

陈蕃在桓帝时官至太尉,灵帝时诏为太傅,他就用自己的地位与外戚、宦官不断地进行斗争,并保护那些和外戚、宦官进行斗争的官僚士大夫们。桓帝登基后,第一道诏令就是大封外戚,以后大封、特赏更是不断,陈蕃上书力劝桓帝应封赏有度。他说:"高祖时就已有约,不是有功之臣不封赐为侯爵,但现在没有立功,受到封赏,授位不查其往,裂土莫纪其功,以至于一门之内,好几人被封侯,使得天象偏离正常,阴阳不能和谐,庄稼没有收成,百姓缺衣少食。"公元159年,桓帝诛杀外戚梁氏后,宦官因诛梁有功而势力大长,白马县令李云用不封口的文书公开上奏桓帝,并把副本抄送太尉、司徒、司空等府。上奏中,李云历数宦官专权致使贿赂公行、政令和教化日益败坏，责备桓帝观察不周，处理事情不公正，用人也不恰当。桓帝阅毕奏章，勃然大怒，下令逮捕李云入狱，并收捕了几名同情和为李云讲话的官员。可陈蕃并不因此而害怕，还是上书桓帝，要求免了李云的罪过。宦官专权后，各地的爪牙狐假虎威，所以，太原太守刘𨰻杀了任意妄为的小黄门赵津；山阴太守翟超秉公办理，与督邮张俭查没了宦官侯览的财产。这几件事情让宦官非常恼愤，就向桓帝哭诉，桓帝是非不辨，黑白不分，居然下令收刘等人入狱，判刘死刑，翟超苦役。陈蕃立刻和司徒刘矩、司空刘茂上书请求桓帝为刘等人赦罪，又让桓帝不太高兴。宦官死党们也抓住机会弹劾陈、刘，二刘不敢再言，可陈蕃仍独自上书极力劝谏。陈蕃的英勇无畏，使宦官从此以后怕他而退避三舍。公元166年党锢祸起后，陈蕃上书说：党锢"堵住了世人的口，蒙蔽了世人，与焚书坑儒有什么区别吗？"

正因为李膺、陈蕃毫不畏惧权贵，欲为天下扫除奸邪，再造太平盛世，所以深得天下人的尊敬，人们称李膺"谡谡如劲松下风"，陈蕃"轩轩如千里之马"。

（2）初次较量

宦官集团无德无行，横行霸道，激起士大夫们的义愤，决心与宦官斗争到底。

中常侍侯览的弟弟侯参是益州刺史，中饱私囊，赃款多达一亿。延熹八年（公元165年），太尉杨秉进行弹劾，朝廷把侯参用囚车押解回京。侯参自杀于途中，其装载物资的车有三百余辆，里面全是金银和锦帛。于是，杨秉再次上书弹劾说："我翻查朝廷以前的典章制度，宦官原本只能够在皇宫内听候差遣，负责早晚看守门户，如今很多宦官受到了过分的宠信，掌握朝廷大权。依附宦官的人，被宦官趁着朝廷征用人才的机会推荐做官；违背和冒犯宦官的人，宦官就任意找一个理由对他们诬陷。宦官的住处建得犹如王公大臣的府第，他们拥有的财富都能够与帝王相比，饮食都是佳肴珍膳，连奴仆侍妾都穿精致洁白的细绢。中常侍侯览的弟弟侯参是贪婪残暴的奸人，自取灭亡。侯览深知罪恶深重，一定会自感惶恐不定，我愚昧地认为，不应该再让侯览留在陛下左右。以前，齐懿公给邴的父亲加刑，又将阎职的妻子夺去，却还让他们二人陪同乘车，最终招致了竹林中的大祸。因此，应该迅速斥退侯览，放入豺狼虎豹群中。像这一类人，不能够施行恩德宽恕罪行，请罢免官职，送回本郡。"呈上奏章以后，尚书将杨秉的属吏召来，责问说："朝廷设立官职，都有各自的职责范围。三公对外管理政务，御史对内监察官吏。如今，三公超出职责范围，弹劾皇宫内的宦官，不管是经书典籍，还是汉朝制度，哪里有根据呢？请你给我具体的答复。"杨秉派出的属吏回答说："《春秋左传》上说：'为君王除奸去恶，要使出全身的力量。'邓通懈怠轻慢，申屠嘉将邓通召去进行责问，汉文帝为邓通说情。汉朝的传统制度是，三公的职责，所有的事都可以过问。"尚书反驳不了。桓帝没有办法，最后只得将侯览免职。司隶校尉韩趁此机会弹劾左悺的罪恶，以及左悺的哥哥、南乡侯左称向州郡官府请托，搜刮财货，为非作歹，放纵宾客，侵扰官吏和百姓的罪过。左悺、左称一起自杀了。韩又弹劾中常侍具瑗的哥哥、沛国相具恭徇私舞弊。桓帝于是命令把具恭征召回京都洛阳，送交廷尉治罪。所以，具瑗也主动去廷尉狱认罪，而且交出了东武侯印信。桓帝把具瑗贬封为都乡侯。单超及唐衡、徐璜的封爵继承人都被贬为乡侯，得到分封子弟的，一律取消封爵和食邑。刘普等被贬为关内侯，尹勋等也都被取消封爵。

单超的弟弟单迁担任山阳郡太守，因为犯法被囚禁在监狱，被廷尉冯绲拷打致死。于是宦官们相互勾结，一道起草匿名信，诬告冯绲有罪。中常侍苏康、管霸以贱价强买良田美业，州郡官府不敢去查办，大司农刘祐向当地发送公文，按照法令，予以没收。桓帝勃然大怒，下令把刘祐和李膺、冯绲，都押往左校营，罚服苦役。

杨秉去世以后，由他所举荐的贤良、广陵人刘瑜到京都洛阳上书说："宦官不应该都赏赐封地，因为这样做会使他们争相收养子嗣，继承他们的爵位；而众多美人，无事坐食空宫，不但伤害民生，还消耗国家财富。而且，宅第巨舍越来越多，式样十分奇异精巧，并用严刑峻法逼迫百姓营造。州郡官府，各审各的官司，作奸犯科的人使用贿赂收买官吏，逍遥法外。人民愁苦忧闷，冤屈无处哭诉，只得加入了盗贼之党，官府就调动军队，征讨他们的罪行。贫困的百姓，有的甚至出卖自己的人头，以到官府领取悬赏，父亲和兄长相互代替杀身，妻子和儿女眼睁睁看着亲人死去。陛下又爱微服出行到左右亲近的人家里，暗中到宦官的住宅，让他们的宾客到处散布这些消息，搞得整个道路乌烟瘴气，他们也因此更为狂妄凶残，无所不用其极。恳请陛下广开言路，听取臣下的规劝和进谏，多多观察古代的经验和教训，远离奸佞小人，不听靡靡之音，这样可使政治达到清明，恩德普降天下，吉祥的和风也就到来。"桓帝下诏，特别召见刘瑜，向他询问灾异的迹象和预兆。掌握朝政大权的官员想让刘瑜在回答时含糊不清，使皇上改问别的事情。可刘瑜又一次尽心回奏，共八千余言，言辞比以前的上书更为激烈。召见后，桓帝任命他为议郎。

延熹八年（公元165年）七月，太中大夫陈蕃升为太尉。陈蕃先后提出，太常胡广、议郎王畅担任太尉之职和释放李膺，桓帝没有准奏。

王畅是王龚的儿子，曾担任过南阳郡的太守。他非常痛恨南阳郡许多的皇亲国戚和豪门大族，所以到任以后严明律令，碰到有大姓人家犯法，就遣官吏拆毁他们的家宅房屋，填平水井，砍伐树木，铲平厨房炉灶。功曹张敞上书进言说："文翁、召父、卓茂这些人，都是因为为政温和宽厚，才后世流芳。拆毁家宅房屋，砍伐树木，实在过于严厉酷烈，即便是为了惩奸除恶，效果也难以长久。南阳郡本是古都，又在京都洛阳千里的范围之内，皇帝祖先的陵园就在章陵，三位皇后都出生于新野，自从光武帝中兴以来，功臣将相，代代皆出。我愚昧地认为，与其急切地用刑，还不如推行恩德；与其孜孜不倦地去缉拿奸恶之徒，不如礼贤下士。虞舜推荐皋陶，邪恶的人自然远离。教化百姓，依靠的是恩德，而不是严刑峻法。"王畅谦逊地接受了他的建议，改为宽厚施政，令教化得以普遍推行。

太尉陈蕃屡次向桓帝申诉李膺、冯绲、刘祐所遭受的冤屈，恳请加以原谅，官复原职。陈蕃每次晋见都情真意切，甚至流泪，但桓帝始终没有采纳。应奉上书说："忠臣良将，是国家的心腹和脊梁。我认为，左校营弛刑徒冯绲、刘祐、李膺等人剪除和弹劾奸臣，完全是按照国家法令行事。陛下不听取他们的申辩，不调查了解事情的真相，却轻信别人的诬告，最终使忠臣良将跟大奸大恶一样受罪，自春季直到冬季，还不能得到宽恕。远近的人们看到和听到后，都为他们叹息。记住臣下的功劳，忘掉他们的过失，是处理政事的关键。所以，汉武帝从囚徒中选拔韩安国，宣帝从逃亡犯中征召张敞。冯绲从前征伐荆州的叛蛮，有过和吉甫一样的功劳。刘祐以前多次主持司法，有不畏强暴和不欺侮柔弱的气节。李膺的声名威震幽州、并州，并在北疆留下仁爱。眼下，三面边陲都有战事，而朝廷的军队还没有班师回京，恳请陛下饶恕李膺等人，以应付意料不到的变化。"奏章呈上，桓帝这才下令免去三人全部的刑罚。

（3）陈蕃抨击宦官

　　桓帝还是蠡吾侯的时候，曾经随甘陵国人周福读过书。等到他做了皇帝，便提升周福担任尚书。那时，和周福同郡的河南尹房植在朝廷也很有名望。于是，乡里的人就流传说："天下为人言行正派，有房植；靠当老师做官，有周福。"两家的宾客，相互讥讽和攻击，于是各人树立自己的党羽和门徒，慢慢结成怨仇。这样，甘陵国的士人就自分为南北两个部党，对党人的议论由此开始。

　　汝南郡太守宗资任命范滂为功曹，南阳郡太守成瑨任命岑晊为功曹，让他们奖励良善，惩处奸邪，整顿和澄清太守府的吏治。范滂十分刚毅强劲，疾恶如仇。范滂的外甥李颂从来就没有德行，中常侍唐衡将他托付与汝南郡太守宗资，宗资任用李颂为吏，范滂却把公文扣留案头，不愿召见。宗资泄愤于他人，捶打书佐朱零。朱零抬头对宗资说："这是范滂刚正的决断，今天我就是被打死，也不愿违背范滂的决定。"宗资这才罢休。郡太守府中的中级官吏以下心中都很怨恨。不久，两郡就留传讽刺性的谣言说："汝南郡的太守是范滂，南阳郡人宗资仅仅负责在文书上签字。"

　　太学计有学生三万余人，郭泰和贾彪是他们的领袖。他俩和李膺、陈蕃、王畅互相褒扬标榜。学生之中流行这样一句赞美他们的话："天下楷模是李膺，不怕强梁横暴是陈蕃，天下才智出众是王畅。"朝廷内外在这样的风气影响下，争相把品评朝政的善恶得失作为时尚，自三公九卿以下的朝廷大臣，没有不害怕受到这种舆论的谴责和非议的，全都争相登门和他们结交。

延熹九年（公元166年），宛县有一位富商名叫张泛，他和皇宫的一位妃子有亲戚关系，同时擅长雕刻供人赏玩的物品，频繁地送给宦官礼物，故而在地方上仗恃权势横行霸道。岑晊和贼曹史张牧说服太守成瑨，将张泛等人逮捕。没过多久恰逢朝廷颁布大赦令，成瑨竟然未予理会，把张泛处死，同时收捕他的宗族和宾客总共二百余人，全部处死，事情过后方才上奏朝廷。小黄门晋阳县人赵津，贪赃枉法，骄纵恣肆，是全县的大祸害。太原郡太守平原郡人刘祐命令郡吏王允把赵津逮捕，同样在朝廷颁布赦令之后把赵津诛杀。这样，中常侍侯览教唆张泛的妻子向朝廷上书，替张泛诉冤，宦官又趁此机会诬陷成瑨和刘祐。桓帝十分震怒，把成瑨、刘祐二人征召回京都洛阳，投入监狱。有关官吏按照宦官的意旨，弹劾成瑨、刘祐十恶不赦，应当绑赴市场，斩首示众。

山阳郡太守翟超任命该郡人张俭为东部督邮。中常侍侯览家在防东县，他鱼肉乡里，其母病逝后，他回乡修建高大的坟墓。张俭上书朝廷，弹劾侯览的罪行，可是侯览从中拦截张俭的奏章，使得奏章无法呈送到皇帝面前。于是张俭便捣毁侯览的坟墓和住宅，将所有的家财没收，又详细奏报侯览的罪行。奏章还是没法上达。中常侍徐璜的侄儿徐宣担任下邳县令，更加残忍暴虐。他曾经想娶前汝南郡太守李暠的女儿为妻，可是没有如愿，就率领吏卒冲进李暠家里，把李暠的女儿抢到自己家中，并以箭射女作为游戏，将她杀死。东海国相汝南郡人黄浮知道这件事后，逮捕徐宣和他的家属，不分男女老幼，统统用严刑拷问。掾史以下的属吏极力阻止，黄浮说："徐宣是国家的蠹贼，今天杀掉他，明天我犯罪抵命，死也瞑目。"即刻判处将徐宣绑赴市场处斩，尸体示众。为此宦官向桓帝控诉，桓帝十分恼怒，翟超、黄浮两人都被坐罪，判处髡刑，并送往左校营罚服苦役。

太尉陈蕃和司空刘茂一道上书劝说桓帝，请求赦免成瑨、刘祐、翟超、黄浮等人的罪，桓帝非常不快。有关官吏便对陈蕃和刘茂进行弹劾，刘茂不敢再说话。陈蕃却坚持上书说："眼下，外面的盗贼不过是人体四肢的毛病；而内政无法治理，才是心腹的祸患。我寝食难安，真正担心的是，陛下的左右亲近，越受到宠信，忠言却越为稀少，内患越来越严重，外忧逐步加深。陛下从列侯超登，继承帝位。即使是小民之家，辛苦地积攒到百万钱的家产，做子孙的还以败坏祖先的产业为羞耻，更不用说陛下祖先的产业包括整个天下。若承受先帝的重托，又想着松懈怠惰，那就自己把它看轻了。即使陛下真的不爱惜自己，也应该顾念先帝创业的辛勤劳苦呀！以前，梁姓家族的五位侯爵，为祸全国，上天启发陛下做出明断，将他们收捕杀戮。天下百姓的意愿，是能够过上一段太平日子。往事鉴戒不远，覆车好像在昨天，但陛下的左右亲信，又相互勾结。小黄门赵津、大奸商张泛等人任意贪污暴虐，谄媚陛下，分别由前太原郡太守刘祐、南阳郡太守成瑨检举杀戮。虽然说赦令颁布后不应当诛杀，可是应该原谅他俩的本意是在除奸去恶。陛下怎会对此产生愤怒？可见奸邪小人的办法很多，迷惑陛下的视听，使得天威震怒，对此必须要加以处罚，而且还要从重处罚，把他们诛杀。此外，前山阳郡太守翟超、东海国宰相黄浮公正严明，不屈从于权贵，痛恨邪恶好像痛恨仇敌一样。翟超没收侯览的财产，黄浮按照律令处死徐宣，都受到连罪惩处，没有蒙受赦免和宽恕。侯览肆意妄为，没收他的财产已算庆幸。徐宣所犯的罪过，死不足惜。以前，丞相申屠嘉征召邓通当面责备，洛阳县令董宣屈辱公主。可是，文帝出面请求从轻发落，光武帝给予重赏，都没有听说指控二人专擅，把二人处死。如今陛下左右的宦官小臣因为他们的党羽蒙受伤害，就想尽办法，随意诬陷，以致忠臣遭受这样的刑罚。他们听到我这些话，一定会再向陛下哭诉。我期望陛下立刻切断和堵塞宦官干涉朝政的本源，选用尚书台和朝廷大臣，精挑细选清廉高洁的人士，斥退和废黜奸佞小人。要是这样，就能上天气和，下地融洽，吉利和祥瑞的征兆，难道还需很久才可以出现吗？"桓帝没有听从。宦官因此愈加痛恨陈蕃，只要遇到陈蕃上呈关于选择举用贤能的奏章，都假托是皇帝的指示，严加谴责，予以退回。当时，长史以下的官吏，被判处罪刑的很多。只因陈蕃是朝廷的著名大臣，宦官们一时还不敢谋害他。

（4）襄楷痛斥宦官

　　平原郡人襄楷前往宫门上书说："我听说，皇天没有办法说话，仅仅利用天象变异来显示他的旨意。我观察太微星，见到天廷五方帝王的星座上，有金、火这样的罚星在中间闪烁。按照占卜，这是天子的凶象。与此同时，金、火二星又都串入房、心二星宿之中，这表明天子后继无人。前年冬天，天气严寒，地面上的鸟兽、水中的鱼鳖都被冻死，京都洛阳紧靠城墙的竹林和柏树，枝叶都枯萎了。我的老师以前告诉过我：'柏树受伤，竹林枯萎，不超过二年，后果就会显示在天子身上。'如今从春季和夏季以来，连续不断地降霜、降冰雹，以及巨雷、闪电，这都是臣下为非作歹、刑罚峻猛苛刻的表现。太原郡太守刘祐、南阳郡太守成瑨，他俩立志铲除奸佞邪恶，所诛杀和翦除的人，正符合百姓的心愿。可是陛下却误信宦官的逸言，将他俩从远处逮捕到京都洛阳，严刑拷问。三公上书，请求陛下宽恕刘祐等人，非但没有采纳，反而受到谴责。如此，忧心国事的大臣再不敢开口进言。我曾经听说，杀害无罪的人、处死贤能的人，会有大祸延及三世。自从陛下即位以来，不断地进行诛杀惩罚，梁冀、孙寿、寇荣、邓万世等家族，都相继被诛灭，而因此被牵连坐罪的又数不胜数。李云上书，圣明的君主本来不应该忌讳；杜众要求和李云一起受死，仅仅是希望以此感悟朝廷。可是，他俩没有得到赦免，一道遭受杀戮，天下的人都知道他俩是冤枉的。自从汉王朝建立以来，拒绝规劝、诛杀贤能、刑罚苛刻，从来没有像今天这么严重的。以前，周文王只有一个妻子，就生了十个儿子。现在宫女多达数千人，可没有听说谁有生育。陛下应该减省刑罚，增修恩德，使后嗣像《螽斯》所说的一样繁衍。自打春秋时代以来，黄河的河水一直没有澄清过。我以为，黄河代表着王国的封君。河水澄清，属于阳刚；河水浑浊，属于阴柔。黄河的河水本该浑浊，却反而澄清，显示阴柔将要变成阳刚，王国封君就要篡取帝位。京房《易传》说：'河水澄清，天下太平。'现在天降灾异，地吐妖怪，人间发生瘟疫，三者同时发生且又出现黄河水清,这就好像春秋时代的麒麟,本来不应该出现,但却突然出现了,所以,孔丘记载它以为是怪诞的事。如果承蒙陛下有空闲时间召见我,我就详细地陈述我所要说的话。"奏章呈上后,桓帝根本不予理会。

十多天以后,襄楷又上书说:"我听说,殷纣王好色,所以出现妲己;叶子高好龙,故而真龙在庭院里飞翔。而今黄门、常侍,都是遭受天谴、受过阉割的人,陛下宠爱他们,胜过普通人数倍,陛下所以无子,会不会是因为这个缘故?我又听说,皇宫之中修建黄帝、老子、佛陀等庙宇。他们都主张清心寡欲,推崇清静无为,喜爱生命,厌恶杀戮,克制欲望,力戒奢侈。现在陛下的嗜好和欲望没有办法去掉,杀戮和刑罚又超过正常情理,既然违反他们的教义,又怎么可能得到神灵的福祐?佛教信徒不在一棵桑树下连续住三夜,是为了防止住久了,会产生出爱恋之心。道理非常明了,正因为长期不懈地坚持,才能够得道成佛。现在陛下拥有美女艳妇,极尽天下的绝色,吃的喝的,又享尽天下的美味,怎么能够和黄帝、老子相同?"奏章呈递上去以后,桓帝立刻召他进宫,命尚书代表皇帝予以接见和询问。襄楷说:"古代本来没有设立宦官,汉武帝末年,屡次宴游后宫,才开始设置。"尚书遵照宦官的旨意,回奏桓帝说:"襄楷的言辞和道理都很荒唐,还违反儒家的经书和典籍,完全是假托上天的星宿,牵强附会个人的私意,诬蔑皇帝,胡说八道,请送交司隶校尉治他应有之罪,收捕和送往洛阳监狱关押。"桓帝以为,襄楷的言辞虽然激烈,但说的全是天文星象的演变,所以,不愿诛杀,只判处两年的徒刑。自明帝永平年间以来,臣下和百姓尽管有崇信和传习佛教的人,可是皇帝还没有接受。到桓帝,则开始笃信佛教,经常亲自祭祀和祈祷,自此佛教更加盛行。

(5)宦官得势

符节令汝南郡人蔡衍、议郎刘瑜上奏营救成瑨和刘祐,因为言辞非常

激烈，也都连罪被罢免官职，而成瑨、刘祐都死在狱中。成瑨、刘祐向来刚正不阿，精晓经学，是当时的知名人士，所以，天下的人都觉得非常可惜。岑晊、张牧在外逃亡流窜，保存了性命。

岑晊逃亡的时候，亲戚朋友都争着掩护藏匿，只有贾彪紧闭门户不愿接纳。当时人们对于贾彪的这种行为都怨恨指责，贾彪说："《左传》上说：'等到时机到来才发动，不要连累别人。'岑晊胁迫他的长官，闯下大祸，是他自己害了自己。我恨不得使用兵器来对待他，怎么可以反过来掩护隐匿他？"这样，大家都佩服他的处事公正。贾彪曾经担任过新息县县令，百姓生活困苦，生下儿女许多都不养育。贾彪严令禁止，认为杀婴和杀人罪行是相同的。几年之中，民间养育儿子的有好几千人之多。大家说："这是贾父生的儿子。"于是，都用"贾"作为姓。有一次，城南有强盗抢劫杀人，城北有妇人杀害自己的儿子，贾彪乘车前往巡查验问，属吏想引着他的车往城南去，贾彪却生气地说："强盗抢劫杀人，本是常理；母亲杀害儿子，却是违背天理。"就驱车前往城北，判决杀子之罪。城南强盗知道后，也将两手绑在身后，到官府自首。

河南尹人张成擅长占卜之术，他先推算出朝廷就要颁布大赦令，就让他的儿子杀人。司隶校尉李膺命令属吏逮捕张成父子。没过多久，果然遇着朝廷颁布赦令，张成父子被赦免。李膺心中极为愤怒，把张成父子处斩。张成一直用占卜术和宦官结交，桓帝有的时候也向张成讯问占卜。于是宦官唆使张成的徒弟牢修上奏，指控"李膺那些人专门蓄养太学的游士，结交各郡派到京都洛阳求学的学生和门徒，互相抬举，结成朋党，诽谤朝廷，迷惑和扰乱风俗"。阅毕奏章后，桓帝勃然大怒，下诏各郡、各封国抓捕党人，而且诏告天下，令大家同仇敌忾。公文经过太尉、司徒、司空三府，太尉陈蕃将诏书退回，说："这次要抓捕的，全是海内声名卓著、忧民忧国、忠于国家的大臣，即使他们犯了什么罪过，也应当宽恕，怎么能罪名含糊不清就遭致逮捕拷打？"桓帝甚为震怒，就直接下令逮捕李膺等人，关押在黄门北寺监狱。李膺等人的供词牵涉到的有太仆颍川郡人杜密、御史中丞陈翔，以及太学学生陈寔、范滂等二百余人。有的人先期出逃，没有能逮捕归案，朝廷就悬赏缉拿，派遣出去抓捕党人的使者，到处都能够见到。陈寔说："我不进监狱，大家就找不到依靠。"所以，自己前往监狱要求囚禁。范滂被捕，送到监狱，狱吏对他说："凡是因罪入狱的人犯，全部要祭拜皋陶。"范滂回答说："皋陶是古代的正直大臣，如果他知道我范滂没有犯罪，就会代我向天帝申诉，如果我犯了罪，祭祀他又有什么益处呢？"所以，别的囚犯也都不再祭祀。陈蕃又一次上书，全力规劝桓帝。桓帝忌讳陈蕃言辞激烈，就以陈蕃推荐征召的官员不称职为由，下诏免去陈蕃的官职。

当时，因党人而被连罪逮捕入狱的人，都是天下闻名的贤士。度辽将军皇甫规自视为西州的英雄豪杰，因没有被捕入狱觉得很是羞耻，就自己上书请求治罪。朝廷知道后，也不予追究。

杜密的声名一直和李膺一样，被人们并称李杜，所以他俩一道被捕入狱。杜密曾经担任过北海国的宰相，在一次春季例行巡视中，杜密到达高密县，郑玄在这里担任乡啬夫。杜密知道郑玄不是一个平凡的人，就聘请他出任郡职。后又选派他到京都洛阳的太学求学，最后成为大儒。杜密离职回乡后，常常会见郡太守或县令，很多时候都要请教他一些事情。同郡的刘胜也从蜀郡离职回乡，闭门跟外界隔绝，对地方事务从不过问。郡太守王昱对杜密说："刘胜是清高雅士，三公九卿中有很多人都推荐他。"杜密知道王昱以此来激发自己，故而回答说："刘胜拥有大夫的高位，郡太守待他敬如上宾，但是，他不举荐善良的人，他不谈论邪恶的事，隐瞒真情，明哲保身，好像寒蝉一样闭口不言，这是国家的罪人。如今对于有志于义、身体力行的贤才，我全力推举，遇到违反正道、丧失节操的人士，我检举揭发，使阁下的奖赏刑罚，能够公平恰当，美名远扬，我是不是也尽到了万分之一的微薄力量？"王昱既惭愧又佩服，从此对杜密更为尊重。

陈蕃被罢免之后，朝廷文武大臣十分震惊惶恐，从此没有人再敢为党人求情。贾彪说："我如果不往西到京都洛阳一次，大祸没有办法破除。"所以，他就亲自来到洛阳，说服城门校尉窦武、尚书魏郡人霍谞等人，让他们出头救援党人。窦武上书说："自从陛下登极之后，还没有推行过善政。常侍、黄门作奸犯科的很多，争着寻求封官赐爵。回想西京长安时代，阿谀奉承的官员把持朝政，最后江山不保。现在没有牢记以往失败的教训，反而重蹈覆辙，我担心秦朝二世胡亥灭亡的灾难，迟早一定会又一次降临，赵高等人的祸乱，早晚都会发生。最近，因奸臣牢修捏造出朋党之议，便逮捕前司隶校尉李膺等入狱，严刑拷问，牵连多达数百人，关押多年，却没有确凿的证据。我以为，李膺等秉着忠心，坚守节操，是为了筹划治理王室的大事，他们真正是陛下的后稷、子契、伊尹、吕尚那样的辅佐大臣。这样的人反而被扣上莫须有的罪名，遭受奸臣贼子的陷害冤枉，这使得天下寒心，海内失望。只有请陛下留心考察澄清，立刻予以释放，以此来满足天下人翘首期望的心愿。现在，尚书台的亲近大臣，如尚书朱㝢、荀绲、魏朗、刘矩、尹勋、刘祐这些人，全是国家的忠心贞士，朝廷的贤良辅佐；尚书郎张陵、妫皓、杨乔、苑康、边韶、戴恢这些人，举止文雅，精通国家的典章制度；朝廷内外的文武官员，英才济济。可是，陛下却只信任左右亲近，依靠奸佞邪恶，派他们在外主管州郡，在内作为心腹。您应该把这批奸佞邪恶之徒相继予以撤除，调查和审问他们的罪状，严加惩处；信任忠良，分辨善恶和是非曲直，使邪恶和正直、诽谤和荣誉各得其所；按照上天的旨意，让善良的人出任官职。要是能这样，天象灾异的征兆可以消除，上天的祥瑞很快就能到来。如今，虽然偶尔也有嘉禾、灵芝草、黄龙等出现，可是，祥瑞发生肯定是由于有贤才，福佑降临肯定是因为有善人，如果有恩德，它就是吉祥，没有恩德，它就是灾祸。眼下陛下的行为不符合天意，故而不应该庆贺。"奏章递后，窦武即以生病为由辞职，同时缴还城门校尉、槐里侯的印信。霍谞也上书搭救党人。桓帝稍微息怒，派中常侍王甫到监狱审问范滂等党人。范滂等人颈戴木枷，手腕戴铁铐，脚挂铁镣，布袋蒙头脸，暴露于台阶下面。王甫一个个责问说："你们互相之间推荐，像嘴唇和牙齿般地结成一党，到底有什么打算？"范滂回答说："孔丘曾经说过：'看见善，立刻学习都来不及；看见恶，好像把手插到滚水里，应该迅速停止。'我希望奖励善良让大家同样清廉，嫉恨恶人让大家都明白卑污。本以为朝廷会鼓励我们这么做，可没有想到这是结党。古代人修德积善，为自己谋取多福。现在修德积善，反而身陷死罪。我死了以后，但愿将我的尸首埋葬在首阳山之侧，对上不辜负皇天，对下不愧对伯夷、叔齐。"王甫被范滂的言辞感动了，怜悯他们的无辜遭遇，就让有关官吏除去他们身上的刑具。而李膺等人在口供中，又牵涉出很多宦官子弟，宦官们也害怕事态继续扩大，就请求桓帝以日食为由将他们赦免。六月初八，桓帝下诏，大赦天下，改年号。党人总共二百余人都被遣送回各人的故乡，他们的姓名都被编写成册，分送太尉、司徒、司空三府，终身不再录用。

3. 第二次党锢之祸

永康元年（公元167年），汉桓帝去世。汉桓帝尽管有过三位皇后、十多位贵人，而且还有数千宫女，可都没有为他生下一个儿子。这样，汉桓帝死后由谁继承皇位又成了难题。最后，汉桓帝末任皇后窦皇后的父亲窦武选中了亭侯刘宏。刘宏便被窦武等人推上了皇帝的宝座，即汉灵帝，当时汉灵帝仅有十二岁。

窦氏按照前朝旧例，以皇太后身份临朝主持政务，将窦武任命为大将军，执掌全国最高军权，又重新任用在党祸中被罢官的陈蕃，令他以太傅身份行尚书事，也就是掌握全国最高行政权。陈蕃与窦武一文一武，一道辅政。

汉灵帝即位没过多久，东汉政治史上便发生了两件大事。建宁元年（公元168年），大将军窦武和新任太傅陈蕃想一道翦除宦官势力，没想到反被宦官提前行事，被处死。建宁二年（公元169年），宦官集团再次发难，诬蔑李膺、杜密等人结党为乱，导致第二次党锢之祸，杀死士大夫一百多人，流放、免官、禁锢六百多人，逮捕太学生一千多人。宦官们将东汉政治推进了最黑暗的时期。

（1）窦武、陈蕃被诛

涿郡人卢植上书劝告窦武说："你现在在汉王朝中所处的地位，就如同姬旦在周王朝所处的地位一样，拥戴圣明君主，关怀全国百姓，人们认为这是你最大的功劳。皇室的血统关系，其实一脉先后相传，你只不过按照图牒的次序，确立皇帝人选，这又有什么功勋？怎么可以贪天之功？我奉劝你辞去朝廷给你的奖赏，以保全你的身份和名誉。"窦武没有听从。卢植身长八尺二寸，说话的声音就像洪钟一样响亮，有很高的节操，性情刚正坚毅。年轻的时候跟随马融学习儒家经书，马融性格豪放不羁，经常让女伎在面前载歌载舞。卢植在座下听讲多年，一直没有斜视一眼，所以马融对他非常敬重。

窦太后为了报答陈蕃往昔对她的恩德，特地封他为高阳乡侯。陈蕃上书推辞说："我听说分割国家土地作为封爵食邑，是以功劳或恩德作为标准。我没有清白廉洁的品行，可我羡慕正人君子'不是用正当的方法得到的东西，不接受'的做法。要是我接受封爵而不辞让，不要脸面坐上这个位置，会使皇天盛怒，把灾祸降到百姓身上。我渺小的身子，又向何处寄托！"窦太后不允许。陈蕃执意推辞，奏章总共上呈有十次之多，最后还是不肯接受封爵。

当初册封窦妙为皇后，陈蕃曾经出过力。等到窦妙当上太后，临朝听政时，就把所有的政事都交付给陈蕃。陈蕃和窦武齐心协力，辅佐皇室，把天下闻名的贤才李膺、杜密、刘瑜、尹勋等人都征入朝廷，一同参与朝廷政事。天下的士人没有不殷切盼望太平盛世的来临的。

灵帝的奶妈赵娆跟后宫中掌管各项差事的女官们，从早到晚都侍奉在窦太后身边，伙同中常侍曹节、王甫等人，奉承窦太后。故此，窦太后非常宠信他们，多次颁布诏书，给他们加官进爵。陈蕃、窦武对此非常痛恨。有一次，在朝堂上一起商议朝廷政事，陈蕃悄悄对窦武说："曹节、王甫等人，自先帝时起，就手握大权，扰乱天下，如果现在不早点杀掉他们，以后就更没法下手。"窦武也很赞成陈蕃的意见。陈蕃非常高兴，用手推席起身。这样，窦武便和志同道合的尚书令尹勋等人，一同制定计策。

汉灵帝建宁元年（公元168年），恰好发生日食的灾变，陈蕃对窦武说："从前，萧望之困在一个石显手里，今天却有数十个石显！我现在已八十岁，只想协助将军除掉奸邪。如今可以利用发生日食这个机会，废斥宦官，以消除天象变异。"于是，窦武禀告太后说："按照以前的典章制度，黄门、常侍只能在宫内供职，负责门户管理，保管宫廷财物。现在却让他们参与朝廷政事，手握重权，家人子弟，遍布四方，专门贪赃枉法。正是由于这个原因，天下人才议论纷纷。应当把他们统统诛杀或废黜，以肃清朝廷。"窦太后非常震惊地说："自从汉王朝建立以来，按照以往的典章制度，各朝各代都有宦官，只应该处死其中犯法有罪的，怎么可以将他们全都消灭？"当时，中常侍管霸非常有才能和谋略，在禁宫独断专行。窦武请准窦太后先行逮捕管霸和中常侍苏康等，全都论罪处死。窦武又反复向窦太后请求诛杀曹节等，窦太后迟疑不决，不忍批准，所以事情便被拖延下去。这样陈蕃又上书说："现在京都洛阳人心惶惶，道路喧哗，传言侯览、曹节、王甫、公乘听、郑飒等与赵娆及后宫女官一同为祸天下。凡是依附和服从他们的升官进爵，违背和抗拒他们的就中伤陷害。满朝的文武官员，如同河水中漂流的树木一样，一会漂到东，一会漂到西，光想着追求富贵，畏惧权势。陛下要是现在不赶紧杀死这些奸人，肯定要发生大乱，危害国家。请求把我这份奏章，宣示左右，使得天下的奸佞都知道我对他们深恶痛绝。"窦太后没有接受。

同月，金星侵犯房宿上将星，深入太微星座。侍中刘瑜精通天文，对这样的天象觉得厌恶，就向窦太后上书说："按照《占书》，天上有这样的星象应当关闭宫门，不然会对将相不利。奸人近在眼前，请紧急防备。"同时，又写信警告窦武、陈蕃，指出星辰错乱，对大臣不利，应该赶紧确定计划。于是窦武、陈蕃任命朱寓为司隶校尉、刘祐为河南尹、虞祁为洛阳县令。窦武奏准将黄门令魏彪罢免，让所亲信的小黄门山冰接任。之后由山冰出面，弹劾和逮捕长乐尚书郑飒，送往北寺监狱关押。陈蕃对窦武说："这批家伙，抓住就应处死，还用审问？"窦武没有听从，

第四章 桓灵末世

命山冰、尹勋、侍御史祝瑨一道审问郑飒。郑飒在供词中，牵连到曹节、王甫。尹勋、山冰依照郑飒的口供，迅速奏请窦太后准予逮捕曹节等人，让刘瑜呈递奏章。

九月初七，窦武放假，出宫返家休息。负责管理奏章的宦官知道以后，提前报告长乐五官吏朱瑀，朱瑀暗中拆阅窦武的奏章，大声咒骂说："宦官放任犯罪，自然应该诛杀，可是我们没有犯罪，为什么却应该全都遭到灭族？"所以大声呼喊说："陈蕃、窦武奏请皇太后废黜皇帝，大逆不道！"于是赶紧召集亲信宦官、长乐从官史共普，及张亮等十七人歃血为盟，阴谋诛杀窦武等人。曹节赶忙向灵帝报告说："外面情况紧张，请陛下赶快登上德阳前殿。"并且，让灵帝拔出佩剑，装作欢欣奋起的样子，让奶妈赵娆等在灵帝身边保护，收取符信，关闭宫门，召集尚书台官属，用利刃相威胁，命他们撰写诏书，将王甫任命为黄门令，手拿符节到北寺监狱，逮捕尹勋、山冰。山冰怀疑诏书的真实性，不肯接受诏命。王甫杀了山冰，接着又杀死尹勋，释放郑飒出狱。随后，王甫又带领卫士回宫，将窦太后劫持，夺取皇帝的玺印。他命令中谒者守卫南宫，紧闭宫门，堵住通往北宫的复道，让郑飒等持节，带领侍御史、谒者，逮捕窦武等人。窦武拒不受降，跑到步兵校尉军营，与他的侄儿、步兵校尉窦绍一道用箭射死使者，率领召集会合的北军五校尉营将士几千人，进屯都亭，对军士下令说："黄门、中常侍谋反，英勇作战的，封侯、重赏。"陈蕃听闻变故，带着他的部属官员和学生门徒八十余人，拔出刀剑，闯入承明门，一直走到尚书台门前，挥臂呼喊说："大将军忠心卫国，黄门反叛，怎么反说窦武大逆不道？"这个时候，王甫出来，恰好和陈蕃相遇，听见他的呼喊，斥责陈蕃说："先帝刚刚去世，坟墓尚未修筑竣工，窦武有什么功劳，以致兄弟父子三人一道都封侯爵？窦武家中大摆筵席，饮酒取乐，挑选宫中美女陪伴，不到十日，家财累积上万，朝廷大臣这样做，不是无道，那又是什么？你是宰辅大臣，还互相结党，怎么还不去捉拿奸贼？"命令武士将陈蕃抓起来。陈蕃拔剑怒斥王甫，言辞和脸色都更加严厉。但是，武士还是把陈蕃拘捕，送到北寺监狱关押，并于当天在狱中把陈蕃处决。这时，护匈奴中郎将张奂刚好被召回京都洛阳。曹节等人因张奂才到，不清楚政变的实情，于是假传皇帝圣旨，把少府周靖提升为行车骑将军、加节，跟张奂率领五校尉营留下的将士前去讨伐窦武。当时，天已微明，王甫率领虎贲武士、羽林军等一千余人，出朱雀掖门布防，和张奂等会合。没过多久，全部到达宫廷正门，和窦武对阵，于是，王甫的兵力增强。他令士兵向窦武军队大声呼喊说："窦武谋反，你们都是皇帝的警备部队，本应保卫皇宫，怎么可以追随谋反的人？先投降的有赏！"北军五营校尉府的官兵一直因恐惧而听从宦官，这样窦武的军队逐渐有人倒向王甫，自清晨到早饭时，几乎所有的士兵都投降了。窦武、窦绍只得逃走，各路军队一直追赶，两人都自杀而死，他们的人头被砍下悬挂在洛阳都亭示众。接着，窦武的亲族、宾客、姻戚统统被杀死。侍中刘瑜、屯骑校尉冯述被满门抄斩。宦官又诬告虎贲中郎将河间国人刘淑、前尚书会稽郡人魏朗，指控他们和窦武等人合谋，他俩也都自杀。宦官又把窦太后迁到南宫，将窦武的家属流放到日南郡。从三公九卿以下，凡是陈蕃、窦武所举荐的官员，以及他们的学生门徒和过去的部属一律罢免官职，禁止出任为官。议郎、勃海郡人巴肃开始时与窦武一道密谋，曹节等人并不知晓，仅仅坐罪禁锢不许再做官，以后才被查明。这样，巴肃被下令逮捕。巴肃自己乘车来到县廷，县令见到巴肃之后，迎接到后阁，解下县令印信，想和巴肃一道逃走。巴肃说："身为人臣，有谋略不敢隐藏，有罪过不敢逃避刑罚，既然没有隐藏谋略，又怎么敢逃避应得的刑罚？"于是被处死。

曹节升任长乐卫尉，封为育阳侯。王甫升任中常侍，依然同时担任黄门令。朱瑀、共普、张亮等六人，全部被封为列侯。除此以外，还有十一人被封为关内侯。

陈蕃的朋友、陈留郡人朱震将陈蕃的尸体收殓埋葬，把他的儿子陈逸悄悄藏起来。事情泄露以后，朱震全家被捕，老老少少都戴上刑具。朱震受到严刑拷打，宁死不肯吐露真情，陈逸这才逃得性命。窦武大将军府的掾吏、桂阳郡人胡腾收殓殡葬窦武的尸体，并为窦武吊丧，受到禁锢，遭到不许做官的处分；窦武的孙子窦辅，只有二岁，胡腾谎称是自己的儿子，与大将军府令史、南阳郡人张敞将他藏到零陵郡境内，也得以活命。

张奂升任大司农，因为平"乱"有功而封侯。张奂后悔中了曹节等人的奸计，一再推辞，不愿接受封侯。

（2）党锢之祸再起

建宁二年（公元169年）四月，一条青蛇出现在金銮宝殿的皇帝御座上。又过了几日，刮起大风，天降冰雹，霹雳雷霆，拔起一百余棵大树。灵帝下旨，命三公、九卿以下官员，每人各上密封奏章。大司农张奂上书说："以前，周公姬旦埋葬时，没有遵照礼制，上天震怒。如今窦武、陈蕃对国家忠心耿耿，却未能得到朝廷公开的宽恕，天降怪异反常的事物，就是由于这个缘故。所以应该赶紧地收殓安葬他们，召回他们被放逐边郡的家属，那些因为追随他们受连坐而遭到禁锢的人，一律解除禁令。另外，皇太后居住南宫，但恩遇礼敬都不及时周到，朝廷大臣没有人敢进言，四方的人都很失望。应该思念大义，回报父母养育的亲恩。"灵帝认为很有道理，询问中常侍们的意见，宦官们都十分反感，而灵帝又不能自行作主。张奂又与尚书刘猛等一道推荐王畅、李膺担任三公，曹节等人愈为痛恨张奂等人，便让灵帝下诏严厉斥责。张奂等人主动投入廷尉狱，要求囚禁，过了好几天，才被释放，可仍罚俸三月赎罪。

郎中、东郡人谢弼上呈密封奏章说："我以前听说：'蟒蛇毒蛇，女子征兆。'我认为，最初是皇太后在深宫之中制定了迎立陛下的大计。《尚书》说：'父子兄弟，罪行不相连及。'窦姓家族获罪被诛，怎么能把罪过加到皇太后身上？如今太后被幽禁隔离在空宫之中，忧伤之情感动上苍。如果发生始料未及的急病，陛下还有什么脸面再见天下？和帝不断绝窦太后的养育之恩，前世传为美谈。《礼记》上说：'作为谁的后嗣，就是谁的儿子。'如今陛下承认桓帝是自己的父亲，又怎么能不承认皇太后是自己的母亲？盼望陛下仰慕虞舜孝顺的教化，忆起《凯风》歌颂思念母亲的恩情。我又听说：'开国承家，不能任用小人。'现在功臣很久都被排斥在朝廷之外，无法得到封爵和增加薪俸，但陛下的奶妈却私下得到宠爱，获得很高的爵位。刮大风以及降冰雹，也都是为了这个缘故。还有，前太傅陈蕃终生为王室尽力，却被一群邪恶小人陷害，本人遭到杀害,整个家族都被灭绝,所受刑罚的严酷,使天下人都非常惊骇。他的学生门徒以及过去的部属,全部遭到贬谪放逐,禁锢不许做官。陈蕃已经死去,即使是用一百条生命也不能令他复生。应当把他的家属召回京都洛阳,解除禁令。尚书令和太尉、司徒、司空全是社稷大臣,关系到国家的命运。可如今的四公,仅司空刘宠还能推行善政,剩下的三位都是没有品行、结交奸邪的人,一定会发生鼎足折断、食物倾覆的凶事。恰好借天降灾异,把他们全部罢免。征召前司空王畅、长乐少府李膺等参与政事,就能消除灾变,国运永昌。"灵帝左右近侍对谢弼的建议非常痛恨,便把他贬为广陵郡太守府的府丞。谢弼主动辞职,返回家乡。曹节的堂侄曹绍正是东郡的郡太守,用别的罪名将谢弼逮捕入狱,严刑拷打致死。

灵帝就蛇妖之事向光禄勋杨赐询问,杨赐上呈密封奏章说:"祥瑞不会随便降临,灾异也不会毫无缘由的发生。君王心里有什么想法,虽然没有表现在脸上,可金木水火土等五星已经为之推移,阴阳也都随着改变。君王的权威没有办法建立,就会发生龙蛇一类的灾孽。《诗经》上说:'蟒蛇毒蛇,女子征兆。'请陛下思考阳刚的道理。按道理应该有内外之别,只有削弱皇后家族的权力,割裂娇妻艳妾的宠爱,蛇变才可以消失,祥瑞就会很快出现。"

五月,太尉闻人袭、司空许栩全都被罢免。六月,司徒刘宠被任命为太尉,太常汝南人许训被擢升为司徒,太仆长少郡人刘器被提拔为司空。刘器长期阿谀奉承中常侍,所以才能够提升到三公的高位。

当初,李膺等虽然受到废黜和禁锢,可是天下的士族和文人都以为是由于朝廷政治黑暗,故而十分敬重他们,希望能跟他们结交,担心不被他们接纳。同时他们也互相称赞,每人都有美号。窦武、陈蕃、刘淑被称为三君,所谓君,是说他们是一代宗师;李膺、荀翌、杜密、王畅、刘祐、魏朗、赵典、朱㝢为八俊,所谓俊,是说他们是一代英雄俊杰;郭泰、范滂、巴肃、尹勋,还有南阳郡人宗慈、陈留郡人夏馥、汝南郡人蔡衍、泰山郡人羊涉被誉为八顾,所谓顾,是说他们是一代德行表率;张俭、翟超、岑晊、苑康,和山阳郡人刘表、鲁国人孔昱、汝南郡人陈翔、山阳郡人檀敷名为八及,所谓及,是说他们是一代导师;度尚,以及东平国人王考、张邈、东郡人刘儒、泰山郡人胡毋班、鲁国人蕃响、陈留郡人秦周、

东莱郡人王章则为八厨,所谓厨,是说他们是一代舍财救人的侠士。到了以后,陈蕃、窦武手握大权,再次举荐和提拔李膺等人。然而,不久陈蕃、窦武被杀,李膺等人又一次被废黜。宦官们对李膺等人相当痛恨,所以皇帝每次发布诏书,都要重申对党人的律令。中常侍侯览对张俭的怨恨非常厉害。侯览的同郡人朱并生性奸佞邪恶,以前被张俭激烈抨击过,就按照侯览的旨意,上书告发说,张俭和同郡二十四人,互相起称号,结成朋党,危害国家,而且张俭是他们的首领。灵帝下旨,命人除掉朱并的姓名,公布奏章,逮捕张俭等人。十月,大长秋曹节示意有关官吏奏报:"相互牵连结党的,有前司空虞放,还有李膺、杜密、荀翌、朱㝢、刘儒、翟超、范滂等,请送交州郡官府拷讯审问。"当时,灵帝只有十四岁,他问曹节:"什么是相互牵连结党?"曹节回答说:"相互牵连结党,就是党人。"灵帝再问:"党人因为什么罪恶要被诛杀?"曹节又回答说:"他们互相推举,结成朋党,一定有不轨行动。"灵帝又问:"不轨行动,是想干什么?"曹节回答说:"打算推翻朝廷。"这样,灵帝便批准了。

(3) 党人遭难

有人告知李膺说:"你应该逃了。"李膺说:"侍奉君王不应该逃避艰难,犯罪不逃避刑罚,那是臣属的节操。我已经60,生死自有天命,能够逃往哪里?"就自动前往诏狱报到,被酷刑拷打致死。他的学生和以往的部属全都被禁锢,不能再做官。侍御史蜀郡人景毅的儿子景顾是李膺的学生,因为在名籍上找不到他的名字,所以未受处罚。景毅感叹地说:"因为李膺是一代贤才,所以我才让儿子拜他为师,怎么能够因为名籍上遗漏而苟且偷安?"就自己上奏揭发自己,免职回家。

汝南郡督邮吴导收到抓捕范滂的文书,到了征羌侯国的时候,紧紧关闭驿站旅舍的屋门,抱着文书趴在床上哭泣,没人知道发生了什么事。范滂听到消息后说:"一定是为我而来。"就自己到监狱报到。县令郭揖非常吃惊,把他接出来,放下印信,要跟范滂一起逃亡,说:"天下很大,你为什么却到这个地方来？"范滂回答说："我死了，那么灾祸也就消除了，怎么可以由于我犯罪来连累你，并使我的老母亲四处流散呢？"他的母亲来和他道别，范滂对母亲说："范仲博孝顺恭敬，能够供养您。我就随着龙舒君归于九泉之下。生者和死者，各得其所。但愿您控制住对我的深情，莫要增加悲伤。"范仲博是范滂的弟弟，龙舒君是范滂的父亲，就是已故的龙舒侯国宰相范显。母亲说："你今天能够和李膺、杜密齐名，死又有什么遗憾！已经享有美名，又想盼望长寿，怎么可以两全齐美？"范滂跪下，倾听母亲训示，听完以后，拜别离去。母亲临走之时，扭头对儿子说："我想教你作恶，可是恶不可作；教你行善，也就是我不作恶。"行路的人听后，都感动得流下眼泪。

由于党人案而死的总共有一百多人，他们的妻儿都被放逐到边郡。天下英雄豪杰，以及有良好品行和道义的儒家学者，全部被宦官指控为党人。州郡官府根据上司的旨意，对和党人从来没有牵连和瓜葛的一些人，也进行惩处。这样被处死、放逐、废黜、禁锢的人，又多达六七百人。

郭泰闻听党人陆续惨死的消息，暗自痛心，说："《诗经》上说：'人才丧失，国家危亡。'汉王朝就要灭亡，只是不知道'乌鸦飞翔，停在谁家'。"郭泰虽然也评论人物的善恶是非，可从不危言耸听，做苛刻评价，所以能够身处浑浊的乱世，却没有受到怨恨和灾祸。

张俭逃亡，狼狈困窘，不断投奔一些并不认识的人家请求避难。主人都敬重他的声名和德行，甘愿冒着满门抄斩的危险收留他。后来他辗转逃到东莱郡，躲在李笃家里。外黄县令毛钦拿着兵器来到李笃家中，李笃引领毛钦就座以后说："张俭是身负重罪的逃犯，我岂敢窝藏他！如果他真的在我这里，这人是有名的人士，您是不是一定要捉拿他呢？"毛钦于是站起身来，拍着李笃的肩膀说："蘧伯玉因为单独做君子而觉得耻辱，你怎能一个人单独获得仁义？"李笃回答说："如今就想和你分享，你已经得到了一半。"于是毛钦叹息着离去。李笃便引导张俭经由北海郡戏子然家，再进入渔阳郡逃出塞外。张俭自打逃亡以来，因为窝藏和收容他而被官府杀死的有十余人，被牵连遭到逮捕和审问的几乎遍及全国，这些人的亲属也全都被灭绝，甚至有的郡县因此而破烂不堪。张俭和鲁国人孔褒原来是朋友，当他去投靠孔褒时，恰逢孔褒不在家，孔褒的弟弟孔融虽然只有十六岁,却自己作主将张俭藏在家里。后来事情泄露,鲁国相将孔褒、孔融被捕,押入监狱囚禁,却没法决定判谁来坐罪。孔融说:"接待张俭又将他藏匿在家的,是孔融,所以应该由我坐罪。"孔褒说:"张俭是来投奔我的,这不是我弟弟的罪过。"负责审讯的官吏询问他俩母亲的意见,母亲说:"一家的事,应该家长负责,所以是我的罪过。"一家母子三人,争着赴死,郡县官府没法决定,只得上报朝廷。灵帝下旨;将孔褒处死抵罪。等到党禁解除以后,张俭得以返回家乡,后来又出任卫尉,去世时有八十四岁。开始,夏馥听得张俭逃亡的消息,感叹道:"自己作孽,应该由自己承当,怎么能因此去牵连善良的人?一人逃命,让万家遭受灾祸,就不必活下去!"所以他剃光胡须,改变外貌,逃入林虑山中,隐姓埋名,给冶铸金属人家当佣工,自己挖掘烟炭,形容憔悴,有二三年,无人知道他的身份。夏馥的弟弟夏静追着要馈赠他缣帛。夏馥不愿接受,对夏静说:"你为什么带着灾祸来送给我?"党禁还未解除,他便去世了。

当初,中常侍张让的父亲去世,棺柩运到颍川郡埋葬,虽然差不多全郡的人都来参加丧礼,却几乎没有一位知名的人士前来,张让觉得非常耻辱。只有陈寔独自前来吊丧。等到大肆诛杀党人,张让因陈寔的缘故,曾出面保全和营救了很多人。

南阳郡人何颙平时和陈蕃、李膺友善,也被搜捕。后来他改名换姓,躲在南阳郡和汝南郡之间,和袁绍结为生死患难之交。他常常暗中进入京都洛阳,跟袁绍共同合计商议,为陷入党人案的名士们寻找救援,为他们献计献策,想尽办法让他们逃脱躲避起来,保全了很多人。太尉袁汤育有三个儿子:袁成、袁逢、袁隗。袁成生袁绍,袁逢生袁术。袁逢、袁隗很有名望,自幼便出任显官要职。那时,中常侍袁赦认为袁逢、袁隗出身宰相之家,而且与他同姓,故而对二人特别推崇,并乐于与之结交。袁姓家族以尊贵荣宠闻名当世,富有奢侈,与别的官宦之家根本不同。袁绍体格健壮,仪容庄重,爱结交天下名士,宾客们从全国各地前来归附于他,富人乘坐的有帘子的辎车,贱者乘坐的简陋小车,堵塞街巷,首尾相连。袁术也以侠义著称于世。袁逢的堂侄袁闳少年时就有高尚的品行,以耕种和读书为业,袁逢、袁隗屡次馈赠于他,袁闳拒绝了。袁闳看到时局混乱险恶,可袁姓家族富有昌盛,常与兄弟们感叹说:"我们先祖的福禄,后世的孙子无法用德行保住，反而骄纵奢侈，在乱世争权夺利，这就会像晋国的三郤大夫一样。"到了党人之案爆发，袁闳原来准备逃入深山老林，可是因为母亲年迈，不宜远逃，所以在庭院里建筑了一间土屋，只有窗而无门，饮食都从窗口递进。母亲想念儿子时，就到窗口去探望他。母亲走后，袁闳就关闭窗口，兄弟和妻子儿女都不见面。袁闳一直这样居住了18年，最后在土屋中去世。

当初，范滂等议论和抨击朝廷政事，自三公九卿以下文武官员，都降低身份，对他非常恭敬。太学学生不甘人后地仰慕和学习他的风度，以为文献经典之学会再一次兴起，隐居的士人将会重新得到重用。只有申屠蟠一个人叹息说："从前，战国时代隐居的士人任意议论朝中大事，各国的国王还亲自为他们执彗扫除，以为前导，最终却招致焚书坑儒的灾祸。目前我们正面临这样的形势。"说完就躲到梁国和砀县之间，再也找不到他。他靠着大树，修建了一栋房屋，把自己变成佣工模样。大约居住了两年，范滂等果然遭到党锢大祸，只有申屠蟠置身事外，才免遭不测。

第四章 桓灵末世

4. 蔡邕论政

第二次党锢之祸后，士大夫阶层势力大衰，宦官当道。但是有些忠诚正直的大臣并没有放弃同宦官集团的斗争，蔡邕就是其中一位。

（1）清除三互法

蔡邕，字伯喈，陈留圉县人。六世祖蔡勋，喜好黄老之术，在平帝朝时担任县令。王莽篡位第一年，将他任命为厌戎连率。蔡勋对着官印仰天长叹说："我是汉朝的臣子，就是死也不能失去节气，偏离正道。以前曾子不愿收下季孙送的东西，更何况是要我侍奉新的君主呢？"所以他带了家属避入深山之中，与鲍宣、卓茂等人一道不再入仕。蔡邕的父亲蔡棱也有清白高尚的节操，死后称贞定公。

蔡邕生来非常孝顺，在母亲卧病不起的三年中，不论严冬酷暑、气候变化，不曾解开过衣带一次，70天没有睡觉休息。母亲死了，他就在墓旁盖一间房子住下守着，行为举止各依礼制。一只兔子很温顺地在他的住宅旁边跳跃，旁边还有树木生长出连理枝。附近的人都很奇怪，很多人来看他。蔡邕与叔父、叔伯兄弟同居，三代都没有分家，乡里的人都赞赏他品行好。蔡邕年少时十分好学，跟随太傅胡广学习，喜欢文学、天文、数术，还擅长音乐。

起初，由于州郡之间串通勾结，贪赃枉法，朝廷集中开会，制定法律，规定有姻亲关系的家庭和两州的人士，不可以相互担任负责督察对方的官员。到党锢之祸后，更进一步制定"三互法"，规定限制更加严格，朝廷选择州郡等地方官员很不容易。所以，幽州、冀州的刺史很久找不到合适的人选，无人能够接任。于是蔡邕上书说："我仔细察访，幽州、冀州故土，本来是出产铠甲和战马的地方，因连续多年饱受兵灾和饥馑，使得两州的物力和财力全部耗尽。现在两州刺史一直没有选出，官吏和人民都希望早日找到恰当人选。可是三公推荐的人选，却一直不能确定。我非常奇怪，询问是什么原因，据有关官吏回答说，是为了遵守'三互法'的规定。除此以外十一州也都存在'三互法'所禁止的问题，并不是仅仅这两州应当禁止。此外，这两州的人士，有的又由于受年资的限制，非常犹豫，久拖不决。于是，使两州刺史的职位一直无人出任，万里疆域一片萧条，找不到人去管理。我以为，'三互法'仅仅是最轻微的禁令。如今只需利用朝廷的威权，申明国家的法令，即便是两州的人士相互交换担任刺史都会十分害怕，不敢狼狈为奸，徇私枉法，还有什么嫌疑？从前，韩安国作为囚徒，朱买臣出身于微贱家庭，因为他们的才能胜任，才被派回他们出身的本郡、本封国为官，难道还要遵照'三互法'的禁律，受这种非根本制度的约束？我请求陛下效法先帝，取消最近制定的'三互法'禁令，对有足够才能的各州刺史，应该及时任命和调换，不要再受年资、'三互法'的制约。"朝廷没有采纳。

　　汉灵帝时，州刺史、郡太守贪婪暴虐，横行霸道，残害人民，以后没有比之更甚的。可是，朝廷却仍严守"三互法"的禁令，用来防止官吏相互勾结。

（2）论为政之道

　　刚开始的时候，汉灵帝还能够专心学习，自己作《皇羲篇》五十章，所以儒生中擅长写文章之人都得以被朝廷任用。以前是按经学招来的，到了后来，会作尺牍又能写鸟篆的人也被征召了，增加到数十人。侍中祭酒乐松、贾护，引来很多没有德性又阿谀奉承的小人，都聚集在鸿都门下候命。他们喜欢讲一些地方风俗、乡里小事，皇帝非常高兴，便不按正常的次序提拔他们。还有一些原来经商的普通百姓，他们在宣陵充当孝子，有几十个人都被封为郎中、太子舍人这样的官职。那时常常有雷霆疾风伤树拔木，还经常发生地震、冰雹、蝗虫等灾害，加上鲜卑侵犯边境，人民为劳役赋税所苦。熹平六年（公元177年）七月，皇帝发出圣旨，主动认错，令群臣各自上奉自己关于治理国家大事的措施。蔡邕写了一封信给皇上，说："我非常恭敬地阅读了圣旨。虽然周成王遭遇风灾，问诸史百官，周宣王遭旱灾，勤劳苦作，谨慎小心，但都不过这样罢了。我听说老天爷降灾害，是跟着某种现象的发生而来的。阳气多次爆发，也许是因为杀人太多的缘故。风是老天爷的号令，用以教育人君。我们如果能光明磊落，诚实真诚地对待上天，就能使自己获得福祉，好好祭祀祖宗，则鬼神就显灵。国家大事，以祭祀为先，作为皇帝应该怀着恭敬的心情，亲自去参加。我先在宰府，后做祭官，迎祥和之气于五郊，不过皇上却很少参加祭祀活动，不在四个时节答谢上苍，却常常委托官吏。虽然曾经向上天谢罪，可是毕竟是疏忽而缺失了，所以皇天不高兴，降下这么些奇怪的事来。《鸿范传》说：'政治腐败，道德不修，大风就会吹倒房屋，折断树木。'这是关于地的道理，《易》称'安贞之吉，应地无疆'。阴气积累过多，本来应当安静的，反而会动起来，是为下叛。如果上层不能掌握权势，冰雹就伤物；政治苛刻暴虐，则虎狼食人；过于贪图利益，则伤害寻常百姓，蝗虫就会损害庄稼。去年六月二十八日，太白星与月亮非常接近，这个时候不利于打仗。鲜卑从很远的地方来侵犯边境，现在派兵去讨伐，结果没有取得什么进展。上违反了天文，下不顺于人事。真正应当听听大家的意见，采纳合适的。我对此非常激动，这里有七件事情是皇帝应当实行的。

"第一件事：明堂月令。天子依照立春、立夏、立秋、立冬及季夏之节，在京郊的明堂迎接祭祀五帝。为了道引神气，求福丰收，清庙祭祀，孝敬祖先，养老设教，告诉人守礼化俗，这些都是帝王的大业，祖宗也是严格遵守的。而有关部门常常因为藩国举行丧礼、宫内生育，以及吏卒病死发生禁忌为由，推脱着不愿去执行。只有南郊斋戒祭祀还没有被荒废，而别的祭祀每次都能找到新的理由为荒废开脱，难道南郊卑而它祀尊贵吗？孝元皇帝诏令说：'礼仪所敬，祭祀是其中最为重要的，所以真心实意、亲力亲为，是为了表其肃敬之情。'还有章帝元和时，曾又一次重申议修群祀，以祈求来年风调雨顺。一共发了两次圣旨，足见其用心诚恳。而最近以来，更换太史，忘了礼敬的大事，禁忌的书在市面上肆意流行，相信一些小的风俗而忽视传统经典。按《礼》，即使娶妻生子、斋戒、不入侧室之门，祭祀也不应该被废掉。至于说宫中有死丧的发生，三月不祭，是说普通老百姓只有几间房子，很多人住在一起，举行祭祀就会有许多的不方便。难道说宫廷广大，臣妾众多也可以不祭祀吗？从今天起，应该按照以前的典章执行斋戒祭祀的制度，这样才能够回答灾异为什么会发生。

"第二件事：国家想要兴盛，就应该多方听取好的建议。一方面可以知道自己的治理情况，另一方面也可以得以了解老百姓的情绪。所以先帝虽然是聪慧的圣哲，还是广泛征求意见，询问政治之所以有所得和有所失的原因。又由于发生灾异，寻访那些隐居山林不出仕为官的高士，任用官吏的时候重视选择贤良、方正、敦朴、有道的人。大臣们直言进谏，在朝廷中没有中断过。皇上主政以来，连续多年发生灾异，却没有颁布征召贤能的圣旨，没有真正遵循过去一些好的措施，使忠臣们敢想敢说的精神可以发挥出来，使《易传》所说'政悖德隐'的话不得流行。

"第三件事：应当用多种方法来访求贤能。有的人因道德修养好而闻名，有的人因直言敢谏而被人称道。现在，朝廷里面的人，没有人因忠信受到赏赐，反而有很多人常常因诽谤诬蔑而被杀害。所以朝中大臣都紧闭口舌，不敢说话。郎中张文，是以前敢于直谏的唯一一个人，皇上采纳了他的意见，并斥责了三司，群臣都非常敬佩和服气，平民百姓也高兴。我以为应当提拔张文担任要职，作为对忠贞之士的奖励，向海内宣传，广开贤明政治之路。

"第四件事：督察不法，检举坏人，分清是非，是司隶校尉、各州刺史的职责。幽州刺史杨熹、益州刺史庞芝、凉州刺史刘虔，各有一片秉公执法、痛恶奸邪之心，杨熹等检举劾办犯罪，效果最好。别的官员有的不闻不问，有的徇私枉法，都不称职。有的本人就有与所应检举的相同的罪过或错误。而法纪败坏，无人揭发，公府台阁也不追查。您曾在五年之中连续发布诏令，派出了八位特使，又命令三公采长史臧否、考察人民疾苦,上奏皇上。这时奉公守法的人扬眉吐气,为非作歹的人惶恐不安,怕得要死。但是,不知道为什么这件事忽然停止了。从前刘向上奏说:'决策迟疑不决的人,为一般小人提供了方便;养成了优柔寡断习惯的人,谄媚诽谤的坏家伙也被他们招来了。'现在才见到一点善政,一会儿又被改变了。全国百姓不断猜测朝廷的意图却始终没有最终的看法。应该选定八使,检举不法的人和事,另外选择忠诚清白的人任职,赏罚严明,到了年终,要评定三公的好坏。使百官知道奉公守法就是福,营私舞弊就是祸。这样,灾害的来源基本就可以堵住了。

"第五件事:要求各地诸侯进行岁贡,也就是要他们每三年举荐一个人。孝武时代,各州郡在推举孝廉之外,还要选拔贤良的人才。因此名臣不断地出现,文事武功十分兴盛。之前,都是通过这几种方法招贤纳士。至于书画辞赋,只算得小才,用来治理国家就不一定有用了。皇上即位时,最先讲求经术,处理政事的闲暇时光,才看看文学作品,用以休息。现在,走棋的游戏不可以当成推行教化、挑选人才的最根本手段,而这些人眼见能获得好处,会竞相追逐,做的人很多。稍微高明一点的,还会引用一些经训劝喻的话;下等的则拼凑一些俗话俚语,与倡优调笑取乐没有两样;有的直接剽窃他人的作品,冒名顶替,不以为耻。我每一次奉诏于盛化门,先录取比较好的,没有被录取的,也跟着安排工作。如果不好意思收回已给他们的恩惠,那就让他们保住俸禄,这已够宽大了。治人和在州郡做官的事不可再让他们去做。以前孝宣皇帝在石渠阁会集诸儒生,章帝召集学士于白虎观研究经书,寻找深义,都是伟大的事业,应该遵守和追求。至于一般的小能小善,虽然说也有一些益处,但如果用之来办大事却是行不通的。所以立志办大事才是君子应当做的事。

"第六件事:治理老百姓是县长的职务。他们都应当辛勤谨慎工作。只有给老百姓办了好事,才算有功绩。应该赏罚分明,没有才能的应予以斥退,多授以议郎、郎中的官职给他们。如果很有才华,不应让他们成为冗员,对于那些有过错误的人,判罪是理所当然的。应该对这些人认真进行考核,将不合格的清除干净。

"第七件事:在宣陵当孝子的人以前都被封为太子舍人。我听说孝文帝遗诏,只服丧36日,继承皇位之君是父子这样最亲近的人,饱受皇恩的公卿列臣也要控制自己的感情、服从诏命。如今，虚伪小人本非骨肉之亲，也没享受到特别的恩宠，又没有真正为官，却表现出哀痛思念，这种哀情怎么会产生呢？他们聚集在陵墓之旁，假称奉孝，行为既掩盖不了他们的心迹，心理方面又找不到根据。更为严重的是，还有不法分子藏在里面。桓思皇后庭祭和升柩的时候，东郡有盗人妻的混入孝子之中，依照他的原籍进行抓捕，才服了罪。虚伪、杂乱、污秽之事，数也数不清。而且，先到的可以被封官，后来则被遣归；有的人在陵地已经工作了好多年时间，因暂时回去漏掉了；有的让别人代替，也得到宠荣。纷争怨恨，吵闹的声音充斥着整条道路，成何体统？太子的官员，应挑选有德行的人，怎么可以用这些丑恶的人？这样的事情是世界上最不吉利的事情。应该把他们送归田里，揭发他们虚伪诈骗。"

　　奏书送上，皇帝亲自出行来到北郊，迎接祥瑞之气，举行礼仪。又将从宣陵孝子封为舍人的全部改为丞尉。光和元年（公元178年），设立鸿都门学，供奉孔子及七十二弟子像，里面的学生都令州郡三公推举征召。

（3）谏诤遭祸

　　东汉末年，灾异的现象频繁发生，由于对自然现象不能给出合理的解释，人们对于发生这样的事情惊恐万分。光和元年（公元178年）七月，诏召蔡邕与光禄大夫杨赐、谏议大夫马日䃅、议郎张华、太史令单飏至金商门。他们被引到了崇德殿，中常侍曹节、王甫问他们有关灾异及如何消除变故。在经过了深思熟虑之后，蔡邕小心作出回答，记在《五行》、《天文志》中。皇上又专门诏问蔡邕："近来发生灾异变故，难道是因为朝廷做错了什么事而引发的吗？朝廷着急，我心里担忧。访问群公卿士，想听到一些忠言，他们都闭口不言，不肯尽心。因为你经学深，故而问你，你应该说明得失，指出为政的关键，不要犹犹豫豫，或者怀疑恐惧。全按经述对答，要用皂囊封上以保密。"蔡邕答说："皇上大德英明，深深挂念灾害。我虽才疏浅学，还鼓励我，特别询问我，我这无知下贱之

第四章 桓灵末世

人如何能担此重任。正是肝脑涂地的时候,我怎么可以瞻前顾后,怕这怕那,使得皇上听不到劝诫的话语。我想,各种灾异都是亡国的征兆。老天对我大汉十分眷顾,所以一再出现提醒,以示谴责,想使人君觉悟起来,改危为安。如今灾怪的发生,不在别的地方,远在门口,近在寺署里面。妇人干预政事,是引发各种怪异现象发生的一个原因。乳母赵娆享尽荣华富贵,生时,她富可敌国,死后,她的坟墓比皇上先人的陵园还要豪华,两个儿子受封,兄弟们因她而出任州郡的官员。除此以外,永乐门史霍玉依仗她的庇护,更为奸邪。如今道路议论纷纷,又说有程大人这样一个人,从他的一言一行推知可能祸及社稷。应当提高警惕,公布禁令。仔细地想一想赵娆、霍玉的问题,应从中吸取教训。现在皇上一片好意,要明辨是非。听说太尉张颢是霍玉引进的;光禄勋姓璋,贪污受贿天下闻名;长水校尉赵郃、屯骑校尉盖升,都很吃香,享受荣华富贵。皇上应当想到小人占据高位是罪过,更要明白引身避贤也是祸。廷尉郭禧,十分朴实而经验丰富;光禄大夫桥玄,聪明而正直;前太尉刘宠,忠实而操守高洁,他们都可以为陛下出谋划策,经常询问,自然可以获得很多收益。宰相大臣就像皇上的四体,应委任而责成功。好坏已经分清楚,奸佞小人的话就不应听信。还有尚方工技,鸿都篇赋,可以暂时停一停。现在忧患在身。《诗》云:'畏天之怒,不敢戏豫。'老天爷的警戒,是不能轻看的啊!宰府孝廉,有很高的要求。前不久由于征召不慎,严厉斥责三公,而如今却将一些小文章作为标准超取选举,走后门之风盛行,破坏了国家制度。大家心中不满,只是不敢说而已。我希望皇上下决心改变这种状况,以报答老天的希望。皇上自己都受到了约束,身边大臣也应该接受教育。人人自我贬损,反思己过,堵塞灾怪。天道讨厌骄满,鬼神才崇尚它啊!我因为愚笨憨直,感激忘身,竟敢触犯忌讳,手书答对。君要小心不要泄漏机密,否则臣就常有失身的危险。请把臣表妥善收藏起来,不要让忠直的臣子,遭到坏人的怨恨。"奏折呈上后,皇帝看了连连叹息。曹节偷看了奏折,就向左右的人说了,被蔡邕所奏应该废黜的人因此非常恨他,想方设法报复他。

之前,蔡邕与司徒刘郃有矛盾,叔父卫尉蔡质又与将作大匠阳球不和。阳球是中常侍程璜的女婿。程璜派人写匿名报告,诬告蔡邕、蔡质多

189

次因私事请托于刘郃，刘郃拒绝了他，于是蔡邕耿耿于怀。皇上下诏给尚书，召蔡邕质问。蔡邕上书反驳说："臣被召，问的是：大鸿胪刘郃以前担任济阴太守，我的属吏张宛长休百日；刘郃担任司隶，我又托河内郡吏李奇为州书佐；到营护前河南尹羊陟、侍御史胡毋班时，我因刘郃未办而记恨他。我非常惶恐，害怕自己死无葬身之所。我想，事属张宛、李奇，与羊陟、胡毋班没有关系。历来休假小吏，不是结恨的根本原因。与羊陟是亲戚，就胆敢与他结党营私吗？要是我们叔侄想陷害刘郃，应当告到台阁，把我们恨他的原因详细写明。本来没有什么内情，却以诽谤之书外发，真是冤枉。我愿与刘郃当面对证。我因学问特蒙奖励，在秘馆工作，于皇上身前侍奉，姓名状貌，皇上心中是清楚的。今年七月召诣金商门，问我发生灾异的原因，我持诏申旨，多次启发。愚憨的我只知尽忠，后害早置之度外，因此才讥刺公卿大臣和受宠幸的臣子。我是想回答皇上所问，消除灾异，进而为皇上建太平盛世之计。皇上未将忠臣直言予以保密，于是诬陷突来，导致疑怪。那些只知道害人的官吏，难道也可以容忍吗？诏书下达，要求百官各上密奏，如今是进言的不但没有受到奖励，反而转眼之间就遭人诬陷。这样，谁还敢为皇上尽忠尽孝呢？我的叔父蔡质，接连受到提拔，职位很高；皇上对我恩重如山，几次下诏询问。写匿名报告的人，想借此诬陷我们叔侄，迫害我的家族，这种做法根本不是举发奸臣，而是陷害忠良，国家的利益也因此被损害。我年四十有六，孤独一人，幸得名列忠臣，就算是死了，也感到十分光荣，只是担心皇上从此再也听不到忠言了！我非常愚笨，应该遭受这一罪罚。但先前的答对，这些事我都瞒着叔父蔡质，他什么也不知道。叔父满头白发，风烛残年，却跟着我受罪，一起受到坑害，冤哉！痛哉！我一入狱，便会遭受痛楚，而且又有人匿名报告，不断催促加害，我的情状，皇上怎么能再知道呢？死期快来了，鲁莽自诉，自己愿意领死，只是请求不要把这样的刑罚加到我叔父的身上。那么，我死的一天，就是我再生之日啊！祝万岁健康！为了天下黎民百姓，皇上一定要自重自爱。"

蔡邕、蔡质被捕入洛阳狱，以仇怨奉公、谋害大臣、大不敬定罪，并游街示众。中常侍吕强同情蔡邕无罪，向皇上求情，皇上仔细想了想，又下旨把蔡邕的死罪减为剃光头发、用铁圈束着颈项、与家属一道迁徙朔方。阳球派遣刺客追赶刺杀蔡邕，刺客被蔡邕的正义感动了，不再为阳球卖命。阳球又收买其部主毒害蔡邕，受贿的反而把消息告诉了蔡邕，让他提高警惕。

蔡邕以前在东观与卢植、韩说等撰写补充《后汉记》，后来不幸被流放到外地，没有写成。皇帝爱惜蔡邕的才华，于大赦之年赦免了他的罪过，准许他返回原籍。蔡邕准备启程回郡的时候，五原太守王智为他送行。酒喝够了，王智起舞劝蔡邕，蔡邕没有理会他，宾客们都因为这件事取笑他。王智是中常侍王甫的弟弟，本来很骄贵，却失了面子，于是，王智就破口骂蔡邕说："你只是一名罪犯，怎么敢轻侮我！"蔡邕拂袖而去。蔡邕因此得罪了王智。王智怀恨在心，秘密上告蔡邕因囚放心中不满，诽谤朝廷。蔡邕考虑到可能被害死，于是逃命江海，远走吴会，投靠了泰山羊氏，在吴会前后住了有12年之久。

5. 黄巾起义

汉灵帝中平元年（公元184年），将矛头直指东汉政权的黄巾大起义爆发了。这次大起义是东汉晚期社会矛盾日趋激化的必然结果。

（1）创立太平道

东汉末年，皇帝荒淫无道，宦官独断专行，官场黑暗，天灾流行，老百姓在这些虎狼的吞噬之下没有办法生存，所以起义此起彼伏。这些起义因为力量太小和组织不善等原因，差不多全部被统治者镇压了下去。农民起义的几十次失败，使冀州钜鹿（今河北宁晋县南）人张角最终觉醒过来，开始认识到农民要想在起义中取得成功，就必须统一思想、严密组织、充分准备，否则最后注定要失败。为了实现这些目标，张角在黄巾起义前的很久就着手准备了。

张角清楚地知道农民起义的指导思想不能是儒家学说，因为其基本思想是君尊民卑、教民安服，与农民起义的原则格格不入。但在汉灵帝的专横统治之下，如果创立一种新的学说发动起义，就会过早地暴露自己。张角经过考察，选择了黄老道教。太平道教是道教的一个旁支，奉黄帝、老子为教主，信奉《太平经》。《太平经》又叫《太平清领书》，最早可能就是甘忠献给成帝的《天官历色元太平经》，东汉时由干吉（或作于吉）修订为《太平清领书》，首先由其弟子宫崇献给顺帝，被朝廷认为是"妖妄不经"而收了起来，后来又由另一个弟子襄楷献给桓帝，也以"不合明听"而弃置一旁。张角就是在宫崇献书后得到这部书的。《太平经》是一部以天人感应、阴阳五行学说为主要内容的书籍。这本现存一百余卷的巨著中，既有辟谷食气、鬼魂邪怪、符诀神咒、求神成仙之类的迷信思想，也有一些改造社会的主张和太平社会的美好理想。在这些改造社会的主张中，有要求财富平均的，有反对统治者使用严刑酷法的。书中理想的太平社会是无刑而自治、天下人共有财富、人无贵贱皆天所生。这种反对剥削、压迫的思想，适应了当时广大农民的要求和愿望。所以张角利用《太平经》创立了太平道教。

张角把本教派称为"太平"，教派的最高神灵称为"中黄太一神"，然后自称"大贤良师"，开始了他的传道生涯。当时，社会上疾病流行，人民非常痛苦，张角就以治病为途径，使太平道教很快为广大人民所接受。人们一传十、十传百地宣传着太平道教的神奇威力，挣扎在苦难中的人们好像看到了希望的救星，越来越多的人开始相信太平道教，向往太平道教，千里迢迢地来加入太平道教。张角认为这时正是大力发展壮大太平道教的大好时机，于是派出手下八弟子出访四方，大力宣传自己，收取门徒。张角和弟子们在传教的过程中，以《太平经》作为本教派的主要经典，宣传的重点是揭露社会的黑暗和体现未来社会的光明。他们说，现在社会有的人霸占着大量良田美业，聚集了天底下的金银财物，自己用不完，就是让其腐烂也不借给穷人，难道这些人不是仓库中的大老鼠吗？他们描写的未来太平社会非常诱人：没有天灾，没有地祸，阴阳协调；没有帝王，没有盗贼，百姓安居乐业。张角等人对当时社会黑暗的揭露，增加了老百姓对统治者的愤恨；而对未来美好社会的展示，又极大地鼓起了老百姓斗争的勇气。在太平道教的教导下，很多老百姓已经清醒，明白只有推翻汉灵帝的统治，太平盛世才会到来。青州、徐州、幽州、冀州、荆州、扬州、兖州、豫州八州的农民约有几十万人团聚在张角太平道教的旗帜之下。

有人变卖家产，去投奔张角，他们堵住了道路，有的甚至还没有走到就已死去，这样的人竟多达几万。郡、县的官员不清楚张角的真实目的，反而以为张角引导人民向善。

太尉杨赐当时正担任司徒，他上书说："张角为人狡诈，百姓为他所蒙骗，虽然他已受到赦令免除罪责，但仍没有丝毫悔过之意，他的势力反而逐渐蔓延扩张。如今，要是命州、郡进行征讨，恐怕会使得局势更加混乱，他会提早叛乱。应当命令刺史、郡守清查流民，处死他们，或分别护送回本郡，先削弱张角党徒的力量，然后再诛杀那些首领。只有这样，才可以不费吹灰之力，一举平息事端。"杨赐上书没多久就被去职，他的奏章被押了起来，没能实施。司徒掾刘陶再一次上书，重新提起杨赐的这项建议，说："张角等人正在加快策划阴谋，其在各地的党徒暗地里遥相呼应。那些州郡的官员担心如实启奏皇上将受指责，于是干脆不上奏皇上，只是在暗中互通消息，而不采用正式公文的形式来传达。所以，建议陛下公开颁发诏书，重赏捉拿张角等人，封抓到张角的人为侯爵。官员中如果有人因害怕而逃避，就与张角等人同罪论处。"灵帝对此完全不在意，反而下诏命令刘陶整理《春秋条例》。

张角设置三十六个方，大方一万余人，小方六七千人，各自有自己的首领。

为了发动全部的道众和广大的农民群众，张角提出了"苍天已死，黄天当立，岁在甲子，天下大吉"的口号。所谓"苍天"是指东汉的统治，"黄天"是太平道的至上神，也称之为黄神，"甲子"年就是公元184年（灵帝中平元年）。之所以张角要选定甲子年起事，是由于甲子是天干地支的第一位，意指从甲子年起，换了天地，天下从此开始进入大吉的时代。张角的这一口号，经过十几年的宣传，慢慢地深入了人心。为了进一步宣传太平道的口号，张角命人用白土在洛阳的官署和各州郡官府的大门上书上"甲子"二字。

（2）发动起义

口号既出，时间也已基本确定，张角便开始紧张有序的为起义做准备工作。他打算让大方首领马元义等先集结荆、扬二州的信徒，在邺城（今河北临漳）会师后起事，力求在京师教徒的接应配合下，一举攻占京师。为达到这一目的，马元义往返于洛阳、邺城之间，拉笼了中常侍徐奉、封谞等，让徐、封二人在内接应，并把最终起义的时间确定为公元184年的3月5日。

没想到，就在起事前一个月，张角的弟子、济南人唐周突然叛变，向官府告密，使起义计划完全暴露。马元义被朝廷逮捕，车裂于泾阳。朝廷内外，不论官员、禁军将士还是普通百姓，只要是太平教的信徒，全部被捕入狱，一千多人被处死。全国范围内的镇压行动开始。

鉴于当时形势危急，张角果断下令各方立刻发动起义。起义虽然十分仓猝，但由于有着十余年的长期准备，所以"七州二十八郡，同时俱发"，几天之内，得到天下响应。起义军头裹黄巾，所以被称为"黄巾军"。

起义开始后，张角自称天公将军，其弟张宝为地公将军，张梁为人公将军，以冀州地区为中心展开活动。张曼成带领南方义军，以南阳为中心进行活动。颍川、汝南一线，是由波才、彭脱领导东方的主力，各地起义军从北、南、东三个方向向洛阳进逼，形成重重包围的趋势。

为了对付黄巾军的进攻，灵帝任命何进为大将军，统率左右羽林军，以及屯骑、越骑、步兵、长水、射声等五营将士，驻扎于都亭，守卫洛阳。在洛阳附近，设置了函谷关（今河南新安东）、太谷关（今河南洛阳东南大谷口）、广成关（今河南临汝西）、伊阙关（今河南洛阳南)、辕关(今河南偃师东南)、旋门关(今河南鞏县东)、孟津关(今河南孟津西北)、小平津关(今河南孟津东北)等八关都尉,分别统率自己的兵马,驻守一方,保卫洛阳。

灵帝召集群臣商讨应对之策。北地郡太守皇甫嵩提出应把禁止党人做官的禁令解除,从而团结扩大自己的力量,并将皇帝私人所有的中藏府钱财以及西园骥厩中的良马,赏赐给出征的将士。皇甫嵩是皇甫规的侄儿。灵帝又问中常侍吕强应该怎么办。吕强说:"对党人的禁令已经很久了,人们一直不满,如果不将党人赦免,他们将很容易和张角联合起来,叛乱之势便会更趋扩大,到那时,后悔也来不及了。如今,皇上应首先处死那些贪赃枉法的官员,并且释放所有的党人,还要对各地刺史、郡守的能力进行全面的考察。要是这样做,叛乱就能平息了。"出于对黄巾军强大势力的害怕,灵帝不得不接受了吕强所提出的建议。于是大赦天下党人,已经被流放到边疆地区的党人及其家属都可以重返故乡。与此同时,集合全国各地的精兵,派遣北中郎将卢植讨伐张角,左中郎将皇甫嵩、右中郎将朱儁讨伐颍川地区的黄巾军。

(3) 起义失败

波才领导的颍川起义军,彭脱领导的汝南起义军和陈地(今河南淮阳)的黄巾军在洛阳东南的豫州地区活动特别活跃。波才起兵攻占颍川郡以后,下一步目标直指京城洛阳,对东汉统治阶级构成了非常大的威胁。汉灵帝紧急调动左中郎将皇甫嵩、右中郎将朱儁率领四万人马,兵分两路,杀奔而来。朱儁先与波才交锋,被波才打得大败。波才率军继续追击,又将皇甫嵩所部包围于长社(今河南长葛东北)城中。按说黄巾军兵多将广,作战英勇,长社小城不日即可攻下。可是,由于波才军事经验不足,犯了兵家依草结营之大忌,反被皇甫嵩纵火焚烧了大营,结果,起义军由胜转败。随后朱儁率部重整齐鼓,汉灵帝又派来了曹操部队增援,起义军受到内外夹攻,数万战士战死疆场,最后失败。波才突围而出,撤到阳翟（今河南禹县境）后，被追杀。过了不久，陈国、汝南、东郡的起义军也遭到了残酷镇压。

张角领导黄巾军在钜鹿誓师起义后胜果累累，他与张宝、张梁兄弟三人各自率领人马向官军发起了猛烈进攻，不久，冀州的大部分地区便被占领了，大有南下、西进攻取洛阳之势。汉灵帝对此十分害怕，在将皇甫嵩、朱儁派往颍川的同时，把北中郎将卢植派往冀州，征讨张角领导的黄巾起义军。卢植接连打了胜仗，杀死了一万多黄巾起义军。张角变换了方针，率起义军固守广宗（今河北威县东），以便凭借坚城寻找时机。卢植让士兵垒筑围墙、开挖壕沟、制作云梯，准备攻城，张角十分被动。恰在此时，卢植与宦官发生内讧，宦官们陷害卢植不全力进攻只知静候观望，汉灵帝也恼怒卢植久久不能胜张角，将卢植用囚车押回京师问罪。汉灵帝改派东中郎将董卓掌管冀州军事。董卓是一介武夫，没有多少军事才能，来到冀州后不久，便被张角领导的起义军打得溃不成军，成为起义军的手下败将，被汉灵帝革职查办。

中平元年（公元184年）六月，皇甫嵩镇压了颍川、汝南等地的起义军之后，汉灵帝急令他前往冀州镇压起义军。这时，黄巾军首领张角因病去世，冀州起义军一分为二，一支由张梁率领驻扎于广宗，一支由张宝率领驻扎于下曲阳（今河北晋县东）。皇甫嵩领兵浩浩荡荡地扑来，首先遇到了张梁领导的广宗起义军。皇甫嵩屯兵坚城之下，一时没有办法破城。他与起义军交战经验丰富，眼见强攻不行，马上命令休兵一天，以寻找另一个机会。起义军战斗多日，疲劳过度，再加上看到敌军一日没有进攻，便放松了警惕。皇甫嵩趁着天黑之际将其部队调遣到广宗城下，天刚一亮就向起义军发起猛攻。沉睡中的起义军慌乱应战，虽然奋起抵抗，可由于事起突然，始终未能扭转被动的形势。激战至早饭时，三万多黄巾战士英勇战死，主帅张梁也战死沙场。余下的五万多黄巾战士宁死不屈，毅然跳下水流湍急的清河，被流水卷走。广宗的黄巾战士就这样失败了。打了胜仗的皇甫嵩大施淫威，他将天公将军张角从坟墓中掘出，开棺戮尸之后又残忍地将其头颅割了下来，派人送往京师请功。由于广宗起义军失利，下曲阳地区的黄巾军就处于孤军奋战的局面了。十一月，皇甫嵩率领官军气势汹汹地杀奔下曲阳。张宝率领起义军与官军展开了一场血战，最后张宝

战死，很多起义军惨遭屠杀。皇甫嵩乘胜追击，消灭了下曲阳的起义军。

在东汉末年的黄巾起义中，南阳地区张曼成领导的起义军也是非常有战斗力的一支。张曼成自称神上使，率领数万战士与南阳太守的军队进行激战，在中平元年（公元184年）三月的一次战斗中将太守褚贡杀死，取得了重大胜利。在这之后，张曼成将宛城作为根据地到处攻击东汉军队，在一百多天的时间里南征北杀，战果辉煌。新任南阳太守秦颉在六月突然袭击宛城，张曼成没有防备，壮烈牺牲。起义军在新帅赵弘的率领下坚持战斗，并迅速发展到十多万人，又占领宛城。当时，朱儁已经将颍川、汝南地区的起义军全部清剿，又被派往南阳地区。六月，朱儁联合了荆州刺史徐璆及南阳太守秦颉的一万八千精兵包围了宛城。由于起义军英勇不屈的反击，朱儁连攻两个月，都没有攻下宛城。焦躁不安的汉灵帝对朱儁越来越不满意，心中产生了换将的想法。如不是司空张温说临战换将乃兵家之大忌的话，朱儁也会落得卢植的下场。朱儁在前方也听到了一些朝中的消息，为了保住自己的官职，急忙督促军队加紧进攻。十月，宛城终于被朱儁攻破，黄巾军首领赵弘也被他们杀死。

朱儁心中洋洋自得，做起了加官进爵的美梦。出乎意料的是，他刚离开宛城，黄巾战士便以韩忠为帅，在宛城再次起义。朱儁非常恼怒，中途折返重新杀向宛城，又将宛城包围起来。朱儁让一部分官军在宛城西南修建土山假装进攻西南方向，他则乘起义军主力奔救西南之机率精兵五千突袭宛城东北角，攻破宛城的第一道城墙。

韩忠被逼无奈，只得退守小城，向敌请求投降了。众位将领都愿意接受，可朱儁说："在军事上，本来就有形式相同而实质不同的情况。从前秦末项羽争霸的时候，由于君主还没有确定，只有依靠奖励那些归附者，才能引来更多的人前来归顺。现在天下统一，只有黄巾军起来造反，如果接受了他们的投降，就不能鼓励那些守法的百姓；只有严厉镇压，才能惩罚罪犯。要是现在就接受他们投降的建议，就会助长叛军的气陷。他们在有利时起兵进攻，不利时则请求投降。接受他们投降就是怂恿敌人的作法，不是上策。"朱儁接连发动猛攻，没有攻克。他登上土山，观察黄巾军的情况，回头对司马张超说："原因我已经明白了。眼下叛军被严密包围，内部形势危急，他们既无退路，又不能求降，只有拼死一战才能有一线生机。万众一心，已是无法阻挡，更何况十万人一心呢！倒不如撤除包围圈，全力攻城。韩忠看到包围解除了，一定自己出来求生，如果出城的话，必然会各寻生路、斗志全无。这是打败敌人的最好办法。"于是朱儁解除包围，韩忠果然上当，出城迎战，朱儁乘机大举进功，大败黄巾军，杀死一万余人。

　　韩忠被杀以后，孙夏又被推举为残余黄巾军的领袖，又一次把宛城给占领了。朱儁发起猛攻，司马孙坚带领部下率先登上城墙，宛城被攻取。孙夏望风而逃，朱儁一直追至西鄂县的精山，又一次大破黄巾军，斩杀一万余人。黄巾军兵败如山倒。别的州、郡杀死的黄巾余众，每郡数千人。

　　声势浩大的黄巾大起义，坚持了九个月之久，终因敌我实力悬殊而失败了。可是东汉王朝统治的根基也在张角领导的这场大起义中动摇了。同时，在黄巾军的影响下，各地的农民武装仍没有放弃斗争，前后坚持达二十余年。在镇压这些农民起义的过程中，各地方长官、豪强都趁此机会壮大自己的势力，成为独霸一方的军阀，东汉王朝事实上已经名存实亡，彻底瓦解了。

第五章

中原逐鹿

　　张角领导的黄巾大起义，从根本上动摇了东汉王朝的统治，同时在黄巾军的影响下，各地的农民武装此伏彼起，在镇压农民起义的过程中，各地方长官、豪强都乘机发展自己的武装，成为割据一方的军阀。

　　建安元年（公元196年），曹操强迫汉献帝迁都许昌，实行"挟天子以令诸侯"的政策，实际上架空了皇帝。同年，曹操以军事编制的形式，推行屯田。在当时北方普遍粮荒、农民大量流亡的情况下，这是有效地保证军粮供应的举措，在一定程度上也安抚了流民，对曹操军事力量的充实和政治威望的提高，都有重大的意义。

　　建安五年（公元200年），曹操在官渡之战中消灭了袁绍的主力部队，开创了他稳占中原的局面，使曹魏在群雄逐鹿中始终占据优势。

1. 群雄割据

公元2世纪末，先是爆发了黄巾起义，后是董卓之乱，接着，在讨伐董卓的旗号下起兵的州郡牧守们相互厮杀，战祸迭起，接连不断。汉帝国的一统江山支离破碎，皇帝被摆弄于军阀们的股掌之间。由于战乱，昔日繁华的都市变为荒芜一片，肥沃的土地变为荒野，军阀们以桑椹或螺蚌充军饷，甚至腌制人肉做军粮。正是这个时候，曹操通过征兵置地，势力逐渐强盛，慢慢地掌握了逐鹿中原的主动权。

（1）宫庭内乱

中平六年（公元189年）四月，汉灵帝病死。皇子刘辩继位，是为少帝。少帝年仅14岁，于是，少帝的生母何太后临朝执政。何太后之兄、大将军何进参录尚书事，朝政大权落入外戚手中。

何进很早以来就不满宦官专权，他暗中计划杀掉统领五营校尉军的宦官头子蹇硕，清除宦官势力。另一方面，灵帝逝世时，蹇硕想杀掉何进立刘协为帝。他派人接何进入宫，要同他商议事情，蹇硕与何进很早以前就有交情，当欢迎何进时，何进见他用眼睛示意手下，何进大惊，骑马从近道归营，带兵驻在百郡邸，托辞不去，蹇硕的阴谋未能实现，皇子刘辩即皇帝位。为增强力量，何进拉拢袁绍、袁术兄弟俩。袁绍字本初，袁术字公路，出身于世家大族。从袁安起，袁氏四辈都有人做"三公"，人称"四世三公"。袁家声势显赫，门生故吏遍布天下。凭此，袁绍很快升任

第五章 中原逐鹿

侍御史、虎贲中郎将。中平五年（公元188年），东汉设置西园八校尉，袁绍任左军校尉。对于何进诛除宦官，袁绍很支持，于是，何进任命他为司隶校尉，袁绍的堂弟袁术任虎贲中郎将。同时，何进又广泛征聘有智谋的士人何颙、荀攸、郑泰等二十多人，任命何颙为北军中侯，荀攸为黄门侍郎，郑泰为尚书，把他们当成自己的心腹。当时，蹇硕把持着守卫京师的精锐部队——西园八校尉，他见何进掌权，心里很不踏实，便给宦官赵忠、宋典等人写信说："大将军何进兄弟控制政事，现在他与其亲信谋划要把先帝左右和宦官们全部清除，因为我掌管着禁军，所以他们才不敢造次。如今应该赶快关闭城门，将何进等人捕杀。"蹇硕手下宦官郭胜与何进是同郡人，他支持何进，便与赵忠等人商议，不服从蹇硕的提议。郭胜还把蹇硕的信给何进看，何进用黄门令逮捕蹇硕，将他处死，把禁军全部置于自己统领之下。

袁绍一日和何进密谈："从前窦武想诛杀内宠，反而害了自己，是因为他讲的话泄漏了出去，五营百官服从宦官，是因为害怕他们的势力。现在将军有国舅这样的重要地位，统率的部下将吏又全是杰出之士，乐于尽力效命，事情都在你掌握中，这是天助你啊。将军当为天下除害，这是名垂后世的功业，就连周朝的申伯也比不上啊！现在人主的灵柩在前殿，大将军不该随便出入内宫，只要统领好禁军就行。"何进认为有道理，于是托病不入宫陪丧，也不送葬。何进又与袁绍定计策，并把计策告诉太后。太后没有采纳，说："宦官统领禁省，这是汉朝老规矩，不可废除。而且先帝刚逝世，我怎能堂而皇之与士人共事呢？"太后的意旨不能违反，但何进又想除掉那些为首的人。袁绍认为宦官亲近皇上，专权擅令，如果现在不全除掉，以后一定成为祸害。太后的母亲舞阳君及何进的弟弟何苗屡次接受各宦官的贿赂，知道何进要杀他们，多次请求太后保护他们，说："大将军擅自杀害左右亲信，专权以弱皇上。"太后亦对何进表示怀疑。宦官长期在皇上身边，有的已几十年，他们相互勾结，地位相当巩固。何进刚握大权，也害怕他们，虽大名在外，心中却不能决断，所以事情久拖不决。

袁绍不断催促何进尽早下手，他建议多召集些各地的军事将领，率军来洛阳，以武力向何太后示威。袁绍还提议将并州牧董卓调进京，何进同意。主簿陈琳劝谏说："《易》称'鹿一旦放走了，就不再那么容易捕捉到了'。将军您凭借皇威，内晓国事，外知危患，并掌握兵权，龙骧虎步，或高或下，都在您的思虑之中。现在反而抛弃利器，寻求外援。大兵一旦集合起来则强者为雄，这是所说的倒拿干戈，把柄给别人，功决不成，反而会成为混乱邪恶的祸根。"

何进不听其劝告。为了威慑宦官，何进还命太山太守王匡派遣一支精锐的弓箭手军队到洛阳；命东郡太守乔瑁屯兵成皋、武猛都尉丁原火烧孟津。尽管如此，何太后对诛杀宦官一事仍执意不肯，何苗也劝何进应谨慎行事，同宦官讲和。何进在这关键时刻犹豫不决了。董卓这时已到达渑池（今河南渑池西），何进派谏议大夫种邵前往会见董卓，让他暂缓进军。董卓不听，继续前进，不久就到了距洛阳不远的河南（今洛阳东北）。

袁绍见何进仍犹豫不决，担心何进改变主意，威胁他说："相互结合的势态已经露出来了，事情不办，怕要有什么变故，将军还等什么，为什么不早下决定呢？"何进于是任命袁绍持符节，为司隶校尉，又命从事中郎王允为河南尹。袁绍派洛阳方略武吏监督宦官，让董卓等驰驱驿上，准备进兵平乐观。这时太后心里害怕起来，便罢退全体小黄门，让他们退还里舍，只留何进及平日亲近之人，守卫省中。所有的常侍小黄门都到何进处请罪，听候何进发落处置。何进对他们说："天下纷纷扰扰，正是诸君所为啊！"袁绍一而再再而三地劝何进将他们及时处决，何进不许。袁绍于是假传何进的意旨，让各州郡逮捕宦官亲属。

就在董卓即将到达洛阳的时候，宦官先发制人，对何进下了毒手。原来，因何太后不同意，何进诛杀宦官的计划久拖不决，致使计划泄露，宦官决定先下手为强。八月的一天，宦官张让、段珪等趁何进入宫进见何太后时设下埋伏，当何进出宫后，他们突然袭击，将何进杀死在嘉德殿前。何进的部将吴匡、张璋在宫外闻讯后急派兵救援，但宫门紧闭，无法进入。这时虎贲中郎将袁术也带兵赶来，同吴匡一起攻打皇宫；宫内的宦官们全副武装，严密防守，双方对峙到傍晚。袁术见久攻不下，就纵火焚烧南宫九龙门和东西二宫，逼迫张让出来投降。张让等人又胁持何太后、少帝、陈留王及大臣逃到北宫。袁绍率兵追至北宫，先在朱雀阙下抓到宦官头目赵忠，并将他杀死；又冲入北宫，之后将北宫门关闭，下令捉拿宫里所有的宦官，不论老少，全都杀死。共有二千多人被杀，一时间宫中血流成河，遍地横尸。张让和段珪等带着少帝、陈留王在混乱中逃出。到达小平津（今河南孟津东北）时，张让见大势已去，投河自尽。

（2）董卓废帝

董卓，字仲颖，陇西临洮（今甘肃岷县）人。他居住在与羌人相邻的地方，年轻时曾经到羌人地区游历，广泛结交羌人为友，后来任凉州兵马掾，领兵巡守边塞。董卓性情粗猛，膂力过人，善于骑射，因此胡羌都畏惧他。桓帝末年，他随中郎将张奂攻打洛阳的羌人，多次荣立战功，被提拔为郎中。黄巾起义爆发，他被派到河北，接替卢植镇压起义军，因打了败仗，被撤职；不久又出任中郎将，带兵攻打在西北地区反叛朝廷的边章、韩遂。中平四年（公元187年），韩遂、马腾联合进攻洛阳，董卓和皇甫嵩将其击退，受到朝廷表彰，董卓一时名震朝野。中平六年（公元189年），朝廷召董卓入京任少府一职，董卓不愿交出军队，便以种种理由拒绝。灵帝病重时，任董卓为并州牧，让他将军队交给皇甫嵩管辖，董卓还是拒绝交出兵权。灵帝因此下诏责备董卓，董卓依仗手中的军队，毫不在乎，并且把军队驻扎在河东（今山西西南部），以观时变。这时，他接到何进请他进京诛杀宦官的命令，立即率兵出发。

当袁绍在宫内大杀宦官之时，董卓的军队已行至城西的显阳苑。董卓见洛阳城内火光冲天，知道已生变故，便令部队加速前进，在北芒阪与被张让劫持出宫的少帝及陈留王等相遇。少帝见一支军队迎面过来，以为是追兵赶到，吓得哭泣起来，大臣们拦住董卓，对他说："皇帝有诏在此，令你撤兵！"董卓说："你们身为重臣不能匡扶王室，导致皇帝逃亡在外，还敢说什么撤兵！我是来救驾的！"说着，董卓走至少帝面前，同他交谈，少帝说话语无伦次。董卓很失望，只好向陈留王刘协询问祸乱的具体过程，陈留王讲叙得清清楚楚，没有遗漏。董卓十分高兴，认为陈留王有才能。董卓了解到陈留王是董太后养大的，而自己又与董太后同族，便想立陈留王为帝而废少帝。

　　董卓当天与少帝等一起返回洛阳宫中。董卓刚到洛阳时，步骑兵三千人。他感到势单力薄，恐怕不能服众，便出了一个主意：让部队每隔四五天于夜里悄悄离开洛阳，次日晨又鸣鼓摇旗，浩浩荡荡返回洛阳。不知底细的以为是董卓的增援部队到了。不久，董卓又将何进与何苗以前统领的部队划归自己管辖。为了扩充自己的力量，董卓收买了吕布。吕布，字奉先，五原九原人（今内蒙古包头市西）人，骁勇善战，骑射超群，曾在骑都尉丁原处任职。灵帝死后，何进征召丁原带兵入洛阳，任执金吾。丁原性格直率，作战勇敢，董卓想除掉丁原，兼并他的军队，便指使吕布将丁原杀死。董卓因此开始赏识吕布，任命他为中郎将，封都亭侯。董卓还让朝廷罢免了司空刘弘，自己接任了他的职位，从而把持了朝政大权。

　　董卓决意废掉少帝。九月的一天，董卓召集文武百官，对他们说道："少帝无能，不能遵奉祖宗的基业管理国家，我想依照伊尹、霍光的前例，改立陈留王为帝，你们看如何？"大臣们都惧怕他，无人敢发表反对意见。董卓又高声说："过去霍光定废立之策时，田延年按剑，现在谁胆敢反对这个计划，一律军法处置！"尚书卢植劝董卓不要这样做，董卓大怒，要杀卢植，经众人求情，才不了了之。不久，董卓废掉少帝，封弘农王，立陈留王刘协为帝，是为献帝。接着，董卓又毒死何太后，自任相国。

　　董卓性情残暴，心狠手辣，把持朝政后，为所欲为，无人敢言。他曾狂傲地说："我的相貌，尊贵无比！"充分暴露了他想做皇帝的野心。他专横跋扈，有个官员向董卓汇报政务，因没有将佩剑解下，董卓发怒，立即处死了他。当时，洛阳城内的皇亲贵戚都很富有，家中拥有许多金银财宝，董卓听任部下士兵冲入宅舍，抢夺财物，奸污妇女，致使人人自危，朝不保夕。

　　初平元年（公元190年）正月，函谷关以东的各州郡共同发兵讨伐董卓，袁绍被推举为盟主，并自号车骑将军。当时的情形是：袁绍与河内太守王匡驻扎在河内（今河南武陟西南），冀州牧韩馥留守邺城（今河北临漳西南），负责运输军需和粮草。豫州牧孔伷驻扎在颍川（今河南禹县）；兖州牧刘岱、陈留太守张邈、其弟广陵太守张超、东郡太守桥瑁、山阳太守袁遗、济北相鲍信与曹操都驻扎在酸枣（今河南延津西南）；后将军袁术驻扎在鲁阳（今河南鲁山县）。每路军队都有数万人之多，形成了从东、西、北三个方向包围洛阳的形势。

在声势浩大的关东同盟军威慑下，董卓认为难以抵御，便想将国都迁至长安。公卿大臣虽不愿意，却也不敢违抗。二月二十七日，在董卓的威逼下，献帝离开洛阳，迁都长安。临行时，董卓将洛阳城中的许多富豪抓起来，妄加罪名随意处死，财产全部没收。董卓还强迫洛阳地区数百万居民向长安迁徙，命令军队断后监督驱赶。一路之上，马踏人踩，百姓苦不堪言，不断有人死去，道路上堆满了尸体。董卓留守在毕圭苑中，他命令军队将洛阳城中的宫殿、官府和民宅全部烧毁，顷刻之间洛阳城一片火海，方圆二百里内变成一片废墟。董卓还让部下挖掘历代皇帝的陵寝和大臣的墓地，搜罗珍宝。迁都时，大批文书、典籍也被损坏，昔日繁华的洛阳遭到了空前的洗劫。

（3）冀州争霸

中原地区是各方割据势力争夺的中心。董卓迁都之后，关东同盟军随之解体，为争夺地盘和势力范围，各路军阀展开了征战。初平二年（公元191年）七月，袁绍夺取了冀州。

袁绍，字本初，汝南汝阳（今河南商水西南）人，出身于东汉末期一个势倾天下的世家。从他的高祖父袁安起，四世之中有五人官拜三公。父亲袁逢，官拜司空。叔父袁隗，官拜司徒。伯父袁成，官拜左中郎将，但不幸很早就死去了。袁绍庶出，过继于袁成一房。

袁绍生得英俊威武，甚得袁逢、袁隗喜爱。凭借世家资本，袁绍少年为郎，未满20岁已出任濮阳县令。不久，因为母亲去世服丧，接着又补服父丧，前后六年。礼毕，他拒绝征召，隐居于洛阳。

这时东汉的统治越来越趋于黑暗，宦官专政愈演愈烈，残酷迫害以官僚士大夫和太学生为代表的"党人"。袁绍假意隐居，暗地里却一直在拉拢党人和侠义之士，如张邈、何颙、许攸等人。张邈在党人中的名声很大，是"八厨"之一。何颙亦是党人，与党人领袖陈蕃、李膺交往密切，在党锢之祸中，经常一年之中几次私入洛阳，与袁绍共商大计，帮助党人避难。许攸同样是反对宦官斗争的积极参与者。袁绍的密友之中，还有曹操，他们结成了一个政治集团，以反宦官专政为目的。袁绍的活动引起了宦官的注意，中常侍赵忠怒气冲天，对党人发出了警告："袁本初抬高身价，无视朝廷辟召，专养亡命徒，他到底想干什么！"袁隗听到风声，斥责袁绍说："小心我们袁家被你败坏了！"

中平元年（公元184年），黄巾起义爆发后，东汉朝廷被迫取消党禁，大赦天下党人。袁绍这才应大将军何进辟召为掾。

刘辩登基后，何皇后以皇太后的身份临朝称制，太傅袁隗与大将军何进辅政，同录尚书事。这是外戚与官僚士大夫对宦官的一次胜利。这时，袁绍通过何进的宾客张津对何进说："黄门、常侍这些宦官执掌大权已经时日很久，相互勾结，将军应该另择贤良，除掉这些对国家有害的人，整顿朝政，这样不但大臣们高兴，百姓也会拥护。"何进也这样认为，于是任命袁绍为司隶校尉、何颙为北军中侯、许攸为黄门侍郎、郑泰为尚书。同时受到提拔的还有二十余人，这些人都成为何进的心腹。

后来，何进被宦官杀死。董卓执政时，曾傲慢地对袁绍说："天下之主，应该选择贤明的人。刘协还可以，我想立他为帝。如果不行的话，刘氏的后裔也没必要留下了。"袁绍听了此话非常生气，但慑于董卓威势，只有默不作声。

袁绍不敢在洛阳久留，他把朝廷所颁符节挂在东门上，逃亡冀州。董卓打算派人去抓袁绍，有人劝他说："一般人是不能理解废立大事的。袁绍不识大体，因此才害怕逃跑，并非有其他意思。如果现在通缉他太急，肯定会引起激变。袁氏四代显贵，门生故吏遍布天下，许多人都得到过袁氏的恩惠。如果袁绍召集这些人，拉起队伍，群雄都会乘机而起，那时，恐怕关东就不是明公所能控制得了的。不如索性赦免他，给他一个郡守的职位，他庆幸免罪，就不会招惹事端了。"于是，董卓任命袁绍为勃海太守，赐爵邟乡侯。

董卓擅行废立和诸种暴行，引起了官僚士大夫的不满与愤怒，就连

第五章　中原逐鹿

他亲自任命的关东牧守也反对他。各地讨伐董卓的呼声异常高涨。讨伐董卓，最有号召力的人物乃是袁绍，这不仅因为他的家世地位，还因他有诛灭宦官之功和不与董卓合作的行动。本来，冀州牧韩馥恐怕袁绍起兵，派遣几个人驻勃海郡，监视袁绍的行动。这时，东郡太守桥瑁冒充三公给州郡写信，历数董卓种种罪状，称"受董卓逼迫以来，无以自救，期盼正义之士，拯救国家危难"。韩馥接到信件后，召集部属商议，他问大家："如今应当助袁氏呢，还是助董氏？"治中从事刘子惠正色说："兴兵是为国家社稷，说什么袁氏、董氏呢！"韩馥一言不发，很是惭愧。不过，从韩馥的话中，可知袁绍在当时人们心目中的地位。在这种形势之下，韩馥未敢再阻拦袁绍，他写信给袁绍，表示支持他起兵讨伐董卓。

关东州郡于初平元年（公元190年）正月起兵，推举袁绍为盟主。袁绍自号车骑将军，与河内太守王匡屯河内，韩馥留邺供应军粮。豫州刺史孔伷屯颍川，兖州刺史刘岱、陈留太守张邈、广陵太守张超、东郡太守桥瑁、山阳太守袁遗、济北相鲍信与曹操屯酸枣，后将军袁术屯鲁阳，各自统领着数万人马。董卓见关东盟军声势浩大，于是挟持献帝，驱赶洛阳百姓迁都长安。

最初众人对袁绍寄予厚望，但很快人们便对他失望了。作为盟主，他既不率先杀敌，也无力指挥这支数十万的大军。各州郡长官各怀异心，拖延时日，保存实力。驻军酸枣的将领每日大摆酒宴，谁也不肯与董卓的军队交锋，甚至还纵兵抢掠，百姓死伤无数。酸枣粮草用尽，诸军纷纷散去，一场讨伐不了了之。

在讨伐董卓的时候，冀州牧韩馥负责供应粮草，他见各地军事力量纷纷投奔袁绍，心中十分嫉妒，暗中减少对袁绍的粮草供应，想离散他的军队，袁绍对此十分不满。在联兵征讨董卓时，袁绍曾问曹操："如果大事不能顺利达成，何地可以据守呢？"曹操反问道："足下的意思怎样呢？"袁绍答道："我南据黄河，北守燕、代，兼有乌丸、鲜卑之众，进而向南发兵争夺天下，也许这是良策吧！"袁绍所谓南据黄河，北守燕、代，其中间广大地区正是物产丰富、人口众多的冀州。这时，韩馥的部将麹义叛变，韩馥率兵征伐，反被麹义打败。袁绍乘机与麹义联合攻打韩馥。袁绍的谋士逢纪建议乘机夺取冀州，他说："将军要干大事业却依

207

赖别人供应粮草，这实不能长久，如果没有根据地，如何能保全自己。"
袁绍说："冀州兵强马壮，而我的军队饥乏劳累，战斗力差，我如果不能打败他们，就没有立锥之地了。"逢纪说："韩馥是一个庸才，我们可以与公孙瓒秘密联络，让他攻打冀州，韩馥必然惊慌恐惧，您这时再派有口才的人向他陈述福祸得失，韩馥在危急之中，定会让出冀州。"袁绍采纳逢纪的建议给公孙瓒写信，让他去攻打韩馥。公孙瓒，字伯，当时任奋武将军。公孙瓒率军到达冀州，表面上是声讨董卓，实际上是偷袭韩馥。韩馥匆忙应战，被打败。袁绍抓住这个时机，派荀谌、高干等人游说韩馥。荀谌对韩馥说："请您自己分析分析，宽厚仁义，为天下人所归附，您比得上袁绍吗？"韩馥说："比不上。"荀谌接着又说："袁绍是当今的豪杰，在各方面您都比不上他，但却长期在他之上，那他必然不甘心屈居将军之下。冀州地位重要，物产丰富，若是袁绍与公孙瓒合力攻打您，您立刻会陷入危亡境地。不过，袁绍毕竟与您是多年的旧友，又曾经结盟讨伐董卓，现在有一个两全之策：如果您把冀州让给袁绍，袁绍必然会特别感谢您的厚德，而公孙瓒无力与袁绍抗争；这样一来您既能得到让贤美名，又能保全自己。"

韩馥生性怯懦，做事缺乏主见，听荀谌如此一说，也就同意了。韩馥的许多部下都忧心忡忡，长史耿武、别驾闵纯、治中李历劝谏说："虽然冀州偏僻，但甲士百万，粮草维持十年绰绰有余，而袁绍则是孤客穷军，仰我鼻息就如婴儿在我手上，一旦断奶，就会立刻饿死，为什么我们要把冀州拱手相让于他呢？"韩馥无奈地说："袁氏是我的故吏，才能也不及他，古人推崇量德让贤，为何你们还要加以责备呢？"驻屯在河阳的都督从事赵浮、程奂听此消息，急忙自孟津驰兵东下，请求出兵拒袁绍，韩馥不同意。最终，韩馥决定搬出官署，又派儿子向袁绍送交了冀州牧的印绶。

袁绍代领冀州牧，自称承制，送给韩馥奋威将军的空头衔，既无将佐，也无兵众。袁绍手下都官从事朱汉曾遭到韩馥的非礼，一直对韩馥耿耿于怀。他知道韩、袁二人之间有很深的积怨，借故派兵包围了韩馥的居所，手持利刃，破门而入。韩馥逃到楼上，朱汉抓住韩馥的长子，用乱棍拷打，将两只脚都打断了。为此，韩馥受了很深的刺激，虽然袁绍杀死朱汉，他还是逃离冀州投奔了张邈。一天，在张邈府上，韩馥见袁绍派来使者对张邈附耳低语。韩馥感到疑云重重，胡思乱想，顿觉大难临头，于是举刀自杀了。

袁绍得了冀州，踌躇满志地问别驾从事沮授："如今贼臣作乱，朝廷西迁，袁家世代受到朝廷厚爱，我决心竭尽全力匡扶汉室。然而，齐桓公如果没有管仲的辅佐，很可能就做不了霸主，勾践没有范蠡也不能保住越国。我想与卿同心协力，共保社稷，不知卿有何妙策？"沮授说："将军年少入朝时，就扬名海内；废立之际，能发扬忠义；单骑出走，使得董卓惊恐；渡河北上，则渤海从命。从拥有一郡的兵卒，扩大到拥有一个州的兵力，威声越过河朔，名望重于天下！现在将军如首先兴兵东讨，可以定青州黄巾军；还可以讨黑山，消灭张燕；然后回师北征，平定公孙瓒，震慑戎狄，降服匈奴。到那时，您就可拥有黄河以北的四州之地，收揽英雄之才，集合百万大军，迎皇上于西京，复宗庙于洛阳。从此以后就可以号令天下，诛讨不愿投降的割据势力，谁抵御得了？"袁绍一听，眉开眼笑地说："这正是我的心愿啊！"随即加沮授奋威将军之号，让他监护诸将。

袁绍又用田丰为别驾、审配为治中，这两人为人正直无私，但在韩馥手下之时却颇不得志，难以发挥才能。此外，袁绍还用逢纪、许攸、荀谌等人为谋士。但是，袁绍没有什么政治才能，他在冀州纵容豪强兼并土地，百姓困苦不堪。

袁绍独吞冀州的事令公孙瓒大为不满，决定出兵讨伐袁绍。他率军驻扎在盘河（今山东乐陵东南），上书朝廷，列举袁绍罪状，然后，向袁绍发动进攻。许多冀州境内的县城都背叛袁绍响应公孙瓒。

（4）诛杀董卓

董卓性情残暴，刚愎自用，属下稍有闪失，就被立即杀死。有一次，他在郿坞设宴，当场杀害抓到的数百名起义军。割其舌，砍其手脚，再挖去眼睛，最后扔进烧沸的大锅中煮，有的人还没断气，在案几前翻滚抽动，惨不忍睹。宴会上的大臣们吓得面无血色，手中的餐具都掉在地上，董卓却谈笑风生，神情自若。董卓还废掉汉以来的五铢钱，改铸小钱，造成物价飞涨，一石米达数万钱，百姓苦不堪言。董卓凶残无道，激起了社会的强烈不满，人们对他恨之入骨。当时长安城中流传着一首民谣："千里草，何青青，十日卜，不得生。"千里草即"董"字，十日卜即"卓"字，意为诅咒董卓快些死去。许多公卿大臣也想除掉董卓。卫尉张温曾与司徒王允共同谋划诛杀董卓，但事情被泄露，张温被杀。越骑校尉伍孚非常憎恨董卓，决心去刺杀他，为天下除害。他暗藏佩刀去见董卓，谈话结束后董卓起身送他时，伍孚突然拔出刀刺向董卓，没能刺中，董卓死命抵抗，左右亲信围上来将伍孚砍倒在地。伍孚忍着剧痛，大声喊道："我恨不得将你这奸贼斩成数段，以谢天下！"说完气绝身亡。

之后，司徒王允、司隶校尉黄琬、尚书仆射士孙瑞、尚书杨瓒等人又密谋诛杀掉董卓。

王允，字子师，太原郡祁县人，世代为州郡官。王允很受同郡郭林宗赏识，郭林宗曾说："王生一日千里，王佐之才啊。"就与他结为知己。

王允年轻时有为国立功的志向，时常诵读经传，早晚学骑马射箭。三公都征召他，让他做了侍御史。中平元年（公元184年），黄巾军起义，王允被特选任豫州刺史。他任命荀爽、孔融等人为从事，上书解除党禁，镇压黄巾别帅，大获全胜，与左中郎将皇甫嵩、右中郎将朱儁等受降黄巾军几十万人。期间，王允曾告发中常侍张让。张让怀恨在心，后借故中伤诬陷王允，将其逮捕入狱。

后遇大赦，王允官复原职，但仅仅十天，王允又因他罪被捕。王允的品行很受司徒杨赐赏识，杨赐不想让他经受痛苦侮辱，于是派宾客告诉他说："皇上因张让的事，一月再次征召，凶祸难测，你当深思熟虑。"从事流着眼泪给王允送去毒药，让他自杀免辱。王允厉声说："我为臣子冒犯了皇上，本应服极刑以谢天下，怎么可以饮药求死呢？"朝中大臣没有不为其惋惜的。大将军何进、太尉袁隗、司徒杨赐联合上书说："人君内视反听，有自知之明，忠臣就竭力侍奉皇上；对贤者不计较其小的失误，奖励他的才能，义士就会更加严格要求自己。所以孝文皇帝采纳冯唐的意

第五章　中原逐鹿

见，晋悼公原谅了魏绛的罪过。王允是被破格任用的，杀戮叛逆、抚尉归顺，不及一个月，州境扫清。正想列举他的功勋，上奏朝廷加爵赏赐，却因稍有过错，就要处以极刑。责斥轻，处罚重，有失众望。我们的确认为王允应蒙三槐之听讼，以明忠贞之心。"奏上皇帝，王允得以减死论罪。这年冬天大赦，王允却不在赦免之列，三公又再次为他求情。到第二年，王允才得以获释。这时宦官横暴，官员因为一些无关紧要的小事也要遭到他们的加害。王允为了免遭宦官陷害，于是改名换姓，流浪河内、陈留间。

灵帝逝世，王允回京师奔丧。这时大将军何进想诛杀宦官，和王允商量并请他任从事中郎，调河南尹。献帝继承了皇位，王允任为太仆，再调署理尚书令。

初平元年（公元190年），王允代杨彪为司徒，同时任署理尚书令。董卓迁都关中，王允将全部兰台、石室图书秘纬中重要的东西收集起来带到关中，到了长安根据其内容分类保存，又收集汉朝旧事应当施用的，都一一奏上。经籍得以保全，王允功不可没。董卓当时还留在洛阳，无论大小朝政，都托王允一人处理。王允假情屈意，唯命是从，董卓对王允很放心，所以王允能够勉力扶持危乱之中的王室。

自吕布帮助董卓杀了丁原后，董卓视他为心腹，并与吕布结为父子。董卓知道很多人痛恨他，出行之时总让吕布紧随左右担任护卫。但是董卓脾气暴躁，一次，吕布因一件小事不合董卓心意，董卓拿起手戟就向吕布投去，吕布幸亏躲闪及时，才未被刺中。吕布又连忙给董卓道歉，才平息此事。从此，吕布对董卓怀恨在心。吕布还同董卓的一名侍女貂婵私通，总怕董卓知道，心里很不踏实。吕布与王允一向关系很好，吕布见王允时，把自己险些被董卓杀死的事告诉了王允，王允便乘机将诛杀董卓的计划告诉吕布，并求他做内应。吕布有些犹豫，说："我们有父子之情，这样办恐怕不妥当。"王允说："你姓吕，他姓董，与他没有骨肉关系，如今考虑生死都来不及，还谈什么父子？董卓向你掷戟时，有何父子之情！"吕布无言，只好应允。

初平三年（公元192年）四月，献帝患病初愈，在未央殿大会群臣。董卓身穿朝服，乘车进宫。从军营到皇宫的路上都布满了警卫，道路两旁,左边为步兵,右边为骑兵,保卫十分周密。吕布跟随在董卓身边担任护卫。按预定方案,王允让尚书仆射士孙瑞把写好的诏书交给吕布,吕布让同郡人骑都尉李肃与勇士秦谊、陈卫等十余人伪装成卫士,在北掖门内等待董卓。董卓刚一进门,李肃举戟向他刺去,董卓衣内有铠甲,未能刺入,只伤及手臂,跌到车下。董卓大惊,赶忙回头喊:"吕布在哪里?"吕布说:"现奉皇帝诏令,讨伐你这个奸贼!"董卓怒骂道:"你胆敢如此!"话音未落,吕布举矛直刺董卓要害,董卓当场毙命。吕布命士兵砍下董卓的头。这时,主簿田仪及董卓的私奴扑向董卓尸体,也被吕布杀死。接着,吕布从怀中取出诏书,向乱成一团的官兵们喊道:"皇帝下诏,只讨董卓,其他人等一概不问!"官兵们听此都镇静下来,并高呼万岁。

董卓被诛的消息很快传遍长安城,百姓们欢腾雀跃,拥上街道,又唱又跳,许多人卖掉衣服及首饰,买来酒肉互相庆贺,大街小巷被人群挤得水泄不通。董卓之弟董旻、董璜以及留在郿坞的董氏宗族,全被他们的部下杀死。董卓的尸体被拉到长安街头示众。董卓身体肥胖充满油脂,看守董卓尸体的人做了一个大灯捻插在董卓的肚脐上点燃,通宵达旦地一连烧了好几天。王允、吕布诛杀董卓立了功,朝廷任命王允为录尚书事,吕布为奋威将军、封温侯,二人共同把持着朝政。

(5)郭李火并

虽然跋扈骄横的董卓于初平三年(公元192年)被王允、吕布诛杀了,但是,国家并没有因此安定,动乱仍在持续。这时的东汉皇帝有名无权,成为权臣手中的傀儡,而各地的州牧郡守、豪强大族纷纷拥兵自守,割据称雄,并相互征战,扩大势力范围。

关中地区,自董卓死后,王允、吕布把持朝政。最初王允想赦免董卓的部属,吕布屡次劝阻王允,但王允还在犹豫这件事。他对吕布说:"这些人无罪,只是跟着董卓罢了。现在如果认为他们有罪而不赦免他们,那正好使他们自己疑惑起来,这不是使他们安定不动的办法。"吕布想把董卓的财物赏赐公卿、将校,王允又不同意。平日里,王允看不起吕布,只是把他当成一个武将。而吕布也认为自己有功,自吹自擂,好不得意,渐渐与王允产生了矛盾。

王允性情刚烈,嫉恶如仇。他开始时害怕董卓,拼命压制着自己,等待时机。董卓被诛杀后,王允认为再没有什么患难了,在公共场合,总是一脸严肃,主持正道,不用权宜之计,因此部下群臣渐渐疏远他。

董卓的将校及在职的多为凉州人,王允打算把原来董卓的部队撤销。有人对王允说:"凉州人一向怕袁氏而畏关东,如果现在遣散董卓的军队,关中必然人人自危。可以让皇甫义真为将军,带领这支部队入陕地,安抚他们,观察其变。"王允说:"不行,关东举义兵的都是我的人。如果现在驻兵陕地,虽可安抚凉州,但使关东发生疑心,这是不可取的。"

这时,民间又盛传王允要杀死所有的凉州人,董卓的部下因此惶恐不安,部将李傕更是害怕。他想遣散自己的部下,逃回家乡。讨武校尉贾诩劝他说:"如果你放弃军队,只身逃命,小小一个亭长就可以将你捉到,不如齐心合力,攻打长安,给董卓报仇。事情一旦成功,可拥戴皇帝匡正天下;若不成功,再逃也不迟。"李傕采纳了他的建议,于是率数千士兵向长安进发。一路上招兵买马,到达长安时,军队已达十余万。他与董卓的旧部樊稠、李蒙等会合,向长安发动进攻。王允、吕布守城。攻城到第八天,吕布的部下叛变,打开城门引李傕军入城,吕布抵挡不住,带领数百名骑兵突围逃走。王允被抓住杀害,李傕等人控制了汉献帝。李傕任车骑将军兼司隶校尉,郭汜任后将军,樊稠任右将军。他们都和三公一样开设幕府,设置僚属。他们三人与原先的三公合称六府,都参与官吏的推荐和选举。李傕等人利用手中的权力争相提拔自己的亲信做官,一遇有不顺心之事,就大发雷霆。朝廷只好按照李傕第一、郭汜次之、樊稠再次的顺序任用他们推荐的人选,三公所推荐的不予任用。李傕、郭汜、樊稠之间互相猜忌,各存异志,都想独揽大权。他们之间曾几次差点发生武力冲突,经别人劝阻,才平息下来,但最终矛盾还是爆发了。

兴平二年(公元195年)春,李傕借与樊稠商议军情之机,暗中派人杀死樊稠。李傕除去樊稠后,又想除掉郭汜,他时常请郭汜吃饭,郭汜夜里还经常留宿在李傕家里。郭汜的妻子担心郭汜上当，也怕他与李傕家的侍女有染，便想了一个离间他和李傕关系的办法。一次，李傕派人给郭汜送来一些食物，郭汜的妻子说："外面来的东西，恐怕有问题，我先看看。"说着从食物中挑出些豆豉，对郭汜说："这些东西是毒药，不能吃！"她又说："一群鸡中容不得两只公鸡，我实在不明白您为什么对李傕这样放心。"听了妻子的话，郭汜恍然大悟，对李傕开始有所提防。一天，李傕又请郭汜吃饭，郭汜喝得大醉，他怀疑酒中有毒，急忙喝粪汁将酒饭呕吐出来。从此，李傕、郭汜闹翻，派兵相互攻击。尽管献帝派侍中、尚书从中调和，但无济于事。三月，李傕派兵包围皇宫，劫持献帝到自己军营中；郭汜则扣压朝廷大臣。在以后数月当中，双方不停地攻打，死者无数。

六月，部将杨奉想找机会除掉李傕，不料计划泄露，杨奉便率部下背叛李傕。李傕的势力被分化，逐渐衰落。不久，镇东将军张济从陕县来到长安，调解李傕与郭汜之间的矛盾，并迎献帝前往弘农（今河南灵宝北）。经过多次调解，他们之间的矛盾有所缓和，并互相交换女儿做人质。

经董卓之乱和李傕、郭汜的火并，关中地区遭到很大破坏。董卓刚死时，三辅地区的百姓还有数十万户，由于战乱和饥荒，身体强壮者四处逃命，老幼病弱者无法生活，有的自相残杀，靠吃人肉度日。两三年间，关中地区人迹断绝，四野荒芜。

在李傕、郭汜互相攻击的时候，东方的局势也发生了较大的变化。

（6）称雄河北

袁绍的两个主要的劲敌是盘踞在冀州北部的公孙瓒和冀州南部的袁术。初平二年（公元191年）冬，孙坚依附于袁术，袁术任命他为豫州刺史，屯阳城。孙坚出兵攻击董卓时，袁绍却派周昂任豫州刺史，袭取阳城。袁术派遣公孙瓒的弟弟公孙越帮助孙坚回救阳城，在作战中公孙越被

第五章 中原逐鹿

乱箭射中身亡。当时，正在青州镇压黄巾军的公孙瓒怒不可遏地说："我弟之死是袁绍惹出来的。"于是举兵攻打袁绍。公孙瓒军攻势凌厉，威震河北。一时间，冀州郡县纷纷望风而降。

公孙瓒仪表堂堂，声音洪亮，刘太守很器重他，将女儿嫁给他，并让他去涿郡跟随卢植学习经书。后来，他又做了一段郡县小官吏。刘太守出了事，被召去见廷尉，公孙瓒一直在他身边侍奉，简直无微不至。一次，公孙瓒高举着酒杯说："过去是祖父母的孙子，父母的儿子，今天是人家之臣，我们将要到日南去，日南有瘴气，我们有可能回不来了，现在我先与祖先们告别。"又行了大礼。当时看到这一场面的人，无不欷感叹。

袁绍为了取悦公孙瓒，缓和局势，拔擢公孙瓒堂弟公孙范任勃海太守，但公孙范一到勃海，立即反叛。初平三年（公元192年）春，袁绍亲领兵马迎战公孙瓒，两军于界桥南二十里处交锋。公孙瓒以三万步兵排列方阵，两翼各配备骑兵五千余人。袁绍命麴义率八百精兵为先锋，在路两侧埋伏了一千名弓箭手。见麴义兵少，公孙瓒产生了轻敌思想，他命令骑兵突袭，麴义的士兵以盾牌掩护身体，只守不攻，等到双方的距离只有十几步近时，麴义一声令下，军队发起反击，在两侧埋伏的弓箭手也一齐发箭，喊声震天，公孙瓒的军队受了重创，大败而逃。冀州刺史严纲被杀，一千多人战死。麴义率军队追到界桥，公孙瓒集结军队反扑，再一次被打败。麴义一直追击到公孙瓒的驻营地。袁绍让部下加紧追击，自己率人马缓缓而进，随身只带着数十张强弩，持戟卫士一百多人。在距离界桥十余里处，听说前方已经获胜，就放心下马卸鞍，稍事休息。这时突然有二千多公孙瓒部逃散的骑兵出现，重重围住了袁绍，乱箭如雨。别驾田丰拉着袁绍，要他躲在一堵矮墙的后面，袁绍将头盔掼在地上，说："大丈夫宁可冲上前去战死，躲在墙后就能活命吗！"他指挥强弩手应战，杀伤了许多敌骑，公孙赞的部将不认得袁绍，渐渐后退。一会儿，麴义领兵来迎袁绍，公孙瓒的部将才撤走了。

这一年，公孙瓒又派兵到龙凑攻打袁绍，结果再次被打败，于是退守幽州，不敢轻举妄动了。

公孙瓒没有在冀州获得一席之地，反被袁绍重创，便向幽州发展其势力。初平四年（公元193年）十月，公孙瓒杀害原幽州牧刘虞，占领了幽

215

州。当时，幽州流传着一首童谣："燕南垂，起北际，中央不合大如砺，唯有此中可避世。"公孙瓒认为歌谣里说的是易城（今河北雄县西北），于是他将易城作为大本营，修建堡垒和楼观。公孙瓒凭借军事力量，不体恤百姓，为人心胸狭窄，记过忘善，陷害名士，压制贤才，甚至连多看他一眼的小事，也要报复。有人问他为何这样对待士人，他说："士人都想显赫通达，即便让他们富贵了，他们也不会感谢我的。"一些小商贩及庸俗之人却得到了公孙瓒的宠信，公孙瓒甚至与他们结为兄弟或互相通婚。幽州一时间被他搞得一团混乱，民不聊生。

初平四年（公元193年），太仆赵岐奉命劝和，袁绍和公孙瓒才宣告休战。三月，袁绍南下薄落津。这时，魏郡发生兵变，造反的兵士和黑山起义军会合后，占领了邺城。起义军中有一个叛徒陶升，他入邺城之后把袁绍和州内官吏家属保护起来，并将他们送往斥丘。袁绍进屯斥丘，任命陶升为建义中郎将，后大举进剿起义军。他在朝歌鹿场山苍岩谷围攻黑山军五天，将首领于毒杀害。接着，他又残酷地镇压了左髭丈八、刘石、青牛角、黄龙、左校、郭大贤、李大目、于氐根等多支起义军，死者达数万人。

兴平二年（公元195年），已故幽州牧刘虞的从事鲜于辅准备率军队攻打公孙瓒，为主人刘虞报仇。燕人阎柔与鲜于辅向来交情甚好，被推任为乌桓司马。阎柔带领数万名胡汉军队在潞水（今北京密云）以北与公孙瓒委任的渔阳太守邹丹交战。阎柔斩杀邹丹及其部下四千余人，大获全胜。刘虞的故友乌桓峭王也带领由乌桓人和鲜卑人组成的七千余名骑兵与袁绍的部将麴义联合，共同对公孙瓒发动进攻，在鲍丘（今北京密云西南）大败公孙瓒，斩杀两万人。这时，代郡、广阳、上谷、右北平等郡也纷纷起兵征讨公孙瓒。公孙瓒屡战屡败，士气大减，只好退到易城，坚守自保。

为了防御进攻，公孙瓒在易城周围挖掘了十道又宽又深的壕沟，在沟中堆了许多高达五六丈的土丘，又在土丘上面建起望塔，由士兵把守。在中央有一个高达十丈的土山，供公孙瓒居住。公孙瓒所住之处十分坚固，七岁以上的男子不准入内，与他同住的只有姬妾。文书、报告都用绳子吊上城楼。他还命令一批妇女练习叫喊，以便向其他城楼传达命令。公孙瓒住在高高的城楼之上，既没有亲信，也疏远了宾客，他属下的谋臣猛将都

逐渐离他而去。公孙瓒也很少外出作战，有人问其原因，他说："过去我在塞外驱逐胡人，在孟津打败黄巾军，原指望天下指日可定，谁知到了今日，战乱才刚刚开始，看来我一个人不能决定天下的事，还不如让士兵休息，努力耕作，度过这兵荒马乱的岁月。兵法有言，百楼不攻。我现在建造这么多的城楼，又储备了三百万斛的粮食，在此静观天下的形势变化是最为妥善的办法。"

袁绍连年出兵攻打公孙瓒，都没能收到良好的效果，他又写信给公孙瓒，想与他尽释前嫌，再度联合。公孙瓒对此不做答复，反而加强防备，他对部下说："如今群雄四方争霸，形势瞬息万变，无人能围在我的城下一呆好几年，袁绍奈何不了我！"袁绍得知公孙瓒的态度，大为愤怒，向易城增派兵马，大举进攻公孙瓒。随着袁绍攻势的加强，一味防守的公孙瓒有些招架不住了。他派儿子公孙续向黑山军将领求援，并准备亲自率众迎敌。

建安四年（公元199年）春天，援救公孙瓒的黑山军首领张燕与公孙续率十万军队，兵分三路向易城赶来。公孙瓒派使者前去接应，并给公孙续捎去一封密信，让他率五千精兵到城北低洼地埋伏，以点火为号，公孙瓒带兵出城，前后夹击袁绍的围城军队。哪知送信人在路上就被袁绍抓获，搜出了这封信。袁绍将计就计，按期点火。公孙瓒以为援军到了，急忙率军出城，结果冲进袁绍设下的包围圈。经过一场大战，公孙瓒败退城中。袁绍抓住时机，命令军队挖掘地道，一直挖到公孙瓒住的城楼下面，之后将木柱叠架起来，再点燃木柱，大火一下子将城楼烧塌。公孙瓒陷入绝境，万般无奈，先将自己的姊妹、妻子缢死，然后引火自焚。于是袁绍又占领了幽州，成为北方势力最大的军阀。

袁绍有三个儿子：长子袁谭、次子袁熙、三子袁尚。袁绍宠爱后妻刘氏，对刘氏所生的袁尚颇为偏爱，有意以袁尚为嗣，因此让长子袁谭去做青州刺史。沮授劝袁绍说："年纪相当应该选择贤者为嗣，德行又相当就用占卜决定，这是古人都遵守的原则。如果将军不能改变决定，祸乱就会从此而生。"袁绍则说："我是准备让几个儿子各据一州，对他们进行考查，最后再决定立谁为嗣。"攻克幽州之后，他又让次子袁熙做幽州刺史，让外甥高干做并州刺史，只把袁尚留在身边。

袁绍占据了冀、青、幽、并四州后，军队达到了几十万。随着实力的增强，他的野心也越来越大了，给献帝的进贡却越来越少。一次，他接到了袁术写来的一封信，信上说："汉朝的天下早已丢掉，天子受人控制，朝政被奸臣把持，豪强角逐，国土分裂，现在和周朝末年七国纷争的时代没什么两样，其结果是强者兼并天下。袁家受命于天，理应当皇帝，符命、祥瑞也都是这么显示的。您今日拥有四州之土地，民户过百万。无人能比得上您的实力，论德行崇高更无人比得上您。"

当初，在董卓专权时，袁术为避祸从洛阳逃到南阳。他的部将孙坚杀了南阳太守张咨，与袁术会合于鲁阳（今河南鲁山），南阳从此成为袁术的根据地。刚到南阳时，袁术有人口数百万，但他征赋无度，不体恤百姓，又骄奢淫逸，令百姓苦不堪言，纷纷外逃。后来袁术与袁绍发生矛盾，各自拉拢党羽，相互图谋。由于袁术与荆州牧刘表不和，便勾结公孙瓒，袁绍因与公孙瓒有矛盾则与刘表联合。当时，地方势力多依附袁绍，袁绍占了绝对的优势。袁术愤恨地说："这些小人不跟随于我却跟随我家的败类，决不会有好下场！"他还给公孙瓒写信说："袁绍不配做我们袁家的子孙！"袁绍得知此事后大怒，伺机进行报复。

初平四年（公元193年）正月，袁术进军陈留（今河南开封东南），打算向北方发展其势力，却遭到袁绍与曹操的联合抗击。袁术大败，退至九江（今安徽凤阳南），扬州刺史陈瑀率兵抵御，不让袁术入境。袁术退守阴陵（今安徽凤阳西南），又集结军队向寿春（今安徽寿县）进攻。陈瑀非常害怕，逃到下邳（今江苏邳县南），袁术占领寿春。他自称扬州刺史，成为割据淮南的军阀。

袁术在建安二年（公元197年）称帝淮南，仅仅过了两年半时间，就搞得国库空虚、民怨沸腾、众叛亲离，袁术走投无路之际，"慷慨"地表示愿将帝号让给袁绍。袁绍见信不敢声张，心里却美滋滋的。他命主簿耿苞为自己做皇帝寻找理由，耿苞私下对他说："汉朝已经衰败，袁氏是黄帝后裔，理应顺从天意、合乎民心而称帝。"袁绍故意向军府僚属公开了耿苞的言论，本想大家会拥戴他，却没想到僚属们都认为耿苞妖言惑众，混淆视听，应当斩除。袁绍知道时机还不成熟，唯恐露出马脚，急忙令人把耿苞杀了。

第五章　中原逐鹿

（7）割据势成

　　从初平三年至兴平二年（公元192~195年），中原的形势发生了很大的变化。司徒王允在长安和中郎将吕布等密谋诛杀了董卓，受到了民众的欢迎。其后，王允不能妥善处理董卓部下，致使董卓部将李傕、郭汜举兵叛乱。结果王允被杀，吕布逃出长安。后来，李傕、郭汜发生火并，相互残杀，而汉献帝作为各方势力争霸天下的政治资本，被这些军阀争来抢去。曹操在兖州异军突起。原兖州刺史刘岱死后，兖州地方势力推举曹操继任，他采用武装镇压和诱降的手段，迫使三十万青州黄巾军投降。后来，又连续战胜袁术，迫使袁术败逃到淮南。在他东征徐州刺史陶谦时，张邈和陈宫背叛了他，迎吕布入兖州。曹操经过艰苦的斗争，又重新夺回兖州。

　　兴平二年（公元195年）十月，杨奉等人护卫汉献帝逃到曹阳，李傕在后面率军追赶。这次沮授再次建议袁绍要把汉献帝抢到手中。他说："将军生于宰辅世家，以忠义匡扶天下久负盛名。现在皇上流离失所，宗庙遭受损坏。而州郡牧守兴义兵是假，行兼并才是真，根本没有一个人真心保卫天子，安抚百姓。现在将军已经粗定州城，应早迎大驾，在邺城建都，挟天子以令诸侯，养精蓄锐，平定四方。那时，还有谁能与将军抗衡！"沮授的建议遭到郭图、淳于琼的反对，他们说："汉室衰微时日已久，今日要重新振兴谈何容易！何况目前英雄各据州郡，都有雄厚的实力，这时就是所谓'秦失其鹿，先得者王'的时候。如果把天子迎到我们自己身旁，诸事就得上表请示，服从命令就失去权力，不服从就有抗拒诏命的罪名，这不是好计谋。"沮授又苦苦劝谏道："迎皇上之举不仅符合道义，而且非常符合当前的形势，如果我们不先行动，一定会有人抢在我们前头。取胜在于把握时机，成功在于敏捷神速，希望将军三思。"但是袁绍最终没能采纳沮授的意见，以致丧失了这个机会。

　　与中原战乱不断的局面相比，辽东地区相对稳定，公孙度在这里建立了割据政权。公孙度,字升济,辽东襄平人。其父公孙延,逃官到玄菟。当时玄菟太守公孙琙之子公孙豹年仅十八,但不幸夭折。公孙度幼时也叫豹,年龄和公孙琙的儿子相仿,公孙琙一见公孙度,就喜欢上了他,送他去学习,并且为他置了住宅娶了妻子。后来又举荐他任尚书郎,不久又升为冀州刺史,后却因谣言被罢免。董卓手下的徐荣与公孙度同乡,公孙度经他推荐做了辽东太守。因为公孙度是从玄菟的小官吏发迹的,所以辽东郡的人都很轻视他。公孙度到任之后,为官清正,不惧豪强,依法处斩郡中豪门大姓百余家,得到百姓的拥护。他向东征伐高句丽,向西攻打乌桓,扩大了其势力范围。公孙度对手下亲信柳毅、阳义说:"汉朝末日将临,我要在这里和你们一同建立王国。"他分割了辽东郡的一部分,设置辽西郡和中辽郡,各设立太守,并渡海攻占了东莱等县,还设置了营州刺史。公孙度自称辽东侯、平州牧。

公孙度在辽东很有声望,远近闻名。中原地区的士人为躲避战乱之苦,纷纷逃往辽东。其中有北海人管宁、邴原、王烈等,这些士人皆以节操高尚闻名于世。公孙度听说他们来到辽东,非常高兴地迎接他们,并为他们准备住所。

这期间,各割据势力基本形成,除上述的割据势力之外,还有占据徐州的陶谦,占据荆州的刘表,占据益州的刘焉,占据江东的孙坚、孙策等地方军阀。

2. 挟天子以令诸侯

（1）讨伐忤逆

在群雄割据天下的龙争虎斗中，在众多的军事力量中脱颖而出、令人刮目相看的就是曹操。

曹操（公元155~220年），又名吉利，字孟德，小字阿瞒，沛国谯（今安徽亳州）人，出生于一个显赫的宦官家庭。

曹操的祖父曹腾，是东汉末年宦官集团当中的一员。曹操的父亲曹嵩，为曹腾养子。曹嵩的出身，无从考证，有人认为他是夏侯氏之子。曹嵩曾先后任司隶校尉、大司农、太尉等官。

曹操是曹嵩的长子，为人机警，有谋略、善权术，自幼就博览群书，同时也拥有过人的武艺。曹操行为放荡，不受礼教约束，不经营产业，未发迹时不被时人所器重，但素以知人名世的太尉桥玄一见曹操就大为惊奇，说："天下将大乱，不是杰出的人才将不能拯救，能安定天下的恐怕就是你了！"桥玄又让曹操去拜访汉末主持"月旦评"的名士许子将，许子将评价曹操说："你在天下大治时可以成为一个能臣，在天下大乱时则会成为一个奸雄。"此后，曹操名声渐渐大起来。

熹平三年（公元174年），曹操以孝廉身份担任洛阳北部尉。他一上任，便在衙门两侧各悬十余枚五色大棒，申明禁令，凡有违犯法令之人，不避豪强，一律用棒打死。宦官蹇硕的叔父违禁夜行，被曹操棒杀，京师的治安因此大为好转。熹平五年（公元176年），曹操又出任顿丘县令。

灵帝中平元年（公元184年），黄巾起义爆发，曹操被任命为骑都尉，受命与卢植等人联军进攻颍川黄巾军，结果大破黄巾军，杀死数万人，随之升迁济南相。曹操任济南相内，治事如初。济南国（今山东济南一带）有县十余个，各县长吏多依附于权贵，贪赃枉法，无恶不做，以前的历任国相对此不闻不问。曹操到任后，大力整顿，一下子奏免八名长吏，震动济南，贪官污吏纷纷逃窜。当时正是东汉政治极度黑暗的时候，曹操不愿违背自己的意志迎合权贵，便托病回归乡里，春夏读书，秋冬打猎，暂时过起了隐居生活。

中平五年（公元188年），为巩固自己的统治，汉灵帝设置西园八校尉，曹操因其家世被任命为八校尉中的典军校尉。

董卓擅权时，曹操被任命为骁骑校尉，曹操认为董卓只是一时强盛而已，最终定会失败，遂拒绝与其合作。董卓大怒，下令抓捕他，他改名换姓，逃离洛阳，路过中牟县时，因行迹可疑，被亭长送往县衙。县令这时已接到董卓追捕曹操的命令，县里只有一个功曹知道此人是曹操，认为现在社会混乱，不该拘捕天下的豪杰，便在县令前说情，将曹操释放了。

曹操到达陈留（今河南开封东南）后，将家财散尽，募集了五千士兵，并于初平元年（公元190年）参加了征伐董卓的关东同盟军。当时曹操的军队屯驻酸枣，各路军队都推荐袁绍为盟主，只有鲍信对曹操说："现在谋略超群、能拨乱反正的只有你了，如果不是这样的人才，尽管现在很强大，终归要失败。"虽然讨伐董卓的军队很多，但都各存异志，谁也不愿意首先出战。曹操说："我们兴义兵，是为了诛除暴乱，如今联军已经集合起来，诸位还有何迟疑？假如董卓倚仗皇室，占领洛阳，向东进军，尽管他凶残无道，也定会被我们打败。现今他烧毁宫殿，强迫天子迁都，举国震动，人心惶惶，不知该何去何从，这正是上天赐予我们灭董卓的良机，一战就可平定天下。"于是，曹操率兵向成皋进发，行至荥阳汴水，与董卓部将徐荣的部队相遇，双方展开了激战，曹军吃了败仗，曹操中了暗箭，所骑战马也受了伤。他的堂弟曹洪将自己的马让给曹操骑，曹操拒绝，曹洪说："天下可以没有曹洪，但不可没有您！"曹操只好上马，曹洪步行跟随其后，趁黑夜逃脱。徐荣发现曹操虽然兵少，但作战勇猛，要攻下酸枣实属不易，也率领军队后撤。

退回酸枣的曹操，见各路军队十余万人，只是每天喝酒聚会，无人敢

与董卓开战，渐有怒意。他建议诸军各据要地，再分兵西入武关（今陕西丹凤东南），围困董卓，关东诸将不愿意听从。于是，曹操与部将夏侯惇等到扬州去召募新兵。扬州刺史陈温、丹阳太守周昕给曹操四千余兵，但是途经龙亢时，士兵倒戈，在夜里烧掉曹操的营帐，四处逃散，只有五百余人留了下来。后来在铚（今安徽宿县西南）、建平（今河南永城西南）又募得一千余人，重新向北进发，到河内郡驻扎下来。

虽然关东诸军名义上为讨董卓，实际各自心怀鬼胎，都是在伺机发展自己的势力。不久，各路讨伐董卓的军队之间发生矛盾，不断发生战争。

袁绍当时也屯军河内。袁绍见曹操后，就问："如果我们讨伐董卓不成，你看何处适合发展势力？"曹操反问道："你有何具体打算呢？"袁绍回答说："我南面占领黄河，北面占据燕代，联合乌桓，然后向南争夺天下，这样也许能够大功告成了吧？"曹操表示："仅凭山川之险，占据一方去发展势力是不行的，我要任用天下有智慧的人，根据形势的发展去应对情况，就一定能成大业。"

袁绍为发展势力，与韩馥谋立幽州牧刘虞为帝，曹操很明确地表了态，他说："董卓罪恶滔天，诸位兴义兵，讨董卓得到了天下人的支持，这是因为我们是正义行动，现今皇帝幼弱，被奸臣所控，如果再立新帝天下如何安定？你们向北，我曹操向西进军。"由于刘虞拒绝称帝，袁绍的计划没能实现。济北相鲍信向曹操建议说："袁绍利用其盟主资格，垄断权力，专谋私利，定将发生变乱，发展成董卓那样的人。要想抑制他，我们的力量还很不够，应在河南以南招兵买马，发展势力，等待形势的变化。"曹操很赞同鲍信的意见。当时，在于毒、白绕、眭固的率领下，十多万黑山军进攻东郡，太守王肱势单力孤，抵挡不住他们的进攻，曹操就率军进入东郡，在濮阳击败黑山军的白绕部。于是袁绍任命曹操为东郡太守。

（2）平定青州

初平三年（公元192年）春，曹操在顿丘驻军，于毒等进攻东武阳。此时曹操却命军队西行入山，向于毒等的大本营进攻。曹操部下将领都请求援救东武阳，曹操说："把我们西行的消息透露给叛贼，他们如果回来救援，东武阳的包围将不救自解；如果他们不回来，我们定会将他们的营寨攻下，而他们肯定不能攻下东武阳。"于是，率军出发。于毒听此消息后，果真放弃东武阳回救大营，曹操乘机进攻内黄，打败黑山军眭固部及南匈奴单于于夫罗。

初平二年（公元191年），青州军大举进攻勃海郡，在东光遭到公孙瓒的攻击，青州军因此而失败，伤亡惨重。次年，青州军向兖州进军，先攻下了任城（今山东济宁），杀死任城相送逐，接着又进攻东平。兖州刺史刘岱准备率兵还击，济北国相鲍信劝阻他说："如今青州军力量强大，拥兵百万之多，百姓都十分恐慌，士兵也无斗志，不可与他们交战。但是，青州军没有军需物资，坚持不了多长时间，我们不如暂且保存实力，固守城池，敌军求战不得，攻城又不下，时间一长他们的力量定会削弱。到那时，再挑选精锐部队，镇守关口要塞，定可将他们击败。"刘岱不听其言，率军和青州军交战，结果被青州军杀死，兖州一时没人主持事务。

曹操的部将陈宫对曹操说："刘岱已死，州中无主，断绝了与朝廷的关系，我想说服州中的主要官员，同意由您主持州中事务，以此为资本，进而夺取天下，这可是霸王之业。"接下来，陈宫对兖州的主要官员说："如今天下分裂而州中无人主持事务，曹操为一代英才，如能迎接他做州牧，必然能使百姓安定。"在鲍信的帮助下，陈宫终于说服了兖州的主要官员。于是，曹操兼任了兖州牧。

曹操到任之后，便率军前往寿张东攻打青州黄巾军。黄巾军勇敢精悍，曹操因势单力薄，没能取胜。鲍信也被黄巾军杀死。鲍信是曹操的旧友，鲍信死后，曹操异常伤心，下令悬赏寻找鲍信的尸体，但没能找到，只好让人刻了鲍信的木像，下葬之时，曹操大哭不止。黄巾军与曹操经过昼夜激战，中了曹操埋伏，损失惨重，也退出兖州，向济北撤退，曹操却紧追不舍。黄巾军给曹操写信说："你过去在济南，毁坏神坛；这同我们黄巾军信奉的太乙是相同的。你像是懂道的人，现在怎么迷惑了。汉命已尽，黄家当立，这是天命，不是你所能阻止得了的。"曹操见信之后，一面大声斥骂，写信给黄巾军，指出投降是唯一出路；一面设伏兵，与黄巾军昼夜激战，终于将黄巾军击败，俘获兵士三十余万人，男女人口百余万人。曹操挑选其中精锐之士，组成军队，称为"青州兵"。

（3）争夺兖州

曹操在兖州刚刚立足，就遭到袁术的攻击。初平四年（公元193年）初，袁术受到刘表的威胁，率军进入陈留，移驻封丘。黑山军的一支和南匈奴于夫罗全都归附了袁术。曹操当时驻军于鄄城，率军迎战。正在这时，刘表杀了袁术的部将孙坚，切断了袁术的粮道，曹操乘机击退袁术，袁术被迫退居淮北。曹操打败袁术后，于初平四年（公元193年）还军定陶（今属山东）。

献帝初平四年（公元193年）秋，曹操向徐州进兵，为的是向东南扩张其势力。徐州当时是陶谦的势力范围。陶谦字恭祖，丹杨人。他年轻时好学，是位儒生，出任州郡吏，被举为茂才，当上卢氏县令，又被升迁为幽州刺史，后任命为议郎，任车骑将军张温的参军事，被派前去征讨韩遂。正逢徐州黄巾军起义，陶谦就做了徐州刺史，征讨黄巾军，将黄巾军打得四处逃散。董卓叛乱，各州郡都拥兵自重，天子在长安建都，与外界完全断绝联系。陶谦派使者向天子进献，被天子提升为安东将军、徐州刺史，封溧阳侯。陶谦肆意妄为，广陵太守琅琊人赵昱是徐州名士，因为忠诚正义而被他疏远；曹宏等奸佞小人，却反而受重用。于是刑罚、政事弊端开始出现，善良的人基本上都被他迫害，社会由此动荡起来。下邳的阙宣自称为帝，陶谦最初与他联合四处抢掠，后来杀死了阙宣，收编了他的部队。初平四年（公元193年）夏，曹操之父曹嵩在琅琊避难，曹操派人把他父亲接到兖州来。途中，曹嵩被陶谦部将张闿堵截，曹嵩被杀，一百多车财物被抢走。曹操深恨陶谦，于秋天发动了对徐州的进攻，连续攻克十余城。到达彭城时，与陶谦军展开激战。陶谦战败，退守郯县。

以前京师洛阳一带遭董卓之乱，百姓都向东迁移，大多数投奔到徐州。徐州地区百姓富裕，粮食丰足。曹操攻入徐州，在泗水旁杀了几十万老百姓，泗水为之不流。曹操攻不下郯县，便派兵向南攻克虑县、睢陵、夏丘，所到之处屠戮无数，故城尽为废墟，行人断绝。陶谦向青州刺史田楷请求救援，田楷派平原相刘备率数千士兵前往救援。陶谦又增拨丹阳郡兵士四千名归刘备指挥，任命刘备为豫州刺史，屯兵小沛。这时曹操也因粮草不济，率军退回兖州。

兴平元年（公元194年）四月，曹操再征陶谦。他派司马荀彧、寿张县令程昱留守鄄城，亲自率领部队出征，一路打到琅琊、东海，返回时，在郯县以东将刘备的军队击败。陶谦恐惧，想逃回丹阳。这时，兖州境内发生了反对曹操的叛乱。曹操闻讯之后，急忙撤军，力求挽救兖州。

这次叛乱是陈留太守张邈发动的。张邈年轻时，喜好游侠，同曹操、袁绍关系不错。袁绍当上讨董联军的盟主后，非常傲慢。张邈严厉地批评袁绍，袁绍非常恼怒，命曹操去杀张邈。曹操予以拒绝，说："张邈是我的好朋友，有什么过错理应宽容，今天下尚未安定，怎能自相残杀呢？"曹操第一次攻打陶谦时，决意死战，于是告诉家人说："如果我不能生还，你们就去投靠张邈。"后来曹操胜利归来见到张邈，两人相对落泪。然而，自曹操出任兖州牧之后，势力不断壮大，心里惴惴不安，尤其是前任九江太守边让曾因讥讽曹操全家惨遭杀害后，张邈害怕终有一天被曹操所灭。边让声望很高，才华出众，他的被杀使兖州地区的士大夫都感到恐惧。陈宫性情直率刚烈，心里也疑虑不安，就与从事中郎许汜、王楷及张邈的弟弟张超一起策划背叛曹操。陈宫对张邈说："如今天下分裂，豪杰纷纷崛起，您拥有广阔的土地，大量的人口；又处于四方必争的要冲之地，完全有能力成为人中豪杰，为何反而受制于他，这岂不是太鄙陋了吗？曹操如今率军东征，州中一定空虚，吕布是个能征善战的勇士，应当将他请来，一同主持兖州事务，等待时局变化，这正是您施展才能的良机。"张邈听从了陈宫的建议。

以前曾参加过讨伐董卓之战的陈留太守和曹操部将陈宫都对曹操不满，遂反叛曹操，迎吕布为兖州牧。吕布为当时的名将，先为董卓部将，后曾与王允设计诛杀董卓。

当时只有鄄城（今属山东）和东郡的范（今山东范县东南）、东阿（今山东阳谷东北）两县在曹操的掌握之中，分别由司马荀彧和寿张令程昱、东郡太守夏侯惇等坚守，形势非常危急。曹操从徐州赶回，获悉吕布屯于濮阳，遂进军围攻濮阳。

曹操说："吕布得一州，却不能占领东平，截断亢父（今山东济宁南）乘机袭击我，而是退驻濮阳，我料定他是没有任何作为了。"四月，曹操率领军队围攻濮阳。曹操将吕布的一支部队在濮阳以西击败，还未来得及回撤，吕布赶来援救，双方遂展开激战，从早打到晚，不分胜负。曹操为打破僵局，招募壮士袭击敌阵。司马典韦带领壮士冲到阵前。吕布命令弓弩手放箭，一时箭如雨下，典韦很镇定，根本不放在眼里，对壮士们说："等敌人离我们还有十步远的时候再告诉我。"壮士们说："已经十步了。"他又说："离我们还有五步的时候再告诉我。"说话之间，吕布的军队已来到眼前，壮士们惊呼："敌人现在到了！"典韦这时才持戟，大喊而起，带领壮士冲上前去。他们英勇无比，吕布军队仓惶后退。这时天黑下来，曹操率军回营。典韦立下大功，曹操提升他为都尉，命他率领亲兵，负责大帐左右的警卫。

不久，曹操再次攻打濮阳时，在濮阳大姓田氏的帮助下，曹操得以进入城内，并烧毁城东门，表示不再退回。经过与吕布军队交战，曹军大败。吕布的骑兵捉住了曹操，但他们不认识曹操，问道："曹操在哪里？"曹操说："前面骑黄马逃走的那个就是。"吕布的骑兵一听，将曹操释放，追赶骑黄马的人去了。曹操从东门的大火中逃脱。回到营中，他亲自慰劳军队，鼓舞将士士气，命令尽快赶制攻城器具，再度进攻濮阳。曹操与吕布激战100多天不分胜负，吕布粮尽，曹操也因军队乏粮，双方都各自退兵。九月，曹操回到鄄城，吕布率领军队到达乘氏县，乘氏县人李进将吕布击败，吕布无奈向东退到山阳。

曹操到这年冬天来到东阿县。袁绍想联合曹操，条件是曹操的家眷必须居住在邺城,实际上袁绍是凭自己雄厚实力逼迫曹操送人质。此时,曹操已丧失了兖州的大部分地区,军粮即将用尽,正处在困难之时,想要答应袁绍的建议。程昱却极力反对曹操这样做,他说:"我认为您这是临事畏惧的表现,如果不是,您为何考虑得这样不周全!袁绍的野心是吞并天下,但以他的智谋这个愿望是不能实现的,难道您愿意臣服于他吗?以您龙虎之威,能做当年刘邦手下的韩信、彭越吗?兖州现在虽然残破不堪,但您还控制着三座城,战士万余人,以将军的神武,荀彧、程昱等人的帮助,霸王之业一定能实现,希望您慎重考虑再作决定!"曹操采纳了程昱的意见,没有将家眷送往邺城。

程昱,字仲德,东郡东阿县人,身长八尺三寸,胡须长得特别美。黄巾兵起义时,县丞王度起兵响应,烧毁仓库。县令仓惶翻墙逃走,官吏百姓都背负老幼向东逃奔至渠丘山。程昱遣人侦察王度的情况,得知王度等人只得到一座空城而已,不能据守,于是在离城西四、五里的地方驻扎。程昱对县中大族薛房等人说:"现在王度等人已经得到城郭却不能据守,其成败大事就已经很清楚了。他们只不过想要抢掠财物,并没有扩充实力、训练军队的志向。我们现在为何不返回城中守城?城墙既高且厚,并且城中积存的粮食很多,现在如果回去请求县令帮忙一同坚守,王度定不能坚持很久,那时便可一攻而破。"薛房等人认为他说得有理,但吏役百姓却不肯听从他的意见,说:"王度在西边,我们只有向东去。"程昱对薛房说:"和愚民不可商议大事。"于是秘密派遣几人到东山上高举幡旗,以使薛房等人能看到,并大喊说:"王度已来了!"随即下山直奔城内,吏民也奔走跟随,去找县令,共同守城。不久,王度等人来攻城,久攻不下后撤离,程昱率吏民打开城门紧追其后,王度等人被打得落荒而逃。东阿县城因此得以完整保全。

兴平二年(公元195年)春天,为争夺兖州曹操再次与吕布交战。正月,曹军在定陶击败吕布。四月,又在巨野击败吕布,并且斩杀吕布部将薛兰等人。此时传来徐州牧陶谦病死的消息,曹操想乘机夺取徐州,回头再攻打吕布。荀彧对曹操说:"从前,汉高祖刘邦保关中,光武帝占据河内,都是先牢牢控制其根据地之后,再图控制天下,进可战胜敌人,退可坚守,所以偶有失败,但仍能完成统一大业。将军原是在兖州起兵,平定山东之乱，百姓没有不心悦诚服的。兖州重地，如今虽已残破，但还易于自保。这正是您的关中、河内，应先巩固兖州。您已打败了李封、薛兰，我们应该乘机派兵收割麦子，节衣缩食，储备粮草，到那时就可以一举打败吕布。徐州如果攻不下来，将军您将去哪里呢？"曹操采纳了荀彧的意见，打消了东征的念头，命其部下全去收割麦子，留在营中的不足一千人。这时，吕布、陈宫率领万余人前来进攻。曹军形势非常危急，难以守住营寨。曹操决定以计破敌。在营寨西边有一条大堤，南面却是一大片茂密的树林，曹操让一半士兵埋伏在堤后，另一半士兵显露于堤外。当吕布的军队靠近时，曹操命轻装部队前去挑战，双方交战之后，才命令堤后伏兵杀出，步兵、骑兵一齐冲锋，致使吕布大败，吕布军向徐州方向撤退。曹军攻下定陶并平定了其他县城。张邈随同吕布前往徐州，他的弟弟张超带着家属退守雍丘（今河南杞县）。八月，曹操包围雍丘，至十二月，攻下雍丘，张超自杀。张邈获悉雍丘被围的消息后，想到袁术那里请求援助，在途中却被部下杀死。至此，曹操又重新占领了兖州。这年冬，朝廷任命曹操为兖州牧。

（4）曹操挟帝

兴平二年（公元195年），兖州全部控制在曹操手中，曹操以此为根据地，开始了他诛灭群雄、统一北方的大业。

这时，汉廷虽然被地方势力所割据，但汉廷仍是正朔，汉献帝仍是合法的王朝统治者，因而控制汉献帝是扩大政治影响、进而发展势力的重要手段。早在初平三年（公元192年）曹操任兖州牧时，兖州治中从事毛玠就对曹操说："现今天下分裂，皇帝西迁，百姓无法从事生产，饥饿流亡，政府没有一年的储蓄，百姓不得安宁，这是难以长久的。袁绍、刘表现在虽士民众多，但无长远考虑，不是建立牢固基础的人。出兵征伐要符合道义，要靠经济力量才能守住地位，应该奉天子以令诸侯，积极发展农业以保障军需，这样霸王之业可以成功。"

汉献帝西迁，朝纲不振，但统治全国数百年的汉室仍然具有一定的号召力，作为以皇权为依托的宦官的后裔，曹操自然知道汉天子在政治斗争中所具有的举足轻重的作用。因此，曹操非常赞同毛玠的建议，立即派使辗转至长安，以表示自己忠诚于汉朝，并利用黄巾军余众，在许县（今河南许昌市西）附近开展屯田，积蓄粮食，招募军队，又获颍川（治今河南许昌市西）名士荀彧为谋士。在以后三年多的时间里，曹操将占据南阳（治今河南南阳市）的袁术逐到淮北，两次进攻徐州（治今江苏邳县南），打败徐州牧陶谦，将袭据兖州的吕布逐至徐州。兴平二年（公元195年）十月，汉献帝任命曹操为兖州牧，黄河南边这块地盘，成为曹操日后消灭北方割据势力的基础。

兴平二年（公元195年）春，凉州军阀李傕杀了凉州将樊稠，焚毁长安宫殿，将汉献帝挟持到自己的军营当中，郭汜则将汉室公卿扣作人质，互相攻杀。李傕部将杨奉叛变，于同年八月挟持汉献帝东奔洛阳，他联合河东（治今山西夏县西北）白波军首领韩暹等，摆脱李傕、郭汜的围追堵截，于建安元年（公元196年）七月到达洛阳。当时洛阳已经残破不堪，

第五章 中原逐鹿

百官靠采集野草籽充饥，有的甚至饿死于残垣断壁之间。

许多人都热衷于争夺献帝的原因是控制了献帝，便可以获得政治上的主动权。献帝逃往河东之时，袁绍的谋士沮授曾建议袁绍挟持献帝，以号令诸侯。袁绍考虑了很长时间，终未采纳沮授的建议。

在袁绍放弃挟持献帝的时候，曹操却策划如何把献帝弄到自己身边。建安元年（公元196年），曹操在许县与部下商议此事，许多人认为山东还未平定，韩暹、杨奉等人自觉护驾有功，骄横凶暴，制服他们有一定困难。荀彧说："以前晋文公迎纳周襄王，各国一致推举他为霸主，汉高祖为义帝服孝的目的，也是笼络民心。自从天子流离在外，将军首倡义军，是因为山东局势混乱，不能远去迎驾。现在皇帝已经返回旧京，但洛阳残破不堪，忠义之士希望能保全根本，百姓也非常怀念旧王室，并为此而伤悲。这时如能迎奉天子，以顺民心，是恰到好处的行动。用忠于王室的态度使天下心悦诚服，这是最明智的策略。恪守君臣大义，招揽天下英才，是最大的德行。即使四方有反叛朝廷的，但他们能有什么作为？至于韩暹、杨奉等人，有什么可值得顾虑的！与其将来后悔莫及不如现在及时行动。"

荀彧的话也正合曹操的心意。于是曹操派遣扬武中郎将曹洪率兵向西，到洛阳迎接献帝。曹洪，字子廉，曹操的堂弟。曹操起兵讨伐董卓，到了荥阳时，被董卓的部将徐荣击败。曹操没了坐骑，而且后面敌兵追赶很急，曹洪跳下马来，把坐骑让给曹操，曹操拒不接受，曹洪说："天下可以少了我曹洪，但不能没有您啊！"于是步行跟随到了汴水边，水很深，而且流得非常快，不能涉水过河，曹洪沿着河道找寻出口，终于寻到一只渡船，于是曹操得以渡河，返回到谯郡。扬州刺史陈温与曹洪是好友，曹洪以前曾领家兵千余人和陈温共同去招募过士兵，募得庐江上等兵二千人，向东又募得数千人，带着这支队伍，与曹操在龙亢会合。曹操征讨徐州，张邈凭兖州叛变，归附吕布。当时这里正闹饥荒，曹洪在前开路，占据了东平、范县，征集粮食来供养后续的部队。曹操在濮阳征讨张邈、吕布，吕布大败后退，曹操遂占领了东阿，转而又攻克了济阴、山阳、中牟、阳武、京、密等十余座县城。曹洪为曹操立下了汗马功劳，因而被任命为鹰扬校尉，继而升迁为扬武中郎将。

曹洪受到董承的阻击，不能前进。当时，在朝廷当权的人物中，杨奉的军队还算比较强大，但他与董承、韩暹勾心斗角，矛盾重重。曹操的好友议郎董昭以曹操的名义给杨奉写信说："我对将军倾慕已久，只听到您的名声，便已推心置腹。现在您在困难中救出天子，护送回到洛阳，辅佐朝廷，其功绩无人可比。现今各地恶人猖狂，国家处于动荡之中，天子的责任重大，就更需要大臣辅佐，所有贤明之士都要努力，才能清除君王道路上的障碍，这件事不是一个人所能办到的。将军应在朝廷主持事务，我做外援。现我有粮草，将军有兵马，互通有无，足以相济。"杨奉收到信非常高兴，他对将领们说："曹操的军队，近在许县，有粮有兵，这正是国家现在所依赖的。"于是上表推荐曹操为镇东将军，袭父爵为费亭侯。

这时，在朝廷的韩暹与董承发生矛盾。韩暹自恃护驾有功，骄横霸道。董承非常讨厌他，便私下把曹操召请来。曹操亲率大军赶赴洛阳，朝见献帝。韩暹觉得自己不是曹操的对手，便逃出京城。献帝任命曹操为司隶校尉，录尚书事，参与朝政。曹操的目的是挟天子以令诸侯，如何才能很好地控制汉献帝呢？于是他将董昭请来，问他："现在我到了洛阳，下一步到底该怎样办呢？"董昭说："将军兴义兵以诛除暴乱，入京朝见天子，辅佐汉室，这是春秋五霸之功业。但是，现在的将领们都各怀异志，未必能听从您的指挥。留居洛阳辅佐朝政，有许多不便的地方，只有请天子移驾到许县这个办法最稳妥。然而朝廷在外流浪多日，最近刚刚回到洛阳，远近都盼望早些安定。今再迁都，恐怕人心动荡，望将军作出明智的选择。"曹操说："我的想法也是如此，只是杨奉在梁县，距离我们很近，他兵士强悍，会不会来找我的麻烦？"董昭说："杨奉没有外援，所以他愿意与将军联合。任命您担任镇东将军，封费亭侯的事，都是杨奉的心意。您应及时派遣使者，带着重礼以示感谢，让他安心，并跟他说：'洛阳缺乏粮食，想请皇帝暂时移驾鲁阳，鲁阳离许县近，运粮较为方便，可免去粮食短缺的忧虑。'杨奉是个有勇无谋的人，一定不会起疑。"曹操说："这个主意甚好。"随即派遣使者去见杨奉。杨奉果然相信，于是曹操将汉献帝及朝廷百官迁至自己的根据地许县，改名许昌，作为都城，自任大将军，摆脱了杨奉等对朝廷的控制，将汉献帝牢牢地控制于自己的手中。

第五章　中原逐鹿

当曹操将献帝迁到许县之后，杨奉才感觉到自己上了当，企图出兵阻拦，已来不及了。冬天，曹操攻打杨奉，杨奉战败，向南投奔袁术，梁县遂被曹操占领。袁绍听说曹操将献帝接到许县，十分后悔。他想让曹操把献帝迁到鄄城（鄄城离冀州很近，便于控制朝廷），曹操一口拒绝。

建安元年（公元196年）九月，汉献帝下诏给据青、冀（治今河北冀县）、幽（治今北京市）、并（治今山西太原市南）四州之地的袁绍，"责以兵多地广，但专门树立党羽，不见勤王之师，只见擅自相互征伐"。这是曹操"奉天子以令不臣"的第一个政治行动。随后，汉献帝又下诏给吕布，称赞他诛杀董卓的功劳，令吕布与曹操共辅朝廷。献帝东迁后，关中出现几个政权，数十名军阀都据地拥兵自重，曹操任命侍中钟繇为司隶校尉，持节都督关中诸军，凉州将马腾、韩遂分别送子到许昌作为人质，曹操又通过天子将关中暂时置于自己的号令下。次年，曹操又任命当时已占据江东的孙策为骑都尉，继承其父孙坚乌程侯爵，领会稽太守，让他与吕布一起讨伐在寿春称帝的袁术。吕布虽据有徐州，却不得不派人去求曹操，希望朝廷正式任命他为徐州牧。荆州（治今湖北襄樊市）牧刘表据地自保，名义上仍臣服于曹操控制的汉朝廷，贡奉不断。建安三年（公元198年）正月，渔阳（治今河北密云西南）太守鲜于辅因曹操"奉天子以令诸侯，最终能定天下"，"率领其众以奉王命"，被任命为建忠将军、都督幽州六郡，于是，曹操就在袁绍的后方安下了一个楔子。后来曹操同袁绍决战，双方谋士在估量战局之时，无不将曹操奉天子有义战之名作为曹操政治上取胜的重要砝码。

而且，曹操奉汉献帝迁都许昌后，他不仅获得了董昭、钟繇等原汉室臣僚，而且赢得了一大批士人的归心。经荀彧推荐，荀攸从荆州、郭嘉从袁绍处投奔到曹操帐下，躲避战乱于江南的杜袭、赵俨也于次年返归许昌，各种人才纷纷而至。他们从各个方面为曹操出力，使曹操能"用天下之智力"，最终平定北方。

这样，作为政治家的曹操，在东汉末年群雄竞逐的局面中，赢了第一回合，接着他又施展其军事家的才能，将北方的群雄一举消灭。

汉魏之间，社会生产遭受严重破坏，出现了大饥荒。这一时期，各军事集团最大的问题是粮食供应问题，因军粮缺乏而不攻自破者数不胜数。

建安元年（公元196年），曹操采纳枣祗等人的建议，利用攻破黄巾缴获来的物资，在许县一带募民屯田，当年就大见成效，获谷百万斛。于是曹操就命令在各州郡设田官，兴办屯田。屯田之举有效地解决了曹操军队的粮食问题，所以曹操说："后因此大田，丰足国用，摧灭群雄，平定天下。"

曹操在实行屯田的同时，采取各种措施，扶持自耕农经济。针对人口流失、田地荒芜的情况，曹操先后采用招抚流民、迁移人口、劝课农桑、兴修水利、检括户籍的方法，充实编户，恢复农业生产。此外，曹操还陆续颁布了一系列法令，恢复租调制度，防止豪强兼并小农。曹操于建安五年（公元200年），颁布新的征收制度，到建安九年（公元204年），又明确指出："其收田租亩四升，户出绢二匹，绵二斤而已，其他不得擅兴发。"曹操先后实行的这些措施，使濒临崩溃的农耕经济不断恢复和发展。这就是曹操集团拥有雄厚经济基础的根源。

通过以上措施，曹操统治区内的农业生产迅速恢复。这也是曹操在经济上取得的一大成功。

迎献帝迁都于许昌和恢复农业生产是曹操获得成功的两大重要举措。

从建安二年（公元197年）起，曹操利用"挟天子以令诸侯"的政治优势，东征西讨，开始了他翦灭群雄、一统北方的战争。

3. 统一北方

（1）三讨张绣

曹操迎献帝到许昌，不仅扩大了自己的影响，同时也增强了军事实力。当时北方的袁绍是他的劲敌，曹操还不敢轻易与他交战。建安二年（公元197年）初，袁绍正在北方进攻公孙瓒，曹操手下谋士郭嘉建议向东攻打吕布，说："袁绍如果攻打我们，吕布又支援袁绍，就会成为大害。"荀彧也说："如不先打败吕布，我们就不易攻占河北。"曹操说："你们分析得十分正确，我所担心的是袁绍派人到关中，与西南的羌、胡联合，与南面的蜀、汉勾结，而我只依靠兖、豫来对抗天下六分之五的地区，这该如何是好？"荀彧说："关中有几十位军事将领，却不能统一，唯有韩遂、马腾为最强，他们见崤山以东地区战乱不止，定会各自拥兵自重，我们应对他们施以恩德，进行安抚，派遣使者与他们联合，这样做虽不能长久安定，但完全可以维持到您平定崤山以后。侍中、尚书仆射钟繇有智谋，如果让他去办理此事，您就不必忧虑了。"曹操同意了荀彧的意见，命侍中钟繇兼任司隶校尉，督关中诸军。钟繇到达长安后，给马腾、韩遂等人写信，和他们说清利害关系，马腾、韩遂表示服从。

这年春天，曹操率领大军讨伐张绣。

张绣，武威祖厉人，骠骑将军张济同族兄弟的儿子。当边章、韩遂在凉州起兵时，金城麹胜袭击祖厉并杀死了县长刘隽。当时张绣任县吏，他寻找机会杀掉麹胜，郡内的百姓都认为他很讲道义。张绣拉拢了一些地方的少年，成了祖厉附近的豪杰。董卓兵败，为给董卓报仇，骠骑将军张济与李傕等人联合攻打吕布，张绣跟随张济，因为作战勇猛而被任命为建忠将军，封为宣威侯。张济驻守弘农，缺吃少穿，只得率领部队向南面的穰县转移，但张济在战斗中却被乱箭射死。张绣接掌了张济的兵权，屯兵宛县，与刘表合兵一处。

曹操向南讨伐，驻军淯水，张绣等人率部投降。不久，曹操将张济的遗孀纳为己妻，张绣对这件事很气愤。曹操得知张绣对自己不满，私下里想杀了张绣。这件事被张绣知道后，他带着部队偷袭曹操。曹操慌忙应战，被流箭射中，将士死伤无数，曹操的典军校尉典韦奋勇作战，以一当十，身上受伤数十处。张绣部下冲上来时，他双手抓住两个敌人将他们杀死，最后也战死。曹操长子曹昂和侄儿曹安民也都战死。曹操退至舞阴（今河南泌县西北），张绣率领军队赶到，被曹操击败。随后张绣奔穰城，投靠刘表去了。曹操在舞阴听到典韦的死讯，难过得流下了眼泪，派人把典韦的尸体抬回来安葬。曹操总结失败的教训说："我接受张绣的投降，但没有扣留他的人质，才造成了这样的结果，我知道为什么失败了。从今以后，这样的事情不会再发生了。"

曹操自舞阴回到许县，南阳、章陵诸县又发生叛变，投降张绣。曹操命曹洪去平叛，结果都失败了。这年十二月，曹操亲自南征。到达淯水时，他流着泪，祭祀年初阵亡的将士，随行将士深受感动，士气大增，迅速击败张绣，攻占了湖阳，又夺回了宛、舞阴等县。

建安三年（公元198年）三月，曹操打算第三次进攻张绣。谋士荀攸劝阻说："张绣与刘表相恃为强，然而张绣只不过是游军，完全依赖刘表供应粮草。刘表也不能长期供应，二人势必分裂，不如暂缓进军，等待变化，促使他们尽快分裂，如操之过急，他们势必会互相救援。"曹操没有采纳荀攸的建议，包围了张绣驻扎的穰城。围攻了两个月，没有攻下。这期间，袁绍想把献帝安排在靠自己近的地方，他派使者游说曹操，说许都地势低洼潮湿，洛阳已是残败不堪，最好将国都迁到鄄城。曹操拒绝了袁绍的建议。谋士田丰对袁绍说："既然不能实现迁都的计划，就应该早日进攻许都，奉迎天子，让皇帝发布诏书，向全国发号施令，此乃上策。如不这样，最终会受制于人，后悔也来不及了。"但袁绍没有采纳这个建议。

这时，袁绍部下来投奔曹操，向曹操说了田丰劝袁绍袭击许都的事，

第五章 中原逐鹿

曹操便从穰城撤军，返回了许都。张绣闻此消息，在后面追赶。五月，刘表率领部队支援张绣，驻军安众（今河南镇平东南），以此切断曹操的后路，曹操给荀彧写信说："我到达安众，一定要把张绣打败！"到达安众后，曹军前后受敌，于是在夜里开凿险道，假装要逃跑。刘表、张绣率军追赶时，曹操设下埋伏，让骑兵、步兵前后夹击，将张绣、刘表的军队打败。荀彧后来问曹操："您以前根据什么知道敌人必败？"曹操说："敌人阻止我退兵，是要置我们于死地，因此我知道可以获胜。"

张绣追击曹操时，贾诩劝张绣说："不要追，追必败。"张绣听不进去，派兵追击曹操，结果大败而回。贾诩又对张绣说："现在快去追赶曹军，再战必胜。"张绣却推辞说："没听您的话，才到了这个地步，如今已经败了，为何又要去追？"贾诩说："用兵没有定式，急速进军，必定有利。"张绣信了，随即将散兵集聚在一起急速追击，与曹军大战，果然得胜而归。张绣问贾诩："我用精兵追击败军，您说一定失败，失败后，用败兵追击刚打完胜仗的曹军，而您却说必能胜。结果都如您预料的那样，为什么您预料的与常情相反却又都得应验呢？"贾诩说："这个容易明白。将军您虽善于用兵，但却不是曹操的对手。虽然曹军开始撤退，但曹操必会亲自压阵断后，追兵虽然精锐，可将领不是他的对手，对方的士兵当然也就强起来，所以我知道你一定会败。曹军进攻将军时并没有失策的地方，可他们力量未衰却撤退，一定是他们国内发生了什么大事；既然打败了将军，他们必定轻装快行，即使后面留下几个将领断后，这几个将领虽然勇猛，却已不是您的对手，所以您用败兵追击却能取胜。"张绣对贾诩的一番分析表示佩服。

贾诩，字文和，武威郡姑臧县人。少年时没有人赏识他，只有汉阳人阎忠很看中他，说他有张良、陈平之才。贾诩被举荐为孝廉，任郎官。后贾诩因病辞去官职，向西返回，到达汧县，中途遇上反叛的氐人，几十个同行的人都被氐人捉住。贾诩说："你们别活埋我，我是段公的外孙，我家有好多钱，一定会来赎我。"太尉段颎曾做守边大将多年，威震西方，贾诩拿他的名号来吓唬氐人。氐人果真害怕了，不敢害他，与他立下盟约送走了他，其余的人全被杀掉了。

当初，董卓进洛阳时，贾诩以太尉掾身份任平津都尉，升为讨虏校

237

尉。中郎将牛辅驻守陕县，他是董卓的女婿，贾诩在牛辅的部队中任职。后来贾诩任左冯翊，因为他的功劳很大，李傕等人想封他为侯，贾诩却说："那不过是为了救命，谈何功劳！"极力推辞没有接受。后来又让他做尚书仆射，贾诩又说："尚书仆射是官员的师长，天下人所瞩望，贾诩没有什么威望，不能令众人信服。贾诩若这样做是在荣誉面前冲昏了头脑，于国家不利！"李傕等人改授他为尚书，主管选举事务，于是贾诩接受了，并在任上做了很多有益的事，李傕等人对他亲近而又畏惧。恰逢贾诩母亲去世，贾诩辞去官职，被授为光禄大夫。后李傕、郭汜等人在长安城里争权夺利，李傕又请贾诩任宣义将军一职。在李傕等人和好、放出被扣留的天子、保护朝臣等事情上，贾诩都出了很多力。天子被放出后，贾诩交还官印绶带。这时，将军段煨驻军华阴县，他与贾诩是同乡，于是贾诩离开李傕投奔段煨。贾诩素有名气，为段煨的部队所盼望，段煨害怕贾诩夺他的兵权，但表面上对待贾诩却非常热情，贾诩更加忐忑不安。

  这时张绣在南阳，贾诩暗中与他联系，张绣派人接贾诩。贾诩要出发时，有人问他："段煨对您很优厚，您为何还要走呢？"贾诩说："段煨生性多疑，有猜忌贾诩之意，虽然礼节周到，却不可靠，时间一长就可能被他算计。我离开他，他一定高兴，希望我在外为他联络援兵，他必定会厚待我的家人。而张绣没有主要谋臣，很愿意得我贾诩，这样我的家庭和人身都能保全。"贾诩走了。张绣对他秉持后辈之礼，段煨果然对他的家眷照顾得细致入微。

  建安四年（公元199年）秋，袁绍为牵制曹操，派使者去拉拢张绣，张绣想答应袁绍，贾诩却对使者说："请回去代我们向袁绍道谢，他与袁术都不能相容，还能容我们吗？"张绣非常惊恐，悄悄问贾诩："如果是这样，我们应投靠谁？"贾诩说："不如投靠曹操。"张绣说："袁强曹弱，我以前又与曹操结怨，怎能归附于他呢？"贾诩说："正因为如此，才应归附曹操。曹操尊奉天子以号令天下，这是归附他的第一个理由。袁绍强盛，我们以较少的兵力去归附他，得不到重视，而曹操势单力薄，我们去归附，他必然十分高兴，这是应当归附他的第二个理由。凡是有称霸天下之志的人，一定胸怀大志，定会抛弃私怨，表明他的恩德，这是应该归附曹操的第三个理由。请将军不要疑虑。"

张绣终于被贾诩的一番话说动。这年十一月，张绣率军投降曹操。曹操异常高兴，对贾诩说："为我取信于天下的就是你啊！"曹操设酒宴款待张绣，任命张绣为扬武将军；贾诩为执金吾，封都亭侯，并让自己的儿子曹均娶了张绣的女儿。

（2）夺取徐州

曹操在与张绣反复较量的同时，也与袁术、吕布进行了周旋。虽然袁术与吕布一个在扬州，一个在徐州，并且结为儿女亲家，但关系时好时坏。袁术自初平三年（公元192年）割据淮南后，一直有称帝的野心。

袁术青年时，曾因侠义而闻名于天下，后来被举为孝廉，官拜郎中，曾多次担任朝廷内外的各种官职，一直升至折冲校尉、虎贲中郎将。当董卓入京把持大权以后，打算把少帝刘辩废掉然后另立陈留王刘协为帝，任命袁术为后将军。由于袁术不愿追随董卓而引祸上身，于是从京都逃出奔南阳。刚好这时长沙太守孙坚将南阳太守张咨杀掉。孙坚原是袁术的部将，袁术于是趁此良机占领了南阳。南阳有数百万人口，由于袁术占领南阳后奢侈淫糜，征敛无度，致使百姓流离失所，苦不堪言。袁术与在冀州的堂兄袁绍有矛盾，又与邻近的荆州刺史刘表不和，于是和幽州的公孙瓒结成同盟；而与幽州咫尺之隔的袁绍却将公孙瓒视为仇敌，于是和刘表结为盟友。兄弟二人各有各的打算，舍近交远到了如此地步。袁术领兵到陈留，遭到曹操和袁绍的联军进攻而溃败。于是袁术领着残部逃到九江，将扬州刺史陈温杀了，并将扬州据为己有，又封部将张勋、桥蕤为大将军职。董卓部将李傕等人率兵入京控制朝政后，想要收买袁术作为其外援，遂任命袁术为左将军，封阳翟侯，授予符节。李傕派太傅马日到各地给受封的将军侯爵举行拜授仪式，袁术趁机抢了马日所携带的军中符节，将他关押起来不再放回。

沛阳下邳人陈珪是已故太尉陈球的侄子。袁术与陈珪都是豪门世族出身，两人少年时代就有很深的交情。袁术给陈珪写信说："当年秦王朝丢失了王位和政权，天下群雄竞起争夺，最后却被智勇双全的人夺到手。如今天下大乱，刘氏江山面临瓦解，现在又到了群雄逐鹿之时。我与您有多年的交情，难道您就不肯帮助于我吗？若要做谋取天下之大事，只有您才是我最信任的人！"陈珪的儿子陈应此时也在下邳，袁术便以将陈应做人质相要挟，企图把陈珪彻底绑在他的战车之上。陈珪读了袁术的来信，答复他说："秦末之时，当权者恣意暴虐，凭严刑酷法统治天下，荼毒生灵，使人民忍无可忍，只得以死相拼，故而秦王朝很快覆灭。而今汉室衰微，可天下却没有秦朝崩溃前夕的酷刑暴政。曹操将军辅佐天子，智勇双全，从前被乱臣贼子搅乱的朝纲正在逐步恢复。荡平叛匪，平定海内，应该时日不远了。我本以为您出身于世代蒙受皇恩的公卿之家，理当与天下英雄同心协力，匡扶汉室，想不到您竟要图谋不轨，这实在令人痛心！眼下您若迷途知返，痛改前非，或许我还能原谅您的过错。我与您是多年故交，因此才与您推心置腹。虽然此言不免逆耳，但我却表达的是一种情同骨肉的心意。至于您为了私利让我与您合作，我是宁可头颅掉了也不会做的。"

献帝兴平二年（公元195年）冬，李傕和郭汜在弘农郡的曹阳涧一带追击天子及公卿百官，保护献帝和朝廷的杨奉被叛军击败，献帝只身一人逃到黄河以北。袁术认为时机成熟，立刻召集部属们开会说："现在汉室日益衰落，我们袁家四代都担任朝中重臣，天下的百姓都愿归附于我。我想秉承天意，顺应民心，登基称帝，拯救苍生，不知你们意下如何？"众人听了，谁也不敢说什么，只见主簿阎象发言道："当年周人自其始祖后稷直到文王，累积功德，天下功劳，他们在三分中占了两分，可他们却宁愿做殷商的臣子，也不愿自立为帝。明公您虽然累世高官厚禄，但恐怕不及姬氏家族那样昌盛；汉室眼下虽然衰微，但却不能同残暴无道的殷纣王相提并论吧！"袁术听了阎象这番话没有说什么，心里却非常生气。

当献帝被曹操迎到许都后，袁术称帝的野心更加强烈，并于建安二年（公元197年）正月在寿春称帝，自称"仲家"，还设置了公卿百官，在郊外祭祀天地。袁术召沛国相陈珪来做官，陈珪推辞，并写信给袁术说："你图谋不轨，以身试祸，还想让我做你的附庸，成为牺牲品，我宁死都不会答应你。"

袁术为了与曹操抗衡，打算拉拢吕布，便派使者韩胤把称帝之事告诉

第五章　中原逐鹿

吕布，并想为自己的儿子迎娶吕布之女。吕布立刻答应了，让女儿随韩胤到寿春。陈珪担心他们两个联合会使天下更不安定，就劝吕布说："曹操奉迎天子，辅佐朝政，您也应该与他同心协力，共议大计。现在您却与袁术联姻，这样必招来不义的名声，将有累卵之危！"吕布也想起袁术当初不肯接纳自己的旧怨，有些后悔。这时他的女儿已随韩胤起程，吕布立刻派人把他们追回来，拒绝了婚事，并把韩胤押往许都杀死。

曹操利用这一时机，任命吕布为左将军，并亲自给吕布写了一封信，大加抚慰和拉拢。吕布非常高兴，派陈珪的儿子陈登带着书信登门谢恩。陈登见到曹操以后，指出吕布是有勇无谋、反复无常之人，应该尽早除去他。曹操说："吕布狼子野心，确实很难和他长期共处，只有你了解他。"曹操与陈登谈得很投机，他任命陈登为广陵郡太守。临别时曹操握着陈登的手说："徐州的事情，我就全部托付给你啦。"陈登回徐州后，暗地里联络部众，作为内应。

陈登见曹操时，吕布想让陈登向朝廷请示任命自己为徐州牧，但没能实现。陈登返回后，吕布大怒，拔出戟猛击桌案，对陈登喊道："你父亲多次劝我与曹操联兵一处，拒绝袁术的婚事，如今我连当徐州牧的要求都被拒绝，而你们父子俩却都升了官，是你们出卖了我！你是怎么在曹操面前替我说的？"陈登从容地说："我对曹操说：'对待将军就像养老虎，一定要让他吃饱，要不然他就会吃人。'曹操却说：'你说的不对，应该像养鹰一样，让他饿着才听话，要是让他吃饱了，就会飞走的。'"吕布明白了陈登所说的话。

袁术对吕布绝婚、诛杀韩胤的做法特别愤怒，立即遣大将张勋、桥蕤与韩暹等联合，率领数万军队分兵七路攻打吕布，直取下邳（今江苏睢宁西北）。当时吕布只有步兵三千人，战马四百匹，他担心抵挡不住，于是便对陈珪说："是因为你才把袁术的军队招来，你认为该怎么办？"陈珪说："韩暹、杨奉与袁术只是暂时联合，不会长久，我儿子陈登预料，他们就像一群鸡一样不能同时在一个鸡笼里。"于是他向吕布献计，写信给韩暹、杨奉说："两位将军为天子护驾，而董卓被我亲手杀死，都为汉室立了大功。现在你们为何与袁术一起做叛贼呢？不如大家联合攻打袁术，为国除害。"吕布还许下诺言，打败袁术后，将袁术的全部军用物资给他们。韩暹、杨奉见信后很高兴，当下改变主意，与吕布联合。于是吕布主动发动进攻，当快到张勋军营时，韩暹、杨奉的部下同时倒戈，大喊着向张勋军队冲杀过去，张勋仓惶逃命，吕布赶到，杀死了袁术的十余名将领，其余被杀伤落水而死的多不胜数。吕布与韩暹、杨奉会合后，向寿春进军。到达钟离，留下一封辱骂袁术的信，然后撤军至淮河北岸。袁术亲自率领五千兵马赶到淮河南岸，北岸上吕布的骑兵大声嘲笑，返回徐州。

袁术在与吕布的火并中，众叛亲离，一败涂地。曹操见有机可乘，便在九月宣布袁术的罪状，率领大军东征袁术。袁术闻此消息，命桥蕤据守蕲阳抵御曹操，自己却弃军逃跑。桥蕤的守军被曹军打败，桥蕤也被曹军杀死。袁术逃到淮北，一蹶不振。

在曹操进攻袁绍和张绣之时，吕布乘机在徐州扩大势力。他打败了屯驻小沛的刘备，俘虏了刘备的妻子、儿女；曹操派夏侯惇去增援刘备也被打败，吕布再次与走投无路的袁术联合。有鉴于此，征讨吕布、平定徐州成了曹操的头等大事。建安三年（公元198年），曹操准备亲自攻打吕布，他与诸将领商讨这件事情。不少人认为："现在刘表、张绣在后，若远征吕布，恐怕有危险。"荀攸不同意这种意见，他说："刘表、张绣刚受打击，肯定不敢再轻举妄动。吕布骁勇，又依仗袁术对他的帮助，如果他纵横于淮河、泗水之间，一定会有许多豪杰响应，应乘他现在刚刚背叛朝廷，众心不齐，发兵进攻，一定能打败他。"曹操认为荀攸的建议很好。这年九月，曹操率军出发，十月，曹军攻下彭城。广陵太守陈登率领郡兵为曹操的先锋，进抵下邳，吕布亲率兵马，屡次与曹操交战，结果每战必败，只好退守下邳，不敢再出战。

曹操包围了下邳，并给吕布写信，向他晓以利害。吕布非常害怕，打算投降。陈宫劝阻吕布说："曹操领兵远道而来，不可能在此长久停留，不如将军带领军队屯驻城外，剩下的军队由我带领着守城，如果曹操进攻您，我就在背后攻击他；如果曹军攻城，您就在外援救。不出一个月，曹操粮草断绝，到那时我们再一起反击，就可以打败他。"吕布同意陈宫的意见，打算留陈宫和高顺守城，自己领兵出城，截断曹军的粮道。吕布的妻子对吕布说："陈宫与高顺向来不和，将军一旦出城，他们俩势必不能同心协力地守城，如果有变故，将军到何处立足？而且曹操对陈宫很好，

第五章　中原逐鹿

陈宫还背叛曹操投奔我们,你对陈宫并没有超过曹操,就把全城交付于他,别妻离子,孤军出城,如若有变,我还能做将军的妻子吗?"吕布一听此言就打消了出城的计划,他秘密派部下许汜、王楷到袁术那里求援。袁术气愤地说:"吕布不把女儿送来,就应当失败,为何又来找我?"许汜、王楷说:"您若现在不救吕布,是自取灭亡。一旦吕布溃败,您也该倒霉了。"于是,袁术整顿军队,援助吕布。吕布担心因为自己不嫁女儿袁术就不发兵救助,便用绸缎把女儿身体裹紧,绑在马上,夜里亲自送女儿出城,却被曹操的守兵发现,吕布没有办法通过,只好又退回城中。

下邳已被曹操包围两个多月了,还没有攻下,将士们都十分疲惫,曹操也准备撤军。谋士荀攸、郭嘉说:"吕布有勇而无谋,现在屡战屡败,锐气已经大大受挫。三军以将为主,主将锐气一衰则军队斗志全无,我们现在应该乘吕布锐气没有恢复、陈宫未定谋略的时候,发起猛攻,一定能够将吕布打败。"于是,曹操决开沂水、泗水淹灌下邳。一个月过后,吕布开始支撑不住,决定向曹操投降。陈宫说:"现在投降,就好比以卵击石,不会有好结果!"十二月二十四日,吕布的部将侯成、宋宪、魏续等将陈宫和高顺抓住,率军队投降曹操。吕布带领亲兵退守至下邳城的白门楼上。曹军再一次发动进攻,吕布见大势已去,只好投降。

吕布被押到曹操面前,他对曹操说:"从今以后,天下可以平定!"曹操说:"你为什么如此说?"吕布说:"您所忧虑的不过是我吕布,现在我已经降服于你了,如果让我统帅骑兵,您统帅步兵,还愁天下不能平定吗?"吕布又对在曹操身边的刘备说:"玄德,你现在是座上客,我是俘虏,绳子把我捆得太紧了,你难道不准备替我求个情吗?"曹操笑着说:"缚龙不得不紧!"他下令给吕布松绑,刘备劝阻曹操说:"不可以,您难道不知吕布当年跟随丁原和董卓的事吗?"曹操想到吕布反复无常的个性,同意了刘备的话。吕布又气又恼,瞪圆了双眼,对刘备喊道:"你这个大耳朵的家伙,是最不可信的!"

曹操下令将吕布、陈宫、高顺一同绞死。曹操念陈宫是他起兵时的旧部,没有株连其家属,还给予很好的照顾,把陈宫母亲接来赡养到去世,还把他的女儿嫁了出去。

曹操消灭吕布,占领了徐州,将东西方面的威胁一一解除。这时,淮南的袁术已陷入孤立无援的境地。

袁术被困于淮南，又遭遇天旱地荒，士民冻馁，处境十分狼狈。他打算通过徐州、青州，北投袁绍。曹操派刘备领兵去徐州截击。袁术无法通过，想返回寿春，却病死在路上。

当初，刘备在许都，曹操特别器重他。曹操对刘备说："现今天下英雄，唯你刘备与曹操耳。本初（袁绍字）之徒，不算什么。"当曹操派刘备去徐州攻打袁术时，谋士们都纷纷反对，谋士程昱等对曹操说："你以前不杀刘备，我们也无从劝你，现在刘备借用你的兵马，必然有异心。"刘备离开许都前，曾经与外戚董承等受献帝衣带中密诏诛杀曹操。刘备到徐州后，立刻派人与袁绍联络，一同反对曹操。

曹操很重视刘备，他无论如何也不会让刘备在徐州站稳脚跟。曹操计划在袁绍出兵前，先除掉刘备。他手下的将军们都说："与主公争夺天下的，是袁绍，现在你却弃之不顾，若袁绍乘人之危，您该如何？"曹操说："刘备才是我的心腹大患，今天不除掉他，必后患无穷，袁绍虽然有大志，但见事迟，必不采取行动。"谋士郭嘉也赞同曹操先消灭刘备。刘备到徐州还未及整顿，曹操大军就已杀来，刘备战败，只好经青州北投袁绍。这一战，从决策到胜利回师，都在建安五年（公元200年）正月之内。而袁绍也正如曹操所预料的，"见事迟，必不动"，待曹操回师北屯官渡（今河南中牟县东北），袁绍还没有动静。

至此，袁术、吕布死，张绣降，刘备败。在经过几次军事胜利以后，被四面包围的许都已转危为安。

（3）官渡之战

献帝被曹操挟持，使关中诸将臣服于他，袁绍顿生悔恨之心，但他只忙于兼并河北四州，还是没有采纳田丰趁曹操立足未稳而袭击许昌，夺取汉献帝的建议。他以长子袁谭为青州刺史、次子袁熙为幽州刺史、外甥高干为并州刺史，于建安三年（公元198年）攻破公孙瓒苦心构筑的堡垒，

第五章　中原逐鹿

吞并了整个河北，军队达数十万，又以"盟主"身份获得荆州牧刘表的支持，形成对曹操的夹击之势。

建安四年（公元199年）六月，袁绍选精锐之兵10万，马万匹，率军南进。八月，曹操进驻黎阳（今河南浚县东北），派遣青州豪族臧霸率部从徐州入青州，严守东线，又派于禁屯驻黄河南岸，分兵守官渡（今河南中牟东北），与袁绍隔河对峙。另派卫觊镇抚关中，又一次取得关中诸将的服从。袁绍帐下谋士沮授不同意袁绍与曹操仓促交战，他说："近来讨伐公孙瓒，连年出兵，百姓已疲惫不堪，仓库中又没有积蓄，不宜此时出兵。应该让老百姓搞好农业生产，休养生息。同时，遣使者把征讨公孙瓒的消息上报天子，如果上表受阻，就说曹操隔断我们与朝廷的联系，然后进兵黎阳，逐渐向黄河以南发展势力。多造战船，修缮器械，分遣精骑就可骚扰曹操的边境，使他不得安宁，而我军则以逸待劳，这样可以稳得天下。"郭图、审配却主张与曹操决战，他们说："以您用兵之神武，统率北方强兵，征讨曹操，轻而易举，何必那样费事！"袁绍不听沮授等人的劝阻，采纳了郭图、审配等人的建议，将军队分为三部分，派沮授、郭图、淳于琼各统一军。

曹操早就预料到与袁绍必有一战。建安二年（公元197年），他曾打算讨伐袁绍，但因为当时实力不强，只好作罢。

官渡之战前，人们对于曹、袁双方的军情，是有一番评论的。曹操和袁绍自小就有往来，知彼知己，曹操有信心战胜袁绍。在听得袁绍率领大军十余万即将攻打许都的消息后，曹操手下诸将都认为打不过袁绍。但曹操却说："我知道袁绍的为人，志大而智小，色厉而胆薄，忌克而少威，兵多而分划不明，将骄而政令不一，土地虽然广阔，粮食虽然充足，却都是给我准备的。"荀彧和郭嘉都是三国时代有名的谋士，两人都先辅佐袁绍后投靠曹操，对曹、袁都有比较深刻的了解。郭嘉评论曹、袁，认为曹操有十点胜过袁绍。"袁绍虽然强大，却不会有什么作为。绍礼仪繁琐，公待人顺其自然，这是在处世之道上胜过他。绍出兵叛经离道，公却尊奉天子，顺应天下民心，这是在道义上胜过他。绍以宽济宽，因此松松垮垮，公却厉行法治，使上下守法，这是在治理上胜过他。绍外表宽厚而内心疑忌，用人好起疑心，只信任亲戚子弟；而公用人不疑，唯才是用，不问远近亲疏，这是在气度上胜过他。绍计谋虽多而决断少，常失掉良机，公制定政策立即执行，可以应付各种变化，这是在谋略上胜过他。绍喜高谈礼仪，沽名钓誉，公诚心待人，不虚情假义，正直有远见，这是在品德上胜过他。绍过于计较小事，而公对小事，有时忽略，但对于大事，却考虑得十分周全，这是在仁义上胜过他。绍手下的大臣争权夺利、互相倾轧，公却管理有方，谗言诽谤行不通，这是在明智上胜过他。绍黑白不分，公对正确的鼓励，对错误的正之以法，这是在文治上胜过他。绍喜欢虚张声势，不知道兵法的要领，公却能以少克众，用兵如神，这是在武力上胜过他。"鉴于当时吕布在徐州很有势力，为防止吕布与袁绍联合，曹操采纳荀彧、郭嘉的建议先击败吕布，然后再与袁绍较量。经过几年激战，吕布被杀，袁术病死，徐、淮全部平定，所以曹操对打败袁绍充满信心。

名士孔融对战胜袁绍缺乏信心，他说："袁绍地广兵强，有田丰、许攸这样的智士为他出谋划策，有审配、逢纪这样的忠臣为他奔走效劳，有颜良、文丑这样的勇将为他统率兵马，恐怕难以战胜袁绍吧？"荀彧说："袁绍兵将虽多但法令不严，田丰刚直但经常冒犯上司，许攸贪婪而不会处事，审配专权而缺少谋略，逢纪果断但刚愎自用。这几个人彼此不能相容，势必内部要发生内讧，至于颜良、文丑只不过是匹夫之勇罢了，一战就可以把他们擒获。"

九月，曹操分兵把守官渡，准备与袁军交战。袁绍企图联合张绣和刘表共同夹击曹操，遂派使者到穰城联络张绣，还有意给张绣的谋士贾诩捎信结好。张绣准备答应，还没有说话，贾诩在一旁就开口了，他说："请回去转告袁绍，兄弟都不能相容，怎么能容得下天下的国士呢？"使者快快而回。不久，张绣率众投降曹操。袁绍又派人至刘表那里请求援助，刘表很爽快地答应了，实际上却按兵不动，对袁曹之间的争斗只打算做壁上观。张、刘的态度使袁绍迟迟不敢动手。这时凉州牧韦端的从事杨阜从许昌返回关中，众将领问他袁绍与曹操哪个能胜，杨阜说："袁绍宽容但不果断，喜欢谋略而犹豫不决，不果断就没有威信，迟疑不决就错过良好的时机，虽然目前强大，但最终不能成就大业。曹操有雄才大略，遇事当机立断，毫不犹豫，法令统一，士兵精悍，任人唯贤，受他聘用的都各尽其

第五章　中原逐鹿

力，一定能成就大业。"

曹操知道关中地位重要，派诏书侍御史卫觊到那里去镇守安抚。当时有很多逃亡在外的百姓返回关中，将领们纷纷将他们收做私兵。卫觊知道这一消息，给荀彧写信说："关中土地肥沃，从前遭饥荒战乱，有十万余家百姓流亡到荆州，现在听说故乡安定了，都渴望归乡，但归乡后无法谋生，军事将领们都纷纷招揽他们做私兵。郡县由于贫弱，无法与他们抗衡，将领们的势力大大增强，一旦发生变乱，必然后患无穷。我的意见是，把过去分散至民间的盐务管起来，设使者监督买卖，用此项收入多买犁与耕牛，如果有百姓返回故乡，就借给他们耕牛，鼓励他们耕种，积攒粮食，使关中逐渐繁荣昌盛，流亡到外地的百姓听此消息后，定然争着返回故乡。这样可以使军事将领的力量削弱，官府和百姓可以强盛，这是削弱敌人，强大自己的最好方法。"荀彧把卫觊的建议说给曹操听，曹操同意这样做。从此关中地区受到朝廷的控制，对曹操不再构成威胁。

为了避免与袁绍决战时分散精力，曹操还出兵打败了刘备，将刘备的妻子俘虏，关羽也被抓。原来，刘备起兵之后一直没有稳固的地盘，他先后依附陶谦、吕布，建安三年（公元198年）又依附曹操。建安四年（公元199年），朝廷中以献帝丈人车骑将军董承为首的一些人秘密谋划推翻曹操，刘备也参与其中。不久曹操发现了董承的企图，及时行动，董承被杀，刘备逃至下邳，打起了反曹的旗号。曹操为了解除后患，出兵打败刘备，占领了下邳，刘备逃奔青州，归附了袁绍。

曹操东征刘备，许都空虚，正是袁绍对曹操发动进攻的良机。袁绍的谋士田丰向他建议："与您争夺天下的人是曹操。曹操现在攻打刘备许都空虚，我军如能大举进军，定可获胜。要抓住战机进兵许都。"袁绍没有采纳田丰的建议，却推辞说儿子病了，无心出征。袁绍在曹操、刘备交战时坐失良机，在曹操回师官渡之时，他却又坚决出兵了。

建安五年（公元200年）正月，袁绍向各州郡发布了征讨曹操的檄文。此文出自陈琳之手，文字尖酸刻薄，说曹操是"赘阉遗丑"，"好乱乐祸"。袁绍与部将商议进攻曹操，谋士田丰说："曹操现在打败了刘备，许昌已不再空虚，而且他又善于用兵，军队虽少却不可轻视。现在不如采用持久战，将军在地理上占有优势，拥有众多兵将，外结英雄，内修农战，然后再挑选精兵，出其不意袭击曹军，使他们疲于奔命，百姓不得安宁，他们疲惫不堪，而我们不辛劳，不用三年，我们就可稳操胜券。您现在放弃必胜之策，贸然与曹操交战，如不能如愿，后悔也来不及了。"袁绍不仅不听从田丰的建议，还认为田丰的劝谏冒犯了他，因此大怒，将田丰关押起来，由此也大大挫伤了军队士气。

建安五年（公元200年）二月，袁绍率军攻进黎阳（今河南浚县东北），在黎阳设置战斗指挥部。他得知曹操派东郡太守刘延驻守白马（今河南滑县东），于是派大将颜良率领大军渡过黄河，企图攻占白马，扫清南下的障碍。刘延在白马坚守，颜良来势汹汹，守城士兵伤亡很多。曹操在官渡听此消息，想出兵北援刘延，军师荀攸向曹操献计说："现今我们兵马不足，不能与袁绍正面交战，必须分散敌人的力量才能将其打败。如果您率军向延津作出要渡黄河抄袁绍后路的姿态，袁绍一定会分兵向西来阻截，然后我们再派轻兵突然袭击白马，乘其不备攻打，一定可将颜良擒获。"曹操采纳荀攸的建议，亲自领兵向延津进军。袁绍听说曹操要渡河，立即派部将文丑率兵增援，袁绍则亲自率领大军在朝歌（今河南淇县）驻扎，准备对曹操进行正面攻击。曹操立刻分兵向白马急速进军，离白马只有十几里地时，颜良才发觉，慌忙应战。曹操派关羽、张辽前去应战。关羽英勇善战，远近闻名，曹操将其俘获后一直想收留他，但关羽没有久留的意思。张辽问起原因，关羽说："云长深知曹公待我不薄，但我受刘将军的恩情，誓与他共生死，不能背叛他。我虽不能留下，但要找机会立功以报曹公的恩情，然后离去。"此次曹操派关羽解白马之围，正是关羽立功的机会。关羽精神抖擞，策马冲杀，将颜良斩杀于万军之中。袁军顿时大乱，纷纷溃败，白马之围遂解。

曹操解除白马之围后，让当地百姓跟随军队向西南迁移，袁绍倚仗自己人多势众，准备挥师渡河，追击曹军。因为屡谏而被嫌弃的沮授，这时又劝阻袁绍说："战争胜负变化莫测，一定要有周密的计划。应当派文丑留屯延津，另分一支兵力进攻官渡。如果能够攻克，再迎接大军也不迟，否则就会导致全军覆没。"袁绍不听从他的意见。沮授在大军即将渡河的时候叹息道："首领骄傲轻敌，将士们贪恋功名，悠悠黄河，我们还能再回到这里吗？"他推托身体有病，不愿过河。袁绍非常气愤，强迫沮授随军渡河,并把他的军队划归郭图。

袁绍率军到达延津以南后,命令文丑为前锋,向曹军发动进攻。曹操则在酸枣以北的南阪下安营扎寨,他派人登高观察袁军的动静,望哨向曹操报告说:"已发现袁军骑兵五六百人!"过一会儿又报告说:"骑兵比以前增多了,步兵不计其数!"曹操镇定地说:"不用再报告了。"接着,他命骑兵卸鞍放马,把辎重车辆堆放在道路两旁。许多将领说,敌人骑兵多,不如将辎重车运回,守卫大营,只有荀攸明白曹操的用意,他对将领们说:"这是用来引诱敌军的,怎么能运回呢?"曹操回头看荀攸,两人会心一笑。这时文丑与刘备率领的五六千骑兵先后赶到。众将领感到情况紧急,急催曹操下令迎战。曹操却从容不迫地说:"还不到时候。"又过了一会儿,袁绍的骑兵越来越多,当他们看见曹军的军用物资堆满路边,便争先恐后地抢夺,乱成一团。这正好中了曹操计谋,他纵身上马,当即传令:"出击!"部将率领士兵冲入敌阵,袁军大败,文丑在混战中被杀。袁军溃逃后,曹军追出三十多里,杀数千人,并收回了全部辎重。文丑与颜良是袁绍手下的名将,他们二人遭斩杀,使袁军的士气大挫。白马与延津南之役,为曹操取得官渡决战的胜利奠定了基础。

延津南之战,曹操利用了袁绍军队贪婪无纪律的弱点,采用了以白马辎重饵敌的计策。袁绍兵骑虽多,但到了"分取辎重"之时,已经乱了阵脚,成为一群乌合之众,不堪一击了。

打了白马、延津南两个战役之后,曹操不慌不忙地把军队撤退到官渡。与袁绍在官渡决战,曹操是已有计划的。撤军到官渡,这是一个主动的战略撤退。

官渡位于中牟县北,在古官渡水的南岸。这里比延津更靠近许都。因为曹操缩短了防线,也就缩短了补给线。而对袁绍来讲则是深入敌境,分散了兵力,延长了补给线。曹操选择在官渡与袁绍决战是有利的。

建安五年(公元200年)四月,曹操将军队撤回官渡严阵以待。袁军则进至官渡北面的阳武(今河南原阳东南),与曹军隔水相持。沮授又向袁绍建议:"北边军队虽多,但不如南边强劲果敢,南边军粮少,军资也不如北边,速战对南边的军队有利,持久对北边的军队有利。应用持久战的办法耗费曹军的实力,不应仓促和曹军决战。"对沮授打持久战的建议袁绍置若罔闻。八月，袁军自阳武连营进军官渡，大军依沙堆为屯，东西数十里。曹军亦如此。从八月到十月，袁、曹两军在官渡相持了两三个月。由于袁军兵多势强，曹军兵少势弱，曹军的形势是非常危急的。在这期间，曹操的后方又出了问题。先是汝南黄巾首领刘辟等背叛曹操，响应袁绍，袁绍见有机可乘，派刘备率兵援助刘辟。一时间，周围郡县纷纷响应。袁绍还派人拉拢阳安都尉李通，授予他征南将军的职位，率军反对曹操。李通坚决不从，他手按剑柄责问来人说："曹公明智，必然能赢得天下，袁绍虽然此时强盛，终将被曹操打败！我宁可死也不变心！"一怒之下李通杀了使者，把袁绍送来的印绶交给了曹操。

袁绍也曾经试图分兵袭击曹操的后方。他曾经派刘备到汝南地区协助当地的地方势力，骚扰许南。这最初确实也给曹操后方构成了一定的威胁，使得许都以南吏民不安。刘备新降袁绍，未能得其重用。曹操派曹仁的兵马出击，把刘备打退，尽复诸县。袁绍又遣韩荀抄断西道，为曹仁所击破。从此袁绍就再不敢分兵出击了。

回到袁绍军中的刘备，暗中准备离开袁绍。于是，他劝说袁绍与刘表联合，并且愿意前往游说，袁绍同意了，于是，刘备带着他原来的部队到达汝南，与当地首领龚都联合，部众共有千余人。曹操派部将蔡扬前往进攻，被刘备杀死。

九月，曹操出兵与袁绍交战，被袁绍击败，又退回大营坚守。袁绍见曹军不出来迎战，便命士兵在曹操军营外修建高台，堆起土山，向曹操的营地放箭，曹营将士行走都要用盾牌遮挡。曹操这时也采取相应措施，他派人快速制造了一种霹雳发石车，攻击力很强，将袁军的壁楼全都击毁。袁绍挖地道攻击曹操，曹操则命士兵在营里面挖长沟截断袁军地道。虽然袁绍的进攻没捞到什么好处，但是曹操兵少，粮食将尽，士卒疲惫不堪，老百姓也无法忍受繁重的赋役，纷纷逃亡，归附袁绍，形势对曹操来说十分严峻。曹操很担心，准备退回许都。他写信给荀彧征求意见。荀彧回信说："袁绍的兵马全部聚集在官渡，要与您决一胜负，您以弱小的军队来抵抗强大的军队，如果无法战胜敌人，就会溃不成军。再说，袁绍只不过是布衣之雄，能够把人聚集起来却不能很好的利用，凭借您的神武英明，再加上顺应天命，一切困难都会迎刃而解的。您只以袁绍十分之一的

第五章　中原逐鹿

兵力，就牵制了袁军，使他无法前进，只要再过半年，事情就要发生变化了，这正是取胜的良机，可要把握住呀！"荀彧的信给了曹操很大鼓舞。曹操一方面命令部队坚守官渡，不丢城池；另一方面采取有效措施解决军粮补给问题。他对运粮的士兵说："再过半个月，我为你们打败袁绍，你们就不再辛苦了。"

九月间，袁绍有几千辆运粮车到官渡，荀攸对曹操说：袁绍运粮车日暮而至，押运粮草的韩猛勇猛而轻敌，我军应派人袭击他，一定会打败他。曹操听取荀攸的建议，派徐晃、史涣在路上截击韩猛，将其击破，并且烧了粮草。冬十月，袁绍又派遣军队运粮供应前线的部队，派部将淳于琼等率领部队万余人护送，停宿于营北四十里的乌巢。袁绍谋臣许攸与审配不和，许攸在邺城的家族犯法被审配治罪。许攸投奔曹操，将袁绍辎重屯集乌巢、袁军防守不严的情况告诉曹操，并建议曹操乘着夜幕前去袭击。曹操听从许攸的建议，决定由曹洪、荀攸留守，自己亲自率兵夜袭乌巢袁军粮草。曹操亲率五千精兵，打着袁军旗帜，命士兵将马嘴绑上，乘夜从小道向乌巢进发，每个士兵怀中都抱着一捆干草。路上，遇着袁军盘问，就说"袁公担心曹操袭击我方后路，特派我们前去乌巢严加防守"。袁军听后信以为真。曹军到达屯粮处，迅速点燃干草，顿时火光冲天，袁营大乱。天亮之后，淳于琼看见曹操兵少，便开门出击，被曹军击败后又入营自守，曹操一时间攻打不下来。

淳于琼被曹军袭击的消息传到袁绍那里，袁绍并没有派兵增援淳于琼，反而认为正是攻下官渡的良机，他对儿子袁谭说："趁曹操攻打淳于琼这一不可多得的机会，我领兵攻下曹操的大营，让他没有归路。"于是命令大将高览、张郃等向官渡进军。张郃说："曹操率精兵去攻打淳于琼，必定会胜，淳于琼一败，事情可就不好办了，请让我去援救他吧。"谋士郭图支持袁绍攻打官渡。张郃说："曹操的营垒坚固，不容易攻克，如果淳于琼被捉，我们就都成俘虏了！"袁绍想了一下，只派出很少的军队去营救淳于琼，仍派遣主力部队攻打曹营。

袁军的骑兵到达乌巢，曹操的部将们说："敌人的骑兵逐渐靠近我们，请派兵攻打他们。"曹操说："等敌人到了背后再告诉我！"士卒拼死力战，终于打退了袁军，又斩杀了淳于琼，乌巢积存的粮食全被烧毁，而袁军的主力也没能攻克曹操大营。袁军战败的消息传来，袁军将士非常惊慌。郭图见自己的计谋失算，心里忌恨张郃，反过来诋毁张郃，说张郃"听得军败很高兴"。张郃气愤之下与高览焚烧攻具，投奔曹操而去。

至此，袁军溃败的局面已无法挽回。听得淳于琼被杀，张郃、高览降曹营的消息，军心动摇，曹操乘机发动全面进攻，将袁军彻底击溃。袁绍和儿子袁谭只带八百士兵逃回河北，官渡之战结束。在这次大战中，曹操消灭袁军主力七万多人，并且缴获了袁军丢弃的大量辎重、图书、珍宝等。

曹操活捉了袁绍的谋士沮授。曹操与沮授原是好友，曹操想收留他，对他说："袁绍是个没有谋略的人，不采用你的计策，现在天下动乱不安，我们正好同谋大业。"沮授说："我叔父与弟弟的性命都掌握在袁绍手中，您如果看得起我，就将我杀掉，这也是我的福分。"曹操叹息道："我如果早点得到你，天下大事就不用担忧了。"曹操赦免沮授，并厚待他。不久，沮授企图逃回袁绍军中，曹操只好杀掉他。

袁绍逃至黄河北岸的黎阳，进入部将蒋义渠的军营，紧握着他的手说："现在我的性命就托付给你了。"蒋义渠退出大帐，让袁绍发号施令，袁军残部渐渐聚拢起来。

谋士田丰当初因劝谏袁绍而被押进大狱，袁绍失败后，有人对他说："这次你一定有机会被袁绍重用了。"田丰说："袁绍外表宽厚而内心猜忌，不理解我的忠心，我因数次劝谏已经得罪了他，若是他胜利了或许能赦免我，现今他一败涂地，妒性必然发作，我没有活路了。"谋士逢纪忌恨田丰，他诋毁田丰说："田丰听说您兵败而退，高兴得拍手大笑，说这早在他预料之中。"袁绍大怒，杀掉了田丰。

退回邺城后的袁绍，并不甘心于失败的结局，再度集结青、幽、并三州人马，企图与曹操决战。建安六年（公元201年）四月，袁绍率兵马开至黎阳，曹操根本不怕袁绍，从官渡北上迎击。他派轻骑兵，将袁军引至仓亭（今山东阳谷东南），然后发动攻击，大败袁军。转年正月，曹操再一次击败袁绍。

袁绍回到邺城，悔恨不已，于建安七年（公元202年）夏天呕血而死。

第五章　中原逐鹿

（4）北征乌桓

　　建安五年（公元200年），袁绍在官渡之战中大败，建安七年（公元202年）五月，袁绍在邺城死去。袁绍虽死，袁氏集团的势力仍然存在。袁绍有三个儿子：袁谭、袁熙、袁尚。袁绍的后妻刘氏宠爱袁尚，时常在袁绍跟前称赞袁尚。袁谭是长子，本来袁绍想让他做继承人，但刘氏坚决反对，袁绍便改变了初衷，把袁谭过继给自己的哥哥，并且让他离开邺城，到青州担任刺史。

　　袁谭与袁尚虽是亲生兄弟，但是并不团结，都想压倒对方。袁绍手下的部将分别支持他们俩。辛评、郭图拥护袁谭；逢纪、审配则拥护袁尚。袁绍死后，众人都认为应当由长子袁谭做袁绍继承人，审配等人则担心袁谭掌权后会对自己进行报复，便伪造袁绍的遗命，拥立袁尚为继承人。从青州赶回邺城的袁谭，见没能接替父亲的职位，便自称车骑将军，屯驻黎阳。袁尚给了袁谭少量的人马，还派逢纪去监督袁谭，袁谭一怒之下，杀了逢纪。

　　这年九月，曹操率领大军渡过黄河，进攻黎阳。袁谭请求袁尚援助，袁尚担心黎阳失守，冀州不保，便留审配镇守邺城，亲自领兵马去营救袁谭，抗击曹军。袁军与曹操交战数次，都惨遭失败，只好撤兵回到邺城，曹操占领了黎阳。接着，曹操又马不停蹄地追到邺城，袁军在邺城坚守，不出城与曹操交战。曹操没有办法，收割了邺城周围的麦子，充做军粮。众将领都要求攻打邺城。郭嘉对曹操说："袁谭、袁尚这两个人袁绍都非常宠爱，但谁也没被立为继承人，他们现在的势力相当，各有党羽，如果急于进攻，他们就会相互援助，如果暂缓攻打他们，他们就会争权夺利，不如南下荆州，等待时机变化，到时再出兵攻打，可以一举成功。"曹操采纳郭嘉的建议，命贾信驻守黎阳，自己率军回许都，准备南下征讨刘表。曹军刚到西平（今河南西平西），就传来袁谭和袁尚火并、袁谭派人请求援助的消息。

原来，曹操撤军后，袁谭对袁尚说："我的部队铠甲不够精锐，所以曹军才打败了我，现在曹军撤退，我想趁他未过黄河之前，派兵追杀，这个良机可不能错过呀！"然而，袁尚却怀疑袁谭，以为他别有用心，不给他增兵也不给铠甲，袁谭大怒。郭图、辛评乘此时机挑动袁谭带领军队攻打袁尚，结果却被袁尚击败，率军退回南皮。袁尚紧追不放，袁谭又逃到平原，被袁尚重重包围。袁谭无法逃脱，便派辛评的弟弟辛毗到曹操处求救。

辛毗向曹操讲明了袁谭请求援助的事情。曹操与部将商议对策，众人认为，刘表现在很强，对曹军威胁最大，应该首先平定荆州。至于袁谭、袁尚则不必担心。而荀攸则认为，刘表坐守江、汉之间，没有征伐四方的雄心壮志。而袁氏据四州之地，有军队几十万，应该趁袁尚、袁谭火并，力量分散的时机，夺取河北。郭嘉也同意出兵援助袁谭，攻打邺城，削弱袁氏势力。郭嘉还说："现在的敌人没有比占据河北的袁氏集团势力更强大的，平定河北，可以大振军威，震动天下。"曹操采纳了荀攸、郭嘉的建议，决定出兵援助袁谭。

十月，曹操军马到黎阳，袁尚听到了曹军渡河的消息非常害怕，就解除了对平原的包围，撤回邺城。袁尚的部将吕旷、吕翔投降了曹操。

建安九年（公元204年）二月，袁尚又派出大军到平原攻打袁谭，部将审配、苏由留下来守卫邺城。曹操抓住此时机，迅速出击，直击邺城。守将苏由出城投降了曹操。邺城被曹操团团包围，并且在这里筑土山、挖地道，向邺城发动了进攻，由于邺城城墙坚固，未能攻克。五月，曹操在城的四周挖了一条深二丈、宽二丈、长达四十里的壕沟，引漳水灌入沟中，完全阻断了邺城与外界的联系。城中粮食已尽，许多人因饥饿而死。七月，袁尚得知大事不好，忙率主力一万余人回救邺城，被曹操拦击，袁尚溃败而逃，投奔幽州的袁熙去了。

袁尚被击败之后，邺城的守军斗志全无，只剩下审配顽固抵抗，大喊着给士兵鼓气，但人们已完全不信任他了。

审配的侄子审荣任邺城东门校尉，八月初二，审荣乘着夜色朦胧打开了城门，把曹军放入城中。审配被曹军生擒。这时邺城监狱中关押着辛评的家眷，辛毗赶去解救，但他们早被审配杀死。审配被曹军士兵押到曹操

大帐中，辛毗非常愤怒，用马鞭猛抽审配的脑袋，大骂道："你今天非死不可！"审配依然很蛮横，瞪着眼睛恶狠狠地说："狗东西，正是由于你们这些人，才让曹操攻下冀州，我恨不得立刻杀死你，你敢把我怎样！"不一会儿，曹操走进大帐，看了看满不在乎的审配，开口说道："我那天巡视围城的部队，怎么看到你有那么多的弓弩手呢？"审配说："我还恨太少呢，没把你射死！"曹操想缓和气氛，给审配一条活路，就说："你为袁氏尽力，也是迫不得已！"哪知审配一点不领情，始终不说一句求饶的话，曹操无可奈何，只好将他杀死。

在曹操围攻邺城时，原来已经归降曹操的袁谭又背叛曹操，攻取了河北大部分地区。曹操给袁谭写信，责怪他违约，同他断绝了婚姻关系。原来，在袁谭向曹操求援时，曹操与袁谭结为亲家，允袁谭之女嫁给儿子曹整。袁谭背叛后，曹操在把袁谭的女儿送回去的同时，出兵讨伐袁谭。

建安十年（公元205年）正月，曹操进攻南皮，袁谭迎战曹操，曹军伤亡惨重。曹操想先暂时不进攻，议郎曹纯劝道："现在我孤军深入，难以坚持太久，如果不一鼓作气将敌人击败，一后退就会军威丧失。"曹操听从了曹纯的劝告，亲自冲锋在前并且擂动战鼓，指挥将士猛攻敌军，终于将南皮攻陷。袁谭仓惶出逃，被追上来的曹军杀死。

之后，曹操又率领大军北上，攻打幽州的袁熙。袁熙因部下焦触、张南叛变，出战失利，与袁尚一起投奔辽西郡的乌桓。焦触自称幽州刺史，逼迫各郡县长官背叛袁氏，归顺曹操，焦触等被封为列侯。曹操在占领幽州之后，又发动了对并州的进攻。

在邺城被曹操攻下后，并州刺史高干为了免遭攻打，曾表示愿意归顺曹操。袁尚、袁熙逃往乌桓后，乌桓出兵进攻犷平（今北京密云东北），曹操亲自率军援救，犷平安然无恙，乌桓退至塞外。高干听说曹操与乌桓交战，又背叛了曹操，企图乘曹操北上之机，偷袭邺城。曹操派遣部将乐进、李典截击高干。高干据守壶关（今山西长治东南）。建安十一年（公元206年）正月，曹操率领大军亲自征讨高干，包围壶关。三月，攻下壶关，高干逃往平阳（今山西临汾南），求救于南匈奴，遭匈奴单于拒绝。高干无奈，只好又南奔荆州投靠刘表，途中被抓住斩首，并州全部平定。

曹操经过五年的征战，终于全部占领了冀、青、幽、并四州，结束了北方常年战乱、民不聊生的局面，为恢复和发展社会经济创造了重要条件。

曹操并没有因此而满足，他想彻底消灭袁氏残余势力，统一北方，于是，他决定北征乌桓。

乌桓又称"乌丸"，自东汉初以来便定居于今辽宁西部和河北东北部的辽东、辽西、右北平三郡，与汉民相处得很融洽。东汉朝廷曾封其首领为王，并置护乌丸校尉加以统治。

东汉中期，辽西、辽东、右北平的乌桓结合起来，称为"三郡乌桓"。东汉末年，乌桓渐渐强盛起来，乘东汉衰败的机会，多次南下侵扰，杀掠官吏和百姓，并且向南劫掠青、冀、徐、幽四个州。建安初年，袁绍在河北谋求发展，与号令三郡乌桓的乌桓王蹋顿结盟，联合起来攻灭了占有幽州的公孙瓒，并假借汉朝廷的名义，任命蹋顿为乌桓单于，后来又顺从乌桓各部首领的请求，以楼班为单于，封蹋顿为王。

自秦汉以来，匈奴一直在侵扰边境。汉武帝虽然平定了四方少数民族的叛乱，例如东面平定南越、东越、朝鲜，西部征讨大宛、贰师，并且打通邛、苲及夜郎的通道。但这些地区远离王畿，对中原不会构成重大威胁，而匈奴离王畿最近，骑兵只要向南侵犯，中原便会三面受敌。因此，汉朝多次派遣卫青、霍去病等率领大军北伐，追赶单于，占领其富饶平广的土地。从那以后，匈奴开始退而保卫自己的家园，自称藩国，渐渐衰弱下来。建安年间（公元196~220年），呼厨泉南单于入朝被留下作为内侍，右贤王统率匈奴，这时臣服的匈奴比西汉时更为驯服。但是乌丸、鲜卑逐渐又强大起来。这是因为汉代末年，国内一片混乱，没有时间讨伐外来侵略者，因此，他们竟然侵略并且占领了漠南地区，攻占城市，烧杀百姓，北边各郡同时受到侵扰。至袁绍控制河北，安抚三郡乌丸，名义上很尊重他们，其实是收并了他们的精锐骑兵。后来，袁熙、袁尚又逃奔蹋顿。蹋顿非常崇尚武力，凭着自己距离朝廷很远，所以敢收留袁尚、袁熙，并在少数民族之中称霸争雄。曹操率众北伐平定了辽乱，各个少数民族无不震动。于是曹操又率领乌丸的兵马安抚各地，此后边地居民得以安居乐业。

东汉末年，辽西乌丸首领丘力居统治五千多户，上谷乌丸首领难楼统管九千余户。另外，辽东属国乌丸首领苏仆延统领千余户，自称为峭王。右北平乌丸首领乌延统治八百多户，自称汗鲁王。他们四位首领都智勇双全。中山太守张纯叛逃到丘力居部落中，自封号弥天安定王，为三郡乌丸元帅，侵略青州、徐州、幽州、冀州，烧杀抢掠，无恶不作。汉灵帝末年，派遣刘虞任幽州首领。刘虞悬赏将张纯杀死，北方才得以平定。后来，丘力居死，因为他的儿子楼班幼小，从子蹋顿武艺超群，于是继承王位，统领三个乌丸部落，部下都服从他的指挥。袁绍和公孙瓒交战数次，但久久不能分出胜负。蹋顿便派使者到袁绍处，与袁结交，帮助袁绍攻打公孙瓒，果然大胜。袁绍假借君命，发布诏书，赐给蹋顿、峭王、汗鲁王印绶，封他们为单于。

后来楼班长大成人，峭王以及他的部下都推举楼班为单于，蹋顿为大王。从小在乌丸、鲜卑部落中长大的广陵人阎柔，颇得当地人的尊重和信任。阎柔借助鲜卑的力量，杀死乌丸校尉邢举，取代他的位置。后袁绍安抚阎柔，北部边境得以太平无事。

袁绍死后，曹操攻打袁尚，三郡乌桓继续支持袁氏，并乘战乱之机掠走了十万多户汉朝百姓。建安十年（公元205年），曹操占领邺城后，袁尚、袁熙率残兵躲进乌桓，企图凭借乌桓的势力同曹操抗衡。乌桓蹋顿屡次进入边塞骚扰，想帮助袁氏东山再起。曹操为了消灭袁氏集团的残余势力，决定平定乌桓。

然而，征讨乌桓很困难。建安十二年（公元207年）二月，曹操专门召集文武官员商讨此事，许多人都很担心，大家皆认为："袁尚只不过是个亡虏，乌桓人贪婪不讲信义，怎么会让袁尚利用？假如我们深入乌桓腹地，荆州的刘备必然劝说刘表偷袭许都，万一发生变故，后悔晚矣。"郭嘉提出异议，他说："曹公虽然威震天下，乌桓仗着离我们遥远，必然不设防。我们乘它无备来个突然袭击，一定可以打败它。况且袁绍在河北颇有影响，袁尚等人尚在，如果我们放弃乌桓而南征，袁尚就会趁机凭借乌桓的帮助东山再起，蹋顿也会产生觊觎中原的贪婪之心。那时青州、冀州还会有丢掉的危险。而刘表不过是个心无大志的清谈客，他自知才能不比刘备，对刘备存有戒心，怕重用了他不能控制，而刘备也不会真心实意帮他。因此，即使我们远伐乌桓，您也无需担忧。"曹操采纳了郭嘉的意见，决定出兵。

曹操要想征伐乌桓，必须解决军粮运输问题。他发动人力开凿了平虏渠和泉州渠。平虏渠沟通呼沲和水，即今河北青县至天津静海独流之间的南运河；泉州渠也就是今天津海河至天津宝坻境内与渤海相通的潮白河。开凿了这两条河，既便利了军粮运输，又利于农业生产，对河北、天津社会经济的稳定与发展起到了重要的推动作用。

五月，曹操率大军停驻易县（今河北雄县西北）。郭嘉对曹操说："用兵贵在神速，现在袭击千里之外的乌桓，我军辎重多，难以迅速前进，而且敌人探听到我们出兵的消息，必然有所防备，不如卸下辎重，派轻兵昼夜兼程，出其不意，以奇制胜。"曹操同意郭嘉的建议，很快到达无终（今天津蓟县）。在无终，曹操又得到了名士田畴的大力帮助。

田畴，字子泰，文武双全。董卓之乱时，他因不满朝政，弃官不做，带领家人进入徐无山（今河北玉田北）避乱。数年之中，归附他的百姓有五千余家，成为一方名士，很有威望。袁氏父子曾多次请他出山，授予他将军称号，都遭拒绝。田畴痛恨乌桓对内地的侵扰，想讨伐乌桓，但力量不足。曹操未到无终，就开始派人请田畴。好友邢颙对田畴说："自黄巾起事以来，四海皆乱，战事不断，百姓颠沛流离。听说曹公法令严明，百姓早已疲于战乱，盼望安定。"田畴很赞赏邢颙，因此接到曹操的邀请后就欣然前往。他的门客说："以前袁绍曾五次礼聘，你都拒绝了，现在曹操的使者一到，您急忙前往，这是为何？"田畴笑着说："你是不会明白的。"田畴随使者来到曹营，被任命为蓨县令，随军一同驻扎在无终。

曹操打算沿海边进军乌桓。但这年夏天无终地区连连下雨，靠近海边处地势低洼，道路泥泞，行军艰难，乌桓又把守险要小路，曹军欲进不能。这很令曹操头痛，便问田畴如何是好。田畴说："这条路每到秋夏之际经常有洪水，浅处走不了马车，深处又无法行舟船，很久以前就是这样。旧北平郡的治所在平冈县，以前可以从这里经过卢龙塞（今河北喜峰口）到达柳城（今辽宁朝阳南），但自建武年间这条路已经坍塌，断绝近二百年，不过还有小路可以通行。乌桓以为我们现在会从无终进军，无法前进就会后退，因此放松警惕。我们应该趁此机会马上改变方向，出卢龙塞过白檀（今河北滦平北）险要地段，进入他们没有防卫之地，路近而行

第五章 中原逐鹿

动方便。乘敌人不备发起袭击,可以不战而活捉蹋顿。"曹操一听大喜,连声说:"果然是条妙计!"于是返回无终,并在路旁立上木牌,上写:"当今暑夏,道路不通,且待秋冬,再行进军。"用以迷惑敌人。乌桓的探子见到后,回去报告,蹋顿认为曹军已率兵撤退,放松了警惕。

曹操命令田畴率领他的部众做向导,翻越了徐无山,穿过了卢龙塞,开山填谷,修筑道路五百余里,经过白檀、平冈(今河北平泉),直插乌桓的大本营柳城。八月,当曹军到达白狼堆,距柳城只有二百里时,乌桓才惊晓此事。

蹋顿连忙召集袁尚、袁熙,及辽西单于楼班、右北平单于能臣抵抗,又各自亲率精兵数百骑迎战曹军。八月,曹操在白狼山与乌桓的骑兵相遇,乌桓军队军力强盛,来势凶猛。当时,曹军车马辎重都在其后,身披铠甲的将士很少,众人都很恐惧。曹操却不惊慌,他发现敌军虽多,但阵容不整,遂让大将张辽率军迎敌。经过一场激战,乌桓军队一溃千里。曹军紧追不舍,蹋顿及各部首领都被歼灭,胡、汉两族投降的兵民有二十多万人。

袁尚、袁熙及辽东单于速仆丸率领残兵剩部投奔了辽东太守公孙康。有人建议曹操出兵,将他们全部铲除。曹操却胸有成竹地说:"让公孙康杀袁尚、袁熙,就不用麻烦咱们的士兵了。"九月,曹操率大军向南撤退,正如曹操所言,公孙康并不想收留袁氏兄弟,而是想杀掉他们为朝廷立功。于是他在马厩中埋伏士兵,然后把袁尚、袁熙请进来,还未等他们坐稳,公孙康一使眼色,伏兵立即上前将袁尚、袁熙抓住,当场将两人杀死,速仆丸也一同被杀,他们的人头被公孙康送交给曹操。有的将领问曹操:"您既已退军,为什么公孙康还将袁尚、袁熙斩首?"曹操说:"公孙康一向畏惧袁氏,如果我急于攻打袁尚、袁熙,形势所逼之下,他们就会联合起来抵抗,反之,他们必然会自相残杀。"

曹操从柳城回师时,正值天寒大旱,方圆百里内没有水源,军队又缺乏粮食,只好杀马充饥,凿地近三十余丈才找到了水源,行军很是艰苦。军队返回后,曹操命人查找当初都有谁劝阻他出兵征讨乌桓,人们都很害怕,不知道其中的缘故。等找到那些人后,曹操却重赏了他们,说:"我这次征讨乌桓,实在危险,侥幸取胜,这得感谢上苍的保佑,以后不能经常这样冒险。你们当初提出的才是万全之策，因此要奖赏你们，还要请你们以后多提好的意见。"

平定三郡乌桓之后，曹操把曾经被乌桓掠去和逃亡到辽东地区的十多万百姓接回中原，并且挑选乌桓的骑兵编入自己的军队，增强了战斗力。

曹操先占领了河北之后，又将乌桓打败，完成了统一北方的大业，结束了中原地区连年征战的混乱局面，对中国当时的社会经济的恢复和发展起到了积极作用。

第六章 三分天下

曹操消灭袁氏，占有河北四州，现在还有马超、韩遂占据的关中和陇右，刘表占有的荆州，孙权占有的东吴三个割据势力。

流亡荆州的刘备得诸葛亮相助，认清天下形势，伺机夺取荆州、益州、汉中地区。

建安十三年（公元208年），曹操南征，孙、刘两军联合，在赤壁之战中大破曹军，初步形成了三分天下的局面。荆州为孙、刘、曹瓜分，但是也为孙、刘反目埋下了祸根。

曹操南征失败后，又谋取关中、汉中地区，相继打败马超，收降张鲁。

建安十九年（公元214年），刘备夺取成都，建安二十四年（公元219年），又占有汉中，初步实现了诸葛亮在《隆中对》中提出的战略决策。

然而，孙、刘因为荆州归属问题兵戈相加，一代名将关羽大意失荆州，被东吴擒杀。

1. 隆中对策

（1）刘备从戎

在汉末割据天下的诸路豪杰当中，刘备是一个颇为引人瞩目的人物。

刘备（公元161~223年），字玄德，涿郡涿县人，是西汉景帝之子中山靖王刘胜的后代，后家道中落。刘胜之子刘贞（公元前116年）被封为涿县陆城亭侯，因为没有及时向皇帝纳贡，被剥夺了侯爵，于是世代成为涿县人。刘备的祖父刘雄和父亲刘弘，都曾经在州郡做官。刘备幼年丧父，家境贫寒，与母亲一起靠卖鞋织席为生。刘备15岁时曾与公孙瓒师从于同郡名士卢植。刘备喜好交结豪侠，与当地许多青年非常要好。

汉灵帝中平元年（公元184年），黄巾起义爆发了。当时，中山国大商人张世平、苏欢等正在涿郡一带贩马，他们对农民起义十分恐惧，见刘备有组织能力，就出捐钱物，让他组织起一支队伍，跟随校尉邹靖镇压起义军。不久，因为刘备镇压有功，被提升为中山国安喜县（今河北定县东南）尉。一日，郡督邮因公到安喜县，刘备满怀希望求见他，却被他拒绝。一怒之下，刘备强行进入督邮的居所，将督邮绑起来狠狠地揍了一顿，但也因此丢了官职。此后，刘备加入大将军何进的队伍，继续镇压起义军。下邳战役中，刘备表现出色，被任命为下密县（今山东昌邑东）丞，不久又做高唐县（今山东禹城西南）县尉、县令。

初平元年（公元190年），高唐县被黄巾军攻下，刘备投奔东汉中郎将公孙瓒。当时军阀混战，天下大乱。公孙瓒任命刘备为别部司马，让他和青州刺史田楷一同抵抗冀州刺史袁绍的进攻。刘备屡立战功，先后被提升为平原县（今山东平原南）县令、平原国相。当时，战事频繁，天下饥馑。刘备矢志功名，乐善好施，常与地位低于他的人同席而坐，同桌而食，因此交结了一批推心置腹的朋友。平原国有位叫刘平的人，素来瞧不起刘备，见刘备的地位超过了自己，心生怨恨，于是收买了一名刺客前去行刺刘备。刘备浑然不知，对来客热情招待，并无丝毫怠慢，刺客没有下手，并将实情道出。

公孙瓒败于袁绍后，刘备与田楷向东转移，住在齐国（今山东淄博市临淄北）。初平四年（公元193年），曹操率大军进攻徐州，徐州牧陶谦向田楷告急，刘备与田楷速去相救。当时刘备有军队数千人，陶谦又给他增加了四千人。于是刘备便脱离田楷，投奔于陶谦。后来，张邈、陈宫叛变，曹操不得不从徐州撤兵，陶谦举荐刘备为豫州刺史，屯驻小沛。这年冬天，陶谦病重，陶谦的别驾糜竺对他说："除了刘备，谁也无法安定徐州。"陶谦死后，糜竺带领官民迎接刘备，请他担任徐州牧。刘备不敢担当此任，说："袁术离寿春很近，他出身显赫，为海内所归，你们可把徐州交给他。"下邳人陈登则劝刘备说："袁术性骄，不是治乱世的明主，我们为你召集十万步骑兵，上可以辅佐天子，拯救苍生，成就五霸之业；下可以割地自保，这是个好机会，您应该接受我们的请求。"北海相孔融也建议刘备不要错过机会，否则悔之晚矣。经过一番推让，刘备接受了印绶，领徐州牧。

袁术听说刘备做了徐州牧非常不满，于建安元年（公元196年）六月率兵攻打刘备，争夺徐州。刘备留张飞守下邳（今江苏睢宁县西北），自己率领关羽和赵云到盱眙（今江苏盱眙东北）、淮阴（今江苏淮阴西南）一带迎战袁术。两军对垒一个多月，互有胜负。吕布乘虚向刘备后方下邳发起攻势。下邳守将曹豹本来与张飞不和，此时与吕布秘密联合，打败了张飞，掳走了刘备的家眷及将士。刘备急忙回军下邳，结果溃败。他重新聚合散兵后，攻取广陵（今江苏扬州市西北平山堂），又被袁术击败，只好退守海西县（今江苏灌南县西南），打败了那里的杨奉、韩暹。当时军粮断绝，甚至兵士自相残杀，食人肉充饥。幸亏富豪糜竺出资财援助，刘备才没有全军覆灭。刘备为保存力量，向吕布投降，吕布答应，任他为豫州刺史。吕布要刘备一起进攻袁术，让他驻扎在小沛。

九月，袁术的部将纪灵率三万步骑兵向刘备发动进攻，刘备向吕布求救。吕布率兵赶到，纪灵自知敌不过吕布，便撤军回营。过了几天，纪灵派人请吕布，在营中摆下宴席，也请刘备参加。宴席上，吕布对纪灵等人说："玄德是我的兄弟，现在被你们围困，我特地来替他解围。我不愿与人争斗，而喜欢解斗。"他让士兵在营门竖立一支戟，说道："如果我一箭射中戟的小支，你们就各自收兵回营，如果射不中，你们就继续战斗。"说完，他一箭射过去，正中小支，众人都大吃一惊，不由得欢呼起来。纪灵说："将军真乃天威！"刘备、纪灵按照约定，撤回军队，停止战斗。

（2）败投曹操

刘备驻守在小沛，暗中招兵买马，很快发展成万余人的队伍。建安三年（公元198年）春，吕布派人出外买马，刘备部下不知内情，便贸然抄掠了他们的钱物。吕布一气之下，出兵攻打刘备，刘备败走，投奔了曹操。曹操很器重刘备，任刘备为徐州牧。有人对曹操说："刘备有雄心大志，不及早除掉他，必会后患无穷。"曹操征求郭嘉的意见，郭嘉说："这种说法也对，但是您兴义兵，为百姓除暴，诚心招纳俊杰还唯恐他们不来，现在若要杀掉刘备，会让您落得谋害贤才的恶名，那时仁人智士人人自危，另择主人，谁还能协助您平定天下！"曹操认为郭嘉分析得很正确，于是，给刘备调拨军队、粮草，让他驻扎小沛，与吕布抗衡。

建安三年（公元198年）四月，吕布联合袁术，派中郎将高顺与北极太守张辽夹击刘备。刘备招架不住，曹操派将军夏侯惇帮助刘备，被高顺打败。九月，高顺攻下沛城，刘备随曹操返回许都，曹操荐举他为左将军，出则同车，坐则同席，关系十分密切。但刘备对曹操挟天子以令诸侯、专擅朝政的做法深感不满。那时，汉献帝亲授外戚将军董承一道密令，要他筹划诛除曹操，后来刘备参与了此事。曹操没有察觉刘备的活动。一天，他请刘备喝酒，谈论天下英雄。曹操说："当今天下英雄只有你和我，袁绍之流是数不着的。"刘备当时正在吃东西，听到此话，以为曹操知道了自己参预密谋之事，不禁浑身颤抖，手中的筷子都掉在地上。当时外面风雷大作，刘备连忙掩饰失态，对曹操说："古人说'迅雷风烈使人变色'，此刻一震，果然不假。"刘备为了争取主动，暗中与董承加紧谋划，准备除掉曹操。正在这时，淮南的袁术因孤军势弱，想北上徐州投靠袁绍，曹操担心二袁联军难以对付，就派了刘备等人率军去阻击。谋士程昱、郭嘉闻讯赶来，劝曹操不要放走刘备。曹操也感到后悔，忙派人去追刘备，但已经来不及了。袁术北上不成，又退守寿春。曹操命刘备率军返回许都，但刘备拒不执行，他杀死徐州刺史车胄，让关羽镇守下邳，自己则驻扎在小沛，与曹操公开对抗。曹操派司空长史刘岱、中郎将王忠讨伐刘备，均无功而返。

　　建安五年（公元200年），曹操决定亲自东征。袁绍当时正准备率军南下，攻击曹操，诸将劝阻曹操说："您的大敌是袁绍，他现在兴兵南下，您却去东征，如果他乘机从背后攻击，我们将束手无策"。曹操说："刘备为人中之杰，今日不除，必为大患。袁绍虽有大志，但处事优柔寡断，不会立即南下的。"于是分兵守住官渡，亲率精兵征讨刘备。刘备以为曹操大敌当前，无暇东征，所以并未作应战准备。曹操精兵突然来袭，刘备大惊失色，来不及抵抗，便弃众而投奔袁绍。曹操收编了刘备的军队，截获了他的家眷，还俘获了关羽。

（3）三顾茅庐

　　袁绍听说刘备来投，很是高兴，派大将远道接应，并且亲自出城迎接。在官渡之战中，袁绍派刘备偷袭曹操后方。于是刘备率领一支军队在许都以南不断骚扰，曹操后方不得安宁，曹操甚感忧虑。部将曹仁建议曹操趁刘备在南方未站稳脚跟，迅速出击，可将刘备击败。曹操派曹仁进攻刘备，并将刘备打败。值得庆幸的是，关羽这时又回到刘备身边。

接着，刘备率领本部人马与汝南黄巾军首领龚都等合兵，队伍发展到数千人。曹操在官渡之战取胜后，接着进攻刘备。刘备又投奔荆州的刘表。刘表虽外表儒雅，实际上却本性多疑。刘备前来投靠，他虽然热情接待，却不予重用。刘备见刘表既不思进取，又不能礼贤下士，心中十分烦闷。转眼之间，刘备在荆州闲住了好几年，还没有实现抱负的机会。有一次，刘表会见刘备，刘备起身上厕所，他发觉自己的身体不比从前，由于不骑马行军，大腿的肌肉都松弛了，身体也发胖了，不禁感慨万千，潸然泪下。刘表很奇怪，问其原由，刘备说："过去我身不离鞍，大腿精瘦有力，现在不骑马，腿软弱无力。日月如流水，时间催人老，我却没有建立任何功业，所以心中悲伤。"的确，刘备起兵后，四处奔命，没有固定地盘，先后依附公孙瓒、陶谦、曹操、袁绍、刘表，寄人篱下，抱负未展。刘备觉得必须找一位足智多谋的人辅佐自己，才能壮大力量，摆脱困境。荆州人杰地灵，有不少才华出众的人物。为此，刘备特别注意寻访他们。

刘备屯驻新野期间，广交荆州英雄豪杰、贤能智士，以图建立一番功业。他先去拜访荆州名士司马徽，向他请教天下大事。司马徽素以善于识别人才而著称，他谦虚地对刘备说："我一介俗士，哪能看清天下大事？"他向刘备推荐了卧龙、凤雏两个人。刘备问他俩是何方人士。司马徽告诉他，诸葛亮是卧龙，庞统是凤雏。不久，名士徐庶到新野投奔刘备，也向刘备推荐诸葛亮，说："我的朋友诸葛孔明，人称卧龙，是个杰出人才，将军您想认识他吗？"刘备说："你们一起来吧。"徐庶说："像诸葛孔明这样的俊杰，只能您亲自去见他，不能随便召他来见您。"刘备为了访寻到贤才，带着关羽、张飞亲自前往隆中拜访，没想到连吃两次闭门羹，第三次才得以与诸葛亮相见。

诸葛亮（公元181~234年），字孔明，琅琊阳都县（今山东沂南南）人。诸葛亮的父亲诸葛珪在汉末曾任太山郡丞。诸葛亮年幼时，父母双亡，由叔父诸葛玄抚养。当时诸葛玄被袁术任命为豫章太守，他带着诸葛亮及弟弟诸葛均赴任。不久，东汉朝廷派朱皓带领军队来任豫章太守，势单力薄的诸葛玄只好弃官而走。因为他与荆州牧刘表是老朋友，所以带着诸葛亮等投奔荆州，刘表将他们安置下来。几年后，诸葛玄去世，诸葛亮就隐居在襄阳以西二十里的隆中，一个院落，几间草屋，一面种地，一面

第六章 三分天下

读书,生活很是清贫。诸葛亮读书不是拘泥于一章一句,而是观其大略。通过潜心学习研究,他不但通晓天文地理,而且精通战术兵法。当时,荆州比中原地区相对安定,许多中原地区的士人都到那里避乱,如博陵的崔州平,颍川的徐元直、石广元,汝南的孟公威等名士。诸葛亮与他们交情甚好。有一次,诸葛亮对徐元直、石广元、孟公威三人说:"如果你们去做官,可以当上刺史、郡守。"当他们问起诸葛亮的志向时,他笑而不答。诸葛亮志向远大,他常常自比管仲、乐毅。诸葛亮在隆中耕读,实际上是期待明主,使自己得以施展才能,治国安邦。

建安十二年(公元207年),经徐庶介绍,刘备三顾茅庐,终于见到26岁的诸葛亮。刘备让其他人回避,诚恳地对诸葛亮说:"汉室衰败,奸臣当道,我不度德量力,打算伸张大义于天下,完成统一大业,可是才智菲薄,屡次失败,至今一无所成,壮志未酬,您有什么良策吗?"诸葛亮见刘备态度诚恳殷切,便与刘备分析了天下的形势,以及实现统一的战略方针。他说道:"自董卓之乱以来,各路英杰纷纷揭竿而起,割州据郡之人数不胜数。曹操与袁绍相比,虽然名望低而兵士少,但曹操却能以弱胜强打败袁绍,这不仅是依靠天时,而且还得力于过人的谋略。曹操现在已拥兵百万,挟天子以令诸侯,与他不能短兵相接。孙权占据江东,历经三代之久,地势险要,民心所向,贤才谋士都愿为他效力,只能联络他做外援,而不能打吞并他们的主意。荆州,北有汉、沔二水可做险阻,南可直收南海海中物产为给养,向东相连吴郡、会稽,向西可入巴蜀之地,这是兵家必争之地,可当今荆州之主刘表却不知道利用这些条件,这可是上天安排给将军的礼物,将军想夺取荆州吗?益州易守难攻,千里沃野,是天府之国,汉高祖就是依靠这块地方而成就了统一天下的大业。刘璋昏庸懦弱,张鲁又在北面威胁,虽说民丰国富,但他不知体恤爱护,谋臣智士都渴望得到一位贤君。您不仅是汉室的后裔,而且以信义闻名天下,世人都知道您渴盼贤能之才,有广纳天下英雄之志,如果占据荆、益二州,凭险而据,西部与戎族各部交好,对南面夷越各族实行安抚,在外与孙权结盟,在内改革弊政,修德施仁,天下一旦有变,即派一员上将统率荆州兵士进军宛城、洛阳,您则亲自率领益州军马向秦川出兵,百姓岂能不箪食壶浆来迎接您呢?如果真能如此,那么霸业终会有成,汉室复兴有望。"

这就是著名的《隆中对》，从中可以看出诸葛亮卓越的才华。刘备听了诸葛亮这一番精辟透彻的分析，思想豁然开朗。他觉得诸葛亮是难得的人才，于是诚恳地请诸葛亮出山，帮助其完成统一大业。诸葛亮见刘备虚怀若谷，抱负远大，就答应了刘备的请求。不久，刘备以隆重的礼节接诸葛亮到驻地。刘备的知己关羽和张飞，见诸葛亮未立寸功，就受到如此的青睐和器重，心中不免有些不快，刘备向他们解释说："孤之有孔明，犹鱼之有水也。希望你们看在我的份儿上别再说什么。"关、张二人见刘备对诸葛亮如此敬重，就不再说什么了。

　　诸葛亮一到刘备军中，立刻帮助刘备整顿、扩大军队。当时刘备人稀马弱，无法出征，刘备也很忧愁。诸葛亮建议刘备将那些没有登记户籍的游民搜罗起来，强壮者充兵。刘备照诸葛亮的方法去做，果然在短时间内军队增加了很多人。

　　经过几年的经营，到刘备屯驻樊城时，已经拥有了一支万余人的军队。在刘备的周围，聚集了关羽、张飞、赵云等武将，诸葛亮、徐庶、孙乾、糜竺等谋士。由于刘备善于用人，荆州一带许多人士都去投奔他。

　　刘备三顾茅庐，请诸葛亮出山，使自己的力量很快发展起来。

2. 江东称霸

（1）孙坚起兵

　　在群雄割据北方、逐鹿中原之时，在江东崛起了一支军事力量，这就是使南方稳定发展的孙氏集团，其代表人物是孙坚及其子孙策、孙权。

　　孙坚，字文台，吴都富春（今浙江富阳）人，是春秋著名军事家孙武的后代。他17岁那年,与父亲一同坐船到钱塘,正好碰上海盗胡玉等人从匏里上岸抢劫商人钱物后明目张胆地分赃,来往行人船只都不敢前行。孙坚对其父说:"我可以拿下这群强盗,请让我去吧。"他的父亲说:"这种事不是你能管得了的。"孙坚没听,当即拿起刀上了岸,指指划划,就像派出几股队伍去包围强盗的模样。那些海盗见到这种情形,以为有官兵来捕捉他们,吓得赶忙扔掉赃物四散而逃。孙坚紧追不舍,砍下一个强盗的脑袋提回来,他的父亲十分吃惊。自此孙坚名声大震,州府召他为假尉。熹平元年(公元172年),会稽郡贼人许昌在句章自封阳明皇帝,与他的儿子许韶煽动起周围各县,招集几万人。孙坚以郡司马的身份招募精兵千余人,联合其他州郡讨伐并平定了这次叛乱。刺史臧旻奏明孙坚的功绩,皇帝下诏任命孙坚为盐渎丞,后改为盱眙县丞,接着又改任下邳县丞。

中平元年(公元184年),黄巾军首领张角在魏郡发动起义,假托神明,向青、徐、幽、冀、荆、扬、兖、豫八州宣扬太平道,教化民众,并在各州串通起义。三月初五,起义爆发,起义军焚烧郡县,斩杀官吏。汉朝廷派遣车骑将军皇甫嵩、中郎将朱儁率兵镇压。朱儁任孙坚为佐军司马,孙坚家乡及下邳的青年都愿跟他从军战斗。孙坚又招募各路商人及淮河、泗水一带的精壮青年一千多名,与朱儁协力奋战,所向披靡。汝、颍一带的起义军战斗失利,逃回宛城坚守。孙坚身先士卒,登上城墙,众兵卒蜂拥而至,击败起义军。朱儁将孙坚的功劳上奏朝廷,诏命孙坚升任别部司马。中平三年(公元186年),车骑将军张温上表请派孙坚参与军事,屯守长安。孙坚随同张温至凉州平定了地方势力边章、韩遂的叛乱。

一次,张温以诏书召见了董卓,过了好久董卓才来。张温斥责董卓,董卓很不客气地予以反驳。孙坚也在场,向前悄悄对张温说:"董卓不害怕自己有罪反而口出狂言,应以不按时应召之罪,按军法处治。"张温说:"董卓在陇蜀很有威名,现在杀掉他,西进的依靠就没有了。"孙坚说:"您亲领皇家军队,威震四海,为什么还依赖董卓?看今天的情形,他并不听从您的,轻上无礼,是第一条罪状。边章、韩遂胡作非为已一年有余,应及时讨伐,而董卓却说不可,挫败军心,愚弄将士,是第二条罪状。董卓接受重任而毫无战功,召其前来又滞缓不前,反倒狂妄自傲,是第三条罪状。古代名将，带兵临阵，无不严惩违纪者，以严明军纪，故此有了穰苴斩庄贾、魏绛杀杨干的事。现在您对董卓留情，会使军威亏损。"张温不忍执行军法，就说："你暂时回营，免得董卓起疑心。"于是孙坚起身离去。边章、韩遂听说大兵压境，其军队涣散，不战自降。军队班师后，朝廷论事大臣认为军队并未与敌作战，不能论功行赏，然而当听说孙坚指出董卓三大罪状，劝张温除掉他，无不感到叹息。孙坚被任为议郎。当时长沙区星自封将军，聚万余人，围攻长沙城邑，于是朝廷派孙坚出任长沙太守。孙坚到长沙后与将士商议拟定作战计划，不到一个月，就将区星击败。周朝、郭石也率领徒众在零陵、桂阳等地作乱，与区星遥相呼应。于是孙坚越境讨伐并平定了叛乱，三郡得以安定。汉朝廷因孙坚立了大功，封他为乌程侯。

汉灵帝死后，董卓专权，横行天下，各州郡纷纷起兵讨伐，孙坚也率兵北上，大军到达南阳，队伍扩充到几万人。南阳太守张咨听说孙坚来到，镇定自若。孙坚以牛、酒向张咨献礼，次日张咨也回访孙坚。饮酒正酣，长沙主簿对孙坚说："前日有文书传给南阳太守，让其准备好迎接大军，但至今道路还未修整，军用粮饷也未备足，请逮捕他交付主簿问清原由。"张咨打算逃走，但四周被兵士把守住无法出走。一会儿，长沙主簿又来告知孙坚："南阳太守故意拖延义兵伐寇，请以军法处置。"于是孙坚将张咨斩首。南阳郡城万分震惊，义兵的要求都得到了解决。孙坚进至鲁阳，与袁术相见。袁术上表推荐孙坚为破虏将军，兼豫州刺史。

孙坚善战有谋略。初平元年（公元190年）冬天，孙坚与部下在鲁阳会合，突然发现董卓的军队逼近，情况十分危急。孙坚却镇静自若，命军队原地待命。后来，董卓的骑兵越来越多，孙坚才慢慢起身，率军队入城。将领们问他原由，他说："我之所以刚才不立即起身，是怕引起部队慌乱，相互拥挤，使大家都无法入城。"董卓的骑兵见孙坚军队严整，秩序井然，不敢进攻，遂撤退。初平二年（公元191年）二月，孙坚率军屯驻在梁县（今河南临汝西）以东，受到董卓军队的猛烈攻击，孙坚与几十个骑兵突出重围，让副将祖茂戴上自己常戴的红头巾。董卓的骑兵看见红头巾争着追击祖茂，孙坚从小路逃脱。祖茂被逼得走投无路，于是下马把头巾放在坟墓的烧柱上，自己藏起来。董卓骑兵看到后，重重包围了那烧柱，等到走近看时，才发现中计了。孙坚收集自己的残部，在阳人与董卓军队再战，重挫董卓军队，并将其都督华雄等斩杀。孙坚在军事上不断获胜，使他的名声威振四海。这时有人对袁术说："假如孙坚占领洛阳，你就难以控制他了，这好比除狼而得虎。"袁术听了这话感到疑虑，不再供应孙坚军粮。孙坚闻讯后，连夜去见袁术，他对袁术说："我这样奋不顾身，上为国家讨伐逆贼，下为您报家门私仇。您为什么听信旁人的挑拨猜疑我？"袁术被问得哑口无言，深感惭愧，遂下令恢复调拨军粮。

孙坚返回驻地。董卓忌惮孙坚勇猛激壮，于是派李傕将军等请孙坚前来和亲，并用高官厚禄引诱他。孙坚说："董卓大逆不道，颠覆汉室，如今不诛其三族，示众全国，我死不瞑目，难道还能与他和亲？"再次率兵进攻大谷关，直打到洛阳城郊。董卓立即迁都往西入函谷关，焚毁了洛邑。孙坚前进到雒地，修复汉室皇陵，将董卓所挖掘的坟墓填埋。完事后，引军返回鲁阳。

初平三年（公元192年），袁术与刘表争夺荆州，命孙坚为先锋，刘表则派部将黄祖迎战。双方在樊、邓之间展开激战。三月，孙坚打败黄祖，黄祖渡过汉水，退守襄阳。孙坚穷追不舍，将襄阳包围。不料，孙坚被黄祖的士兵暗箭射死，年仅37岁。

（2）孙策归江东

孙坚死后，他的长子孙策继承了他的事业。孙策，字伯符。当初孙坚兴义兵时，孙策与母亲迁住舒县，与周瑜交情甚好，招纳会聚了许多上流社会人士，江、淮一带的人都纷纷投奔他。孙坚死后，孙策将他埋葬于曲阿，自己则住在江都。

徐州牧陶谦忌恨孙策。孙策便与吕范、孙河一起投靠在丹阳任太守的舅父吴景，并依靠吴景召集了数百人。兴平元年（公元194年），孙策投奔袁术处。孙策说："我父亲从长沙出发与您在南阳相会，共伐董卓，结好同盟，现在不幸遇难，功业未成，我愿意继续为您效力！"袁术虽然器重孙策,但不肯将孙坚旧部交给他。袁术说:"我已任用你的舅父为丹阳太守,你的堂兄孙贲为都尉。丹阳是出精兵之地,你可以去那里招募人马。"孙策将母亲接到曲阿,依靠舅父在当地招募数百人。不久,孙策前往寿春,再次见袁术,袁术才还给孙坚旧部千余人,并推荐孙策为怀义校尉。有一次,孙策部下有个骑兵犯了罪,逃进了袁术的马厩中,孙策派人前去把他杀掉。过后,他向袁术赔礼请罪。袁术说:"兵叛则惩,何罪之有?"从此军中更加敬畏孙策。袁术曾答应孙策,让他任九江太守,结果改用陈纪。后来袁术准备攻打徐州,向庐江太守求派军粮,遭到拒绝,袁术大怒,派孙策去攻打陆康。他对孙策说:"以前我错用陈纪,现在感到懊悔,如果这次你能战胜陆康,庐江郡就归你。"孙策相信了袁术,向陆康发动进攻,打败陈纪,占领庐江郡。但是袁术出尔反尔,任部下刘勋为太守,使孙策对他更加失望。

这时,曾在孙坚手下担任校尉的丹阳人朱治见袁术德政不立,力劝孙策返回故乡,占据江东谋求发展。当时吴景正与樊能、张英等人交战,历时一年多,未能取胜。孙策便乘此机会向袁术说:"我愿随舅父征战,取胜之后,就回家乡招募人马,可以征集三万军队,然后我再来辅佐您。"袁术上表任命孙策为折冲校尉,代理殄寇将军,只给他配备一千多士卒,几十匹战马和相应的军需,但宾客中有几百人愿意跟随他。到达历阳,孙策的队伍已达五六千人。当时,周瑜的叔父周尚任丹阳太守,周瑜率兵前来迎接孙策,并援助他军饷粮草,孙策很高兴,并很快攻克了横江、当利,樊能、张英败走。孙策仪表堂堂,善于谈笑,性格豁达开朗,善于纳谏,又善于用人,所以兵士和百姓愿意为他效力。

这时,江东割据势力很多,如扬州刺史刘繇、吴郡太守许贡、会稽太守王朗等。孙策要占领江东必须消灭他们。刘繇,字延礼,伯父刘宠曾任太尉,哥哥刘岱任兖州刺史。刘繇虽任扬州刺史,但扬州为袁术所占,刘繇只好渡江到曲阿(今江苏丹阳),赶走丹阳太守吴景,沿江把守。孙策欲占据江东,首先要打败刘繇。于是,他先攻克了牛渚,缴获大量粮食武器。当时,彭城相薛礼、下邳相笮融都拥戴刘繇为盟主,薛礼盘踞秣陵城,笮融屯驻秣陵县南。刘繇在梅陵的军队被孙策打败,孙策又攻下了湖孰、江乘,最后在曲阿与刘繇展开决战。当时刘繇的同郡人太史慈前来看望刘繇，太史慈有勇有谋，正赶上孙策进攻曲阿，有人建议任用太史慈，刘繇不答应，只让太史慈去侦察巡逻。有一次，太史慈只带一名骑兵外出巡查，与孙策在神亭遭遇。当时，孙策身边有十几名骑士。太史慈策马上前，迎面便刺，孙策急忙闪过，一个回马枪，正中太史慈的坐骑。在两骑相错时，孙策夺下太史慈的手戟，而太史慈也抢到孙策的头盔。这时，双方的援兵赶到，对峙了一阵子，各自撤退。不久，刘繇与孙策交战失利逃往丹徒。

打败刘繇后，孙策一方面犒赏将士，一方面发布宽大命令，通知各县，"凡是刘繇、笮融部下前来投降的既往不咎，愿意从军的，免除家庭徭役，不愿从军的不勉强"。这一政策深得人心，仅十天左右，应募者从四面八方赶来，迅速募到二万余名战士，一千余匹战马。从此，孙策威震江东。

（3）壮大势力

袁术见孙策势力日益壮大，又想笼络他。兴平二年（公元195年）冬，袁术上表举荐孙策代理殄寇将军。孙策的部将吕范对他说："将军的事业百废俱兴，兵马越来越多，不过军纪还不严整，我愿意暂时担任都督，协助将军治理。"孙策说："你早已成为名士，手下统率千军万马，又立有战功，怎能让您屈居低职，管理这等小事呢？"吕范说："将军此话差矣。我离开家乡投奔于您，不是为了妻子儿女，是想为国家尽力，这就如同共乘一舟漂洋过海，任何地方出了故障，都可能葬身大海。我这样做，不仅为了将军您，也是为了我自己呀！"吕范回家后，换上武将服，来孙策处报到，孙策留下了他。从此，孙策军中纪律严明，法令整齐。

孙策任用张纮做议校尉、张昭为长史。孙策对他们二人很信任，经常让他们一人驻守后方，一人随自己出征。

张纮，字子纲，广陵人士。曾经游学京都，后回到家乡，被荐举为秀才，官府多次召他做官，他一概拒绝，后来到江东逃避战乱时，孙策正创建基业，张纮便投靠了孙策。孙策上表任命他为正议校尉，后跟随孙策征伐丹阳。孙策亲自披挂上阵，张纮劝谏说："主将是统筹规划的角色，三军命运全依托于您，不可草率出动，亲自与区区小寇对阵相斗。希望您好好把握上天赋于您的才干，体恤天下苍生，不让全国上下为您的安危而担惊受怕。"建安四年（公元199年），孙策派遣张纮奉献奏章到许昌皇宫中，张纮被留在那儿担任侍御史，少府孔融等都和他相处和睦。

孙策十分敬重张昭，以师友之礼待他，文武之事皆由张昭决断。张昭，字子布，彭城人。年少好学，尤其擅长隶书，跟随白侯子安学习《左氏春秋》，博览群书，与琅琊人赵昱、东海人王朗同时闻名于世，又互为好友。年长后被举荐过孝廉，但他拒绝了。曾与王朗一起讨论以往君王避讳之事，州里的才士陈琳等对他颇为赞赏。刺史陶谦推荐他为茂才，他不应召，陶谦认为张昭目中无人，于是将他抓起来。赵昱全力以赴地搭救他，才使他得以脱身。汉末天下大乱，徐州一带士民大都到扬州地区避难，张昭也随之南渡长江。孙策创建东吴基业后，任命张昭为长史、抚军中郎将。张昭每次得到北方士大夫的来信，他们都将功劳归于张昭一人。张昭本想偷偷留下，又唯恐有私情之嫌，呈报上去恐其不妥，进退两难，内心十分不安。孙策听说后，高兴地笑着说："古代管仲为齐国的国相，人家开口仲父、闭口仲父，而齐桓公则称霸诸侯为天下所尊崇。如今子布如此贤德，我能重用，他的功名难道不为我所有吗？"

刘繇败于孙策后，从丹徒逃到会稽，派豫章太守朱皓进攻袁术的部将诸葛玄，诸葛玄退守西城。刘繇沿江而上驻军彭泽，又派笮融助朱皓攻打诸葛玄，笮融设下圈套害死了朱皓，刘繇领兵讨伐笮融，笮融战败，逃入深山，被当地百姓杀死。

建安元年（公元196年）春天，袁术打算自称皇帝。孙策听到消息之后，写信责备袁术不该如此。袁术自以为孙策一定会拥戴他为皇帝，没想到竟然遭到反对，他很生气，置孙策劝阻于不顾，执意称帝，从此孙策便与之断绝了关系。

孙策继续在南方扩充势力，他准备攻打会稽郡。会稽守将严白虎等人各率一万多人的队伍，严守各处要道。吴景等想先击破严白虎，然后再到会稽。孙策说："严白虎等盗贼，胸无大志，凭此就可将其擒获。"于是

第六章 三分天下

领兵渡过浙江,攻取会稽,与郡太守王朗在固陵一带交锋,终无法取胜。他的叔父孙静对孙策说:"王朗凭借城池坚固,难以短时间将其攻克,此地以南几十里的查渎防守薄弱,应从那里突破,进入王朗的后方,攻其不备,出其不意。"孙策采纳了这个建议。夜里,他让士兵到处点燃火把,派疑兵迷惑敌人,同时又派出一支轻兵进发查渎,袭击王朗的后方。王朗闻讯后,惊恐万状,忙派前丹阳太守周昕率兵迎战。孙策战败周昕,并将其杀死,王朗仓惶逃窜。孙策紧追不舍,王朗见大势已去,只好向孙策投降。孙策将原任官吏全部更换,自己兼任会稽太守,又任命吴景为丹阳太守,让孙贲为豫章太守,分豫章另置庐陵郡,任孙贲的弟弟孙辅为庐陵太守,任丹阳人朱治为吴郡太守。

建安二年(公元197年)夏天,曹操派人携带诏书,任命孙策为骑都尉,袭爵乌程侯,命令孙策与吕布、吴郡太守陈瑀一同讨伐袁术。孙策率兵出发,行军到钱塘时,吴郡太守陈瑀暗中勾结祖郎、严白虎等,想要袭击孙策。孙策察觉后,立即派遣部将吕范、徐逸进攻陈瑀。陈瑀战败,单枪匹马投奔了袁绍。孙策在南方声名益盛,于是曹操想拉拢孙策,便上表推荐孙策为讨逆将军,封吴侯。

袁术与孙策绝交后,怕孙策与其作对,于是就联合力量限制孙策。他任命周瑜为居巢县长,临淮人鲁肃为东城县长。周瑜与鲁肃都认为袁术目光短浅,难成大事,推辞而没就任,并渡江投奔孙策。孙策非常高兴,任周瑜为建威中郎将,鲁肃将全家搬迁到曲阿。袁术见周瑜、鲁肃弃他而去,火冒三丈,派人秘密联络丹阳豪强祖郎等人,让他们鼓动山越人同孙策作对。孙策得知后,立刻率军征讨祖郎,将他活捉。孙策对祖郎说:"你以前袭击我,曾砍中我的马鞍,而今我正建功立业,想抛弃旧怨,唯才是用,希望你不要害怕。"祖郎连忙谢罪,孙策亲自为祖郎松绑,将他封为门下贼曹。接着孙策又举兵到勇里攻打太史慈,也将其生擒。孙策亲自为太史慈松绑,对太史慈说:"早就听说你性格刚正不阿,是天下的智士,只是你所依附的刘繇不是明主,你我应共同对付刘繇,共创大业!"太史慈表示愿为孙策效力,于是被任命为门下督。

这时,扬州牧刘繇死在豫章。他部下有万余人,继续坚守,孙策打算吞并豫章。

袁术死后,袁术部下大将张勋、长史杨弘等人想率领自己的部队投奔孙策,庐江太守刘勋在半路上截击,并将他们全部俘获,收缴了他们所带的财物。孙策听说之后,假意与刘勋结为盟友。豫章上缭的宗民有一万多户在江东,孙策劝刘勋前去攻打。刘勋出兵之后,孙策率领少数轻骑袭击,一夜间占有了庐江,刘勋的军队全部投降,刘勋只带着几百个部下归降曹操。

孙策打败刘勋后,收编了刘勋的军队,俘获千余艘船只,扩充了军事力量,接着又对黄祖发起进攻。到了十二月,进军到沙羡,刘表派遣侄子刘虎和部将韩晞率五千士兵援助黄祖。十二月十一日,两军交战,孙策击败黄祖,韩晞战死,黄祖逃走。黄祖的家眷及六千艘战船全被孙策缴获,士兵死伤无数。

孙策乘胜追击,直取豫章。豫章太守华歆深知孙策善于用兵,自己难以抵抗。

华歆,字子鱼,平原郡高唐县人氏。高唐是齐国有名的都邑,士绅无不游逛于市里。而华歆为吏时,每逢假期离开官府,就回家关门不出。华歆议事论人一视同仁,从不毁谤伤人。同郡人陶丘洪也是知名人士,自认为才智超过华歆。当时王芬和一些豪杰人物策划废掉汉灵帝的事情,王芬暗中招呼华歆、陶丘洪共商计策,陶丘洪想前去,华歆劝他说:"废立皇帝非同小可,连伊尹、霍光都感到为难。王芬为人不够严谨,且又缺少勇猛之气,这次必定不能成功,灾祸必将牵连你的族人,你还是不要去!"陶丘洪听从了华歆的话没有前往。后来王芬果然失败,陶丘洪这才服了华歆。后华歆被举荐孝廉,任命为郎中后,因患病辞官。汉灵帝去世后,大将军何进辅政,征召河南人郑泰、颍川人荀攸和华歆等人。华歆应召,任尚书郎。董卓把天子迁往长安,华歆请求任下邽县令,因为患病不能前往,于是从蓝田到了南阳。袁术当时在穰城,留下华歆。华歆劝说袁术讨伐董卓,袁术拒绝。华歆本欲离开,恰逢天子派太傅马日䃅安定东关,马日召华歆为掾。华歆车行到达了徐州,朝廷下诏,任命他为豫章太守。期间,因处理政事得当,华歆得到官吏民众的推崇和爱戴。孙策在江东夺取地盘,华歆知道孙策善于用兵,就以幅巾束发出城迎奉。孙策知道华歆年长且贤德,所以用对尊贵客人的礼节接待他,将华歆尊为上宾。孙策分割豫章郡,另立庐陵郡,任孙贲为豫章太守,孙辅为庐陵太守。孙策至此已控制了扬州的大部分地区，成为南方重要的军事力量。

建安五年（公元200年），曹操与袁绍在官渡对垒相持，孙策暗中打算偷袭许昌，迎取汉献帝，便秘密整顿军队，部署将领。还未行动，他就被前任吴郡太守许贡的门客所杀害。原来，孙策曾杀死吴郡太守许贡，许贡的小儿子与门客逃亡隐居在长江边上。这次孙策单身匹马外出，猝然与许贡的门客遭遇，孙策被许贡的门客用箭射中面额。孙策自知不久于人世，就请张昭等前来说："中原正在大乱之中，凭我吴越之众，据守三江之险，足以坐观成败。诸位要好好辅佐我弟！"又招呼孙权，将印绶交予孙权，说："率领江东之众，决战两阵之间，与天下豪杰争雄，你不如我；但举贤任能，礼贤下士，保守江东，我不如你。"到夜间孙策便死去，时年26岁。孙权登基称帝后，追封孙策为"长沙桓王"，封孙策的儿子孙绍为吴侯，后改封为上虞侯。

（4）孙权继父兄之业

孙策临终前，将其弟孙权托付于张昭，张昭率领文武百官拥立孙权并辅佐他。孙策一死，全军将士莫不悲痛，年仅18岁的孙权伤心地大哭不止，无法处理军政大事。张昭对孙权说："身为国家继承人，你的责任就是继承先辈遗业，使国家昌盛兴隆，以建立丰功伟业。今天下动荡不安，盗贼占山为王，祸乱不断，孝廉您怎能卧床哀伤，像常人那样去动匹夫之情呢？"于是他帮孙权换好衣服，亲自将孙权扶上马，侍卫随之列队而出，这才使众人心里感到踏实。周瑜从巴丘率兵赶回奔丧，继而留在吴郡，担任中护军，与张昭共掌军政事务。孙策当时虽然已经占有会稽、吴郡、丹阳、豫章、庐江、庐陵等郡，但许多险要重地，尚未完全归附。流离到江南的士人，思想尚未稳定，仍持观望态度，与孙策、孙权并未建立起稳定的君臣关系。张昭、周瑜等人却认为可以与孙权共谋大业，于是尽心竭力地辅佐孙权。

第二年，孙权打算兴兵合肥，张纮劝谏说："帝王自古以来是承受天命的君主，虽然上有皇灵辅佐，下有文德传扬，但也要依靠武功来昭其功绩。然而武功贵在因时而取，然后才建立威势。如今您正遭遇汉家四百年来未有过的劫运，有扶助危难之功业，应该暂且隐伏，偃息军队，开垦造田，礼贤下士，务必实行崇尚宽和仁惠的政策，再顺应天命施行诛讨，正所谓不劳师动众而平定天下。"孙权采纳了张纮的建议，停止了军事行动。张纮建议孙权离开吴郡移都秣陵，孙权听取了他的意见。孙权让张纮回吴郡接来家眷，不幸张纮途中病逝。临死之前，他授意儿子张靖给孙权留下书笺说："自古以来有国的人，没有不想修治德政来兴隆盛世的，然而他们的治理多数没有理想的结果。这并非无忠臣良将相辅佐，也不是不明白治国的根本，而是由于君主不能克服个人的好恶，不善于听取别人的意见。畏难趋易，爱听迎合自己的意见而讨厌不同的意见是人之常情，这正好与治世法则相反。《易传》有言'从善如登山，学坏如崩山'，是说学坏容易，学好难。君主继承历代传下的基业，凭借天生的优势，掌握着驾驭群臣的权威，愿意做好做的事、听好听的话，不会向他人求取忠言，而忠臣心怀难于进用的治国之方，口出逆耳的忠言，两者无法相互合意，不也是理所应当的吗？不合就会产生磨擦，巧言令色的小人便乘虚而入，君主就会被假忠迷惑，贪恋小人的'忠义'，于是贤愚混杂，长幼失序。之所以产生这些情况，是因为人情关系扰乱了正常的统治秩序的缘故。圣明的君主应当认识到这一点，如饥似渴地寻求贤才，不厌其烦地听取逆耳之忠言，克制感情、减少情欲，为道义而割舍恩爱，在上无偏颇错误的任命，在下也就断绝了非份的想法。劝您加以三思，忍受辱垢、掩藏锋芒，以成就仁义泽被天下的功业。"孙权看到张纮的遗书，痛哭流涕。

孙权身边的大臣除了张昭、周瑜之外，还有鲁肃。经周瑜引见，鲁肃受到孙权的赏识。一次，孙权把鲁肃单独留下，同他合榻对饮，孙权问："如今汉室危在旦夕，我想继承父兄遗志，建立齐桓、晋文那样的功业，你有什么好主意？"鲁肃说："据我看来，汉朝王室已不能复兴，短时间也很难消灭曹操。我认为，只有先保守住江东，坐观天下之变，如果能乘曹操在北方用兵、无力南下之时，消灭黄祖，征讨刘表，将长江一带全部控制于我们手中，必能建立帝王之业。"孙权很赞成鲁肃的建议。张昭觉得鲁肃年轻，没有经验，看不起他，孙权却很看重鲁肃，赏赐给他许多财物。

孙权决心在江南开创大业。他整顿军队，将部下兵力较少且能力差的军队进行重新编排、合并。别部司马吕蒙训练军队有方，军容齐整，孙权见了十分高兴，便又调给他一批兵马，对他加以重用。

功曹骆统劝孙权要尊敬贤才，广为接纳各地士人，虚心听取下级的意见；要关心将士的生活，经常听取他们的建议，以此考察他们的志向和能力。孙权对这些很中肯的建议都一一采纳。

建安七年（公元202年），曹操打败袁绍后，进一步扩张势力，便写信给孙权，要求他送子弟做"质任"。孙权召集群臣共商对策，张昭、秦松等人犹豫不决，周瑜坚决反对送人质。他说："将军现在继承父兄的基业，拥有六郡的土地和人力，兵精粮足，将士听命，铸山为铜，煮海为盐，境内富饶，人民安康，有何必要去送人质呢？若送人质，定要受制于曹操，最好的待遇也不过是封侯，区区十几个仆从，几辆车，几匹马，哪能与割地称王相比呢？我建议不要急于送人质，从容地观察一下形势再说。"孙权的母亲吴夫人当时也在场，她很赞赏周瑜的意见，并且让孙权把周瑜当做兄长。孙权采纳了周瑜的建议，没有向曹操送人质。

（5）讨伐黄祖

建安八年（公元203年）十月，孙权率大军征伐江夏太守黄祖，大破黄祖水军，黄祖退至夏口（今湖北武汉），驻守城中，不肯出来。孙权围城多日，未能将其攻克。这时，孙权接到丹阳、豫章、庐陵等地山越起兵的消息，便率兵退还，派部将讨伐山越，平定了山越的反叛。建安十二年（公元207年），孙权再次出兵进攻黄祖。同年，孙权的母亲吴夫人病危，临终时召见张昭等人嘱托后事。

建安十三年（公元208年），巴郡人甘宁投奔孙权。甘宁，字兴霸，少有气力，喜好游侠，颇有名望。起初，他带着八百奴客投奔刘表。刘表不懂军事，目光短浅，甘宁看出刘表难以成就大业，于是准备投奔孙权。

当时正值刘表的部将黄祖屯兵夏口，甘宁无法通过，只好在黄祖处呆了三年。黄祖并不重用甘宁，甘宁心中十分不满。后来他利用机会投靠孙权，周瑜、吕蒙也都向孙权推荐甘宁，孙权对甘宁非常赏识，就像对待跟随自己多年的旧臣一样。

一次，甘宁向孙权献策说："汉朝现在日渐衰弱，曹操早有篡权之心。荆州控制着长江上游，乃是水陆交通之咽喉，刘表是平庸之辈，目光短浅，更无深谋远虑，其子还不如他，不能继承其基业。您应该早日行动，取得荆州，不要落在曹操后面。要夺荆州，应先进攻黄祖。黄祖现今老眼昏花，为人贪婪，吏士心怀怨恨且又军饷不足，战船武器废坏，农业荒废，军纪散漫，军心不稳。此时率军出征，你定能大败黄祖，然后，大举西进荆州，再向巴蜀发展。"孙权认为甘宁的分析很有道理，张昭却不同意这样做。他对甘宁说："吴地现在并不稳定，如果西征，恐怕会发生变乱。"甘宁见张昭不思进取，气愤地说："国家将萧何这样的重担交付于你，你留守后方却担心出乱子，这如何能效法古人呢？"孙权表示支持甘宁。他说："兴霸，黄祖就像一杯酒，已交付于你。你尽管去制定策略，一定要打败黄祖老贼，建功立业，不必在乎张长史的话！"

之后，孙权亲率大军西征黄祖。黄祖用两艘大战船将江口封锁住，每只船有千余人，不间断地向外发射箭支，使得孙权的军队难以前行。孙权的偏将军董袭和别部司马凌统担任先锋，各自率领敢死队一百人，每人身披两副铠甲，乘船冒着箭雨直冲上去。董袭举刀砍断黄祖固定战船的棕绳，战船一下失控，孙权迅速率大军前进。黄祖又命都督陈就率水军迎战。孙权部将吕蒙勇猛无比，冲上前去与陈就厮杀，将陈就杀死。孙权军队因此士气大振，水陆并进，攻取了夏口，黄祖逃跑，被追上杀死。此次战役，孙权终于击败宿敌黄祖，进一步增强了势力，巩固了江东。

第六章 三分天下

3. 赤壁之战

（1）刘琮献城

曹操打败袁绍，平定乌桓后，于建安十三年（公元208年）初返回邺城。曹操并没有满足于统一北方，他雄心勃勃，准备挥师南下，一举统一全国。曹操心里明白，长江天险是他平定南方的巨大障碍，为了适应水上作战，他修整了玄武池，以此训练水军。

六月，朝廷取消三公的职位，恢复丞相官职，曹操任丞相，进一步总揽朝政。

当时的形势是南方有江东的孙权、荆州的刘表和益州的刘璋三大势力。刘表据荆州之地，北据汉、沔，利尽南海，是非常富庶的地区。荆州距离中原最近，曹操担心刘备一旦夺取此地，将刘表的七八万水陆军和上千只战船全部据为己有，必将对自己统一大业构成威胁。于是曹操决定先从荆州下手。

七月，曹操亲率大军南下进攻荆州，赤壁大战的序幕从此拉开。

荆州牧刘表听说曹操发兵，手足无措。刘表本就懦弱，此时又加上重病缠身、家庭内部又矛盾重重，使他一筹莫展。刘表有两个儿子，长子刘琦、次子刘琮。按惯例，刘琦应当继承父业。开始，刘表也喜欢刘琦，但刘表的后妻蔡氏将其侄女嫁给刘琮，蔡氏喜欢刘琮，时常在刘表跟前诽谤刘琦。蔡氏的弟弟蔡瑁、刘表的外甥张允等人也拥护刘琮，久而久之刘表也转变态度，倾向于立刘琮了。刘琦被疏远后，心中十分烦闷，不知自己该怎样做，他几次向诸葛亮求计，诸葛亮都避而不答。刘琦心里清楚诸葛亮是不愿介入他们的家事，便想出一个办法。他故意将诸葛亮请到自己的后花园，一起上了楼阁，又命人撤掉扶梯，然后诚恳地对诸葛亮说："我们现在上不着天，下不挨地，你的话，只有我一个人会听到，求卧龙先生赐教？"诸葛亮见刘琦很真诚，便开口说道："你知道申生在内而危，重耳居外而安的事吗？"刘琦顿时明白了诸葛亮的意思，这是让他离开这是非之地，到外谋求发展。于是，刘琦拜见其父请求出任江夏太守，屯驻夏口（今湖北武汉）。

这时，曹军日益逼近荆州，刘表日夜忧虑，病情加重。刘琦从江夏赶回襄阳探望父亲，蔡瑁、张允唯恐他与刘表相见，触动父子感情，使刘表变卦立刘琦为继承人，就对刘琦说："你父亲派你镇守江夏，责任重大，你却擅离职守，你父亲见到你一定会生气，加重病情，这难道就是你的孝敬吗？"他们拦住刘琦，阻止他与刘表相见，刘琦无奈，只得含泪离去。

不久，刘表病死，次子刘琮继任荆州牧。大臣都劝刘琮投降曹操，刘琮说："现在我与你们占据全楚之要地，守着我家先辈的基业，坐观天下，为什么屈服于曹操呢？"有个叫傅巽的大臣对他说："你认为你比刘备如何？"刘琮说："我不如他。"傅巽分析说："假如刘备有能力抵御曹操，那么刘备就不会甘心居于您之下。希望你早日做出明断。"刘琮害怕曹操的军威，九月，派使者向曹操投降。当时刘备屯驻樊城，对曹操南征和刘琮不战自降等事一无所知，刘琮更不敢将自己降曹之事告诉他，所以，直到曹操大军抵达宛（今南阳市）城，刘备才听到消息。刘备兵少将缺，腹背受敌，形势非常严峻。经商议，决定向南撤退，在江陵（今湖北江陵）会合。江陵是重要的军事基地，西接益州牧刘璋，东联江东的孙权，并且那里屯积了大量军需物资，有能力与曹操周旋。刘备派关羽率领水军走水路，自己率余众经襄阳南撤。途经襄阳之时，诸葛亮建议刘备杀掉刘琮，占据荆州，刘备说："刘表临死之前，将刘琮托付于我，现在为了保全自己，让我背信弃义，我怎么能做这种事呢？我死后有什么脸见刘表？于是刘备邀请刘琮一起南撤，刘琮并没有接受。但刘琮的部下和其他一些荆州人归附了刘备。到达当阳（今湖北当阳东北）时，跟随刘备的百姓多达十余万。由于带着数千车粮草和武器，队伍行动异常迟缓，有时一天仅能前进十多里路。有人提醒刘备说："加快撤退速度吧，今虽拥大众，可是披甲上阵的人太少，若是曹操兵来了，凭什么抵抗他们呢？"刘备回答："凡是能成就大事的人都以人民作为根本，现在这么多民众愿意归属于我，我怎么忍心抛弃他们？"依然缓慢行进。

曹操知道刘备撤退，在后面紧追不舍。这时他获悉，江陵不仅战略位置重要，还积存了大量军需物资。他生怕刘备先到，便亲率五千骑兵，马不停蹄地追赶刘备。当刘备一行到达当阳长坂（今湖北当阳东北）时，曹操的骑兵从后面追上了。刘备的军队被打得大败，只有少数人突围逃走，刘备与妻子也被冲散。张飞带着二十余骑兵，过了一条河后，命手下将桥拆毁。曹军追到，张飞手持长矛，大声喝道："我乃燕人张翼德，谁敢前来送死！"曹军都知道张飞作战勇猛，谁也不敢上前应战，刘备这才得以脱身。这时，赵云在混乱之中，奋不顾身地保护刘备的妻儿，历尽千辛万苦，最终得以平安脱险。

刘备清点残余人马，继续南逃。因为通往江陵的道路已被曹军截断，无法再去江陵，只得转而朝着汉水方向撤退，同由水路撤退的关羽会合。这时，江夏太守刘琦率一万多士兵前来接应刘备，他们一同前往夏口。于是，曹操顺利地占领了江陵。

曹操初战告捷，又收编了刘琮的部队，士气大振。他决定乘胜进军，进一步扩大战果。于是，他一面集中水陆两军，沿江东下，准备消灭刘备；一面派人向江东的孙权下战书，声称将率领八十万大军南下与孙权一决雌雄。

（2）鲁肃"榻上策"

面对来势汹汹、咄咄逼人的曹操。刘备和孙权，要么孤军奋战，这很可能被曹操逐个击破，要么联合起来共同抗曹，或许能将曹操打败。刘备、孙权集团中的有识之士都看到了联合抗曹的必要性。

刘表刚死时，鲁肃就向孙权建议说："荆州与东吴相邻，疆土稳固，土地肥沃，百姓富足，如果能占领荆州，就奠定了帝王的基业。现在刘表刚死，他的两个儿子又不团结，军中将领也各有私欲。刘备现依附刘表，却不被重用。假如刘备与刘表的部将同心协力，上下一致，我们就应同他们结盟。"孙权同意鲁肃的建议，就命鲁肃以吊丧为名，前往荆州观察形势。

鲁肃（公元172~217年），字子敬。临淮东城（今安徽定远）人。东吴著名的政治家、军事家。由于祖辈没有出仕为官，鲁肃家虽然财产丰足，但并不属于士族阶层，只是那种在地方上颇有势力的豪族。

鲁肃出生不久，父亲就去世了，鲁肃靠祖母抚养成人。青少年时期的鲁肃，心胸开阔，勤于思考，具备一定的政治眼光。早在董卓之乱前，鲁肃就看到东汉朝廷内部危机重重，预感天下将要大乱。为了在乱世中有所作为，鲁肃努力练武，剑法和骑术都很出色。他不再花费精力去治理家业，却把许多土地卖掉，用这些钱财赈济宗族、乡亲，结交志同道合的朋友。渐渐地，鲁肃在家乡有了很高的威望。他招募许多青壮年作为部曲家兵，并时常以射猎的名义，去离东城不远的南山讲武习兵，训练他们的战斗能力。

汉献帝建安三年（公元198年），占据扬州地区（今长江下游和淮河之间）的袁术为加强控制自己的辖区，极力收买地方势力。鲁肃被袁术委任为东城长，时年26岁。就在这一年，鲁肃结识了在居巢作官的周瑜。

鲁肃和周瑜的相识，开始于周瑜向他借粮。时值汉末各军的混战，农业生产遭到极大的破坏，粮食紧张成为突出问题。一般靠和平方式很难借到粮食。但鲁肃对于周瑜的告贷，却倾囊相助。他将自己储粮的一半——整整一困约千斛大米送给周瑜。周瑜非常感谢鲁肃的慷慨相助。通过接触，他了解到鲁肃是个胸怀大志且有远见的人才，遂与鲁肃结成挚友。

周瑜劝鲁肃摆脱袁术，投奔孙策。虽说周瑜是袁术的部属，但对他已丧失信心，认为袁术难成大业。所以，他拒绝袁术委任的将军一职，主动要求去担任居巢的长官，企图从居巢顺路东进，直奔在江东开疆拓土的旧友孙策。

鲁肃同意和周瑜前往。为方便行动，他必须把部属撤离东城，南迁居巢。临行前，他动员宗亲部曲说："现在朝廷已经名存实亡，到处兵荒马乱，我们所处的淮泗地区又是兵家必争之地，住在这里，恐怕性命难保。听说江东地区土地肥沃，民富兵强，不知你们愿不愿意同我一起到江东去呢？"经过他的劝说，约有三百多人愿与他同行。鲁肃出发时命令老弱妇孺走前面，他亲率部分精壮的男子负责断后。按照汉代的法律，国家编户没有自由迁徙的权利，鲁肃南下是违法的。州里负责巡逻的骑兵闻此消息后，赶来阻止他们迁徙。鲁肃一面让前面的人放慢速度，一面命令可以作战之人做好战斗准备。鲁肃劝诫追骑说："现在是兵荒马乱之时，群雄角逐，朝廷软弱无力，有功劳的人不会受奖，有过失的人也没予以惩办。你们苦苦相逼，又是何必呢？"说完后，鲁肃于路旁树起一面盾牌，一箭射透盾牌。追骑们觉得鲁肃的话确有几分道理，又怕不是他的对手，于是便退走了。这一年，鲁肃随从周瑜到达江东，定居于曲阿（今江苏丹阳）。

鲁肃到达江东后两年，未受到孙策的重用。后因他的祖母去世，他返回东城。回东城后，经朋友邀请他决定投奔占据巢湖的郑宝，于是他决定从曲阿迎出母亲。返回曲阿后，鲁肃发现江东政局早已发生变化。孙策被杀，其弟孙权掌握大权。由于母亲被周瑜接到吴郡（今江苏苏州），鲁肃便赶到吴郡，并把自己的想法告诉周瑜，周瑜不同意鲁肃的北行计划。这时，在孙权的新政府中，周瑜掌管着军权。孙策死后，江东局势曾一度混乱，只是靠着周瑜等人的全力支撑才得以稳定下来。

不久，周瑜把鲁肃推荐给孙权。很快孙权接见了他，经过长谈，孙权对鲁肃十分赏识。鲁肃向孙权提出了"鼎足江东"的榻上策。他觉得，孙权急于效仿齐桓公、晋文公图霸王之业的设想很难实现，因为曹操已经取得控制汉献帝的有利地位。汉室江山已无可救药，再说也不能从根本上铲除曹操的势力。鲁肃建议孙权割据江东，等待时机，利用曹操无暇顾及南方的时机，进攻刘表，占据荆州，然后建号称帝，进而夺取天下。鲁肃指出，由于北方很不稳定，有些麻烦事不易处理，曹操统一全国的目标有一定困难，于是为江东出现割据政权提供了有利条件。

鲁肃的榻上策和诸葛亮的隆中对，在许多观点上是相同的。两者都比较准确地分析了当时的客观形势，并提出了卓有远见的政治目标。

（3）孙权决意抗曹

鲁肃到达夏口时，就听说曹军已到达荆州，刘琮投降，刘备南撤的消息。鲁肃连忙赶往当阳长坂见刘备。鲁肃问刘备："如今您想到哪里去？"刘备如实回答说："苍梧太守吴巨是我的朋友，我只好投奔他去。"鲁肃说："吴巨乃一个凡夫俗子，地处遥远的边郡，即将被吞并，怎能依附他呢？我们孙将军聪慧机智、礼贤下士，江东豪杰都归附他，如今已据有六郡，兵精粮足，足以成就事业。我为将军出个主意，最好派人到江东与孙权联合，共建大业。"刘备听后非常高兴。鲁肃又对诸葛亮说："我是诸葛子瑜的朋友。"诸葛子瑜是诸葛亮的哥哥诸葛瑾，他在江东避乱时，被孙权委任为长史，于是诸葛亮与鲁肃成了朋友。刘备采纳鲁肃的计策，进驻鄂县的樊口。

这时，曹操即将顺江东下，情况十分危急。诸葛亮对刘备说："事情十分危急，我愿意去见孙将军，向他求援。"刘备同意了，便让诸葛亮和鲁肃一同去拜见孙权。

孙权当时正屯兵柴桑（今江西九江西南）观望。他也有与刘备联合抗曹的打算，只是还未最后决定。诸葛亮见到孙权，坦率地对孙权说："如今天下大乱，将军您拥兵占据江东，刘豫州也在汉南招集兵马，都在与曹操争夺天下。现在曹操已平定内患，基本上稳定了北方，马上就要南取荆州，威势震慑天下。英雄无用武之地，因此刘备暂时来此避乱。希望将军您能根据自己的实力考虑对策：如果你想以东吴的大军与中原的曹军相抗衡，就应尽早与曹操断绝关系；假若难以与之抗衡，何不就此搁下武器、解除盔甲，俯首称臣呢！您现在表面上说服从曹操，内心里难下决断，情势危急却不能当机立断，大祸即在眼前啊！"孙权说："假如情况如你所说，刘备为什么不投降曹操？"诸葛亮说："田横不过是齐国一个壮士，尚能做到坚贞不渝，何况刘豫州乃汉室的后裔，英才盖世，万众敬仰，犹如百川归海。如果功业不成，也是天意所定，岂能屈居曹操之下！"孙权大怒说:"我断不可拿整个东吴的土地和十万军队去受他人控制。我的主意已定!你说除刘备外便无人抵挡曹操,可是刘备刚刚吃了败仗,又怎能抵挡住如此强大精锐的劲敌呢?"诸葛亮说:"刘备的军队虽战败,但现在陆续归队的兵卒加上关羽的水军仍有上万人马;刘琦在江夏收聚的兵卒也不下万人。曹操的兵马远道而来,必定疲惫不堪,听说他们为了追赶刘备,轻骑昼夜行程三百多里,这就是常言所道'强弓发出的箭,在射程之末连鲁地的薄绢都不能穿透'。这种作战方法乃是兵家之忌,必会招致主将失败,更何况北方人不适应水战。荆州百姓归附曹操,实为形势所迫,并非心甘情愿。现在将军如真能派出猛将统领数万兵马,与刘备齐心协力,定能大败曹军。曹操一败,必然退回北方,如此一来荆州、东吴的势力就强大起来,三分天下的局面就成定局了。成败在此一举,请将军早做决断。"

听了诸葛亮的分析,孙权十分高兴,心中不免暗暗佩服,于是与部下进一步商议对策。

这时孙权接到曹操的来信,声称要率领八十万大军在东吴与孙权决一死战。孙权把这封信公布于众,众人无不惊慌失措。长史张昭等人说:"曹操就像豺狼猛虎一般,挟天子以令诸侯,总以朝廷的口气发号施令,如果我们抵抗他,事情就会更难办。而且将军可以抵抗曹操的屏障,就是长江,现在曹操占据了荆州,刘表的水军、战船都被他据为己有。如果曹军水陆并进沿江而下,我们与他的力量悬殊,恐怕难以与之抗衡,所以,最好的办法是投降曹操。"

张昭是孙权集团中的老臣,很有声望,他的话得到众人的支持。只有鲁肃没有说话,孙权感到有些为难。他起身解手,鲁肃追到廊檐下,孙权清楚鲁肃的意思,握住鲁肃的手说:"你想说什么?"鲁肃说:"我认为他们的议论只会贻误将军,您不值得与他们商议大事。要说投降曹操,我可以投降,您却不能投降。为什么这样说呢?如果我投降曹操,他会把我交给乡党评议,按品级定我的名位,我起码还能做个下曹从事,以后还有机会逐渐升官。可是您投降了曹操,会有什么样的结果呢?希望您不要听他们的议论,及早确定大计!"孙权说:"他们的建议太让我失望,现在你说的正与我的想法不谋而合。"这时,周瑜正外出在鄱阳,鲁肃劝孙权把周瑜召回来讨论这件事。周瑜遂面见孙权，他反对投降，极力主战。他向孙权一再强调割据江东的可能性，说："江东土地广阔，兵精粮足，内部安定，政权巩固。曹操名义上是汉朝的丞相，实则是汉贼。将军雄才大略，完全可以继承父兄基业，为朝廷铲除邪恶。"他还认为，曹操有一系列的致命弱点。例如北方尚未完全平定，后方并不稳固，马超、韩遂在关西骚扰曹操后方，令曹操很不放心。除了有后顾之忧外，曹军还面临许多无法战胜的困难：他的将士主要以北方人为主，来到南方，舍去鞍马改用船舰，同善于水战的江东军队交战，是舍长用短。由于北方人无法适应南方的水土，容易发生瘟疫疾病。曹操违犯兵家作战的忌讳，不顾后果，轻率用兵，必然自食苦果。周瑜又说曹操所谓八十万大军是个骗局，实际上他的兵力不过十五六万人，而且长时期的争战也疲惫不堪，战斗力不强。刘琮的荆州降兵至多七八万人，也都疑虑重重，士气低落。虽然曹军人数略多一些，实际上并没有看起来那么可怕。周瑜向孙权请战，表示只要给他五万精兵，就可打败曹操。周瑜的分析让孙权鼓起了勇气，坚定了破曹的信心。

（4）周瑜破曹兵

孙权任命周瑜为左都督，程普为右都督，鲁肃为赞军校尉，率兵三万，随同诸葛亮溯江而上，与刘备在樊口会合。曹操这时正逼近刘备。刘备兵少将寡，焦急万分，整日盼着诸葛亮与孙权的军队快些到来。

这一天，士兵终于看到了周瑜的船队，急忙报告了刘备。刘备派人前往慰劳，周瑜对来人说："现在我有军务在身，不能擅自离去，希望刘备能屈尊前来相迎。"刘备忙乘一条船去见周瑜。刘备见到周瑜后，问道："今日我们双方共同抗击曹操，实为正确之举，不知将军手中有几万人马？"周瑜说："三万。"刘备说："太少了。"周瑜胸有成竹地说："这就足矣。你看我如何将曹操打败吧！"刘备想请鲁肃等人共商大计，周瑜说："他们都有军务在身，不能随便离开，你若见他们，可以

第六章 三分天下

前去拜访。"刘备见周瑜如此认真，既惭愧又高兴，于是也调拨军队交周瑜统领。

曹操率军由江陵水陆向东进军，孙刘联军由樊口、夏口溯流而上，两军在赤壁（今湖北蒲圻西北）遭遇。

曹军将士多数是北方人，来到南方水土不服，还未交战多数人已染上瘟疫，战斗力大减。刚一交战，曹军就失利了，便撤到江北岸的乌林。

因初战失利，曹操不敢轻易再战。这时，已到了冬天，他派人用铁链将战船首尾相连锁住，打算到第二年春天再攻打东吴。

周瑜却想速战速决，击败曹操。他多次派兵挑战，曹军并不出战，只是防守，周瑜十分焦急。其手下大将黄盖不仅作战勇猛，还善用计谋，便向周瑜建议说："现在曹军人数远胜我们，这样长久下去，必定损耗我们的兵力，一定要想个制胜之法。曹军把战船用铁索相连，可用火攻，击败曹军。"周瑜同意。为了接近曹军，纵火烧船，周瑜与黄盖策划了诈降计。由黄盖向曹操写了投降书，派人送至江北曹营。降书说："黄盖在江东受到孙权厚待，礼遇有加，但是，纵观天下这种统一的趋势，以江东六郡这样弱小的兵力，来对抗来自中原的百万大军，实在是自不量力。江东的将吏，都知道不可与您曹公交战，只有周瑜、鲁肃固执己见，不知深浅。现在黄盖真心实意归顺曹公。周瑜统帅的军队，是不堪一击的，等到双方交锋之时，我愿担任前锋，见机行事，报效曹公。"

接到降书后的曹操，起初并不相信，但见信上黄盖说得合情合理，便相信了，并派人把受降的时间和信号通知黄盖。

十一月十三日，是黄盖"投降"的日子。这天早晨，江面上晨雾刚刚退去，远远望去，江北旌旗飘飘，战船一字排开，黄盖已经准备就绪，扬帆起航。他带领数十艘大船，船上载满浸着油液的干柴，外面用帷幕裹好，上面插上旗帜；并在每艘大船后面拴一些操纵灵活的小船。当时，江面正刮着东南风，对吴军船只来说正好是顺风，船很快驶过江心，向曹营直奔而去。曹操的将士走出船仓、军营观看。距离北岸还有二里多远之时，黄盖命各只大船上的士兵点火。刹时间，大船成了火船，黄盖和士兵迅速跳上小船，退回南岸。火船很快接近并燃着了曹军的船只，大火一下子连成一片。火借风势，迅速蔓延到了岸上，岸上的营寨也随即起火。顷刻间，军营成为一片火海。曹军大乱，拼命逃跑，许多士兵被火烧死和溺水淹死。正在这时，周瑜率联军乘船赶到，擂起战鼓，向曹军发起进攻，曹军乱作一片，彻底崩溃。曹操带领残兵败将由华容道（今湖北潜江南）撤退。一路大风，天寒地冻，途中泥泞，道路不通，曹操命步兵携草铺路，又冷又饿再加上马匹践踏，死伤无数。曹操总算逃得性命。

刘备、周瑜率军穷追不舍，曹操逃到南郡仍惊魂未定，见攻打南方已无希望，便留下征南将军曹仁、横野将军徐晃驻守江陵，折冲将军乐进镇守襄阳，自己带领军队退回北方。

经过赤壁一战，孙权的统治得以进一步巩固，刘备也乘机向江南发展势力。他表奏刘琦为荆州刺史，又南征武陵、长沙、桂阳、零陵，四郡的太守先后投降刘备，因此刘备占据了荆州的江南部分。过了不久刘琦病死，刘备做了荆州牧，屯驻油口，改油口为公安（今湖北公安）。刘备任命诸葛亮担任军师中郎将，督零陵、桂阳、长沙三郡，征收赋税，供军政费用。为了巩固孙刘联盟，共同抗击曹操，孙权将妹妹嫁给刘备，孙权在鲁肃的建议下又同意刘备的请求，将南郡借给他。至此，刘备在荆州已站稳了脚跟。为了实现诸葛亮隆中提出的目标，刘备集团开始谋划，准备夺取西面的益州。

4. 平定关陇

（1）击败马超

曹操在赤壁之战后撤回了北方，由于在该战中损失惨重，一时无力南下，便将注意力转向关陇地区。关陇包括关中、陇右和汉中。从地理位置

第六章 三分天下

上来看，关陇地区地处偏远地带，易于割据。马超、韩遂趁曹操南下用兵之机，利用有利地势发展自己的力量。

马超，字孟起，扶风郡茂陵县人。马超的父亲马腾，汉灵帝末年曾和边章、韩遂等人在西州一同起事。灵帝初平三年（公元192年），韩遂、马腾领兵前往长安。汉朝廷任命韩遂为镇西将军，让他继续驻扎在金城，任命马腾为征西将军，把他派往县。后来马腾率兵袭击长安，兵败逃走，撤回凉州。袁绍死后，其部将高干、郭援与匈奴南单于联合，向河东发展势力。曹操派司隶校尉钟繇领兵驻扎关中，攻打他们，并给马腾、韩遂写信，请他们派兵增援。马腾派马超带兵支援钟繇，将郭援和南单于击败。朝廷封马腾为前将军、槐里侯，屯兵槐里（今陕西兴平东南）。曹操征荆州之时，又任马腾为卫尉，以马超为偏将军，封都亭侯。马腾死后，马超成为新的头领，统一号令全军。

马超、韩遂表面顺从朝廷，暗地却大力发展自己的势力，企图称霸一方，割据自守。曹操在赤壁之战后注意到了马超、韩遂的潜在威胁，决定征讨他们，消除后患。

建安十三年（公元208年），正月，张鲁占领关中。三月，曹操命令司隶校尉钟繇讨伐张鲁，并派夏侯渊前往增援。曹操的主要目的是以攻打张鲁为名，暗中观察马超、韩遂的反应。正如部下高柔所言："我军向西进发，必路过关中，马超、韩遂会怀疑是攻打他们，必然相互煽动，引兵来战。"

马超、韩遂得知曹操向西出兵的消息，果然认为曹操要袭击他们，便联合起关中的侯选、程银、杨秋、李堪、张横、梁兴、成宜、马玩等十多支军事力量，约十万多人，准备迎战曹军。他们集结在潼关一带，阻止曹操进兵。曹操立即派安西将军曹仁率军西征。但由于马超等已做好充足的准备，士气正盛，曹操便命令曹仁坚守营寨，等待时机。

八月，曹操亲自出马，率领大军到达潼关，与马超等夹关对峙。曹操与韩遂、马超各自率领少数护卫离阵会谈。马超凭借年轻体壮，暗中打算冲上前活捉曹操。但马超注意到曹操身边护卫猛将许褚正对他怒目而视，不觉心惊，没敢轻易下手。当时，曹操不少部将都说："关西的士兵以长矛为武器，一定要选精锐部队做先锋，否则无法抵抗。"曹操自信地说：

"作战的主动权在我们手里,他们只是被动迎战而已。虽然他们善于使用长矛,我们将让他们的长矛毫无用武之地。"这时,关中联军部队纷纷到达潼关。曹操每听到一支部队到达的消息都面露喜色,部下都很诧异,询问其故。曹操说:"关中地方很大,如果他们各自据险坚守,我们逐一征讨,没有一两年的功夫是很难将他们征服的。现在他们都集中到一处,人数虽多,但却没有人统一指挥,力量涣散,人心不齐,我可以一举消灭他们,比起逐一征讨要容易许多,所以我心中高兴。"

曹操见马超的联军都集中于潼关一带,于是发动军事攻势,做出要正面攻打潼关的假象,牵制马超的联军;暗中却派徐晃、朱灵率精兵四千人从蒲阪津(今山西永济西)西渡黄河,在黄河以西驻军。接着,曹操亲自领兵从潼关向北渡过黄河,避开马超,与徐晃会合。曹操的行动为马超等人始料不及,他们急派兵追赶。当时曹操正指挥部队渡河,见追兵赶来,仍然泰然自若地坐在折凳上指挥着士兵渡河,渡河的士兵显得有条不紊。追兵越来越近了,他们开始向曹军放箭。许褚忙将曹操送上船,船工中箭身亡,许褚左手举起马鞍为曹操抵挡乱箭,右手猛力划船。马超在岸边穷追不舍,校尉丁斐见情况危急,赶紧将军队中的牛马放掉,马超的兵士看到牛马乱奔,都忙着去抢,军队顿时乱成一团。曹操乘机安全渡过黄河。

过河后的曹操,没作任何停歇,立即渡过西河,然后沿河岸往南推进。曹操避实就虚,采用了从侧面袭击马超的策略,一下子打乱了马超的计划,迫使他们放弃潼关,将队伍转移到渭水南岸的渭口防守。

马超急于同曹军决战,而曹操却避其锋芒,故意按兵不动,并设置了许多疑兵,迷惑马超。曹操暗中派士兵到渭水边,搭造浮桥,并在夜里经浮桥渡过渭水,在南岸修筑营垒。马超听到消息,赶紧率军前去攻打曹营,却被曹操打败。马超见曹操不好对付,便向曹操提议休战,被曹操拒绝。

九月,曹军全部渡过渭水。马超几次出来挑战,曹军都坚守不出,不予理睬。无计可施的马超再次向曹操提出割地求和。贾诩认为,可以假意答应马超,然后利用阵前讲和,乘机离间马超与韩遂的关系,等到他们的力量分散后,再乘机一网打尽。曹操接受了贾诩的建议。

双方于是约定在阵前单骑会面。曹操派五千骑兵,排列成十行,铠甲在阳光下光彩耀眼,十分威武。曹操和韩遂都不带随从,来到阵前。他俩本是老朋友,见面时很亲热,两人不提军事,只提当年京都的往事与故友的情况,不时拍手大笑。马超等人远远望去,心中疑惑。韩遂回营后,马超问道:"曹操与你说些什么?"韩遂说:"没说什么。"马超等人对韩遂产生了怀疑。过了几天,曹操派人给韩遂送来一封信,信中故意涂改了许多处,好像是被韩遂改动过似的,信中还说:"你参加起兵,是别人逼迫,希望你早点过来。"马超看到这封信,更加怀疑韩遂。

不久,曹操突然发兵进攻马超。由于马超已对韩遂存有戒心,二人不能配合行动,兵力分散,结果大败。成宜、李堪被杀,韩遂、马超逃到凉州,杨秋、梁兴分别逃奔安定、蓝田。十月,曹操从长安出发,包围了安定。杨秋因无力抵抗,投降曹操。曹操保留其爵位,仍然让他驻守安定。梁兴在蓝田顽固坚守,拒不降曹,建安十七年(公元212年)曹操派夏侯渊把他打败。

在渭南之战中,曹操击败马超的联军,显示了卓越的军事才能。战后一些将领问曹操:"起初马超等人在潼关坚守,渭北没有防备,我军不从河东进攻冯翊(今陕西大荔)反而集中于潼关,几天之后才渡河向西,这是为什么呢?"曹操回答说:"最初敌军驻守潼关,渭北敌人虽不多,但如果我们大军出兵河东,敌军就势必增兵把守各个渡口,我们再想渡河攻取西河就不那么容易了。所以我有意把兵力集中在潼关,将敌军全部吸引至潼关,西河的防备就空虚了。这样,徐晃、朱灵二人就轻易地拿下了西河。然后,我军再北渡黄河,敌军无力与我们争夺西河是因为有徐、朱二将的军队在那里。随之,我军渡过渭水,修筑营垒,坚壁自守不去迎战,使他们产生骄傲自大的情绪,连营垒也不修筑。我还同意他们提出割地求和的要求,使他们放松戒备,而我们则集中兵力,以迅雷不及掩耳之势,发动突然袭击。用兵之道千变万化,应具体情况具体对待,不能墨守成规。"

同年岁末,河间(今河北献县东南)爆发了田银、苏伯起义。曹操担心后方出现问题,影响大局,便命夏侯渊镇守长安,自己率兵返回邺城。曹操东返时,参谋州军事杨阜对曹操说:"马超的勇猛可与韩信、吕布相比,而且他与羌人胡人关系很要好,如果您撤军后,不严加防守,马超又会占领陇右地区了。"在曹操撤兵后，马超果然重新纠集羌人、胡人进攻陇右的各郡县，并占领了其中的许多处，只剩下汉阳郡的治所冀城（今甘肃甘谷南）仍在坚守。马超带领一万多精兵强将前来攻城，杨阜等人全力以赴帮助凉州刺史韦康守城。马超围攻冀城八个月之久，未能攻下，但城中粮食已经快吃完了，情况十分危急。韦康派别驾阎温出城，向夏侯渊求助，但阎温被马超的兵士抓住了。马超捆绑着阎温来到冀城城下，并命阎温向城中守军喊"东方没有救兵"，以涣散军心。阎温却向城中大喊："大军三天后就到，你们要努力坚守！"城中守军倍受鼓舞。马超气急败坏，杀死了阎温。

几天过去了，救兵仍然没来，城中已到了崩溃的边缘。韦康准备投降，杨阜极力阻止，韦康不听，开城门迎接马超。可是，马超一入城，就把韦康杀了。

此后，马超自称征西将军，兼任并州牧，执掌凉州一切军政大权。韦康的老部下杨阜、姜叙、梁宽、赵衢等，共同密谋反叛马超。杨阜、姜叙首先在卤城发难，马超出兵攻打却久攻不下。杨阜、姜叙乘马超出兵之机，命梁宽、赵衢紧闭冀城城门，使马超无法进入冀城。进退维谷之时，马超又遭到夏侯渊大军的背后袭击，于是只得逃往汉中依附张鲁。

（2）逼降张鲁

夏侯渊打败马超后，又日夜兼程地向韩遂发动进攻。这时，韩遂在金城（今甘肃兰州西北）和氐王千万联合起来，并集合了羌、胡部族一万多骑兵，与曹军抗衡。夏侯渊先领兵击败韩遂，韩遂撤退，夏侯渊一路紧追，一直追到略阳（今甘肃庄浪西南），距离韩遂的驻地仅三十余里。对于继续攻打韩遂的问题，将领们有不同意见。一些人建议先收服兴国的氐人，然后再攻打韩遂。夏侯渊则认为，韩遂的军队精锐，兴国城防坚固，很难一举将其击败，不过，韩遂的骑兵大多为长离地区的羌人，如果攻打长离羌人，他们一定回去救援，这样，就动摇了韩遂的军心。众

第六章 三分天下

人都同意夏侯渊的办法。于是，夏侯渊亲自带兵攻打长离，韩遂在部下的请求下，带兵援助，正好中了夏侯渊的圈套。双方大战，夏侯渊将韩遂击败，并且乘胜包围了兴国。氐王千万只好投奔了马超，他手下的士兵都投降了夏侯渊。

曹军在关陇地区先后平定了马超、韩遂集团以后，还平定了割据关西三十年的宋建。

宋建是枹罕（今甘肃临夏东北）人，他乘汉末大乱之机，在凉州起兵，自称"河首平汉王"，设官吏，改年号，以皇帝自居。建安十九年（公元214年）十月，夏侯渊率军包围枹罕，仅用一个多月时间就攻下了枹罕，斩了宋建。接着，夏侯渊又派张郃率军，渡过黄河，进入小湟中（今青海西宁北），河西的羌人全部归降夏侯渊，自此平定了陇右地区。

曹军打败宋建后，又向占据汉中的张鲁发动进攻。建安二十年（公元215年）三月，曹操亲率军队攻打张鲁。张鲁字公祺，沛国丰邑人。其祖父张陵，客居四川，在鹤鸣山学道，并且编写道书迷惑百姓，向他学道须交纳五斗米方可被接收，所以当地人称他为"米贼"。张陵死后，他的儿子张衡继续从事其父的遗业。张衡死后，其子张鲁子承父业。益州刺史刘焉任命张鲁为督义司马，命令他与别部司马张修一同带兵攻打汉中太守苏固，张鲁借机杀死了张修，夺了他的兵权。刺史刘焉死后，其子刘璋继位，因张鲁不服从于他，将张鲁母亲一家全部诛杀。张鲁据有汉中后，用鬼道迷惑老百姓，自称"师君"。那些来学道的人，起初都称"鬼卒"，其中对道达到了笃信程度的，改称为"祭酒"。教民手下都有军队，做治头大祭酒的就是拥兵最多的人。张鲁教导人们要做有信用的人，不要欺诈，有了缺点、错误，要自我反省，这一教义与黄巾军大致相同。各位祭酒都盖起了义舍，并且置买义米、义肉挂在义舍中，路经的行人视自己肚量大小吃饱为止。如吃得太多，鬼神就让他生病。教民如果触犯了教规，前三次可以原谅，若再犯就被处以极刑。所辖不设置长官，一切都由祭酒来管理。张鲁等人雄踞四川东部、汉宁一带近三十年。东汉末年，汉室无力征讨，于是就让张鲁做了镇民中郎将，封爵为汉宁太守，其实只是要他进贡地方上的贡物而已。一个老百姓从地下挖出一块玉印，教民们借这个时机假承天意，想尊奉张鲁为汉宁王。张鲁的功曹巴西人阎圃劝张鲁说：

"汉川的民众有十万多户，拥有众多的财富和肥沃的土地，四面又有高山做天然的屏障。若扶持天子，可以做齐桓公、晋文公一样的人，另外就可像窦融一样，割据一方，同时又不失富贵。现在奉皇帝之命设置官员，任何事都能做主，何必称王。还是不要制造事端，招致灾祸吧！"张鲁听从了他的劝告。

七月，曹操任张郃为先锋大将军，从散关出武都。氐王窦茂在途中抵抗，被张郃打败。这时逃至西平的韩遂部下见大势已去，就杀了韩遂，向曹操投降。曹军到达阳平关时，张鲁准备投降曹操，可是他的弟弟张卫不肯，率部下数万人占据要塞进行抵抗，还在山上筑了十多里的城墙。曹操起初听从武都投降的人说："张鲁容易被击败，阳平城外的南、北山相距很远，很难防守。"曹操相信了。可到阳平关，发现地形完全不同。攻打阳平山守军时，山势险峻难攻，士兵伤亡过半，曹操很是焦急，说："靠听别人的话办事，很难令人满意。"于是，曹操决定暂时撤军，他命夏侯惇、许褚将攻山的士兵带回军营。因撤军正值夜间，伸手不见五指，军队迷失了方向，稀里糊涂地误入张卫的军营。张卫的士兵以为曹军前来偷袭，惊慌失措，遂四处逃散。曹操乘机发起进攻，张卫被打得措手不及，毫无反抗之力，趁黑夜逃走。曹操占领了阳平关。

张鲁听说曹操已占领了阳平关，准备投降，功曹阎圃又献计说："如今你被迫去谒见，肯定得不到曹操的重用，不如依照杜濩所言，先到朴胡去抵抗一番，然后再向他献礼称臣，如此一来才会得到曹操的器重。"于是张鲁带着部队前往巴中暂避曹军的锋芒。临行前，左右部下想将仓库里的宝物付之一炬，张鲁说："我已有归顺朝廷的意愿，但这一意愿曹操并不知道。今日我们离开，不过是避开锋芒，并没有其他的意图。宝货仓库，本就是国家的东西。"于是张鲁将宝物妥善藏好后才带队离去。曹操到达南郑，对张鲁的行为大加赞赏，深表满意，又因张鲁早有归顺之心，所以派人前去慰问。张鲁带领全家老小去拜见曹操，曹操任命他为镇南将军，并以客相待，封阆中侯，食邑一万户；封张鲁的五个儿子及阎圃等人为列侯；并且与张鲁联姻，令自己的儿子娶张鲁的女儿为妻。曹操经过几年的征战，终于控制了关陇地区。这是继曹操平定乌桓后，在军事上取得的又一重大胜利，进一步增强了曹操的实力。

（3）求贤若渴

曹操自赤壁之战统一南方的计划受挫后，为了巩固政权，决定大量招集能人智士，以准备再一次出兵。他于建安十五年（公元210年），下了第一道求贤令：

"从古至今开国和中兴的君主，哪一个不是因为得到有才能的人和他共同治理天下才获得成功的呢？他们得到人才之时，往往不出里巷，难道是侥幸遇到的吗？不过是当政的人去全心访求罢了。现在天下尚未平定，正是迫切需要贤才的时候。如果一定要从廉洁高尚的人中间挑选，齐桓公如何能称霸呢？难道现在天下没有姜子牙那样身穿粗布衣服、满腹经纶，而在渭水之滨垂钓之人吗？难道没有像陈平那样蒙受'盗嫂受金'的污名却很有才能而未被众人知晓的人吗？你们应该帮助我发现选拔那些地位低下却被埋没的人才。只要是人才，就应该将他们推举出来，使我能够任用他们！"

曹操的求贤令，是对汉朝以来任官重道德而轻能力标准的挑战。他让毛玠、崔琰主管官吏的选用，众多有才之士因此被发掘出来而入仕。

建安十九年（公元214年），曹操又下了一道求贤令，着重阐述用人要重才能，不应求全责备的道理。令中说：

"品德良好的人，不一定就有所作为；有作为的人，也不一定有德行。难道陈平有淳厚的品行？难道苏秦守信用吗？然而，陈平却能协助汉高祖夺得天下，苏秦挽救了弱小的燕国。由此说来，有才能的人即使有些短处，但怎么能因小失大而废置不用呢？主管官吏选举的人明白此道理，有才能的人才会被尽数发现并得到任用，政事也不会被耽误。"

建安二十一年（公元216年），曹操再下第三道求贤令，即《举贤勿拘品行令》。令中说："从前伊挚、傅说出身低贱，管仲是齐桓公的仇人，后来，却因重用他们而使国家兴盛。萧何、曹参原本是县吏，韩信、陈平曾有不光彩的名声，有被人讥笑的耻辱，但他们终能成就王业，名垂千古。现在没有德才很高的人埋没于民间吗？对那些作战英勇果敢、奋不顾身的人，有的可以担任将军、郡守。有的人即使背负不光彩的名声，有被人讥笑的行为，或者不仁不孝却有治国用兵之道的，你们都要把所知道的推荐出来，不得有所遗漏。"曹操这道命令中更加明确地提出了要选用"不仁不孝而有治国用兵之道"的人做官，这是对东汉末年以来以封建道德、家世出身作为选官标准的直接挑战。

由于曹操非常重视人才，所以在统一北方的进程中，他十分注意搜罗各类人才。官渡之战后，为了尽早取得成功，他尽可能多地延聘冀、青、幽、并四州的名士做官，一方面收服人心，另一方面扩大政权的社会基础。由于曹操唯才是举，广招贤才，许多士人都慕名前来。

荀彧是颍川大族荀淑之孙，聪慧机敏且很有学问。最初他在袁绍手下任职，后来发现袁绍心胸狭窄，不能成就大业，于初平二年（公元191年）投靠曹操。曹操与荀彧交谈后，十分满意，说："这真是我的张良呀！"曹操特别器重荀彧，他长年在外征伐，将后方军政大事都交给荀彧处理。荀彧足智多谋，屡次帮曹操渡过难关，转败为胜。官渡之战，曹袁相持不下，而曹军兵力不足，军粮又将用尽，曹操有些动摇，打算退回许都，便写信与荀彧商量。荀彧立即回信，清楚地分析了形势，认为这恰似当年刘邦与项羽相持于荥阳、成皋之间，"先退者将失败"，鼓励曹操要坚持到底，不能退兵。曹操在荀彧的劝说下重新树立了取胜的信心，又采用许攸之计，袭击乌巢，火烧袁绍军粮，终于大破袁绍。官渡之战后，曹操一再上表称赞荀彧，说："天下所以安定，荀彧功不可没。"曹操信任荀彧，荀彧也全心全力地帮助曹操，他为曹操推荐了许多人才，都得到曹操的重用。

郭嘉与荀彧同郡，才华出众，极有眼光。最初投奔袁绍，后发现袁绍遇事不明，优柔寡断，尤其是袁绍不能唯贤是用，使有识之士无法施展才干。适逢曹操的一个重要谋士死了，曹操给荀彧写信，让他帮助推荐能谋划军国大事的奇士，荀彧便推荐了郭嘉。曹操召见郭嘉，与他商谈天下大事，郭嘉果然谈吐不凡，曹操高兴地说："使我成就大业的，非你莫属了！"郭嘉也很高兴，他说："这才是我可以为之效力的人啊。"曹操任命郭嘉为司空祭酒。他随曹操征伐四方，参与了许多重大战役。战吕布、败袁绍、斩袁谭、征乌桓，他的许多建议都被曹操采纳。曹操说："只有郭嘉最了解我的意图。"郭嘉征乌桓后不幸病故，年仅38岁。对郭嘉之死，曹操悲恸不已，他感叹道："哀哉奉孝（郭嘉字）！痛哉奉孝！惜哉奉孝！"他亲自上表献帝，请为郭嘉追封。曹操还给荀彧写信，表达自己的痛苦心情，他说："郭嘉40岁不到就早逝，却与我一起并肩战斗了十一年。许多危险痛苦都是我们一起艰难渡过的，他通达事理，对世事看得透彻。我很想把身后的事业托付于他，哪里料到他这么早就离开了，真叫人伤心不已！"曹操在赤壁之战中遭到大败，他惋惜地说："如果郭嘉在，决不会使我落得如此地步！"

在曹操的政治生涯中，他始终遵循唯才是举的用人方针。曹操善于网罗人才，在周围聚集了许多有志之士，其中有门第高贵的大族，如颍川荀氏、河内司马氏；也有出身低微者，如刘放、孙资；还有拥戴他的地方豪强，如许褚、李典；不少昔日的政敌也在归降后又被重用，如于禁、乐进、张辽、徐晃等人。他们效命立功，成为曹魏名将。曹操身边人才济济，"猛将如云，谋臣如林"，成为北方最强大的军事集团。

5. 争夺淮南

（1）曹兵屯田

建安十七年（公元212年），曹操平定关中后，开始准备攻取东吴的行动。出征之前，他让阮瑀给孙权写信，恐吓孙权，同时提出，如果顺从于他，将让孙权继续治理江南，并给予高官厚爵。孙权一口拒绝曹操的威胁和利诱，十月，曹操亲率大军南下。转年正月，曹操进攻濡须口（巢湖入长江口处），攻下孙权在长江西岸设下的军营，并俘获了孙权的都督公孙阳。孙权听到消息后，急忙率领七万士兵前来围攻曹军。在双方的一次交战中，孙权把曹军层层包围，发起进攻，有三千曹军被孙权俘虏，数千人落水溺死。曹操兵败归营，损失惨重。孙权几次挑战，曹操都拒不出战。

还有一次，孙权乘船接近曹操营寨，众将领都以为这是孙权前来寻衅滋事，应该还击，曹操说："孙权是来观察我的部队情况的。"命令军队严加防备，没有命令不准施放弓箭，孙权沿着曹操的防线巡视了五六里，从容返回军营。见孙权军容整齐，武器精良，曹操感慨地说："生子当如孙仲谋（孙权字），刘景升（刘表字）的儿子如猪狗！"孙曹对峙了一个多月，曹操在军事上没有取得多大进展。这时已是春天，孙权给曹操写信，说："春天雨水多，你应该撤军。"还写道："你不死，我不会安宁。"曹操将信的内容告诉众将领，说："孙权不是欺骗我，他说的是实话，情况确实对我们不利。"四月，他率军回到邺城。

为加强淮南地区的经济力量，以减少战争时运粮不便的困难，曹操命令屯驻皖县（今安徽潜山）的庐江太守朱光大规模开垦荒地，种植稻田。早在建安元年（公元196年），枣祗、韩浩就提出屯田的建议，主张政府将流民组织起来，用军队的方式进行管理，以保证农业生产的正常进行。曹操接受其建议，发布了著名的《置屯田令》。令文说："安定国家的办法，首先在于有强盛的兵力和充足的粮食储备。秦人因为重视发展农业而统一了全国；汉武帝因为实行屯田而平定了西域，这都是前代人成功的经验啊！"曹操在许县招募流民实行屯田，当年得谷百万斛，取得了显著的成效。

在推行屯田的过程当中，曹操手下的几位谋士发挥了很重要的作用。他们是枣祗、任峻、韩浩、国渊、毛玠等。枣祗是颍川（今河南许昌东）人，曾任东阿令、羽林监，屯田实行后任屯田都尉，是曹操兴立屯田的头等功臣。为表彰他的功勋，曹操于建安六年（公元201年）发布了《加枣祗子处中封爵并祀枣祗令》。令文说："已故陈留太守枣祗，忠心耿耿且聪明能干，最初与我共举义兵，征讨四方。后来袁绍在冀州，也曾一度想纳枣祗为手下谋臣。但枣祗没有离开我，我让他担任东阿令。吕布之乱，兖

第六章 三分天下

州背叛，只有范和东阿安在，这又是枣祗坚守抵抗的功劳。后来军队缺乏粮食，只依靠东阿供给，枣祗功不可没。待到打败黄巾，占领许县，得到许多军需物资，他又主张兴立屯田。我一一采纳了，任他为屯田都尉。屯田当年，即大获丰收，满足了军粮供应，有效地解决了军粮供应困难的问题。消灭叛乱势力，平定天下，振兴王朝，这完全是枣祗的功劳。"枣祗死后，曹操非常怀念。

韩浩是河内（今河南武陟西南）人，掌管禁军，封列侯。在曹操推行屯田之前，曾与部下商议，韩浩主张屯田，与枣祗齐名。

任峻是河南中牟人，官至长水校尉，封都亭侯。他对曹魏屯田也作过突出贡献。曹操出征之时，他通常驻守在后方以保证前线将士需要的粮草。曹操推行屯田后，任峻是典农中郎将，连续多年收成都很好，粮仓都堆满了，首先提倡屯田的虽然是枣祗、韩浩，但具体实施者则是任峻。

国渊对屯田的贡献是使这一措施制度化。他在任峻之后总管屯田事务，在总结了屯田推行过程中的成功经验与不足之后，国渊将屯田的百姓作了统一的规划布署，并设置官吏加以管理，同时将各项规章制度公布于天下，并帮助曹操制定了《屯田法》，使屯田得以更广泛地推广开来。

毛玠担任尚书仆射，主管选举，是曹操重要的谋臣，对曹操势力的发展提出过许多重要建议。曹操占据兖州时，他对曹操说："现在天下分裂，皇帝迁都到长安，百姓流离失所，饱受饥寒；国库亏空，资源匮乏，人民怨声载道，这种局面难以持久。虽然袁绍、刘表现在兵多势强，但他们没有长久打算，也考虑不到这些根本问题。主持正义进行战争者，要广开财源，修耕植，蓄军资，挟天子以令诸侯，如此霸王之业必能成功。"毛玠向曹操提出的关于政治、经济的建议，对曹操取得并掌握政治上的主动权，平灭群雄，统一北方起到重大的作用。

军屯和民屯是曹魏屯田的两种类型。曹魏时，凡是有民屯的郡或国，均设有典农中郎将，或设典农校尉，二者的地位相当于郡守，主管该郡国内民屯。凡是有民屯的县，同样均设典农都尉，相当于县令，主管该县民屯。由于郡国有大小轻重的区别，故典农中郎将与典农校尉及典农都尉的官俸、级别亦有高低的不同。典农都尉又称"屯田都尉"或"绥集都尉"。典农校尉和典农都尉都可简称"典农"，其下属官有司马、功曹、纲纪、上计吏等。在典农职权下管辖的屯田民，叫"屯田客"或"典农部民"，不同于郡县编户的封建依附民。他们不由郡县乡里组织管辖，而是由屯田官管理。民屯的最基本的单位叫"屯"。每屯设立司马一人，称为"屯司马"。屯田民不能自由迁徙，也不能向郡县管辖的编户转移，只能世代替官府屯垦田地，接受其严密的军事编制，过着农奴般的生活，地位十分低下。

按产量分成收租的方法称"分田之术"，具体办法是：屯田客用官府的牛耕种的要交纳收成的六成，耕种者得四成；自备耕牛的，收成官私平分。实行屯田，使许多在外漂泊，无家可归的农民重新回到土地上，过上了相对安定的生活。更重要的一点是，曹魏通过屯田获得了大量的粮食，为征战群雄统一天下奠定了雄厚的物质基础。没有屯田，就没有曹魏统一北方，雄踞三国之首的强盛局面。不过，屯田是建立在对农民的剥削和严格的束缚之上的。一旦农民成为屯田客，就得服从严格苛刻的军事管理，不许随意离开土地，成为国家佃农。因而，在实行屯田之初，便受到部分农民的反抗，屯田客经常逃亡，以摆脱官府的控制。建安五年（公元200年），发生屯田客炅灵领导的起义。建安十六年（公元211年），太原又爆发了由商曜领导的大规模反抗斗争。建安二十年（公元215年），屯田客吕并自称将军，在陈仓（今陕西宝鸡市东）发动起义。这些起义使曹操产生了很大的震动。其部下袁涣对曹操说："老百姓安土重迁，不能强迫他们改变；愿意参加屯田就吸收，不愿参加的也不要强迫。给他们一个自由选择的机会吧！"曹操接受了袁涣的建议，使屯田客与政府的矛盾缓和了许多。

曹操在推行民屯的同时还推行军屯。赤壁之战后，三国鼎立之势逐渐形成，曹操一时没有足够的实力再征讨南方，在与孙权对峙争夺淮南时，为解决军队长期驻守的军粮供养问题，开始实行军屯。仓慈、司马懿、邓艾在曹魏兴立军屯的过程中，起到了重要作用。

淮南兴立军屯时，仓慈任绥集都尉，是出现得比较早的军屯官员。司马懿是在魏文帝时开始显现他的政治、军事才华的。他很重视军屯，曾经向曹操建议："国内现在有二十多万人没有耕种，这不是好的治国方针，他们当中虽然有些是军人，也应且耕且守。""且耕且守"，即指军屯。

第六章 三分天下

曹操听从了他的提议开始实施军屯,并大见成效。魏明帝时,司马懿驻军于宛(今河南南阳),也命军队屯田。后来调至西线对抗诸葛亮,又在长安大兴屯田。关东因旱灾缺粮时,他调运长安的存粮,解决了京师洛阳缺粮的困难。在他的倡导下,各地纷纷扩大屯田面积,尤其是淮南、淮北地区军屯规模最大。为保证军屯的水利灌溉,这一地区开凿了淮阳、百尺等水渠,军屯土地连成一片,粮食连年丰收,储备相当充足。

邓艾是推行军屯的实干家。他曾任职襄城典农部民,后来任都尉学士,因为口吃不方便,改任稻田守丛草吏。司马懿很看重邓艾,命他主管屯田。邓艾亲自到淮南、淮北地区考察,指出这一地区虽然土地肥沃,水利灌溉却不足,要大规模屯田,首先应该开河修渠,引水浇灌。这样做不但可以发展屯田,而且有利于漕运,并写了《济河论》,阐述了他对兴办军屯的见解。他说:"过去打败黄巾军时,曹操依靠在许都屯田,安定了四方。现在三国鼎立的局面已经逐步形成,主要战场在淮南,若用兵,需要大批军粮,仅运粮的人就占士兵的一半,耗费过大。"邓艾提出在淮南、淮北军屯的具体措施,即:在淮北屯驻二万人,淮南屯驻三万人,用十分之二的人轮休,这样就可以保证有四万人且耕且守。淮河地区土地肥沃,每年可收获五百万斛,大约六七年间,可以积累三千万斛的军粮,足够十万军队食用五年,凭借如此雄厚的军粮储备条件,与东吴作战,一定能取得胜利。

司马懿接受了邓艾的提议,并组织实施,在淮河地区大规模展开屯田。引黄河水与淮水、颍水连接,保证了水利灌溉,受益田地达二万顷。兴办军屯取得了显著成绩,淮河流域的农业经济得到迅速恢复和发展,许多流亡在外的农民重返家园,从寿春到洛阳,民屯军屯连成一片。到曹魏后期,淮河地区屯田的军民超过三十万,成为曹魏粮食供应最有力的大后方。

曹魏屯田从建安元年(公元196年)开始,一直到魏国被晋取代(公元265年),约七十年之久,历时长,范围广,影响深,作用大。大力推行屯田取得了显著成效:许昌屯田,得谷百万斛,其后数年之中,所在积粟,仓廪皆满。王昶为洛阳典农时,"京都附近树木繁茂成林,荒地开垦多半,官员劝勉百姓大量开垦荒地"。明帝曹叡时,司马孚以关中"粮食布帛不足，于是派五千多冀州农民，在上邽屯田，秋冬季节操练兵阵，春夏种田植桑，因此关中一直储备充足有余。"刘馥为扬州刺史，广屯田，修水利，灌溉稻田，使得官民皆有积蓄。特别是邓艾在淮水流域的屯田，效果最为明显。以前征吴，运兵过半，既费钱粮，人又劳苦，总以为是大役。屯田后，大军征吴，乘船而下，到达江淮前线，"资食有储"，已不需劳苦运输。曹魏屯田为曹操消灭天下群雄、统一天下和司马氏灭吴统一全国，提供了物资保证。

屯田按军事编制进行生产，人身约束很强，剥削也很沉重，它实际上是一种变相的封建农奴制。但是，在当时战乱与大破坏的形势之下，它是保存和发展生产力的有效形式之一。

（2）休战求和

当曹军在皖县积极推行屯田时，吕蒙向孙权建议："皖县土地肥沃，稻谷如果成熟，全被他们收割，归附曹操的人必会增多，应该早日攻取它。"孙权觉得吕蒙的话很有道理，便亲自带兵攻打皖城，皖城守将朱光领兵防守。吴军将领计划先堆土山，并添置攻城器械。吕蒙说："制造攻城设备和堆土山，需要好几天才能完成，那了到时，不仅敌军的城防更加牢固，而且援兵也会到达，攻城将会更困难了。而且我军乘雨多水大而来，如果在此滞留时间太长，雨季一过，大水消退，我们撤兵就很困难。依我看，皖城并不是坚不可摧，现我军士气高昂，同时从四面攻城，必能将其攻克。"孙权一听，觉得有理，于是便采纳了这一建议。一天清晨，吴军对皖城发起了进攻，吕蒙率领精锐部队冲在前面，并亲自擂鼓，激励战士勇敢拼杀，经过一番激烈的混战，终于攻克了皖城，朱光被俘获。几天后，从合肥赶来增援的曹操大将张辽中途听说皖城已被攻克，只好退回。孙权任吕蒙为庐江太守。

七月，曹操领兵亲征孙权。曹操屡次对孙权用兵，都没能取胜，不少人丧失了信心。当曹操进军时，参军傅干劝阻道："吴国依靠长江天险，

第六章 三分天下

蜀国依靠险峻的山势,这两个地方是难以用武力降服的。"曹操不听傅干的劝告,派张辽、李典、乐进等人带七千军马进驻合肥,与孙权军队对峙。不久,前线传来夏侯渊占领陇右的消息,曹操率军向西准备乘胜攻打汉中的张鲁。临行时,他向部将交代了对付孙权的办法,还交给护军薛悌一封密信,并在信封上写"敌人来攻,再打开看"几个字。

第二年八月,孙权果然率领十万军马进攻合肥,曹操这时正在汉中。薛悌便和张辽等人一起把信拆开,只见信中写道:"如果孙权军队前来攻打,张辽、李典带军前去迎战,乐进率军坚守,护军不要参加战斗。"原来,张辽、李典、乐进虽然都是能征善战的骁勇之将,但彼此并不团结,此次征讨孙权,曹操派护军薛悌协调他们之间的关系,为了使他们相互配合,以取得胜利,曹操给他们留下一封临战时再拆看的信。

众将领看了曹操的信都有些不解。孙权号称十万军马,而曹军仅七千人守卫合肥,为何曹操还让主动迎战呢?张辽经过一番思考,终于想通了这其中的奥妙所在,他说:"曹公远征在外,等待救兵是来不及的,所以命我们在敌军未集结之前主动出击,挫其锐气,以安定军心,然后再守城,就容易多了。"乐进等人听此话后并不表态,张辽气愤地说:"胜败与否就看今日这一战了,事关重大,诸位如果还在犹豫的话,我将独自出战。"虽然李典与张辽不合,却深明大义地说:"这是国家大事,怎能因私人的恩怨而忘掉公义呢?我们愿随你出战。"次日一早,张辽与李典率领将士向敌阵发动进攻。张辽身着盔甲身先士卒,率先冲入敌阵,连斩孙权的两员大将,一直冲杀到孙权的马前。孙权惊慌失措,众将领也慌了手脚,赶忙向后方撤退,张辽大声喊叫着,让孙权下来决战。一开始,孙权惊魂未定,丝毫不敢轻举妄动,后来,渐渐发现张辽所带的兵并不是很多,才逐渐镇定下来,将张辽包围起来。张辽见势,急忙带领士兵杀出一条血路,冲出重围,撤回合肥。张辽在这次战役中英勇果敢,重创了孙权军队,大大挫伤了其锐气,实现了曹操原本想达到的目的。

孙权包围合肥十多天,久攻不下,将士有些消沉,只好撤兵。张辽乘势追击。他在高处看到孙权军队大部分已撤退到逍遥津岸,只有孙权和部分将领还留在北岸,便率领步骑猛冲过来。甘宁与吕蒙等人奋力拼杀,凌统率亲兵好不容易才保护孙权杀出重围,又回头与张辽大战。凌统身边的战士都战死了，自己也受了伤。他全力拼杀，牵制了曹军，孤身奋战了大约一个时辰，估计孙权已无危险，才突围回营。

孙权乘马来到逍遥津的桥上，却看到桥的南部有一丈多长的桥板已被拆除，亲近监（官名）谷利急中生智，让孙权坐稳，放松缰绳，他在后面狠狠地给战马一鞭子，战马受惊飞起，四蹄腾空，一下子跃过河去，贺齐率三千人在南岸迎接，孙权幸免于难。

孙权登上大船，在船舱中设宴饮酒，贺齐流着眼泪走出席间说："今天，您差点儿遭遇不测，部下都非常惊恐，希望您永远记住这个教训！"孙权很受感动，他走上前亲自为贺齐擦掉眼泪说："很惭愧，我一定铭记这次惨痛的教训。"

建安二十一年（公元216年），曹操降服张鲁后，就开始准备征讨孙权。这年十一月，曹军到达谯郡。第二年正月，曹操进军至居巢（今安徽巢县东北），孙权在濡须口修筑城墙，准备防守。曹操向孙权发起进攻，孙权战败。第二年三月，曹操率军撤退回到中原，留下夏侯惇，统帅曹仁、张辽等驻守居巢。孙权则留周泰守护濡须口。孙权见连年征战，双方都损失惨重，与其两败俱伤，不如暂且求和，便派都尉徐详到曹营求和，曹操欣然答应，并派使者回访，于是曹、孙两方暂时休战。

6. 刘备入川

（1）法正迎刘备

刘备取得了荆州四郡，初步站稳了脚跟，但处境仍很困难。诸葛亮曾形容在荆州时的形势说："主公在公安的时候，北面畏惧曹操的强大，东面惧怕孙权的威逼，跟前又怕孙夫人在其身旁发动什么变乱。那个时候，进退两难啊。"取得荆州，只是实现了刘备宏图大业的第一步。按照诸葛亮隆中对的方略，是要"跨有荆、益"。现在已占有荆州，第二步就该谋取益州了。

益州包括今天的四川全部和云南、贵州的大部分地区，地域广阔，土地肥沃，素来就有"天府之国"的美称，但在刘焉、刘璋父子的统治下，社会矛盾尖锐复杂。建安十三年（公元208年），曹操攻下荆州，刘璋曾经归附曹操。赤壁之战后，刘璋断绝了同曹操的关系。孙权曾遣使与刘备商议，企图共同攻取益州，由于刘备另有打算，拒绝了孙权的建议。

原来，刘备在孙权遣使之前，已经和刘璋的人有了一些接触。在赤壁之战前，刘璋就派部下张松，赤壁之战后又派部下法正先后拜访过刘备。刘备不仅热情地予以接待，而且乘机询问了许多益州的情况。张松、法正认为刘备很有才能，并且善于用人，于是对他十分倾心，把益州的地理形势和府库钱粮、人马兵器等情况，一一告诉了刘备，甚至还画了益州详细的山川地理形势图给刘备，使刘备对益州的情况了如指掌。张松、法正从刘备处回益州后，都劝刘璋与刘备结盟，后来二人又密谋寻找时机迎接刘备入蜀。

这时，刘焉、刘璋父子统治益州已经二十多年了。汉灵帝时，刘焉历任刺史、太守、宗正、太常。他曾向灵帝建议，选派清名重流到地方上去当州牧，以加强朝廷对地方的管辖。原来他希望到交阯去，后来听侍中董扶说京城就要变乱，益州那个地方有天子气，因而改求益州。在当时刘焉也属于"海内清名之士"，又是皇家宗室，益州上层人士对于刘焉当州牧还是很欢迎的。广汉人侍中董扶，巴西人太仓令赵韪都去官随刘焉回益州。刘焉行至荆州时，益州人马相、赵祇领导益州人民起义，自称黄巾军，不到一个月的时间，攻杀益州刺史郄俭，连破广汉、蜀郡、犍为三郡。益州从事贾龙率家兵攻破黄巾军，迎接刘焉到益州。

刘焉到了益州后，和那里的豪门望族的关系很紧张。他杀豪族王咸、李权等十多人，想要确立威信，结果却适得其反。犍为太守任歧和迎接刘焉入蜀的贾龙都起兵反对刘焉。刘焉将任歧、贾龙二人击杀，但是刘焉也因此失去了益州人对他的支持。赵韪原是跟随刘焉入蜀的，刘焉死了以后，他以益州大吏的身份推荐刘璋为益州刺史。赵韪后来也因反对刘璋而被杀死。

很多北方人自汉末以来流入益州。这些流民与益州土著之间难免会产生矛盾，刘焉、刘璋曾利用流民势力来抑制益州豪族。对此益州豪族对刘璋颇为不满，常常想着要叛乱。刘璋很软弱，又缺乏明断，不能控制其局势。这就是刘备入益州前整个益州的大体形势。

谋臣庞统也劝刘备早日占据益州，他说："荆州荒残，人物殆尽，东面有孙吴，北面有曹氏，鼎足之计，难以实现。今益州国富民强，户口百万，四部兵马，应有尽有，宝货无求于外，今可权借以定大事。"他最后还提醒刘备："现在不取益州，最终也会让别人得到。"

建安十六年（公元211年），刘璋听说曹操准备派大将钟繇率军进攻汉中的张鲁，十分恐慌。张松乘机向刘璋进言："刘备是使君宗室，且与曹公有深仇，善于用兵，若与刘备共同攻打张鲁，张鲁必败。张鲁败了，则益州强，曹公虽来，也不能做什么了。"为了抵抗曹操，刘璋派法正领兵四千，携带厚礼，前往荆州迎刘备。主簿黄权曾在法正出发前提醒刘璋：刘备是个有雄才大略的人物，他来益州，如果以部下对待，刘备则不会满意；如果以宾客文礼对待，一山难容二虎，势必造成累卵之危，黄权请刘璋作长远的考虑。但刘璋对他的意见听不进去。当时就有人说刘璋这样做是引狼入室。

果然不出黄权所料，法正一到荆州，就劝刘备占据益州，他说："刘璋懦弱可欺，又有张松作内应，所以取益州轻而易举；成功后，凭借益州险阻，利用那里的财富，何愁不成大事。"刘备也认为很有道理。

于是刘备以接受刘璋的邀请为幌子，率领步兵几万人，与庞统、黄忠等进入益州，诸葛亮、关羽、张飞等留下守荆州。刘备经江州（今四川重庆市）、垫江（今合川）抵涪县（今绵阳市东北），刘璋率步兵和骑兵出城迎接。刘璋把大司马的位置给刘备做，并且刘备还兼领司隶校尉，又将杨怀、高沛统领的白水军交给刘备，让刘备去攻打张鲁。张松让法正提醒刘备，可以乘机突袭，除掉刘璋，谋臣庞统也赞成这么做。刘备却认为此事非同小可，不能仓猝行事，就暂时按刘璋的意思，率领三万人马，全副武装，向北攻打张鲁。当前进到葭萌（今四川广元西南）的时候，刘备不再考虑什么讨伐张鲁的问题，而是停下来守着军队保存自己的实力，为夺取益州作充分准备。

建安十七年（公元212年），曹操征讨孙权，孙权向刘备请求救援。刘备要赶回荆州，请求刘璋增兵增粮，刘璋这次却很冷漠，给的兵饷不到刘备要求的一半。刘备乘机激怒将士说："我为刘璋征讨强敌，将士辛苦劳顿，没有一刻安宁。虽然刘璋资财丰富，可对我们却如此小气，他这么做怎么能让我们大家为他出生入死，拼死作战呢？"刘备的一番话使军中上下都对刘璋产生了不满情绪。在成都的张松则认为刘备真的要离开益州，忙写信给刘备："现在取益州唾手可得，为什么放弃它呢？"张松的哥哥广汉太守张肃得知了这事，报告了刘璋。刘璋捕杀了张松，并下令各处城池防范刘备。刘备到蜀一年，已经得到了益州一些人的支持，现在又有刘璋理亏为借口，便回师进攻成都。

（2）刘璋出降

刘璋得到消息，急忙派刘郃、冷苞、张任、邓贤等迎击，结果连连失败，不得已退守绵竹（今四川绵竹东南）。刘璋又派李严总督绵竹诸军，准备反击，不料李严倒戈投降了刘备。到了建安十九年（公元214）年，刘备军队势力加强，于是分兵攻占附近各县，最后刘备把刘璋包围在雒城（今四川广汉西北）。与此同时，刘备命留守荆州的诸葛亮火速领兵西上。诸葛亮留下关羽驻守荆州，自己立即与张飞、赵云带领军队入蜀。一路上，诸葛亮偕同张飞和赵云攻下巴东、江州、江阳（今四川泸州）、犍为（今四川彭山西）、巴西（今四川阆中）、德阳（今四川遂宁东南）。五月，刘备攻占雒城，刘璋逃到成都。刘备乘胜追击，在成都与诸葛亮的军队会师。当时成都城内有三万精兵和可供一年的粮食布匹，不少人还想依靠仅有的物资固守成都。但刘璋见大势已去，已无心抵抗，便说："我父子在益州二十余年，对老百姓无恩无德，让他们四处奔波，连着打了三年仗了。我怎能忍心再让他们为我受苦呢？"于是在这年六月出城投降。刘备终于得到了益州。在此之前，马超前来投奔，刘备听到这个消息，高兴地说："这一次一定可以取得益州。"

在庆祝胜利的酒宴上，刘备的喜悦之情溢于言表，他对庞统说："今天的宴会，可真是快乐呀！"庞统却直言不讳地说："征伐别人的国家还认为是快乐的事情，这不是仁者的军队呀。"刘备听后大怒，但转念一想，又觉得庞统说的不是没有道理。另外，夺取益州，也只是统一大业的第一步，不可盲目乐观，今后的历程可能更艰难。

占领益州后，刘备自称益州牧，任命诸葛亮为军师将军，依靠法正、关羽、张飞、赵云、马超等文臣武将，收拢了董和、黄权、李严等一部分刘璋旧部。从此刘备外出征战，诸葛亮就镇守成都，相得益彰。

刘备占领益州后，吸取了刘璋不得人心的教训，一开始就注意搞好与当地豪绅以及刘璋旧部的关系，只要不公开反对他，刘备就加以笼络和任

第六章 三分天下

用。黄权曾经全力反对刘璋的妥协政策，不同意迎刘备入蜀，刘备入益州后，黄权还在闭城固守，直到刘璋归降后，黄权才投降刘备。对此，刘备不计前嫌，加以任用。这样一来，刘备较好地调和了主客之间的矛盾，使他在益州的统治得到了初步的稳定。

刘备刚进入成都时，有人主张将成都内外的土地房屋分赐给诸将，赵云则提出反对意见，说："现在天下还没有平定，千万不可追求享乐。益州百姓遭受了战争之苦，应该把土地房屋归还给他们，使他们安居乐业，我们也可以从他们那儿征调赋税徭役，满足财政军事的需求。"刘备从统治者的长远利益考虑，很快地采纳了赵云的意见。另外，攻破成都之时，兵士将财宝钱物抢夺一空，军用不足，刘备很担忧。有个叫刘巴的对刘备说："这并不难，您只要铸造钱币，抑制物价上涨，开设官市，就可以了。"刘备照他说的去做，财政状况果然有了好转。

刘璋统治益州时，由于地方豪强和官僚们专横跋扈，侵扰百姓，掠夺财物，不仅阶级矛盾日益尖锐，而且统治阶级内部也因为分赃不匀而矛盾重重。诸葛亮进入益州后，采取了"先理强，后理弱"的政策，来改变当时那种混乱的现状。"理强"即是限制、打击专横跋扈的豪强官僚，"理弱"即是扶植农民生产。

在刘备的支持下，诸葛亮厉行法治，对一些为非作歹以及敌视刘备集团的豪族官僚进行了严厉的打击。有些人也因此攻击诸葛亮使用刑法太过于严厉，恐怕益州百姓会产生不满以至起来反抗。法正也劝诸葛亮说："我们刚占据益州，还没有为地方上做什么好事，就使用权威，按主、客关系论，我们也应该多行点恩德，把刑罚、禁令放得稍宽一些，以示安慰。"诸葛亮回信说："刘璋暗弱，自焉已来有累世之恩，文法羁縻，互相承奉，德政不举，威刑不肃。蜀土人士，专权自恣，君臣之道，渐以陵替；宠之以位，位极则贱，顺之以恩，恩竭则慢。所以致弊，实由于此。吾今威之以法，法行则知恩，限之以爵，爵加则知荣；荣恩并济，上下有节。为治之要，于斯而著。"

为了有效地实行治理，诸葛亮制定和颁布了一些法令、条例，由于诸葛亮赏罚严明，刘备集团的工作效率提高了许多，统治秩序也进一步得到稳定。

7. 荆州得失

（1）刘备借荆州

赤壁大战后，荆州七郡（南阳、南郡、江夏、武陵、长沙、桂阳、零陵）实际上被刘备、孙权、曹操三家分别占领。曹操虽然战败被迫撤出江陵，但还占据着南阳郡和南郡的北部，立为襄阳郡。孙权占据的是江夏郡和南郡的南部；刘备则占据着荆州南阳郡。

赤壁之战后，虽然曹操暂时停止南下的军事行动，但是他与孙权之间的力量对比，并没有发生根本改变。无论是从经济方面，还是军事方面，北方的实力都远超过江东。刘备这时也逐渐在荆州站稳脚跟，他先后取得长江以南的武陵、长沙、桂阳、零陵四郡。刘备势力在荆州的发展，成为孙权西进的障碍。面对来自这两方面的威胁，采用什么样的对策是孙权首先考虑的问题。恰巧刘备亲自到江东拜访孙权，要求把江东占据的荆州土地划归他来管辖。于是，在如何处理荆州的问题上，江东统治集团内部出现了两种不同的意见。周瑜反对把荆州借给刘备，主张用美人计把刘备软禁在江东。将军吕范也劝孙权把刘备扣押不放。一场孙、刘两家之间的火并迫在眉睫。只有鲁肃对因土地问题而破坏联盟持不同意见。他认为，曹操的势力仍然很强大，是江东的主要敌人。借给刘备土地，等于给曹操树立一个对手，为东吴增加一个盟友，可以分散、转移曹操对江东的兵力，避免被曹操各个击破。孙权并不情愿借给刘备土地，然而鲁肃透彻的分析说服了他。孙权认识到当务之急是巩固与刘备的联盟，也意识到采取极端手段对待刘备并不能达到目的。于是他答应将长江以南的南郡土地借给刘

第六章 三分天下

备。孙权借地给刘备的事情传到曹操那里，当时曹操正在写文章，听到这个消息，感到非常震惊，以至笔都掉到地上去了。

不久，周瑜到京口去拜见孙权，主张出兵巴蜀。他说："现在曹操新败，内部尚未稳定，不能很快与我们交战。我请求与奋威将军孙瑜一起率军西进，先攻取巴蜀再消灭张鲁，并与西北的马超联合，然后同将军据守襄阳，再向曹操发动进攻，这样就可夺取北方。"孙权同意周瑜的建议。周瑜回到江陵为出兵做准备，但是在路上得了重病，医治无效死去。临终前周瑜给孙权写信说："周瑜短命，不足可惜，但深为遗憾的是志向未能实现。现在曹操正在北方，经常骚扰边境，刘备寄寓荆州，有养虎之患。天下形势动荡不安，此时正是大臣和将士们奋发之日。鲁肃为人忠烈，做事一丝不苟，可接替我的职务。"建安十五年（公元210年），周瑜病逝，终年36岁。孙权尊重周瑜的遗愿，也相信鲁肃的能力，于是任命他为奋武校尉，并由鲁肃掌管原属周瑜统率的军队，周瑜原来的奉邑尽数划归鲁肃掌管。鲁肃最初驻守江陵，后改屯陆口（今湖北嘉鱼西南）。鲁肃为人严肃认真，一丝不苟，生活俭朴，十分强调军队的纪律。

建安十九年（公元214年），刘备夺取益州，势力大增。孙权感到刘备占据益州固然可以北出河南，进击曹操，但也可顺江东下，攻取东吴，于是，他想收回荆州。在刘备占据益州的第二年，孙权派中司马诸葛瑾向刘备索还荆州。刘备没有同意，他说："我准备夺取凉州，等我把凉州平定，再把荆州还给你们。"孙权大怒说："刘备这是有借无还，只不过是找借口拖延时间而已。"于是他派吕蒙率军夺取荆州三郡。

吕蒙首先给长沙、桂阳、零陵三郡写信，长沙、桂阳很快归服，只剩下零陵太守郝普拒不投降。刘备得到此消息，亲自率兵东下，驻扎在公安，派关羽为前锋同吕蒙争夺三郡。孙权则到达陆口亲自坐镇指挥，派鲁肃带领军队在益阳驻扎，抗击关羽。

鲁肃想与关羽当面对话，众将领都怕鲁肃发生意外，劝鲁肃不要去。鲁肃说："今天之事，最好的办法是开导关羽。刘备不遵守诺言，关羽不敢谋害我的性命！"于是，他约关羽会晤，双方部队在百步之外排列。鲁肃责备关羽不归还三郡，关羽说："刘备在乌林战役中亲自参战，奋力破敌，难道说只是白费力气，连一块土地也得不到？你还想将其收回吗？"

鲁肃说："不对！起初我在长阪与刘备会面之时，刘备被曹操打败，部下还不到一校人马，计穷虑竭，精神不振，他那时未想到会有今日。我主可怜刘备无处安身，才帮他解决了困难，而刘备却只顾自己的利益，忘记了过去。现在他既然已得到益州，却又起贪婪之心吞并荆州，这样的事儿凡夫俗子都不忍心做，何况赫赫有名的刘备。"关羽没有办法反驳鲁肃的话。

眼看孙权、刘备之间的冲突就要升级。正在这时，曹操打败张鲁，平定汉中，进而直接威胁到巴、蜀。刘备衡量一下利害关系，不得不和孙权讲和，约定孙权统辖江夏、长沙、桂阳，刘备享有南郡、武陵、零陵三郡，然后迅速回防益州。虽然这样刘备丢掉了一些地盘，却免除了与孙权的火并，得以集中精力与曹操在汉中周旋。

（2）关羽攻袭襄、樊

分割荆州仅是暂时妥协，刘备、孙权都不满足于这种结局，都想寻找机会扩大地盘。当时，襄阳、樊城等地在曹操手中。建安二十四年（公元219年）七月，刘备命令关羽向襄、樊发动进攻。襄、樊是曹操阻止刘备和孙权北上的战略要地，曹操特地派他的族弟、镇南将军曹仁驻守在这里。为加强防卫，曹操又增派平寇将军徐晃增援曹仁，驻扎在宛城。曹操听到关羽出兵的消息，又派左将军于禁和庞德率兵前往助守，于禁驻扎在樊城北面。

关羽发兵之时，樊城地区连降十余天的大雨，汉水暴涨，溢出堤外，樊城被洪水包围，于禁的军营被大水淹没，他率军撤至高处避水，关羽乘大船猛攻，于禁无处可逃，只好率领军队投降，只有庞德带领着一部分军队继续和关羽顽强作战。水势越来越大，曹军纷纷投降，庞德无法抵抗，想乘木船逃走，结果船被水冲翻，庞德被俘。关羽想让庞德投降，遭到拒绝。庞德斥责关羽说："魏王统帅百万大军，刘备不过是一介庸才，怎么能与魏王对抗呢？我宁可做魏国的鬼，也不做你们这些贱人的将领！"关

第六章 三分天下

羽大怒，斩杀了庞德。

接着，关羽向樊城发起进攻，由于洪水的冲击和浸渍，城墙不断坍塌，守城士兵惶恐不安。有的将领对曹仁说："靠我们的力量很难改变局面，应该趁现在樊城还没有被关羽完全包围，夜里乘船撤退。"汝南太守满宠坚决反对，他说："山洪来得快，去得也快。关羽顾虑我们攻击他的后路，所以不敢急于北进，如果我们现在弃城逃走，黄河以南的大片土地就不再是魏国的了，所以应该在这里坚守。"曹仁也觉得责任重大，不能撤退。于是斩白马与将士盟誓，决心齐心协力，保护樊城。城中这时仅有将士数千人，洪水距离城墙仅有几尺高，关羽断绝了樊城与外界的任何联系，樊城的形势十分危急。

关羽另派出一支军队包围襄阳，彻底孤立了樊城。荆州刺史胡修、南乡太守傅芳等都投降了关羽。

在这紧急关头，徐晃的援军赶到，他命士兵射箭书通知曹仁，激励他们继续坚守。曹操也亲自带兵从洛阳南下，驻扎在摩陂（今河南郏县），声援徐晃，并先后派遣十二营士兵前去援助曹仁。曹仁见援兵到了，守城之心更加坚定。

刘、曹之间关系紧张，孙权感到有机可乘，于是他给曹操写信，请求允许他讨伐关羽，为曹操效力，还要求曹操为他保守秘密，防止关羽有所防范。

曹操问群臣怎么办，群臣都说应当保密，董昭却主张表面答应为孙权保密，暗中却将信的内容泄露出去，他说："我们可以答应孙权为他保密，但暗中把消息泄露出去。军事行动，注重权变，关羽知道孙权出兵的消息，必然撤兵与孙权交战，这样樊城便可解围。樊城之围速解，我们便可获利。同时，还会让孙权、关羽像两匹被勒住马衔的战马一样，互相敌对而又动弹不得，我们可以坐收渔翁之利。如果保守秘密不泄露，必使孙权得志。再者，被围的将士不知有救兵，担心城中粮食不足以持久，军心就会混乱。倘若再有其他的想法，会有很大的危害，还是泄露出去的好。况且关羽为人争强好胜，自恃江陵、公安两城防守坚固，一定不会很快撤兵，因此，泄露出去为上策。"曹操说："很对！"即下令徐晃将孙权的书信用箭射入围城之内和关羽军营中。被围的将士看到书信后，士气倍增。关羽见信后，疑心这是曹操搞的离间计，面对很快就可以攻下的樊城，不想轻易撤兵；而他也不怎么信任孙权，对是否撤兵犹豫不决，想等待确切消息。不久，后方果真传来被孙权袭击的消息，关羽无奈只好撤兵南救江陵。

（3）吕蒙白衣过江

吕蒙，字子明，赤壁大战时，随周瑜、鲁肃大败曹操。在对待刘备的态度上，吕蒙同周瑜一样主张夺回荆州，吞并刘备。早在鲁肃接替周瑜屯守陆口时，吕蒙就曾指出："现在东西虽为一家，而关羽实际上如同熊虎一样危险，不可不防。"但鲁肃没有采纳吕蒙提出的对付关羽的五条密策。吕蒙又向孙权建议："我们应该从刘备手中夺回荆州，由征虏将军鲁肃守南郡，潘璋守白帝，蒋钦率水军在江上巡游，我率兵攻打襄阳，如此一来，就不必再惧怕曹操、依赖关羽了！而刘备、关羽奸诈狡猾，反复无常，不能将他们当成心腹。现在关羽不敢向东用兵的原因，是我们这些人还在，如果现在不趁东吴强大夺回荆州，一旦我们的势力转弱，再想用武力夺取，就困难了。"孙权接受吕蒙的建议，派吕蒙驻守陆口，以待时机袭击荆州。

关羽也不是等闲之辈，虽然他北攻襄阳，但对孙权可能发动袭击，还是有所防备的——他在公安、南郡留下相当数量的军队。为了麻痹关羽，吕蒙在给孙权的信中说："关羽讨伐樊城，却在后方留有很多部队，这是怕我袭击他。我近来常患病，您可以养病为名，把我调回建业，关羽知道这件事一定撤出后方部队，增援襄、樊前线。这时，我们的部队沿长江西进，昼夜兼程，袭其空虚，一定可以拿下南郡，并且可以活捉关羽。"孙权同意吕蒙的计策，于是吕蒙声称病重，孙权便公开发布命令，将吕蒙召回建业治疗。

吕蒙回到建业后，陆逊来看望他。陆逊，字伯言，出身于江东大族。父亲陆骏曾任东汉九江都尉。

第六章 三分天下

陆逊很早就失去了父母，幼时跟着祖父陆康在庐江太守任所读书。袁术割据淮南，唆使孙策攻陷庐江后一个多月，陆康病死。陆康事先把家眷都送回吴县，由于陆康的儿子陆绩还很小，刚刚十二岁的陆逊便承担起支撑门户的责任。

陆逊是一个温文尔雅的书生。当时，陆绩及其外甥顾邵以博览群书而闻名，陆逊、张敦、卜静次之，亦颇有文名。然而，历史的车轮却把陆逊推上了东吴的政治舞台。21岁时陆逊便在孙权手下任职，成为一位很有眼光的年轻将领。陆逊见到吕蒙后，说："关羽高傲自大，盛气凌人，他一心想北进，对我们并不在乎。如果他听到你有病离开前线，一定会疏于防备，这时出其不意地袭击他，打败他则易如反掌。请你同孙将军好好商量一番。"陆逊的想法与吕蒙不谋而合，吕蒙心中暗自高兴，但他表面却不动声色。吕蒙见到孙权，孙权问道："谁能接替你的职位呢？"吕蒙说："陆逊思虑周密，才能出众，可以担任重要职务。他的名声不大，关羽不会注意他，有利于我们下一步行动。"于是，孙权任命陆逊为偏将军、右都督，代替吕蒙在陆口驻守。

陆逊赴任之后，给关羽写了一封措词十分谦恭的书信，进一步麻痹关羽，信上说："将军善于用兵，军纪严明，小的举动就能获得很大的成功，功业何等伟大！敌人的失败就是我们联盟的胜利，我们获悉喜讯，没有不拍手称快的，希望能与将军席卷中原，共同扶保汉室。我是一个很迟钝的人，刚刚上任，时刻盼望您能亲自来教诲我。"不久，关羽水淹曹操援军，俘虏大将于禁，陆逊又马上去信祝贺说："将军活捉于禁，远近闻名，都认为将军的功勋足以流芳百世，即使从前晋文公城濮的雄师、淮阴侯攻克赵国的谋略，也比不上将军您。近来我听说徐晃带领少数骑兵在一旁窥探，曹操是个狡猾的人，或者还会派兵增援，以求胜利。虽然曹军已经疲惫不堪，但也有些骁勇强悍的人。打了胜仗后，容易因轻敌而吃亏，古人都说越是胜利越要谨慎，因此，希望将军集思广益，保证大获全胜。我是一个粗疏迟钝的读书人，有幸与将军这样才能非凡、品德高尚的人相邻，很乐意倾诉自己的拙见，虽然不一定合适，仅供将军参考。"关羽看罢这些信后，觉得陆逊谦虚、诚恳、彬彬有礼，大有投靠自己的意思，也就不把他放在心上了，并且还将军队从南郡撤出一些增援前线。陆逊将关羽撤兵的消息及时报告了孙权,孙权立即亲率军队沿江西上,派吕蒙为先锋,直奔江陵、公安。为了迷惑关羽的巡逻哨兵,吕蒙将战船全部改装为商船,士兵们隐藏在船仓中,招募了一些平民摇橹,不分昼夜地行进,把关羽设置的哨兵全部给活捉了。直到吕蒙兵临城下,荆州守军才发现。

当时,关羽派南郡太守糜芳和将军傅士仁留守后方。糜芳因为南郡军营失火,受到关羽的处罚。关羽北征襄樊后,糜芳、傅士仁负责粮草供应,有时粮草供应不及时,关羽便大怒,说:"回去以后,一定治罪。"糜芳、傅士仁很害怕。吕蒙得知这一情况后,便让骑都尉虞翻给傅士仁写信,讲明利害关系,劝其投降。傅士仁对关羽的高傲颇为不满,便投降了吕蒙。接着,吕蒙又让傅士仁劝说据守江陵的糜芳来投降,糜芳也倒戈归降了。

(4) 关羽败走麦城

吕蒙进入江陵后,对关羽及其部将的家属予以优待和安抚。他还下令:不得骚扰百姓和向百姓索取财物。吕蒙手下的一个亲兵,与吕蒙是同乡,从百姓家里拿了一个斗笠盖在铠甲上,违犯了军令,吕蒙流着眼泪将这个士兵斩首。此事对军队影响很大,士兵再不敢随便夺取百姓家的财物了。吕蒙关心百姓的生活,经常派亲信慰问百姓,抚恤老人,给病人送药,给饥寒的人送粮食、衣物。关羽官府中的财物、珍宝全部封存,等候孙权处理。吕蒙这样做的目的就是为了笼络人心,受到民众的拥护。

关羽在撤军援救荆州的路上得到公安、江陵失守的消息,感到形势不妙,派人去上庸(今湖北竹山西南)请刘封、孟达发兵援救,刘封、孟达以上庸新定为由,拒绝增援。

关羽南撤之后,曹仁手下的将领都说:"应趁关羽身陷困境,派兵追杀,将他擒获。"赵俨不同意,他说:"孙权趁关羽去进攻襄樊的时候,偷袭关羽的后方,孙权是担心我们乘关羽回救江陵时进攻他们,所以他们愿意为我们效力,表示和我们和好。孙权不过是想借助事变从中谋取私利而已。关羽如今势单力孤，我们应该保存他，让他与孙权相争。如果对关羽穷追不舍，会促使孙权改变态度，这对我们是很不利的。曹公也一定会有这样的考虑。"曹仁同意赵俨的建议，下令停止追击关羽。曹操听说关羽撤兵的消息，也赶快派人送来不许追击的命令，理由和赵俨说的一样。

在南撤途中，关羽多次派人到江陵打听消息。每次吕蒙都热情款待使者，并允许他们在江陵自由活动。关羽的部下见到使者都上前询问，还有人托其给亲人捎带书信，使者返回营中，关羽部下将士都知晓自己的家人平安无事，因此都无心恋战，不少人还逃回江陵。

关羽军队士气不振，又无援兵，他只有向西退守麦城（今湖北当阳东南），孙权见关羽已是山穷水尽，便遣使者进城诱降。同时派朱然、潘璋截住关羽的退路。关羽先假装投降，把幡旗做成人像立在城墙上，乘机突围逃走。士兵们大都散去，只剩数十名骑兵跟随关羽。十二月，关羽和儿子关平在章乡（今湖北当阳北）被孙权的部队活捉，后来被杀死，时年60岁。孙权于是占据了荆州。

孙权从刘备手中夺回荆州后，地盘大大扩展。曹操希望看到的孙、刘对峙的局面实现了，他立即上表封孙权为骠骑将军，领荆州牧，封南昌侯。孙权占荆州、杀关羽，对刘备来说是巨大的打击。刘备发誓要为关羽报仇。于是孙、刘的矛盾更加尖锐了。

8. 东汉灭亡

（1）嗣立之争

曹丕与曹植是同母所生的亲兄弟，其母为卞氏。曹丕比曹植大五岁。在曹操诸子排行中，曹丕次于刘夫人所生的曹昂，居第二，但曹昂在建安二年征伐张绣时为保护曹操而战死。曹操悲伤之余，不得不在诸子中再择继承人。当时，年龄最大的是曹丕，又是正室卞夫人所生，依据"立嫡以长"的传统制度，曹丕最有希望成为太子。然而，曹操用人注重"唯才是举"，在诸子中，他最喜爱少子曹冲。曹冲聪明绝顶，五六岁时就已经有成年人的见识和智慧了。一次，孙权送一头大象给曹操，曹操想知道象的重量，询问大臣，但没人能想出一个可行的办法。曹冲却想出了主意，他说："可以让大象到船上去，然后在船身刻上记号表示此时的水位；把象牵上岸后，将称过重量的石块放到船上，当船身的记号与水面一样高时，那么船上石块的重量就是大象的重量。"这就是人们熟知的"曹冲称象"的故事。曹冲不仅聪明、伶俐，而且宽仁大度，经常去探望、询问那些犯罪受刑的人，了解其中是否有冤情，对平时勤勉而偶有过失的将吏，曹冲经常向曹操为他们求情，请求宽刑。经曹冲讲情而免遭被杀的有几十人。曹操多次在群臣面前夸奖曹冲，有传位于他之意。没想到，曹冲仅活了13岁。曹操悲痛万分。曹丕劝慰曹操，曹操说："这是我的不幸，却是你们兄弟的大幸。"可见曹冲若在，王位不一定落到曹丕手里。

曹冲死后，曹植就成了曹操最喜欢的儿子。曹植才华横溢而敏捷多智，曹操很喜欢他。曹操要把女儿嫁给丁仪为妻，曹丕因为丁仪有一只眼

第六章 三分天下

瞎了，劝阻了曹操。丁仪因此对曹丕怀恨在心，于是，联合其弟弟黄门侍郎丁廙、丞相主簿杨修，多次称赞临菑侯曹植之才，劝曹操立曹植为太子。曹操秘密探访外面对立太子的看法。尚书崔琰的侄女是曹植的夫人，所以他用不封口的信答复说："依照《春秋》之义，应立长子。而且曹丕仁厚、忠孝、聪明，应做继承人，我的看法至死不变。"尚书仆射毛玠说："不久前，袁绍因嫡亲、旁支不分，宗族和国土都遭覆灭。废立大事，不是臣子所应听到的。"东曹掾邢颙说："以旁支代替正统继承人，已有前车之鉴，愿殿下多加考虑。"曹丕派人向太中大夫贾诩询问抬高自己地位的方法。贾诩说："愿将军您能发扬德性和气度，亲身去做寒素之人的事情，早晚孜孜不倦，不违背做儿子应该遵守的规矩，这样就可以了。"曹丕按照贾诩的话去做，暗自磨炼自己。一天，曹操命众人退下，把贾诩单独留下来询问，贾诩默然不答。曹操说："我与你说话，你却不回答，这是什么道理？"贾诩说："我正在考虑事情，所以没有立即回答您。"曹操说："你考虑什么？"贾诩回答说："我是在想袁绍、刘表两对父子啊。"曹操便大笑起来。

一次，曹操带兵出征，曹丕和曹植两兄弟一同送其到路旁，曹植称颂曹操的功德，出口成章，旁边的人都投来赞赏的目光，曹操自己也很高兴。而曹丕则怅然若有所失，济阴人吴质在他耳边说："魏王将上路时，你装作很难过的样子就可以了。"到告别时，曹丕哭着下拜，曹操和部属们都很感动。因此，大家都认为曹植辞藻华丽而诚心不及曹丕。曹植做事坚持己见而任性，言行不加掩饰，而曹丕则施用权术，掩盖真情，自我矫饰，宫中的人和曹操部属大多为曹丕说好话。

曹丕为了与曹植争位，经常派人监视曹植及其亲信的举动，曹植府中的一些人也被他收买了，让他们到曹操那里去告密，使曹操知道了杨修为曹植作答词等事情，这样便引起了曹操对杨修和曹植的不满。与颇有心计的曹丕相比，曹植在争权夺势方面显得幼稚而毫无心机。他常常意气用事，任性而行，疯狂饮酒，曹操对此很生气，因而逐渐丧失了对他的好感。有一次曹操离邺城外出，曹植酒后在一个随从的鼓动下，违反禁令，私自打开司马门而出，在只允许王公行走的驰道上跑了一趟。曹操听说后大怒，立即把那个随从杀掉了，并发布命令斥责曹植，说：

"最初我认为子建（曹植字）是诸子中最可成大事的，自从私出司马门后，我就不再如此看待他了。"还有一次，曹仁的军队被关羽给围困了，曹操打算派曹植带兵解救曹仁，岂料曹植酒后大醉，没有执行命令，曹操因此非常恼怒。

曹植疏阔的人生态度导致了他在争夺太子位时的失利；而曹丕却处处谨慎小心，利用各种机会取悦曹操。

建安二十二年（公元217年），曹丕终于被立为魏王太子。

（2）曹魏代汉

黄初元年（公元220年）十月二十九日，洛阳城郊繁阳亭建起了一座高坛。文武大臣及周边部族的首领、使者数万人穿戴齐整，列队排开。在一片拥戴的欢呼声中，34岁的曹丕登上高坛，接受了皇帝的印绶，然后点燃高坛圣火，祭祀天地山川。至此，东汉王朝灭亡，魏国建立了。曹丕为魏文帝。

曹丕（公元187~226年），字子桓，是曹操的次子，其兄曹昂在随曹操征伐张绣时战死，故曹丕乃嫡长。建安十六年（公元221年），曹丕任五官中郎将，第二年立为魏王太子，正式成为将来掌握政权的人。魏王封大中大夫贾诩为太尉，御使大夫华歆为相国，大理王朗为御使大夫；设置了散骑常侍、侍郎各四人，诏令太监职位不能高于众署令级别，这个诏令还被刻在金册上，收藏在石室之中。

早在汉灵帝熹平五年（公元176年），谯县上空有黄龙出现，光禄大夫桥玄问太史令单飏："这是什么吉兆？"单飏回答："以后必有称王的人诞生在这里，不出50年，还会有黄龙出现，这就是天人感应。"内黄殷登记录下了这些话。曹操死后，曹丕嗣为魏王、丞相。这时，朝廷中拥戴曹丕取代东汉的呼声很高。曹丕心里也明白，取代汉朝的时机已经成熟了。但东汉政权毕竟是正统王朝，曹丕要顺顺当当地称帝，必须得到大族名士的支持，满足大族名士在政治上获取特权的要求。于是，曹丕在称帝之前颁布了选用官员的九品中正制。

九品中正制是尚书陈群提出来的，又称九品官人法。他认为，汉朝的官员任用方法，并没有把人才都选举出来，建议实行九品中正制。九品中正制规定：在州和郡设中正官，由政府选择德才兼备、能够识别人才的人担任。依据所管辖地区的士人及其家世的不同情况，由各州、郡的中正官将之分为九品，即上上、上中、上下、中上、中中、中下、下上、下中、下下九个品级。中正官把人才的品级情况向政府上报，吏部要根据中正所定品级来决定入仕者的职务。从表面上看，九品中正制是唯贤是举的用人原则的体现，但是，由于世家大族在社会上影响很大，政府往往让他们担任各级中正官，这样他们在定人才品级的时候，往往不是根据品行、能力的优劣，而主要依据家世门第的高低。于是世族士人便纷纷进入了官府权力机构，而寒门地主却被排斥在外。实质上，这一制度是曹魏政权对世家大族妥协的结果。从此，世族地主成为政权中的特权阶层，世家大族自然支持曹丕代汉称帝了。

十一月一日，曹丕尊汉献帝为山阳公，把河内郡山阳邑一万户作为他的封地，使用汉朝的历法年号，准许用天子的礼仪祭天，上朝奏事时不用称臣，朝廷在太庙举行祭祀典礼时，能分到祭祀用的礼品；同时又封山阳公的四个儿子为列侯。魏文帝追赠皇祖为太王，父武王为武皇帝，王太后被尊为皇太后。把汉朝的众位诸侯王封为崇德侯，把列侯又加封为关中侯。改称相国为司徒、御史大夫为司空、奉常为太常、大理为廷尉、郎中令为光禄勋、大农为大司农。郡国县邑有较大改动，还把原魏国的玉玺授给匈奴南单于呼厨泉，另赏赐他青盖车、宝剑、乘舆、玉玦。十二月，开始在洛阳修建宫殿。

9.建安风骨

（1）兄弟相煎

建安二十五年（公元220年）正月，曹操在洛阳病逝。这消息一传出来，文武百官失声恸哭。此时，太子曹丕正在邺城，守卫洛阳的军队人心惶惶。大臣们想先保守秘密，暂时不泄露曹操去世的消息。谏议大夫贾逵认为不应该保密，应该把这个消息让大家都知道。有人说，应当把各个城池的守将都换上曹操家乡的谯县人和沛国人。魏郡太守、广陵人徐宣厉声说："如今各地都归于一统，每个人都怀有效忠之心，何必专用谯县人和沛国人，以伤害那些守卫将士的感情！"换守将之事才无人再提。青州籍的原黄巾军士兵没有征调许可就离开了，大家认为应加制止，对不服从命令者派兵征讨。贾逵说："不能这样做。"于是他写了一篇很长的告示，命令青州兵所到之处的地方官府，给他们提供粮食。鄢陵侯曹彰从长安赶来，询问贾逵魏王的印玺在何处，贾逵严肃地说："国家已经确定了先王的继承人，先王的印玺，不是君侯应当询问的。"

曹操逝世的噩耗传到邺城，太子曹丕放声大哭。中庶子司马孚劝他说："先王去世，举国上下都听殿下您的号令。您应上为祖宗的基业着想，下为全国的百姓考虑，怎么能效法普通人尽孝的方式呢？"曹丕才不再哭了，对司马孚说："你说得对。"当时，大臣们刚刚听到曹操去世的消息，相聚痛哭，场面很混乱。司马孚在朝堂上大声说："如今君王去世，全国震动，首要之事是拜立新君，以镇抚天下，难道你们只会哭泣吗？"于是就把群臣都赶出了朝堂，安排好宫廷警卫，准备举行丧事。司马孚是司马懿的弟弟。大臣们认为太子曹丕即魏王位，应该有汉献帝的诏令。尚书陈矫说："现在是非常时刻，不能按常规办事。"当即召集百官，安排礼仪，一天之内，就把该准备的都弄好了。第二天一早，以魏王后的命令，拜立太子曹丕继承曹操为魏王，天下的罪犯也得到了大赦。不久，汉献帝派御史大夫华歆带着诏书，授予曹丕丞相印绶和魏王玺绶，兼任冀州牧。十月，汉献帝退位。曹丕代汉称帝，建立了魏国。

曹丕称帝后，为保住王位，对曹植及有可能对自己构成威胁的兄弟们进行了无情迫害和打击。他先把拥护曹植的丁仪、丁廙逮捕入狱。曹植知道中领军夏侯尚与曹丕关系密切，便托他向曹丕说情。尽管夏侯尚多次求情，曹丕还是将丁仪、丁廙杀了，并株连其族中全部男子。杨俊、孔桂也因与曹植关系密切而被杀。

为牢牢抓住自己的权力，曹丕让兄弟们各自回到自己的封地。曹植很想祭奠一下曹操再离去，但曹丕不批准。曹彰多次随父出征，屡立战功，希望得到曹丕的任用，但曹丕有意疏远他。曹彰感到很失望，没等曹丕下令，便交出了自己统领的军队，回封地中牟去了。

黄初二年（公元221年），曹丕将诸弟鄢陵侯曹彰、鲁阳侯曹宇、赞侯曹衮、谯侯曹林、宛侯曹据、襄邑侯曹峻等十余人一律晋爵为公，只有曹植没有晋封。即使这样，曹植在临淄也不能安稳度日，曹丕派亲信对他进行严厉监管。昔日与他赋诗唱和的朋友们也渐渐与他疏远。曹植心里很是烦闷，只得终日饮酒。然而，监视他的灌均却向曹丕诬告，说曹植"醉酒悖慢，劫胁使者"。曹丕听信了他的话，马上派人将曹植带到京师，并召集群臣讨论治罪方案。有人提出可以把爵位削掉，免为平民；有的主张处以极刑。曹丕的母亲卞太后赶忙前来阻止，她哭着对曹丕说："你兄弟曹植素来喜欢饮酒作乐，他自恃胸中有才，行为放纵，你们毕竟是同胞兄弟，就留下他一条命吧。你若宽恕了他的罪过，我就是死也瞑目了。"曹丕这才下诏"舍而不诛"，但还是把曹植贬为安乡侯，随后迁为鄄城侯。

一些人见曹丕、曹植关系紧张，便乘机讨好曹丕，诬告曹植，使曹植的处境更加艰难。黄初三年（公元222年），东郡太守王机、防辅吏仓辑诬告曹植，曹植又被召到京师。这是很明显的诬陷罪，曹丕却又让群臣议罪，然后再假装"慈悲"，从宽处理。对曹丕及其亲信颠倒黑白、吹毛求疵的做法，曹植虽然非常不满，却只能忍气吞声，不能加以辩白。黄初四年（公元223年）五月，曹植与白马王曹彪、任城王曹彰到京师晋见曹丕。曹植觉得自己曾有过错，想借朝拜曹丕的机会当面谢罪。曹丕得知后，既不让他朝拜，也不接受谢罪。卞太后怕曹植自杀，又向曹丕哭着求情。这时曹植已散发光脚，背着铁锧（一种刑具），来到了阙下。曹丕见到曹植后，仍露出一副毫无同情的神色，不理曹植，也不让他穿鞋戴帽。曹植跪在地上哭泣，卞太后见曹丕对亲兄弟如此无情，十分生气，曹丕这才让曹植穿好衣服。

曹丕为了发泄自己的忌恨，还曾让曹植当场作诗，达不到要求就要将曹植处死。他说："以前先王在世时，你常常向别人夸口显耀你的文章，我怀疑是别人代笔写的。我现在限你七步之内作诗一首，如做到了，就免你一死，否则从重治罪，决不宽恕。"曹植说："你出题吧。"曹丕说："我们是兄弟，就以此为题，但不许出现'兄弟'字。"曹丕刚说完，曹植便开口吟道："煮豆燃豆萁，豆在釜中泣。本是同根生，相煎何太急！"

在曹丕不断打击迫害下，曹植没有一点自由，一言一行都有人监督指点，大小事都需要请示京师。他虽然名义上还是王侯，但实际上却像囚犯那样受管制。他有志不能伸，天天以泪洗面，失去了做人的乐趣和意义。

黄初三年，曹植返回封邑，写下了流芳千古的《洛神赋》。

曹丕不仅对曹植竭力迫害，对其他兄弟也竭力防范和限制。曹丕称帝后，他虽然将众兄弟封爵，但事实上都是只有空名而没有实际权力。每个封国只拨给百余名老兵，诸侯王外出游猎不得多于三十里，各诸侯王也不能不经过批准而召集聚会。又设防辅监国之官对他们进行监视，这些人常向曹丕汇报，诸侯王在封地犹如被软禁，甚至想当普通老百姓也不成，致使曹氏兄弟人人自危，都感到非常紧张恐怖。

曹彰是卞太后次子，他刚毅勇猛，武艺高强，臂力过人。有一次，外地献给京师一只猛虎，野性十足，看样子非常凶猛，虽然被关在铁笼子里，但人们还是不敢走近观看。曹彰却一下子抓住老虎的尾巴，使老虎动弹不得，耷拉着耳朵一声也不敢吼，曹彰的神勇使众人佩服得五体投地。曹彰作战骁勇，北伐代郡时，带领百余部下，冲出重围。曹操听说后，十分高兴地大声说:"我黄须儿大有用处!"曹丕也说:"以曹彰的雄壮威武,吞并巴蜀,易如反掌。"在曹丕、曹植太子之争中,曹彰与曹植是一派的人。建安二十五年(公元222年)正月,曹操病重时,曾召驻守长安的曹彰到洛阳,但在曹彰抵达前,曹操就已经死了。他便依自己的想法对曹植说:"先王召我,是想立我。"他又问曹操的随从:"先王的玺绶在哪里?"曹彰的举动对曹丕刺激很大,所以他对曹彰十分嫉恨,决心除掉他。黄初四年(公元223年)六月,曹彰进京朝见,他与曹丕在卞太后宫中下围棋,边下边吃枣。这些枣中有些是曹丕事先安排人下了毒的,他自己挑无毒的吃,曹彰当然不知道其中有诈,随手拿着吃,很快中毒。卞太后发现后,急忙给曹彰找水喝,可是,曹丕早已命人将全部瓶罐砸毁。卞太后光着脚跑到井边,但还是无法得到水。没过多久,曹彰就因为中毒太深而死了。曹丕本想再将曹植置于死地,卞太后气愤地斥责他:"你已经杀了任城王曹彰,不许你再杀东阿王!"曹彰之死,对曹植的刺激很大,他满怀悲愤之情写下了《赠白马王彪》这首诗。

(2)悲愤化诗

　　曹植的后期代表作就是《赠白马王彪》。黄初四年(公元223年)五月,曹植与白马王曹彪、任城王曹彰去洛阳朝觐文帝曹丕。曹彰与曹植关系很好,在建安年间太子之争中,他明确地支持曹植。来到京师没多长时间,曹彰突然死去。这对曹植是一个沉重的打击。七月,返回封地时曹植想与曹彪一起走,却被迫不能同行,于是"愤而成篇",写下一首多达八十句、四百字的五言长诗。

　　《赠白马王彪》一诗共七章,他在诗中写了回到封地时,翻山越岭,在成皋附近好不容易赶上了前行的曹彪,希望能与他同行,但是监国使者却无情地阻挡了他们。曹植悲愤交加,对那些离间骨肉的人痛恨至极,写道:"鸱枭鸣衡轭,豺狼当路衢。苍蝇间白黑,谗巧令亲疏。"然而在专横的曹丕面前,曹植也没有任何办法,他只能哀叹:"人生处一世,去若朝露晞。""离别永无会，执手将何时？王其爱玉体，俱享黄发期。"

曹植的《赠白马王彪》真实地暴露了尖锐的皇权斗争和残酷的虐杀，其思想非常深刻。在艺术表现手法上，也充分表现了作者高超的写作技巧。全诗层次清楚，叙事简洁，感情激愤且悲痛缠绵，让人很受感染，是建安诗歌的优秀代表作之一。曹植后期诗歌是悲愤哀伤的基调。然而，他前期的作品却是积极向上的，如在《白马篇》中写一位青年壮士，雄姿飒爽，武艺高强，"捐躯赴国难，视死忽如归"。这位青年应该是曹植自己的写照。

曹植灵敏聪明、才华横溢。他的诗数量众多，风格多样，内容丰富，题材广泛，被称为"建安之杰"。

曹植是一位具有悲剧色彩的人物，年轻时聪敏过人，曹操很是宠爱他，曾一度想立他为太子，后因其任性而为，生活不拘小节，饮酒纵行，再加上曹丕等人的挑拨，渐渐失去了曹操的信任，失去了成为曹操继承人的机会。曹丕称帝后，进一步打击和迫害曹植。曹植从此过着忍气吞声的痛苦生活，一直到魏明帝太和六年（公元231年）时死去，终年41岁。在这十余年中，他曾被迫三次迁徙封地，六易爵位，不准与亲戚往来，不得参与政事。

（3）建安"七子"

建安时期，除了曹操及其子曹丕、曹植的诗独具特色外，"建安七子"的诗也不乏优秀作品。这些诗人继承了汉代现实主义的精神，写下了许多有价值的传世佳作，开创了诗歌发展的新阶段。"七子"分别是孔融、陈琳、王粲、徐干、阮瑀、应玚、刘桢。

在建安七子中王粲诗歌的造诣最高。王粲（公元177~217年）字仲宣，少聪慧、为大文学家蔡邕所器重。

王粲的曾祖父和祖父都做过三公，父亲王谦是何进的长史。何进觉得王谦是名门之后，而自己的出身比较低下，所以想和王谦联姻来提高自己的门第，但王谦很有骨气，不和外戚联姻，没有同意。父亲的骨气后来也遗传到了王粲身上。

汉献帝迁都到长安，王粲也跟随过去，在那里认识了蔡邕。蔡邕见到他后感到非常惊奇，很推崇他。当时蔡邕是公认的大学问家，受到朝野上下的一致推崇，到他家来拜访的客人非常多，车马把街道都堵住了，家里坐满了客人。但是当他听说王粲来到门外求见的时候，急忙跑出去迎接，慌得把鞋子都穿反了。客人们都以为来了重要人物，结果王粲进来后，发现他还是个很年轻的少年，长得又矮小，在场的客人都非常吃惊。蔡邕解释说："这是王畅的孙子，才华出众，我可比不上他。我家里的书籍和文章以后都要送给他的。"

王粲17岁的时候，司徒想辟用他，皇帝也下诏书征用他为黄门侍郎，王粲因为长安战乱频繁，所以都没有就任。不久他跑到荆州投靠刘表，刘表因为王粲貌不惊人，再加上年少体弱，又不注重仪表的修饰，所以不是很看重他。刘表死后，王粲劝说刘表的儿子刘琮向曹操投降。曹操辟用王粲为丞相的助手，并赐给他关内侯的爵位。曹操在汉水边上设宴款待宾客，王粲举杯祝贺说："袁绍从河北起兵，倚仗人多势众，有志于统一天下。他喜欢招揽贤才却不能好好使用他们，所以那些天下奇才都纷纷离开了他。刘表在荆楚一带悠然自得，静观局势的变化，自以为可以做周文王那样的人。那些到荆州区躲避战乱的士人都是海内的豪杰俊士，但刘表不知道怎么任用他们，所以他的国家危急的时候却没有人辅佐他。而主公您平定冀州的时候，一到那里就整顿军备，招募士兵，收罗当地的英雄豪杰到自己旗下并重用他们，所以才能横行天下。现在平定了江汉一带，把那里的贤才俊士招揽过来，让他们位列于百官当中，使海内的士人都归心于您，一听到您来到就愿意接受您的统治，文臣武将一起得到重用，各路英雄豪杰都竭尽全力来帮助您，这是尧、舜、禹三位伟大君王才有的举动啊！"后来王粲升任军谘祭酒，魏国建立后，他担任侍中一职。王粲精通万物的知识，是个很渊博的人，别人向他提问，没有他答不上来的。当时传统的礼仪已经荒废掉了，朝廷要重新制定各种规章制度，王粲一直都负责这件事情。

当初王粲和别人一起走路，在路边看到一个石碑，他们一起读石碑上的碑文，别人问他："您能不能把它背诵下来？"王粲说可以。人们让他转过身去背诵,结果一个字都没有背错。他看别人下围棋,一不小心把棋盘上的布局弄乱了,王粲就按照记忆帮他们恢复了原来的棋局。下棋的人不信,认为他是乱诌的,于是又摆出一个棋局,用手帕遮起来,让他用另一个棋盘再摆一次,结果完全没有摆错。王粲的记忆力就是如此之强。王粲还特别精通数学,他写的算术方面的书能够简明扼要地把里面的道理说得很清楚,可惜当时的人不重视数学方面的研究,王粲的数学成就方面的资料非常少,他的数学著作也没有流传下来,以至于后人无法知道他的数学造诣到了何等地步。

王粲还很善于写文章,拿起笔来一挥而就,写好之后没有能够改动的地方,当时的人都经常以为他是事先就构思好了的。但是如果让他深思熟虑一番再写,也不能写得更好了。王粲写有近六十篇诗、赋、论、议。公元216年,王粲跟随曹操一起去攻打吴国,第二年在行军途中病死,年仅41岁。后来王粲的两个儿子因为牵连进魏讽谋反的案件里,被在京留守的曹丕杀掉了,王粲就绝了后。据说曹操听到这消息后很惋惜,说:"如果我在家的话,肯定不会让王粲绝后的。"

刘桢留传于世的诗不多,但感情丰富,侧重抒发个人的种种情怀,风格遒劲,仗义凛然,侠胆忠心可鉴。他的《赠从弟》(第三首)很有代表性。诗中写道:

"亭亭山上松,瑟瑟谷中风,风声一何盛?松枝一何劲!冰霜正惨凄,终岁常端正。岂不罹凝寒,松柏有本性。"

这首诗通过对山上松柏的描写,激励堂弟要像松柏那样,不怕环境的恶劣,希望他保持其高洁的性情。

长诗《室思》是徐的代表作,通过描写一位妇女对远方丈夫的思念,生动真实地描绘了她那愁闷孤寂的生活以及难以排遣的思夫情怀,还有殷切的盼望和痛苦的失望。诗歌注重运用细节的描写和形象化语言,具有强烈的艺术感染力。

在建安七子中,陈琳以文笔犀利、优美著称。他的诗歌不多,其中《饮马长城窟行》极有名。这首诗通过修筑长城的官吏和役夫、丈夫和妻子的对话,反映出沉重的徭役压迫给人民造成的深重灾难和人民对暴政所流露出来的不满情绪。

（4）诗坛女杰

在建安众多的诗人中，还有一位与七子相颉颃并以才华著称的女诗人，她叫蔡琰。

陈留圉县（今河南杞县南）人蔡琰，字文姬，是汉代末年著名文学家蔡邕的女儿，自幼博学多才，有很好的文学修养。一天夜里，蔡文姬听到隔壁的父亲弹琴时一不小心断了一根琴弦，就走过去，对父亲说："第二根断了。"蔡邕很奇异，但他故意说："你这是偶然猜对的。"为了检验文姬的听力，等文姬回到自己屋后，蔡邕又弹起琴来，这次他有意弄断了一根，文姬马上又指出"这次应是第四根弦"。还是没错，蔡邕见文姬如此聪明，不禁大加称赞。蔡文姬的书法也属上乘，据说，她的书法传给钟繇，钟繇传给卫夫人，卫夫人再传给王羲之。

董卓掌权后，听说蔡邕很有学问，征召他出来做官，蔡邕知道董卓不会有好下场，于是称病推辞。董卓很生气，大骂："我的威严能够让人灭族，蔡邕如此不给我面子，我让他立刻大祸临头！"严令当地官员推举蔡邕到他府上做官。蔡邕见实在躲不过去，只好应征。董卓任命他为代理祭酒，见他确实很有才学，很敬重他。后来任命蔡邕为侍御史，又升任侍书御史和尚书。三天之内换了三个官署，也就是说，接连被提拔了三次。

董卓的爪牙们想让董卓和姜太公并列，也被称为尚父。董卓为这事向蔡邕请教。蔡邕说："姜太公辅佐周天子，灭掉了商朝，所以才有如此特别的名号。您现在的功劳和威望固然很高，但和他相比还有一定差距，应该等到关东平定下来，天子从长安迁回到洛阳，到那时候再说。"于是这事就搁了下来。

董卓被杀后，蔡邕到王允家做客，蔡邕无意中谈起这事，叹息不已。王允很生气，斥责他："董卓是国贼，差点颠覆了我们汉朝！你作为国家的大臣，不但不恨他，反而还对他的死表示遗憾，念念不忘他对你的私人恩情，你不是也和他一样犯了谋反之罪吗？"于是把蔡邕抓了起来,送到廷尉那治罪。蔡邕上书谢罪，请求刺面砍脚，把他的命留下好把《汉史》写完。由于蔡邕名望很高，朝中很多人都想办法营救他，但都没有用。太尉找到王允说："蔡邕是个奇才，他对汉朝的史实很熟悉，所以应该让他写完《汉史》。况且他一向以忠孝闻名，给他定罪也缺少证据，杀了他只怕会失去人心。"王允说："当初汉武帝不杀司马迁，结果让他写出诽谤的史书，一直流传到现在。现在国家正值危急关头，绝对不能让这种臣子在年轻的皇帝面前记录史实。这样既不利于对皇上品德的培养，也会让我们被他的史书讽刺。"太尉退出来后对别人说："王允可能活不久了。完美的人是国家的代表，经典的著作是国家的典籍守则，毁灭纲纪、废除经典的人难道还能长久活着吗？"结果蔡邕还是被杀了。蔡邕死后，王允也很后悔，但已经来不及了。

　　蔡邕死后，他的女儿蔡文姬嫁给了河东人卫仲道，可惜丈夫没多久就死了，没有留下孩子，只好回到家里。后来，蔡文姬流落民间，正值天下大乱，蔡文姬不幸被匈奴骑兵俘虏，把她献给了南匈奴的左贤王。左贤王很喜欢她，和她生了两个孩子。蔡文姬在胡地生活了12年，已经习惯了胡地的生活。这个时候，曹操已基本平定北方，想起了她。曹操和蔡邕交情不错，为蔡邕没有后代而感到难过。他听说蔡文姬流落胡地，就派使者去南匈奴，用金银珠宝把蔡文姬赎了回来。曹操见她一个人孤苦伶仃，于是把她嫁给了陈留人董祀。

　　董祀在做屯田都尉的时候犯了法，要被处死。蔡文姬很着急，跑去找曹操求情。当时曹操正在宴请宾客，各路王公大臣和使节齐聚一堂，曹操听说蔡文姬来找他，对众人说："蔡邕的女儿现在在外边，我让大家见见她吧。"于是请蔡文姬进来。蔡文姬蓬乱着头发走进来，向曹操叩头请罪，声音非常悲哀，在场的多数人都认识蔡邕，见到这个情形都很动容。曹操说："我确实很同情你，但是处刑的文书已经发出去了，怎么办呢？"蔡文姬说："您马厩里有那么多快马，为什么非要怜惜一匹马的腿，而不怜惜一个快要死的人呢？"曹操被她的话打动了，于是派人把文书追了回来，放了董祀。当时天气已经有点冷了，曹操见蔡文姬衣着单薄，赐给她头巾鞋子还有袜子。曹操问她："听说您家里以前收藏了许多古书，现在还在吗？"蔡文姬回答："我父亲曾经留给我四千多卷书，但因为战乱，现在已经没有一本保存下来的了。我现在能够背诵下来的，只有四百多篇了。"曹操说："那我现在派十个人去您那里把它们记下来。"蔡文姬推辞道："我听说男女有别，按照礼法不应该当面传授给他们。我只要求您给我纸和笔，我自己就能默写出来。至于要写草书还是楷书，就由您决定吧。"后来她把那些文章都默写了出来，没有一点遗漏错误的。

蔡文姬最大的贡献就是保留了那些历史文献，她还写过追思故乡及儿女的《胡笳十八拍》，使她成为历史上有名的才女。

图书在版编目（CIP）数据

这才是东汉史 / 尹力编著. -- 北京：中国书籍出版社，2017.9
ISBN 978-7-5068-6441-1

Ⅰ.①这… Ⅱ.①尹… Ⅲ.①中国历史—东汉时代—通俗读物 Ⅳ.①K234.209

中国版本图书馆CIP数据核字（2017）第220607号

这才是东汉史

尹　力　编著

责任编辑	王志刚
责任印制	孙马飞　马　芝
版式设计	添翼图文
出版发行	中国书籍出版社
地　　址	北京市丰台区三路居路97号（邮编：100073）
电　　话	（010）52257143（总编室）　（010）52257140（发行部）
电子邮箱	chinabp@vip.sina.com
经　　销	全国新华书店
印　　刷	北京温林源印刷有限公司
开　　本	710毫米×1000毫米　1/16
字　　数	480千字
印　　张	21.5
版　　次	2017年12月第1版　2017年12月第1次印刷
书　　号	ISBN 978-7-5068-6441-1
定　　价	45.00元

版权所有　翻印必究